經學大要

出版說明

錢穆賓四先生，生前爲促進今日國人對我中華傳統文化之認識，曾計劃將其著作分類編爲「小論叢」，以便利青年學子之閱讀。今素書樓文教基金會乃遵先生遺意，將先生著作分類選輯，以聯經出版公司之全集本爲底本，重排出版。中國學術小叢書一套，包括國學概論、中國學術通義、現代中國學術論衡、學籥、學術思想遺稿、經學大要六書。

國學概論一書，乃先生早年任教中學時所編講義，民國二十（一九三一）年，上海商務印書館出版。四十五（一九五六）年，台灣商務印書館重印。

中國學術通義一書，乃民國六十四（一九七五）年春，先生將其近三十年所撰論文，就經、史、子、集四部，求其會通和合，有關論中國傳統學術之獨特性所在者，彙集而成，是書共收入十二篇。六十四（一九七五）年九月，由台北學生書局初版。七十三（一九八四）年三版時，又增文兩篇，全書共十四篇。

現代中國學術論衡一書，乃先生繼中國學術通義一書，續撰此編。一遵當前各門新學術，分門別類，加以研討，非謂不當有此各項學問，乃必回就中國以往之舊，主「通」不主「別」。全書分十二目，都二十六篇。民國七十三（一九八四）年，由台北東大圖書公司出版。

學籥一書，乃先生輯其早年所撰有關開示學者以治學之門徑與方法者，凡六篇，於民國四十七（一九五八）年，自印於香港。八十六（一九九七）年重刊此書，乃秉先生原意，將本論語論孔子一篇移入孔子與論語一書，又增入五十（一九六一）年至五十二（一九六三）年，先生爲香港新亞研究所諸生所講，有關治學門徑方法文稿七篇，全書共十二篇。

學術思想遺稿一書，爲講堂記錄稿，共分兩部分。第一部分，爲民國三十五（一九四六）年，先生在昆明五華書院所作「中國思想史」一系列講稿中之最先六講。第二部分，爲先生流亡香港時期，應香港大學校外課程部之邀，所講一系列「中國學術思想史」中三時段之講稿；計爲民國四十八（一九五九）年「明清學術思想」六講，五十（一九六一）年「秦漢學術思想」六講，五十一

（一九六二）年「先秦學術思想」六講。此十八講，因當年有人筆記交新亞書院雙周刊發表，故得留存。

經學大要一書，乃民國六十三（一九七四）年至翌年暑，先生爲中國文化學院研究生所開「經學大要」一課之講堂記錄稿。先生開此課，乃因民國十九（一九二〇）年，先生撰劉向歆父子年譜一文，在燕京學報發表。北平各大學本開設有「經學史」及「經學通論」課，皆主康有爲「今文家」言，遂多於是年秋後停開，迄今未能恢復，先生引爲內疚。先生言：其撰文主旨，本爲看重經學，特指出講經學不能專據今文家言。未料結果竟相反。屢思有所補救，皆因生活不安定，未能如願。晚年自知精力已衰，不可能再寫「經學史」之類專著。思之再三，決定先爲學生開一經學入門之課。第二步再配合講稿內容，引據古人經學專著，加以評論，主要針對皮錫瑞經學歷史及經學通論兩書。爲照顧學生缺乏經學知識之背景，上堂講授力求淺易。開課前，預先指定專人負責錄音及整理講稿。未料負責人未能如期交卷，僅最初數講曾送先生過目，尚未及正式修定。全書在先生去世後，於民國八十五（一九九六）年整編全集本時，編者就錄音帶整理成集。遇錄音有遺漏處，均加注說明；有疑慮處，只刪不增，以免失去先生之原意。

民國八十六（一九九七）年，台北聯經出版公司出版全集本時，除國學概論一書，僅改正原版誤植文字及調整若干標點符號，惟正文改用大字，以期綱舉目張，層次分明，便利讀者誦讀。中國學術通義、現代中國學術論衡、學籥三書，除改正原版若干誤植之錯字，並對原書之標點進行整理，主要爲全書加入私名號、書名號及若干引號，以顯豁文意，方便讀者閱讀。學術思想遺稿及經學大要兩書，爲初版印行，一切規格全按全集版處理。凡該書新增篇文，皆於各冊目錄中加〔*〕號註明。排編之工作雖力求慎重，然錯誤疏漏之處，在所難免，敬希讀者不吝指正。

中華民國八十九（二〇〇〇）年十二月

素書樓文教基金會

目次

第一講

我今年所開課程，是「經學大要」，主要在講儒家與經學的關係。現在的大學裏，一般比較少開這方面的課。大體只有史學，少有經學。諸位聽我此下所講，或覺新鮮，或會奇怪我爲何開此經學的課。其次，諸位或許認爲這門課所講都是些古老東西，與現代社會似乎無關係。諸位來聽我這門課，大概都會有這幾種想法；實際上並不如此。

我舉一淺例。國歌中有「以進大同」一句，「大同」二字，出典在西漢時代小戴禮記禮運篇，便是在經學中。與「大同」兩字對稱者爲「小康」。現在我們省政府有一個「小康計劃」，便是用這兩個字。諸位如果想知道這「大同」、「小康」兩名稱，就得翻查小戴禮記，這是一種必須有的常識。由此可知，經學中的東西，有些和我們當前社會並未隔得太遠。

同時我們要問：國歌中爲何加有這「以進大同」四字呢？在國歌譜成時，孫中山先生已過世，但歌詞都是採用中山先生平日所講的話。在大陸上我們平常又常見「天下爲公」四字的橫匾。這四字亦出禮運篇，亦爲中山先生所提倡。我且問諸位，是不是真懂得這四字怎麼講？這四字是不是說，天下不是一姓一家所有，而應是公有的？或是說我們出身做事爲天下，並不爲著一姓一家？又這四字是不是說的當前的民主政治？諸位倘要講究這四字，懂得他的涵義，應讀小戴禮記禮運篇開始一段文字。

大道之行也，天下爲公，選賢與能，講信脩睦。故人不獨親其親，不獨子其子，……是謂大同。今大道既隱，天下爲家，各親其親，各子其子，……是謂小康。

這段文字隨處易見。「天下爲公」四字應與上面「大道之行也」連著講，意思才完整。不能只講下面「天下爲公」四字。「大道之行也，天下爲公」，這是說，在大道「行」的時候，天下都是「爲公」的。「也」字實指時間。「行」字可有三種意義，一是「行前」，一是「行後」，一是「正在行」。「也」字好比英語文法裏的正在進行式，不指未行，亦不指已行，而是「正在行」。諸位要知，把文言翻譯成白話，並不容易。「天下爲公」的「爲」字亦有兩種講法：一讀平聲，如白話文「是」字的意義，說天下「是」公的。一讀仄聲，這句話是說，在大道行的時候，天下的人每做一事都是「爲」著公，就是口語裏「爲甚麼」的「爲」。「天下爲公」四字，應照後一講法。爲甚麼？因下面的一大段話，便在解說天下一切人都爲著公，不是爲著私，這才是大道之行。

以上這些話，或許現在社會一般人懂得的不多，因他們對許多古書或竟是沒有知識，這個國家也便會沒有前途，只有退步，不得有進步。

二

我們上面已說了，天下人大家都爲著「公」，這就叫「大同」了。

倘使我們再進一步問：孫中山先生怎麼來講「天下爲公」四字的呢？我們要談到每一個人的思想，不能不先知道他這個人。我們要問：孫中山先生怎麼會在中國古典十三經中找出這一篇文章裏面這四個字來呢？孫先生是與我們同時代的人，這些事大家不可不知。人人今天講創造，但是孫先生用這四字不是創造，而是沿襲承用中國古代自己先民的成語，乃是一種「保守」，非現代人所謂的「進步」。照中國人的意見，人生不可能由一無所有中專門來創造。必當有淵源、有根本，逐步沿襲來才行。

諸位今天都講人生要創造，學術思想更然。我想諸位若儘如此想，一輩子都不會有大思想、大創造。一個人如何憑空能有創造呢？專講科學，亦須步步沿襲，跟著前人研究成績再向前，如何能隔絕世故，一人獨自創造？

那麼，又是誰由小戴禮記裏提出禮運這一篇來的呢？諸位問到這個問題便麻煩了。這是一個有關經學上的問題，比較剛才的問題不同。剛才說「大同」二字，是人人應有的常識。現在是問甚麼人纔是第一個來提倡這「大同」二字的？這問題無法細講，姑舉一例。如老子書言：「同謂之玄，玄之又玄，衆妙之門。」這可說是中國人講大同一義的最先根源了。小戴禮記中的大同篇，當然起在老子書後，而決不起在老子書前，這是無疑問的。但至少在我們現時代，「大同」二字則可說是由康有爲先講。康有爲寫大同書，把「大同」與「小康」分說對講。他說孟子思想是大同，荀子思想是小康。他的說法，亦自有他的來歷，此不細講。但經他一講，引起後來的花樣就大了。

他的說法轟動一時。來臺灣後，有一美國青年來看我。他是研究康有爲的。他給我看他的參考書目，我一看就說，你研究康有爲，所用的都是間接資料，都由別人寫的，你應先讀康有爲自己的書才行。其實今天一般作學問的，都犯了這種毛病。對於學者本身的書不看，儘看別人講的。甚至像上講「大同」二字，本是中國人的特有創見，而反認爲乃是世界潮流，若與中國無關。這在學問研究上，實在太粗莽，太疏忽，太不負責任了。這樣如何會知道那問題的根本所在？

孫中山先生在當時，自然亦知道康有爲。他或許覺得康有爲講有關大同這番話有意義，有價值，所以他也講禮運，講「大同」。這正是孫中山先生思想範圍之寬闊廣大。我們並不因是康有爲先講了，便減低了敬重孫中山先生思想的價值。

我們國歌「以建民國，以進大同」兩語，這是說我們建立民國，便走進了世界大同的路上去。其實在一國政治上，廢止了一個皇帝，並非即就走上了世界大同的路。像歐洲的大英帝國，不是還保留一個皇室嗎？即就當前歐洲一洲言，到今尚有三十餘國，那裏說得是大同呢？「大同」二字，是創建於中國古經典中的，西方人從來没有這些想法，這是中國古代人的理想。所以就現代世界論，只有中國古經典纔講到「大同」二字。康有爲、孫中山所講大同，是把中國古經典來轉講西方歐洲情況。我們中國人在當時誤認爲康、孫兩人是開了一番新思想、一條新道路。其實他們的新思想、新道路，還是承襲著中國古代人的理想來，而並不就是歐洲的實況。這一層，直到如今，還是由我們少數人重視提出來講。大家或還懷疑，認爲我如此講法，反像是一番新理論、新思想了；卻又說我頑固守舊，那真無話可辯了。

三

我們再進一步問：大同、小康的理論，在近代是不是只康有爲一人最先提起的呢？考之史實，在洪、楊太平天國時，亦曾早有人論及此。這且不詳講，我這裏還是來講康有爲。康有爲主張幫助當時清廷維新變法，就不必要革命。孫中山先生則提倡革命。這是兩條政治路向的不同。

而「推翻滿清」，則是孫先生早年就如此說的，「三民主義」則是後期提出的。康有爲則只主張變法，並未別有所主張。

我幼年讀書時，社會上都要講日本和德國，因爲他們同有皇帝，與中國情勢相近。當時這兩國在歐、亞，亦同是不得了。而講中國近代史，一定得講「戊戌政變」。康有爲如何講變法呢？那時的中國，和今天不相似。康有爲根據中國傳統來講變法。他根據孔子春秋的公羊傳一書。這是所謂春秋中的「微言大義」。康有爲講大同，是根據春秋公羊傳，以及西漢的董仲舒。如此一講，牽涉更廣，追溯更遠了，便要講到中國整部經學思想史。那個美國青年要研究康有爲，連這些都不知，如何能瞭解康有爲呢？現在人研究中國近代史，都會講到康有爲。但不講康有爲自己所寫的書，這就無法來真研究他。諸位研究近代史，而不懂康有爲，這又怎麼行呢？

依照今天我的講法，如果教育部要開「中國近代史」，就得從講康有爲如何講公羊傳開始才行。而今天只用幾句話，就一筆把古代中國從頭抹搬，下邊就講不下去了。而我們不知中國的經學，又如何來知康有爲呢？

諸位不能只批評康有爲，而不懂得康有爲所講究竟是怎麼回事。康有爲講對講錯且不論，但他所講，根據孔子春秋。那麼，中國人向來講春秋是不是都照公羊家講法呢？這又是另一個問題了。由此我們便要講到一部中國經學史。

普通中國人講孔子春秋，由兩漢以下，並不全都依照公羊一家講法來講，而多根據左氏傳。中國人向來極少專讀春秋經文，都讀的是傳。一般社會只讀左氏傳，少讀公羊、穀梁傳。可是到今天，左傳大家也不讀了，這且不論。

四

現在我們又進入了經學上另一個今古文的問題上去。我們讀春秋，而據左氏傳，這叫做「古文經學」。倘使根據的是公羊，則稱「今文經學」。這是經學中的兩大派。康有爲提倡的是今文經學，所以他看重的是公羊，而不是左傳。講經學，不能專講孔子春秋。講春秋，亦不能專講左氏傳與公羊，又不能只講公羊與左傳上的今古文問題。這問題極複雜，我這一年來講經學，亦只能講個大概。

諸位現在都有個誤解，認爲只把文言翻譯成白話，便可叫大家讀通中國一切古書。不知學術問題，並不是文言、白話的問題。倘若把文言翻成白話，便能讓大家讀通一切書，那就不須再有小學、中學、大學，乃至研究所許多階層的分別了。今天大家崇拜西方，認爲西方人文字和語言隔得近，但他們還是有小學、中學、大學、研究所種種階層。可見學術分別，並不在文言和白話上。

諸位或要說，你今所講是思想，我們學史學，講的是事情。這又大不然。難道事情背後没有思想嗎？諸位不懂思想，如何懂事情、懂歷史呢？諸位倘使這樣一想，便知經學並不古老，也是現代思想中的一個大問題。康有爲所以在當時風靡一時，成爲一個思想運動、政治運動中的重要人物，因爲他講的是中國的一套，由孔子春秋下來，直到當時，都是有關經學的。

我幼小時聽大家講「康、梁」、「孫、黄」，康有爲、梁啟超連著講。梁啟超是康有爲的學生，要研究現代史，能不懂得梁啟超嗎？孫中山、黄興也連著講，當時在一般人心中，或許康、梁地位還在孫、黄之上。因爲孫中山先生僅從事革命，他講三民主義已在民國成立以後。民國未成立前，大家看重康、梁，因爲康、梁有學術著作，而且他們所講道理是有關中國傳統經學的。「維新」和「革命」四個字，都出典在經學中。諸位如此一想，便知經學並不古老，它的血液還流注在現代社會人們的心頭。諸位要做一中國現代人，也該對中國古代經學有所知。

其實中國現代人所說的「革命」，這是西方思想。而中國「革命」二字，則是中國自古到今，歷史上天翻地覆的大事。毛澤東當年在北大爲「旁聽生」，今天他們所奉行的，依然是當年新文化運動的餘緒。最近我聽說，有一日本人去大陸見到毛澤東，毛澤東告訴他，我們中國害了日本幾千年。第一，因中國出了孔子，使你們至今不信共産主義。第二，是中國文字的影響害了日本。今天毛澤東已老，否則批孔揚秦下，還會有其他運動的。因他一腦子都是當時在北大旁聽所得有關新文化運動的觀念和主張。所以要懂得毛澤東的思想，先應瞭解中國現代史。共產黨大部分信徒，則都是當時中國的無產階級到法國去「勤工儉學」的。周恩來也是其中之一。美國人費正清，在對日抗戰時來中國，寫了一書講孔子與毛澤東，這就成了美國的「中國通」。今天的美國人，仍然看重他講的中國。而中國今天又誰人真懂得美國？每年臺灣去的留學生之多，可見中國人對美國的重視。美國之富强，有他的道理。臺灣到今天，仍崇拜美國，恨不得全家都移民去。但除非像當時毛澤東一派到法國去勤工儉學，否則又如何都到美國去呢？可見毛澤東一派共產思想的成功，雖非在理論上有成功的依據，但事實上，則也自有他們成功的一套。此層亦不得不知。

今天我們輕視中國古代經學，或多加以反對，亦一如其輕視或反對毛澤東的共產思想般。但至少亦當問中國在古代何以有此一套經學？豈不亦該有一套歷史上的因緣或理由嗎？我們整理中國史學的，又焉得只把當前「反對」一觀念來忽略他呢？

康有爲在滿清政府推翻以後，組織保皇黨，由變法維新而變爲保皇，這和從前主張又不同。當時梁啟超勸他，康有爲駡了梁啟超一頓。梁的個性沒有康之頑强，梁在日本曾遇孫中山先生，談話很投契，只是康有爲加以禁止，所以不再與孫來往。不過在梁的著作中，很推重孫先生。後來康有爲與張勳一文一武同主復辟運動失敗。今傳的清史稿，乃將張、康合傳。張乃是一粗人，康乃一學者，只因復辟關係，兩人合傳，大非所宜。而康之爲後人鄙視，亦由此可知。

康復辟失敗，政治生命已告結束，逃進北京東交民巷美國公使館避難。但他的學術生命，卻如日中天，聲望影響較前更高了。因在那時，他所提倡的「今文經學」卻大爲風行，成爲一代之顯學。

諸位知道，民國初年所謂的「新文化運動」，其中附帶有一「疑古辨僞」運動。此四字，影響直到今天，風氣未變，實由辨論經學上孔子春秋的「今古文」問題而來。當時人講，公羊今文經學才是真的孔子經學，而左氏古文經學則是假的，乃由新莽時代劉歆所僞造。劉歆爲甚麼要假造這套古文經學呢？因爲他要幫王莽篡位。這是康有爲的說法。他也曾寫了新學僞經考一部書，經前清下令焚禁。但在民初時，大家更看重這部書。其實他這套說法，亦不全是他的發明與創造，在他前已有人講過。

說到此，我順便說件小故事給諸位聽。當時北京大學有位講今文經學的先生崔適。他寫了一部書，名史記探源。他從經學講到史學，把史記裏詳細舉出這一條、那一條，辨別其中何者是太史公原本，何者是劉歆僞羼，因爲這中間講的是經學裏的古文學。他極推崇康有爲。在史記探源之外，他還有幾部書，都用康有爲說法。當時錢玄同在北京大學和他同事。錢玄同本是章太炎的學生，章太炎在經學上正和康有爲對立，是主張古文經學的。康、章是兩派，講近代史也不能不講章太炎。諸位或許不知道崔適，錢玄同應大家知道，他在當時是鼎鼎大名的。有一天，錢玄同寫了門生帖子，親自跑到崔適家裏，三跪九叩，拜崔適為師。錢玄同還是北大教授的前輩。我到北京大學時，與錢玄同同事，而崔適則已經死了，但大家還講這事，傳為嘉話美談。錢玄同佩服崔適，提倡疑古辨偽更徹底了，把自己的姓都廢了，改稱「疑古玄同」。當時我很不客氣在講堂上批評這班過份講疑古辨偽的人，而也批評到他。我的朋友來告訴我說：「你如何如此大膽，敢批評疑古玄同？他的兒子在你班上呀！你要小心。」不久有人請客。錢玄同和我同為陪客，坐一起，他對我說：「我有一兒子在你班上，你的話他都筆記下來，我都看了。」他又說：「他佩服你。」下邊就不再說了。那時的讀書人，這種胸懷氣度，今天人還有些比不上。

再回頭說康有為，跑進美國公使館，政治生命完了，學術地位卻越來越高。清代人自稱他們的經學為「漢學」，說他們所講是漢代人的經學。康有為則認為其中不全是漢學，有一大部份應稱「新學」，乃指新奔之新。他的新學偽經考，認為經學有兩種：一是真經學，就是今文經學。一是假經學，就是古文經學。他又有孔子改制考一書，認為孔子講的古代一切並無這回事，孔子所根據的堯、舜、文王、周公這一套歷史，都是孔子假造的。孔子為要在當時改制變法，所以假造古代歷史，用作宣傳，這稱為「託古改制」。他這兩本書，成在清朝末年。他這番話，驚天動地，說得太大膽。清政府下令銷毀，但社會上反而更轟動、更想看。

我在民初，遊杭州西湖，在書攤上買到新學僞經考這部書。當時我還在小學教書，我看了不大信，覺得他講得有些太牽强附會了，擱在一旁。而在社會上，康有爲新學僞經考、孔子改制考兩書地位高了，卻成爲新文化運動的先鋒，「疑古辨僞」響徹天空。康有爲逃到美國公使館之後，就把這兩書重印。我當時已在中學教書，就寫了一篇劉向歆父子年譜，來證明劉歆並未作僞。我在這篇文章的序上說，康有爲的新學僞經考共有二十八點講不通。那是民國十八年，我那篇文章，刊登在燕京學報。第二年，我便到燕京大學去教書。又一年，纔又轉到北京大學去。那時北大、清華、燕大、輔仁、師大等各大學，都有經學課程，都照康有爲的講法，說今文經是真的，古文經是假的。待我這篇劉向歆父子年譜刊出，從此北京各大學的經學課程一律停開了。

五

民國初年，雖有新文化運動，各大學没有不開經學課程的，而這些課程便和新文化運動相呼應，盡是疑古辨僞，一筆抹搬。但從民國十九年以後，經學不能再照康有爲那麼講，從此没人開這些課。直到今天，也就很少人學經學了。有人稱讚我這書，我說：康有爲説錯了，我來駁他。待大家不再講康有爲了，從此經學上今文學、古文學這問題也没有了，這筆帳也取消了，我這本書便只成爲學術史上一本死的書，不再有人理會了。其實我這書也是一種辨僞，辨的是一時辨僞者之所謂「僞」。

清初閻百詩著尚書古文疏證，辨古文尚書之僞。諸位要注意，這是專指的尚書，其他各經並無像尚書這樣的今古文問題，這以後我們還會說到。在當時，這真是震動一世，近兩千年來大家讀的尚書，其中有今文、古文之別，而古文則是假的。他這書一出來，大家不再信古文尚書了。但從此人人都知道了這件事，没人來作翻案文章，已成定論，閻百詩這書現在大家也不讀了。

現在我們倘使再講經學，問題就更麻煩了。我今天這番話，至少告訴諸位一點，我今天從頭到尾所講都是現代史，這個問題是個現代的問題，是民國以來的新問題，並不是一個古老問題。諸位要研究現代史，能不知道這問題嗎？諸位若是研究兩漢史的人，又能不注意這問題嗎？諸位若讀清代人的書，又能不關切這問題嗎？諸位讀我的中國近三百年學術史，在這三百年中，我就講到閻百詩，講到康有爲。諸位倘使不通經學大要，便無法來讀我這本書。諸位或可讀了我的書，再去讀經學；或讀了經學，再讀我這書。這是講的近三百年的歷史。我今天所講則是近七十年、近八十年的現代史。諸位知道了這一點，才懂得我今年開這門課的意義。

我今天這番開場白，並非講我一人的理論思想，所講都是近代的大事情。諸位講史學，究也不能不通經學。此下我陸續要講的，有些是經學上極困難、極複雜的問題，我將盡力講得極簡單、極平易，諸位且耐心聽。

第二講

一

我今天先講孔子與六經的關係。換句話說，也可謂即是「儒學」與「經學」的關係。我記得七、八年前，在孫中山先生紀念日，蔣總統提出「復興文化」的號召。當時有位老先生寫篇文章，他極力贊成復興文化，但主張應恢復從前學校的讀經課程。我當時在香港，讀到這篇文章，便也寫一篇文章送登此地的報紙，說明「尊孔」與「尊經」兩事不同。復興文化當然要尊孔，但要尊孔而連帶來尊經，這中間便有許多較複雜瑣碎的問題，該加討論。

我主張經學應放在大學文學院及研究所來研究。我的文章中有一句，說：「復興文化非復古。」這句話七、八年來講的人不少了，但孔子與經學的關係究如何?卻不見有人來討論。孔子是古代一聖人，經學是幾部古代的典籍，多半是孔子曾經讀過的，這該與孔學有關係。

最近臺灣大學一位退休教授方東美先生，在輔仁大學講演，其筆記登在中央日報副刊上。他主張要研究孔子思想，該讀易傳，不該讀論語，他認為論語不過記載孔子的言行。他的文章一出，另有一位教授，便寫一篇文章駁他。但此後也未見大家繼續討論這問題。

我以為研究孔子思想，首先便該注重論語，這是無可懷疑爭辯的。至於易傳呢？最近暑假中，方先生又在教育部、孔孟學會與救國團合辦的暑期講習會中，重申他的意見，研究孔子應重在研究易傳。但他這次講演，又另添一層，主張易傳之外還應該讀尚書的洪範篇。他這番話，雖未經有人詳細筆錄，但也摘要地載在中央日報，直到今天也無人起來討論。

易傳與尚書洪範皆屬經學範圍，但兩書行世，都該在孔子身後。這方面從來經學家已有不少說到過。

諸位聽我這門課，不要認為經學僅是些古老的問題。不論七、八十年的近代史，即在諸位今天眼前仍會碰到許多經學上問題，不該不知道。只要是一個中國的大學生，不論念那一學院，不能說不需要知道孔子，並孔子前後的幾部古經籍。若干年來孔孟學會提倡孔子，該據什麼材料呢？我們講孔子應怎麼講法？這應有交代才行。可是今天臺灣只有外國人說話才有用，國人說是沒有用的。今天我提出這「孔子與六經」的問題，本來是一老問題，今天卻又成為一新問題了。

今天以後，我們應如何來講孔子，這須好好來研究、來討論。所以我這門課，好像是舊題目，卻是今天的新問題。諸位先莫把「古」「今」、「新」「舊」的觀念橫梗心頭，自封自限，自知我下面所講，會與諸位今天切身有關。

二

上一堂我說，我們不能不研究經學；今天又提，大家就當深切注意。我在民國十五年到十七年間，寫了一本國學概論，這書是我在無錫師範學校的國文講義。今年民國六十三年，相隔快近五十年。我當時在教中學，學校規定每位國文先生須教四門課：第一年「文字學」，第二年「論語」，第三年「孟子」，第四年「國學概論」。我在任課中，寫成了四本講義。第一本文字學大義，因想日後補充，寫的較簡，而以後興趣與注意力轉向別的方面，一直沒有能補充出版。自謂此講義頗曾用力，有新得，至今此講義已無法覓得，引以為憾。第二本論語要略，第三本孟子要略，後來都已出版。第四本國學概論，經三年才寫成，亦交商務印書館付梓。書中第一章，便是孔子與六經，正是我今天要講的題目。

照我講法，六經與孔子，至多也僅有一部分關係。故講孔子，並不必講六經。可是到今天，並不見人批評討論。現在我們如何上這堂課呢？我今天只有把四十八年前所講的重講一遍。這些教材拿到今天來講，其中問題，仍不會有結論，也不能把來詳細講。即此可見，今天我們的學術界，對許多問題沒有更深一層的進展。學術上須得有結論，才能有進步。大家分別走路，沒有一個共同問題來研究，這又會有什麼成績呢？

我最近應孔孟學會之請，寫了一部孔子傳。這書我本不打算寫，因爲我在寫國學概論之前，先曾寫了一部論語要略，其中便有一篇孔子傳。在國學概論出版後，我又寫了先秦諸子繫年，此書也在民國二十四年出版，距今已達四十年。書中第一卷三十篇文章中，考訂孔子一生的，便佔二十七篇。第一篇是孔子生年考，最後一篇是孔門傳經辨。十幾年前，我在美國，又寫了一部論語新解。所有我對孔子的行事和思想的一切意見，都在這三書中。所以我不願再寫，該讓別人來寫。可是孔孟學會堅持要我寫。我寫了後，卻又覺得高興，自己覺得總算自己還是有長進。這本孔子傳比我前三書，還發現有新見解。可是這本書寫成，遭到孔孟學會退稿。這還是我生平第一次，被人請了寫書，而又遭退稿的。我本想擱下再說吧，結果有位女記者在一會上，聽到一位孔孟學會委員，公開批評這份稿子，而來訪問。余意孔孟學會退稿，非比書鋪退稿。「學會」非比尋常，並且又是國立的。這樣的退稿，誠是一大問題。所以我甚願另交一雜誌社出版，歡迎社會大家的批評。可是到今天，未經一人批評。這是大家贊同呢？還是大家根本不理睬？若是不理睬，國人關心的是什麼？中國文化已淪落到什麼程度？要知一個國家民族不能沒有歷史文化，而一國家民族對自身的歷史文化不關心到此地步，絕對不會有前途。

另說我在四十八年後，仍可以再講這些老話和書，可見這書的價值。如果再過四百八十年，這書仍值討論，則更見價值了。今天臺灣最嚴重的，是大家對歷史文化的重大問題都不理睬，而這也是對歷史文化傷害最可怕的一種風俗，比之大陸上的對本國文化提倡破壞，其實有過之無不及。我寫國學概論時，正是新文化運動「打倒孔家店」時。當時我的國學概論寫成，有人批評「國學」二字不對，因學術是無國界的。其實世界各國都有其特有的學問，這問題並不奇特。

孔孟學會退稿，據說是因我在這書裏沒有講六經。史記上說孔子「刪詩書，訂禮樂，贊周易，作春秋。」我的說法，只是「作春秋」有其事。「訂禮樂」也有之，但並不如我們所想像，那真實情形也無法再講了。此外「刪詩書」、「贊周易」，實在並無這回事。這些話我早說過，其實也並非我一人創見，只是薈萃前人成說，而成此結論。諸位對此問題，除讀我的國學概論第一章外，也可看我先秦諸子繫年第一卷的最後一篇孔門傳經辨。

三

此刻我仍得簡單講一些關於孔子與六經。

第一點，我們先講此「經」字。諸位翻查論語，惟憲問篇一見：

自經於溝瀆而莫之知也。

「經」爲動詞，非指書本。孟子書裏，則有：

經正則庶民興。

此「經」字亦非書籍。即此可說，孔、孟並未傳經。論語：

> 子所雅言，詩、書、執禮，皆雅言也。

詩、書下並不加一「經」字。孔子又常講「禮、樂」，禮、樂亦並非兩部經。戰國時人只稱孔子教弟子以「四術」，即指詩、書、禮、樂。我們現在且問，古人一本書而稱之爲「經」的，始於何時？孔子「好古敏求」，孔子以前非無書，但不稱經。

書稱「經」，大概始見於墨子。墨子書中有經上、經下、經說上、經說下諸篇。墨子主張，乃另一套學問。儒家用「經」字，始於荀子。荀子勸學篇：

> 學惡乎始，惡乎終？曰：其數則始乎誦經，終乎讀禮。

諸位讀到這幾句，或許「數」字不會解。學問總有不知處，不必急。不要盡在不會解、難解處求解，先從能解、易解處去用心。不懂的且存在心裏，日後或許有一天能懂。

荀子書上有「經」字，其實已後於墨子。那麼墨子的書，是什麼人寫的？墨經又是什麼時代人寫的呢？現在人反對考據，其實學問沒有不要考據的。墨經的「經」與荀子的「經」，何者在先？何者在後？這個考據容易。但考據之事，有的考得出，有的考不出。如論語只一處用到「經」字，論語、孟子上用的「經」字，不指經學言，這明白考得出。這時的儒家，還沒有傳經這回事。至於儒家是否因墨家有經，因此也把幾部他們看重的書也稱之爲經呢？這就無法確考。

但我們只就荀子這兩句話看，「始乎誦經，終乎讀禮」，他所謂的「誦經」實非指六經。因「經」與「禮」對稱，則知禮非經。後人以詩、書、禮、樂、易、春秋稱六經，已決非荀子時語。

唐代人楊倞注：

經謂詩、書，禮謂典禮之屬。

這注非常好。我們現在人常看不起從前人的注，而看重清朝人解經。如荀子有王先謙集解。可是從前人像這種注非常好。楊倞是唐朝人，漢人已有六經，他不知嗎？而他這樣注，實在好，注得非常貼切。他只提詩、書，未提五經、六經。要到後人才再出來大加提倡五經、六經。而且清代人也没有來駁楊倞這句注。勸學篇下面明明說：

禮之敬文也，樂之中和也，詩、書之博也，春秋之微也，在天地之間者畢矣。

荀子自己講「經」和「禮」，也没有指到易經。是荀子也未知孔門有傳六經事。所以楊倞此注最切當。

四

我講這門課，不僅要講經學大要，更重要的要告訴諸位，讀書應如何讀法。譬如我剛才告訴諸位，讀到「其數則」三字不會講不要緊，且先跳過，不要遇到不懂便不高興讀下去，天下沒有人能拿出書一讀都懂的。若有一讀便懂的書，這便是無價值的書。讀書有不懂，但不會全不懂，儘先讀懂的，不懂的慢慢再讀，自會懂。若不高興再讀，亦不妨先讀別的書，隔一陣回頭再讀。如此由不懂而懂，才是長進。同時大家讀書得有幾個朋友、幾個先生才行。而這些也可以在古書裏去找。

諸位讀書應分別每一書的意義與價值，不能儘想讀沒讀過的書。我一生中，不知讀過多少遍論語，但遇能懂的，卻不該疏忽。如荀子說：「始乎誦經」該能懂，但楊倞卻注：「經謂詩、書」，並不說五經、六經，此處就大有問題，該得注意，自運思考。讀書如交友，朋友愈熟愈可來往，不能一味喜新。

五

我們現在再進一步講，孔子以禮、樂、射、御、書、數「六藝」教弟子。但到了漢代，如漢書藝文志中的「六藝略」，這「六藝」便改指了易、書、詩、禮、樂、春秋之六經。其實漢代也只有五經，從來沒有獨立的「樂經」。但照漢人如此一說，孔子和五經便發生了密切的關係。

孔子作春秋，見於孟子。孟子師子思之門人，他的話絕不錯。史記也有詳細的記錄。而春秋由曾子、子思後不知名的學者，再傳至孟子爲五代。

至於詩、書、禮、樂，在論語中不知提到多少次。不過照楊倞注荀子，詩、書、禮、樂也有分別，不都是指的書。這非常重要。

至於易，論語中提及「易」字的僅兩處。一見於述而篇：

五十以學易，可以無大過矣。

論語此章，引起中國古今不斷的問題。孔子是大聖人，爲什麼易經定要待五十歲才學？而且何以要到五十學易才能無大過？古人讀書不像今天，他們認爲其中必有一番道理才對。於是人各一說，對論語此章，有了許多說法，但都不能說得恰好。只有一說，根據論語異本，謂「易」字當作「亦」，連下讀：

五十以學，亦可以無大過矣。

孔子自知五十定將出仕，把學的生活打斷了，所以有此說法，算把這一句讀通了。孔子說此話時，大概在四十八、九，照當時情勢，孔子非出仕不可，所以孔子說：「若能讓我學到五十歲，再出來做事，庶可以無大過失。」用一「亦」字，可使這一句話上下連貫講得通。

此外又有一條，在子路篇：

子曰：「南人有言曰：『人而無恆，不可以作巫醫。』善夫！『不恆其德，或承之羞。』」子曰：「不占而已矣。」

「不恆其德，或承之羞」八字，乃易恆卦九三爻辭，可證孔子確曾提到過易。但易只是卜筮之書，所以孔子說若其人能懂占卜吉凶，一翻周易，見了此句，也便知人不可無恆了。由此章正可見孔子並不重視易。

若孔子自己要「五十學易」，爲什麼全部論語沒有記載孔子教弟子學易的事？論語季氏篇載：

陳亢問於伯魚曰：「子亦有異聞乎？」對曰：「未也。嘗獨立，鯉趨而過庭，曰：『學詩乎？』對曰：『未也。』『不學詩，無以言。』鯉退而學詩。他日又獨立，鯉趨而過庭，曰：『學禮乎？』對曰：『未也。』『不學禮，無以立。』鯉退而學禮。聞斯二者。」

孔子私下教他兒子只有這兩次，但也並沒有教他兒子讀易。這是一小故事；不過從這小故事可以講出一文化問題。文化是不能空講的。在中國的家庭中，自古父不教子，而要易子而教，這也就是中國文化中的一種特質。

漢代人說傳孔子易經的是商瞿，但論語裏並不見此人。我的先秦諸子繫年，在孔門傳經辨曾詳細討論到這事。七十子中，四科十哲，諸賢皆不傳易。孟子不傳易，荀子不傳易。商瞿傳易，只漢代人說。直到秦始皇焚書，詩、書皆不免，但易爲卜筮書，不焚。明白以詩、書、禮、樂、易、春秋為六經，其語始見於莊子外篇天運。但從來人皆知此是僞書，當出秦、漢之間，斷非戰國時人語。

六

再進一步說，莊子天下篇所謂「易以道陰陽」，只是繫辭傳如是說，周易上、下經並不道陰陽。論語、孟子均不言陰陽。再如子貢說：

夫子之言性與天道，不可得而聞也。

論語中孔子只言「天命」，不言「天道」。又曰：

性相近也，習相遠也。

言「性」只此一見。孟子「道性善」，中庸則曰：

天命之謂性，率性之謂道。

但繫辭傳卻說：

一陰一陽之謂道，繼之者善也，成之者性也。

照此四部書之先後，應是先論、孟，次中庸、易傳。若說易繫辭傳是孔子所作，則先秦儒家思想先後轉進之次序大亂，無可闡說。

而且孔子爲何把他說「道」說「性」的一些精義密旨，秘不告人，連子貢也聽不到，但私下只傳之商瞿？此下孟子、荀子諸人也都不知，所以孟子道性善、荀子道性惡？若如他們兩人都曾見到了孔子易傳，我想孟子「道性善」也不這樣的道法，荀子也更不致出來主張「性惡」。因荀子只起來反對孟子，並連帶反對到子思。但荀子全部書中，絕沒有一句話反對到孔子。若荀子已見到了孔子的易繫傳，至少決不會明目張膽來提倡性惡。而且在荀子同時，也決沒有人見過孔子的易繫傳。否則荀子縱使提倡性惡，也應對孔子易繫傳所言，有一交代。而且荀子也沒有見過所謂子思的中庸。中庸書裏曾說：

今天下車同軌，書同文，行同倫。

他處又明白提到華山，卻不提泰山。此書顯然出在秦代統一以後，但還在焚書以前，所以荀子見不到此書。

再如易說卦傳說：

立天之道曰「陰」與「陽」，立地之道曰「柔」與「剛」，立人之道曰「仁」與「義」。

論語只言「剛」不言「柔」。孟子亦然。論語中亦多言及「義」，但「義」與「仁」不連稱對立。墨子講「兼愛」，始把「義」字價值提高，來反對孔子講「仁」。故莊子說：

仁義之端，是非之塗，樊然殽亂。

這是說，儒家講「仁」，墨家講「義」，是非難於判定。後來孟子出來，始把「義」與「仁」二字連稱對立一同講，自成一番道理。所以說：

仁，人心也。義，人路也。

他把墨子說法包涵消融於孔子道理之中。所以後來大家不必再辨仁義的問題，而墨家亦就失去了立場。

即如禮運篇說「天下爲公」，這裏面也已包含有墨家思想。而易傳中更包涵有道家、陰陽家思想。又如易傳以「天」「地」連稱對立，孔子、墨子皆不然，孟子、荀子也不然。直從孔子到中庸與易傳，儘可說都是儒家思想一貫相承。但其間已有三百年時間，儒家思想也遞有轉變衍進。

即拈儒家言「性」一義來說，孔子只說：

性相近，習相遠。惟上智、下愚不移。

顯是專論人性。雖其間有「智、愚」，但未牽涉及「善、惡」。孟子「道性善」，也只說人之性善，並未說犬牛之性亦皆是善，故孟子「道性善，言必稱堯、舜」，他只是根據人文歷史來說。荀子主張性惡，也只根據歷史討論人性。但中庸說：

天命之謂性，率性之謂道。

又說：

能盡人之性，則能盡物之性。能盡物之性，則可以贊天地之化育。可以贊天地之化育，則可以與天地參矣。

這種講法，兼天地萬物，一併同視，顯已是受了莊、老道家影響。易傳更說：「一陰一陽之謂道，繼之者善，成之者性」，又把陰陽家言羼進。

這些話，我並不有意貶損中庸與易傳兩書之價值，只是講古代儒家思想之發展，隨時演進有如此。

到後來，魏、晉人提倡道家，但極看重易經。易在「三玄」之列。到了佛教大行於中國，梁武帝信佛，曾爲中庸講疏。中庸與易經這兩部書，仍受大家看重。到了唐朝，易經更受道家看重，一翻道藏便知。李習之寫復性書，也根據中庸來。但李習之顯亦濡染佛學。可見中庸、易傳兩書，顯與孟、荀有別，更不必提及論語了。

七

我此所講，已大部牽涉到「思想史」，但我現在是講「經學」，固然經學史與思想史不能嚴格分別，但亦各有偏重，我之所講，且到此爲止，不再深入。

再講到「禮」。孔子以詩與禮教其子伯魚，但禮與詩不同。「禮」是禮儀行為制度。下到戰國孟子時，古人行為制度已不得其詳。故北宮錡問孟子「周室班爵祿」，孟子說：

其詳不可得聞也。諸侯惡其害己也，而皆去其籍。

當時因為諸侯僭禮，所以各自把古禮都燒了，因他們都討厭古禮。如魏文侯，他只是一卿，而作了國君，雖拜子夏為師，但也討厭禮。齊威王也不喜歡禮。所以到孟子也不會講了。而這禮是孔子詳細教學生的，孟子已不能說，那裏有孔子所傳的「禮經」？漢代禮經是指的儀禮，但此只是孔子以後的書，前人也早有定論，茲不詳及。

我這一堂所講，只是說孔子時還沒有六經。宋末理學家黃東發說：

六經之名始於漢。

此一語可謂顛撲不破。

現在再略講今文尚書中的洪範。洪範一篇，傳說為周克殷之後，武王訪箕子，箕子所陳。「洪」大也；「範」法也。「洪範」猶今言大憲章、大法則。篇中明白講到金、木、水、火、土五行，亦為孔子、孟子所不講的，乃是此下鄒衍的一套。可見此篇亦是戰國末年人偽造。孟子說：

盡信書，則不如無書。

中國人從孟子到太史公，何事不經考據？考據就要講「辨僞」。因而若說禮運是孔子對子游所說，但根據歷史，知孔子在魯國作官時，子游還是小孩。待孔子周遊列國回來，子游才參加弟子行列的。可見這不是孔子對子游所說，此即是考據之辨僞。

我們做學問，不能沒有考據工夫。不過考據當在大題目、大義理上用，不應儘向小題目、小枝葉上去考據。要講經學，這是一種自漢以下千古聚訟之學。不通考據，斷不能來講經學。要通經學，又必注重「經學史」。不懂先秦，如何能懂兩漢？不懂兩漢，又如何能懂魏、晉、南北朝、隋、唐以下？

今天且講到此。

第三講

一

上次講孔子與六經有沒有關係，又是什麼樣一種關係？我們想略知經學，這是第一個大問題，先該知道。今天講第二個大題目：漢武帝表彰五經。

我們學一種學問，最好能博學，則種種複雜問題可以相互貫通。支離破碎，一知半解，便不能通。我們現在做學問都要講「專門」，其實從古以來的學問，凡有成就，都是專門的。但在相互間必求「通」。難得有幾個人能多方面通。可是做學問的基礎須是一個廣博的、多方面的；而專家之學，乃是較上一層次了。

學問基礎究該何處求呢？人類知識在每一方面都有幾個大題目。在這幾個大題目下，都能懂了就是「博」。也就是把握到每門知識中最重要的幾個大問題。這幾個大問題懂了，其他便都易懂，不懂也不要緊。中國向來講學問都說「經、史、子、集」，經學便是第一項。中國讀書人沒有不通經學的。實際上經學只有幾個大題目，弄懂了就可以，不是非要把每一小題目都專精才行。諸位學史學，也只有幾個大題目，不是要把二十五史精讀。能知漢朝、魏晉南北朝等，每一時代有那幾件大事就行了。這是你不論研究那一朝專史都該知的。

二

在漢代，漢武帝「罷黜百家，表彰六經」，這是講經學、講史學都要講到的大題目。特別民國以來新文化運動的時期，大家喜歡講這題目。但在下面另添了「而後思想定於一尊」這一句，好像儒家從此才成爲中國文化的主流。把後來中國人看重儒家思想，完全歸因於漢武帝的這項措施。這三句話，前兩句見於漢書武帝紀，漢代實只有五經，故後人或稱武帝表彰五經，是一樣的；末一句「思想定於一尊」，謂其獨尊儒術，中國二十五史中沒有，亦從未見於其他歷史記載，自爲我們民國以來學者所說。

這新添的一句話，簡單講，有兩點不通。第一點，中國的儒家思想，在漢代「罷黜百家，表彰六經」時，當然特別受人看重。但到了魏、晉、南北朝、隋、唐，儒家思想雖未全部推翻，在儒、釋、道三教中，儒家只居末座。從政治制度上講，魏、晉下到隋、唐，都沿襲兩漢，無大改革。而兩漢的政治制度，便多是儒家思想的表現。但講人生宇宙，大家看重的是佛教與莊、老，其勢力更在孔子儒家之上。如何說儒家「定於一尊」呢？至少可講，漢武帝「罷黜百家，表彰六經」的影響，到東漢亡便完了，下面魏晉南北朝早不如此。倘使我們要罵孔子貽禍中國，亦不能專怪漢武帝一人。隋、唐以下，儒學復興，尚待許多人努力。

說到此，我附帶提一事。我這次到韓國講演，有一位韓國教授特來問我，他說：「從前我們韓國人認為韓國幾千年是受了孔子思想之害，現在我們知道這話錯了。最多只能說，講孔子思想的人講錯了，孔子思想本身並沒錯。依先生之見，孔子思想本身究竟有沒有什麼缺點？」他這問題其實是個重要的問題。我們姑不論後來人是不是講孔子講錯了，幾十年來，大家罵孔子，究竟孔子思想本身有沒有什麼毛病？

我當時答復他說：我們今天講西方文化，重要的一是宗教，一是科學。孔子思想在中國可以代替宗教。西方受宗教的影響，如其紀年都以耶穌誕生為紀元。今天我們中國人稱之為「公元」，這是我們的自卑心理。中國歷史早於耶穌紀元，而不敢以中國人紀元，不敢說孔子誕後多少年。對於科學，孔子講天文曆法，豈不遠超過西方？中國這幾千年來，亦不是沒有科學。孔子雖未加提倡，亦未加反對。只是在近兩、三百年來，中國不像西方般，在科學方面有長足的進步。我們今天要來提倡科學，似乎也與孔子思想並無衝突。

現在再回到剛才的問題。民國初年人說漢武帝「表彰五經，罷黜百家，然後儒家定於一尊」。這句話第一點不通，我剛才已經說過。第二點不通，我要說的，漢武帝表彰的是戰國以前的五經，而非表彰戰國以後的儒家。漢武帝「表彰五經」的另一句，是「罷黜百家」。儒家只能算百家中第一家，則也在漢武帝罷黜之列。我們讀漢書藝文志，這是漢代皇家圖書館藏書的目錄分類，把一切書籍編目，分歸七類。第一類爲「六藝」，便是「經」。第二類爲「諸子」，便是「百家」。百家中第一家，便是「儒家」。可見罷黜百家，儒家亦在內。「六藝」與「諸子」，這是當時學術上一個大分野。講漢代史，這點不能不知。

漢代政府設「博士官」其制始於秦。漢武帝以前，文帝時孟子、老子皆曾立博士。到了武帝，只許五經立博士，其他百家博士都一起罷免。孟子、老子博士也罷黜了，這便是罷黜百家的事實證明。可見當時漢武帝表彰「五經」，並非表彰「儒家」。

從前人對這問題大家懂，不用多說。但今天大家提倡新文化運動，要討論儒家思想，來加以罷黜，這纔變成了新問題，而不幸把漢書這兩句話的內容也講錯了。講學問不能憑空講，若如民初人說「漢武帝表彰五經，罷黜百家，而後儒家定於一尊」，這便是無根據的空論。

三

漢書藝文志「諸子略」，儒家中有曾子、子思、孟子，再有其他人。這裏便發生一問題，儒家出於孔子，漢代人爲何不把孔子歸在儒家呢？孔子作春秋便是漢代人五經中的一經。而另一部書，孔子門人記載孔子一生言行的論語，亦不歸在諸子略中，而把來與爾雅、孝經共三書同附在六藝之後，爲當時小學必讀書。漢代人未入太學，先讀這三本書；入太學後，再讀五經。論語記孔子的言行。當時人亦認爲孝經是孔子所作，這當然不對。至於爾雅，則如一本字典。這三本書當時規定人人必讀，此後再讀五經。可見漢代人認爲孔子是傳五經的，所以不歸在諸子略。

至於孟子，則並未爲漢人所重，直到唐代韓愈闢佛，始自比於孟子之闢揚、墨。下及宋代，歐陽修告王安石，學古文應宗韓愈。王安石說，他喜歡學孟子。蘇東坡詩亦言「仕道固應慙孔孟」，亦以孔、孟並稱。故王、蘇尊孟，實可說皆從昌黎來。

照漢代人講法，詩、書、禮、樂加易、春秋，即爲六經。漢代並無樂書，故只有五經。詩、書、禮、樂皆由周公始，易則經伏羲、文王、周公、孔子四聖。易卦起於伏羲，卦爻辭起於文王、周公，孔子爲之作傳。史記說：「孔子刪詩書、訂禮樂、贊周易，作春秋」。孔子之前，已有春秋。孔子作春秋本魯國春秋。墨子時還見過「百國春秋」。

孟子說：

> 晉之乘、楚之檮杌、魯之春秋，一也。

可見孔子前各國都有史書。

當時各國的史書，從何時開始的呢？大概不從周公始。周公時只有尚書。孟子說：

詩亡而後春秋作。

這裏的「春秋」是指的百國春秋，並不指孔子春秋。關於這點，我已在中國史學名著一書中說到。現在不再詳講。

漢朝人表彰五經，是看重從周公到孔子，後起孟子、荀子並不在內。我們今天「孔、孟」連稱，則要到宋代才如此。此是中國學術史上一大轉變。這可說漢代人看重周公、孔子，並不只看重孔子一人，而論語亦並不能與春秋並尊。

四

我們再進一層問：「五經」與「百家」的分別在那裏？此層仍須看漢書藝文志。漢書藝文志以六藝爲「王官學」，諸子爲「百家言」。「王官」指國之共尊，「百家」乃指民間私家。現代人說，西方學重專家，如文學家、史學家，指學問上之專門家。中國古代儒家、道家的「家」字，則不如此講。「家」字應帶著「官」字同時講，如漢代蓋寬饒引韓氏易傳云：

五帝官天下，三王家天下。

「家」字、「官」字皆從「宀」，「宀」是象形，代表建築，爲人所居。建築有兩種：一種是公的，稱「官」，如後人稱衙門；掌管這衙門事務的人也稱官。「官」是一名詞，「管」是一動詞，一平聲，一仄聲，稍加區別即是。一種是私的，稱「家」。家字下從「豕」，屋子裏養頭豬，這是普通人的家。衙門裏人很多，所以官字下從「𠂤」，「師」亦從「𠂤」，有「衆」意。故公的建築稱「官」，私的建築稱「家」。換言之，官指「公」，家指「私」。因此古人又稱傳賢、傳子兩大傳天下的方式爲「官天下」、「家天下」。中國文字學是很有趣的。

中國古代本已是大一統了，各衙門之上有一個總衙門，夏、商、周三代皆稱「王」。百官分職，成一大組織，一切官都爲著國家辦事，皆隸屬於一王之下。因此當時政府所掌各種學問，皆稱爲「王官學」。後起乃有「百家言」，這是一種私家之言，如孔子、墨子、老子，一時蠭起，不止一家，這就稱爲「百家言」。這便是漢代人所稱「王官學」與「百家言」的分別。

照漢書藝文志所講，百家言都由王官學來。關於此一層，清代學人章實齋所著文史通義，他根據漢書藝文志對此有發明。若再補充章實齋說法，亦可謂，王官學在政府，就是古代先起的「貴族學」；百家言在社會，乃是古代後起的「平民學」。孔子以前，學問只在貴族手中，只有貴族學。孔子始把學術由貴族流傳到民間，才開始了平民學。上闡王官學，下開百家言，他是中間一樞紐。

漢武帝是要提倡「王官學」來罷黜「百家言」。五經就是王官學，「罷黜百家，表彰五經」，其議由董仲舒提出。董仲舒的文章屢言「更化」。「更化」二字，拿今天話說，就是「新文化運動」。罷黜百家，表彰五經，便是當時一種新文化運動。

今天我們儘要說中國人守舊，其實孔子以下百家興起，便是不守舊。漢武帝表彰五經又是不守舊，至少他把他祖父漢文帝時的博士制度改了。孟子博士、老子博士一起都罷黜了。我們若把整部中國史來看，中國人天天在那裏「更化」。惟其如此，所以不像西洋史積著一時來一個大變，希臘變成了羅馬，又變成了中古時期，又變成了現代。兩次大戰後，歐洲又將大變，只不知會變成什麼樣子。而中國還是一中國，所以不知者要說他守舊不會變。

今且說，董仲舒主張「更化」，要以「復古」來「更化」。其實只是要恢復以前周公到孔子之古，來更先秦自孔子以下至秦始皇一段之化。在學術上罷黜百家，來恢復從前的五經王官學。此層且待慢慢講。

五

諸位聽我這樣講，或許會疑心，我此下會領導諸位走入一條專門經學上古老沉悶的路，其實也不然。我要告訴諸位，我們做學問，不能只讀書，卻忘了我們自身的時代。做這一時代的人，主要應講這一時代的問題與需要。要懂得這一時代的意義與價值，這樣纔不是讀死書。

我是民國時代的人，在我年輕時，大家正提倡新文化運動。大家都講這問題，我纔也來研究這問題。待我仔細讀了一些書，纔發覺全不是這回事，全不如他們之所說。我此下討論的問題，其實亦是些現代問題，但不免必要牽涉到古代。

現在應再講一點，中國人爲什麼要提倡孔子？近代崇拜西化的人說，中國人提倡孔子，是專制皇帝爲要便利專制，漢武帝是罪魁禍首。今天要推翻兩千五百年的專制政治，孔子當然該打倒。我聽大家這樣講，來做研究，先把全部論語仔細讀，再把孟子、荀子其他儒家書一起讀，看他們是不是都在獎勵專制？再尋「漢武帝提倡孔子是爲要便利專制」這話是何人所說？見於何書？但再也尋不到，我纔知這句話是我們現代人的新說法、新發明，從前人並無這句話。

諸位當知，科學可以有新發明，從前沒有電燈，現在有了。哲學也可以有新發明，從前人這樣講，我不這樣講，我有我的一套邏輯方法，可以和你辯論。但說中國因爲專制皇帝認爲孔子思想便利於專制，所以來提倡孔子，兩千五百年直到今天，這是說的歷史。若從歷史實情看，很難找出證據。若要進一步再講思想內容方面，這較難。

漢武帝爲何要來表彰五經，罷黜百家？剛才已講過，這是由於董仲舒一番話。但細看歷史，漢武帝在董仲舒說這話以前，自己已有一套道理，一套想法。譬如漢代詔舉「賢良」到中央來「對策」，這不是漢武帝時開始。賢良來到朝廷，朝廷的策問，都是問的當時政治上的問題。董仲舒賢良對策，其中特別提到的是「天人」的問題，就是宇宙與人生的問題。董仲舒說得極好，武帝看了，大爲欣賞。因此根據他的對策，再發問，他再答。一共問了三次。他這三篇對策，即是所謂天人三策，原文都見在漢書。這是中國思想史上一大題目。可是我們在注意他這三篇文章如何回答之前，該先注意武帝的策問內容，如何問的？似乎大家都懂得看董仲舒的天人三策，卻都不注意武帝的策問。其實在武帝的策問裏，已經明明推尊儒家了。董仲舒只是回答得使漢武帝滿意，所以漢武帝一而再、再而三的繼續問，便知漢武帝在問他之前，已經自己也尊重儒家了。

我們讀史記和漢書，纔知漢武帝當皇帝，其時只十七歲。他在即位之前做太子時，已有一位先生王臧教他。王臧的先生是申公，王臧另有一同學是趙綰。武帝一當了皇帝，王臧便推薦趙綰，做到御史大夫，即副宰相的官位。照此看來，武帝顯是幼年早受了他先生影響而知推崇儒家的。諸位想，武帝當皇帝時只有十七歲，尚無政治經驗，他如何便懂得孔子思想可以方便專制？就像今人也受自己先生的影響，先生說新文化運動，大家也說新文化運動，社會風氣的影響也因此而成。

若講中國史上的專制皇帝，大家都推秦始皇。秦始皇由秦王慢慢統一天下，做中國史上惟一未之先有的大皇帝，故自稱「始皇帝」。他對政治有經驗。秦始皇爲何要焚燒六經？難道他不懂專制，不懂孔子思想可以便利專制，而漢武帝卻懂了嗎？諸位讀書要懂得活讀，要通人事，纔會自用思想。人不可以只死讀而不知人事。今天的大學生，即不通人事，在此等處，纔會聽旁人言，多生問題。

我們再看秦始皇，他也是個讀書人，他讀到韓非的書，不禁說：可惜我不能和他同時，和他做朋友。諸位聽這故事，當知中國古人亦多可欣賞處。即如秦始皇，當時已做了皇帝，還能自己讀書，還能有這番欣賞心情。李斯告訴秦始皇，韓非這人還活著，他們並且是同學，以前兩人曾一起跟著荀子讀書。韓非是韓國一公子，這話傳到韓國，韓國與秦國辦外交，便派韓非使秦。韓非到秦後，秦始皇雖然佩服他，因他是韓國的公子，不敢用他。李斯是楚國一平民，所以秦始皇敢用。不敢用韓非，又不敢放他回去，於是把他下獄，竟死獄中。

諸位試取論語與韓非子對讀，看那一部書是在提倡專制？可是今天我們也仍要欣賞韓非。提倡民主，要講法治，認爲韓非是法家，因此也推尊他。其實韓非所說，與今日西方人之所謂「法」，兩者並不相同。我們若講民主法治，何竟推尊到韓非，真是「牛頭不對馬嘴」。

至於漢武帝表彰五經，罷黜百家，卻並非認爲五經與孔子可以便利專制。上面已說過，五經中只有春秋一經出於孔子，此外都是周公傳下。漢武帝要提倡周公到孔子，這正是董仲舒之所謂「復古」。而孔子以下的百家言，在當時則視爲「今」而非「古」。秦始皇焚書，主要是焚古書，並下令：

以古非今者族。敢偶語詩、書，棄市。

詩、書便是說的「古」。若照今天人想法，秦始皇可算是「現代化」，諸位豈不都該佩服他？然而秦始皇纔得算是中國古代一專制皇帝。先秦百家言中，最主張專制者，應算是韓非，所以秦始皇欣賞他。今天毛澤東提倡秦始皇，也就是不准「以古非今」，也就是提倡專制。諸位應一讀韓非書。

漢武帝也能讀書，儻求專制，便該效法秦始皇提倡韓非，不應來表彰五經。何以民國初年人全不知？他們一意主張效法西方，也無不可，卻不該不讀中國書，來妄談中國歷史。我這些話都有根據。

六

我剛才說：漢武帝表彰五經，罷黜百家，是受了他幼年教育的影響。漢代每個皇帝在登基前，做太子時，都從師受教育，這是中國文化。皇位世襲，爲何皇太子定要讀書受教育？這番理論，在漢文帝時，賈誼上陳政事疏，有一條曾討論過。賈誼這番話，便由儒家來。諸位由這一層，再回頭來看先秦諸子，除儒家外，還有那幾家特別主張教育的？墨子講兼愛，要教人「視人之父若其父」。這番道理，諸位長大成人，要講哲學，或可贊成他，但不能來教每一家庭中的小孩。莊、老道家不講教育，其他各家也都不講。講教育，須從小孩幼童開始。看重教育的，只有儒家，只有孔子。所以說：

弟子入則孝，出則弟，謹而信，汎愛衆，而親仁。行有餘力，則以學文。

此正是講教育，孔子所以稱爲「至聖先師」。我們今天與其稱孔子爲一哲學家，爲一大教主，不如稱他爲一教育家。

漢文帝因賈誼這番話，派他去做長沙王太傅。當時朝中都是跟從高祖打天下的功臣，而賈誼年只二十幾歲，文帝不能讓他馬上在朝中當一官職，因派他做自己兒子長沙王的先生。這是看重賈誼，而且也是採納了他的意見，讓他去實踐他的理想。賈誼到底年輕，不知漢文帝這番心意，對此有點不高興，及渡湘水，爲賦弔屈原。到了長沙，自傷南方卑濕，恐不壽，又作了一篇鵩鳥賦。過了數年，賈誼被召回。文帝說：「好久不見，自覺已進步。今再見，纔知還是不如你。」兩人對席長談，文帝說得興致來了，便把坐席移近。興致又來，又移近。兩人無所不談，乃至談及到鬼神。論兩人之年齡，文帝遠大過賈誼。論兩人之地位，更不相稱。但文帝對賈誼，乃是一種最純潔的學者心情。那是何等地可愛！今天我們一講到中國古人，便覺一無足取。一講到中國歷史上的皇帝，更感討厭，其實並不然。

賈誼陳政事疏中所言，文帝幾乎都採納了。其後文帝又派他做梁懷王太傅。梁懷王乃是文帝的小兒子，很爲文帝所寵愛。賈誼去後，有一次梁懷王出外打獵，由馬上摔下跌死。賈誼心裏不安。他自己主張青少年應受教育，皇帝看重他意見，派他去教最受寵愛的一個皇子，而結果此皇子死於意外。他自認有愧爲師，從此鬱鬱不樂，不久也死了。

後來人批評賈誼，一是宋人蘇東坡，以爲賈誼固然了不起，但應知此時他不能立刻跑上政治舞臺，須忍耐，不應如此鬱鬱而死。同時王荊公，卻能說出賈誼心事，說他心懷內疚才如此。王荊公在此事上，識見遠超過蘇東坡。諸位應知，批評古人事亦不易。死者固不能在地下起來申辯，但在我後還有人，我之是非禁不住後人批評。蘇東坡論賈誼的文章，人人讀到。但王荊公評賈誼，只一絕句詩，四七二十八字，後人讀了，纔知蘇東坡之淺見。

西方有宗教，而中國人則重教育，宗教也可以說是一種教育。而今天講教育，則只是一種知識，不重做人。難道做人不要學嗎？我小時讀書，有一門課叫「倫理學」，後改爲「公民」。做一人的意義比做一公民更廣大、更悠久。西方教做人在宗教，在教堂中，出門即爲一公民。我們國情不同，怎可如此便算做人呢？這是題外話。

我們現在只要說一點，何以儒家思想比各家在後來更能佔重要地位？正因儒家提倡教育，這是中國文化中一要點。西方把宗教來盡他們教育的責任。至於今天的學校，只重知識，不教做人。中國人從前教育，從幼小時開始便教做人道理，因此也不感得要宗教。而儒家思想所以能在中國兩千多年來一直占重要地位，因儒家教人做人，此亦是一大原因。

後來佛教進中國，一時做人的道理一半要聽和尚的一套。此外還有莊、老思想，這便是魏、晉、南北朝到隋、唐的一段。但幼小教育，仍還得重孔子。下到宋代，又是一番復古更化，再回上去，做人道理自幼至老，全部還應照孔子，不能再聽佛、老。

我們今天提倡西方文化，再不提倡做人。耶教已衰，做人道理，一切已罷。我以前曾寫過一篇文章，說我們中國人今天要反對孔子也可以，但應該大家信耶穌。講多講少，至少做人的道理總要有人講。但民初新文化運動不信孔子，又不信耶穌乃至釋迦牟尼，於是馬克思的一套便乘虛而入。馬克思也有一套做人道理，便是「階級鬥爭」。那時我在大陸親見一輩青年信仰馬克思，真覺無話可說。

七

我們此刻講到賈誼，又該從賈誼再講上去。

中國古代規矩，皇帝死了都要加一「謚」。把他一生行事，選一字來作謚，或褒或貶。秦始皇帝不許再有謚，從他以下，一世、二世以至萬世，無窮不絕，只稱「始皇帝」、「二世皇帝」便可。但秦始皇萬世之夢，只二世便醒了。漢代的皇帝，高祖以下，每個謚號都要加一個「孝」字，譬如孝惠帝、孝文帝，此一「孝」字便是儒家義。儒家教人從小就要孝悌。所以漢代小學，論語外又有一部孝經。其實秦始皇已先講孝，所謂「以孝治天下」。一世、二世以至萬世，傳宗接代，這不是至孝嗎？講到此，問題更複雜了，這要牽涉到整個中華民族文化思想問題。

秦始皇在政治立場上，固然一心要專制。但又想由他起，一世、二世以至萬世，乃不免又走上家庭觀念上來。儒家的孝道，終亦不能放棄。即魏、晉、南北朝、隋、唐時，釋、老雖盛行，但因求門第延續，仍不能放棄儒家孝道。民初西化打倒孔家店，便連帶要「非孝」。大陸共產黨提倡子女清算父母，反對溫情主義，這豈不就是批孔？所以要討論孔子思想盛行中國，只一「孝」字就夠了。其他觀點，亦可說只由一「孝」字輾轉引伸而來。但儒家論「仁」，則更重於孝。此義又當另加引論。

八

現在我們再放開一層講。諸位都知，中國古代是封建社會，然而在孔子之前已開始墜落崩潰。到了戰國，古代的封建完全崩潰了。再經歷了兩百多年，乃醞釀出一個新社會。貴族崩潰，封建不存在，天下歸於一，於是乃有惟一的統一政府的皇帝出現。但天下亦不是皇帝一人得管，皇帝亦須用人。在封建時代，有封建禮法規定，所用都是貴族。現在貴族沒有了，纔起用讀書人，即秦國當時所謂的「游士」。游士不抱狹義的「國家觀」，多抱廣義的「天下觀」，此下天下一統，即由此勢力促成。而當時游士，也不專務政治活動，其間專務學術活動的也不少。各國尊賢養士，也不專用在政治活動上，也多儘讓他從事學術活動而加以奉養的。

在秦始皇前，秦國有呂不韋。他是韓國鉅商，嘗經商到趙，後再跑來秦國，做到宰相。他得勢後，大召賓客，合著一部呂氏春秋。這書是研究先秦思想史的一部必讀書。他們把當時儒、道、墨、法、名、陰陽等各家思想，融會合一，創造新說。思想上的統一運動，已和政治上的統一運動相呼應。呂不韋抱有政治野心，他的書取名「春秋」，也大可注意。

孔子便是要把學術來領導政治，此下儒、墨、道、法、名、陰陽各家接踵而起，都抱此旨。但到呂不韋時，列國政治一統，已有此趨向。呂不韋卻先來做學術一統的準備工作。可見當時人已與孔子以前人想法全不同，認爲治國可不由封建貴族，當由學術、由士。此下中國的「士社會」、「士政府」，即由此一共通信念中展出。就純學術觀點言，也可說他們已想把「百家言」重回到「王官學」，此已是董仲舒復古更化之先聲。

呂不韋此書編成，懸掛在咸陽城門口，要大家來批評。能改動一字者，賞千金。這是一大宣傳。學術掌於一手了，他將來便可做皇帝。秦始皇和呂不韋起了一番政治鬥爭，把呂不韋驅逐了。但秦國政治，依然用游士李斯爲秦相。

秦朝又有「博士官制」。一個專家學者，通古今皆得爲之。但並不擔任現實政治，僅備顧問，參加意見。又得厚俸，足夠養其隨從弟子們。當時每一博士，幾乎都有一兩百個弟子。如叔孫通，也是秦博士。秦亡，跟他的弟子還有百餘人，還成一學術集團。秦博士官額，共七十人，便從孔子弟子七十人來。其實秦代的博士官制，從齊國「稷下先生」制來。稷下先生亦同樣受政府奉養，同時養及其弟子，也有七十人。可想孔子身後之影響，遠在戰國及秦代已十分彰著，不待漢武帝來表彰。

九

秦亡漢興，又出了一個淮南王劉安。他招攬大批賓客，也來寫一部淮南王書，後稱淮南子。他這書雖是以道家思想爲主，但也會合各家。也像呂氏春秋般，要來做學術統一運動，也同時抱有政治野心。

當時漢廷還不懂此意，但諸侯王中儘有人懂。南方有淮南王，北方有河間獻王。河間獻王是重儒術的，他雖不如淮南王之懷抱政治野心，但他的名望亦已超出中央天子之上了。漢武帝出來，要把學術掌握到政府手裏，重加整理一番，再在朝廷設立「五經博士」。

當知在中國歷史上，政治勢力外，另有一學術勢力，其事上始周公，下啟孔子。所以在王官學之外，又起了百家言。如今要把社會新起的百家言，再歸到政府去，卻並不能全憑政府的意思，政府仍得尊重容納民間的學術。秦始皇不許人以古非今，要把政治來統治學術，但只十餘年而亡。漢高祖初起，一切只是承襲秦舊，只是農民政府樸素謙恭，不如秦朝的可怕罷了。直要到漢武帝起來纔要「復古更化」，所「更」是指秦，所「復」是指周公、孔子。周公制禮作樂，傳國八百年，自然遠勝於秦。漢武帝的博士制度，依舊沿襲秦朝。只是秦初的博士，主通古今。焚書後的博士，則禁止以古非今，把掌講自周公以至孔子一段古代書籍的廢了。秦始皇認為此下歷史由他開始，始皇帝、二世、三世以迄萬世，不容許人講古代來反現代，他失敗了。漢武帝則要一反過來，再講究以前歷史，從堯、舜、禹、湯、文、武、周公一路下來，直到孔子。從歷史中得經驗，受教訓，由復古來更化。

先秦各家各派，除了孔子儒家，只有最前的墨家還講一些歷史。但墨家既與現實政治不相和洽，其他各家又都只如西方哲學思想，自己說一套道理，卻不根據歷史。所以漢代人要根據歷史來一反秦舊，則必看重到五經。因五經便是歷史，捨卻五經，便無從講戰國以前事。此刻漢武帝要罷黜百家言來重興王官學，則只有五經可當此選了。

以上這些話，在我所寫的秦漢史中，已較詳講過，此處只是約略一提。諸位欲知其詳，可細看我的秦漢史。但我的秦漢史為何比史記更值得向諸位提起，要諸位去參考呢？只因此刻我們腦中，全受著民初新文化運動的影響，我只為新文化運動時許多議論，而去細讀史記，乃知民初新文化運動時種種議論，講到「尊孔尊經」，全是無的放矢。我乃根據史記，針對民初新文化運動時代之議論，來寫我的秦漢史。根據的是舊史，針對的是我們的新時代，所以值得諸位去一讀。

十

新文化運動有兩大缺點：

一、是不講做人，只說「打倒孔家店」、「非孝」、「禮教吃人」等等。

二、是不講歷史。

西方人本來亦不講歷史，後來英國出一個大史學家吉朋，來寫部羅馬帝國衰亡史。他花著大工夫，零零碎碎找材料拼起來成部書，西方人才開始講歷史。今天我們中國人倒過來，反而去學西方人一套史學，也放著現成的史書不讀，要零零碎碎去找材料。不好好讀史記、漢書，只找材料，怎麼能懂史學？這不是糟糕了嗎！

我今天所講，雖是針對我們現代新問題的新講法，但乃是從史記、漢書讀來的。漢武帝乃是一學術性的帝王，秦始皇也是。直到清康熙皇帝，還同樣是一學術性的皇帝，他們也都一生讀書。而西方又有多少學術性皇帝呢？

今天大家只說「民主」，而中國人講政治，則說皇帝必須聽讀書人的話。讀書人不能專講老子、墨子，因他們只是哲學家。必須要講孔子，因孔子乃是一教育家。西方學術與政治是分開的。基督教聖經就說：凱撒的事凱撒管，上帝的事上帝管。宗教、政治分離。宗教不管政治，科學也不講治國、平天下，學術看重分科，大學教授看重專家。政治用投票的多少數來決定，但真理真可用投票表決嗎？

中國左傳裏說：

善鈞從衆。

可見從衆必主「尚賢」，不可在不賢不孝中來從衆。孫中山先生知此理，故其在「民權主義」中講考試制度。即就西方學者論，也不去競選，只安頓在學校裏研究教書；而競選的人，多不是學者。

再說選舉一定要經費，經費支持則賴黨派。這是西方政黨重要的來源。英國比較常是兩黨對立，但似乎沒有一黨是絕對的多數。兩黨不斷的替換，使得社會不安。而法國一向是多黨，反有戴高樂這樣的强人出來一統。他死了，法國政局又將會有變動。美國也有這些問題。以前英國選舉人資格，是以納稅額來決定。孫中山先生說，西方選舉有毛病，故在「三民主義」裏特別設立了「考試院」，考試及格始得來當選舉責任，則考試豈不已遠在選舉之上？

中國歷代作官的人，都是經由考試而來。近代西方如英國，也學中國考試制度，事務官一定經過考試。此乃常務官，必須是專家。而一般政務官，才是專由政黨中出身。中國傳統乃以學術領導政治，孫中山先生亦以考試來定從政資格。可是今天考試院只考小官，大官則得待留學生來擔任。今天中國政府乃一「留學生政府」。社會風氣，亦只有西方人才對，中國傳統便不對。今天既是一自由世界，何以我們中華民族在政治、教育、思想、言論上，乃獨不許有一套「民族自由」呢？

所以今天講歷史，現代史最難講，古代史反而容易講。因現代史雖只有六十多年，但不知學術思想史，就無法知道現代史。當時社會人們重視康有爲、梁啟超，而不重視孫中山先生，就因孫先生不算是一位學者。只有我一個人在我的國學概論裏講到他，當時多人反對，再也沒有人把孫先生列入學術界。此與中國傳統政治人物尊重經學的大義，可稱是極端違反了。這是我們今天西化的成績。

第四講

一

上兩次，一次講孔子與六經。孔、孟兩家當時都不稱「經」，更不用說「六經」了。到秦始皇焚書時，他所焚的只是當時博士們用來「以古非今」的幾部古書，亦沒有所謂「六經」。一次講漢武帝表彰五經，罷黜百家是甚麼一回事。

接下去講之前，我要先提醒諸位，該知道應怎樣讀書。我們讀書，最重要的一個方法，須把自己放進書中。我們要能自己運用自己的聰明和思想。如何運用？第一點，須照書本上的話自己實地下工夫。讀書該與你的日常生活打成一片，不該把自己生活與讀書分成兩回事。讀書與生活互不相干，這是絕不應該的。第二點，讀書不能「死讀書」，亦不能「讀死書」。譬如上一堂我們講漢武帝「表彰五經，罷黜百家」，諸位便當把自己的聰明放進。由秦始皇燒詩、書到漢武帝出來表彰五經，中間隔了大概不到八十年，秦始皇時代尚沒有所謂「五經」，怎麼到漢武帝時候會跑出「五經」呢？如此一來，中間便有了問題。

有了問題，可以向師友請益。但是倘使諸位既無先生，又無朋友，便當自己用聰明去想，來求解答。我們讀書能讀到隨處發生問題，則自然會欲罷不能。若因此找出答案，心中便會非常高興。若自己找不到答案，心中自會「發憤」。會問：怎麼一回事呀！自己心中生氣了。子曰：「學而時習之，不亦悅乎？」諸位讀書要心中覺得快活，先要經過一個境界，心中覺得「生氣」。孔子又說：「不憤不啟，不悱不發」，一個人讀書，他心裏不「生氣」，孔子便不再同他講了。我們現在講新教育，都講「啟發」，孔子早講在前。不是隨便啟發，要你生氣了，這就是「憤」、「悱」，孔子才來「啟」你、「發」你。倘使你心裏從來没有「憤」、「悱」，就算拿十三經、二十五史一起讀完，一點用都没有。憤、悱之情是你的生命，有了憤、悱之情，自己才能走上學術的路。諸位不能讀了許多書，而毫無反應，只記得許多事情。

二

我今天要拿上一次的問題回過頭來重講一點，這講法比較深一層，爲書上所没有。讀書要如此，才算有「心得」。倘使自己讀出的心得，發現前人已先我而有，心中必然極開心。倘使前人書上都没有，自然更開心。

我今天要講，秦始皇以後到漢武帝，這中間如何發展出一套所謂古代的「經學」呢？在此以前，至少孟子、荀子時，都没有「經學」。何以會有如此大的變化？這一番歷史過程是該讀史者來細細思考的。諸位要拿我的國學概論、先秦諸子繫年各書細讀，才知在秦始皇以前，中國明明白白没有所謂「經學」。經學怎麼來的？學問要由淺入深，我不能開始便與諸位講這問題，諸位聽不進。我說孔子時没有五經，後來有了，這樣講諸位或不生興趣。我先說漢武帝表彰五經，再回頭講，這其中便有了問題。

古代史書上像是没有說到經學如何來，而實際上經學則已在那裏漸漸地滋長了。我曾經提醒你們要如此般來讀中國史，才會知道中國人也會有變、有進步，並不像今天中國人的想法，只有西方人才懂得變、才有進步。譬如今天我們講秦始皇、漢武帝中間一段變化，便知中國史並不像諸位今天所想的那般簡單，老是守舊不進步。倘使你們聽了我這課，還要認爲漢武帝表彰五經只是守舊，只是不進步，那就譬如說五千來年中國人只是一個「要不得」，這樣也就没有理由再來講中國史、讀中國史了。

我下面要講的是個大問題，中間有番大理論，可是我們的課程是講經學，不是講思想。講經學史反而要講到這些問題，講思想史或不會講到這些。關於思想方面，我不能詳細講。今天只能略講個大概，其餘留待下堂續作補充。

三

諸位當知，我們開始做學問，便有兩種不同的「個性」。一種是「吸收性」的做學問，一種是「排拒性」的做學問。吸收性的做學問，如我們飲食，吸收各種養分；排拒性的做學問，則如我們飲食後的排泄。諸位須知，飲食而不排泄，便會生病痛，但滋養我們人身的，則爲飲食吸收。排泄是易見的，而吸收消化則不易見，這是每個人應該自己體會的。今天我們有一班青年做學問，只知批評，只講懷疑，這是一種排拒性的態度。但他們對西方外來文化，則只務吸收，不求消化，又如何能獲得營養呢！今天我們這時代，我們中國近百年，或說民國以來六十年的做學問，可以說是走上了第二條路，不是走第一條路。對自己國家民族的傳統文化方面，多走排拒性的路，不吸收、不消化，如何叫當前的國家民族有營養、有健康呢？

孔子儒家做學問，是一種吸收性的。所以能開出以下的儒家，孔子是所謂「集大成」。孔子「述而不作，信而好古」，這都是現代青年所看不起的。諸位看一部論語，從堯、舜、禹、湯、文、武、周公直講到春秋時代的賢卿大夫，他們都是拿進別人的長處。諸位拿我這觀點再去讀論語，便知儒家做學問是吸收性的。他們前有繼承，但亦未嘗無轉變；外有模仿，但亦未嘗無傳統。

孔子以後，來墨子。諸位只知墨子思想與孔子不同，不知在思想之前，做學問的路徑已經大不同。我們粗看，墨子亦講詩、書，亦講古代聖人，好像與孔子差不多。實際墨子思想最主要的一點，便是在排斥孔子。墨子書中的非儒篇、非命篇、非樂篇，用意就在排斥孔子。所以墨子書雖然引到許多古書，他講古人則只講大禹。他覺得孔子講許許多多古人都不對，而他在這許多古人中只挑一個來作標準，這就與孔子廣大包容的意態有不同。

我們今天講學問也有這種派頭，並不講中國，只在中國思想中挑一個來講。譬如近代的章太炎先生。諸位是不讀書而來批評，章太炎先生則可說是讀完了中國書，但他也在那裏批評，他做學問也是一種排拒性的。他說中國出一王充，可以使中國人在世界上還有點面子。當時我讀了他這話，便去讀王充的書，王充寫一部書，叫論衡，章太炎先生寫一本書叫國故論衡。「論」就是批評，「衡」就是拿在秤上衡量衡量。章先生這書所以稱「國故論衡」，就是佩服王充的論衡，而來寫他的「論衡」。爲什麼他這部「論衡」叫國故論衡呢？當時有一份極流行的刊物，名國粹學報，章先生也在裏面寫文章。「國粹」者，是說這些都是中國學問之精粹。可是章先生覺得這不能稱它是中國的精粹，只能稱它是中國的「老東西」——國故，這許多老東西他都要拿來批評一下，放在秤上稱一下。

章太炎先生寫國故論衡時，其實學問已成。在此以前，他先寫過一書，名訄書。這本書後來未收入他的章氏叢書中。這本書是批評孔子，排斥中國思想的。後來他學問進步，寫國故論衡，這時已回過頭來，講得和平了。他這書是講近代學術思想的人應注意讀的。恐怕諸位讀起來不容易，他的文字難讀。諸位會讀的是胡適之先生的中國哲學史大綱上卷。

胡適之先生在中國是個中學畢業生，到美國留學。他在美國讀些什麼書？他有部筆記，名藏暉室札記，有記載。現在人研究胡適之，不懂讀他這部書。讀他這書，可以知他學問的來源。可是一讀他這本書，不免發生一問題，他在美國這樣讀書，怎麼回來便會寫中國哲學史大綱呢？普通如孔子、孟子、老子、荀子之類，大家會講；講得好不好是另一件事。但有的普通人不會講，如墨子的墨經，一般人不會講。胡適之在美國讀書，他的博士論文便是研究中國的名家。他怎麼研究？我告訴諸位，拿章太炎的國故論衡和胡先生的書對讀一下。他是看了章太炎的書。又譬如荀子，大家只講荀子的性惡論，胡先生這書主要是講荀子的心理學。他到了外國，回來以後他怎能在荀子書裏去找出一套荀子的心理學呢？諸位只要看章太炎的國故論衡。不過章先生的國故論衡，有的是大字，有的是小字，諸位學問沒有基礎，或許不能如胡先生一般讀懂。諸位研究一個人，當知他的學問由何而來？諸位聽我幾年課，知道不知道我的學問由那裏來的呢？諸位或許跟我一輩子都不知道。這樣如何能跟先生做學問呢？如此一講，諸位便知做學問要找一個「入門」不容易。

後來胡先生講歷史，講崔述了。當時崔東壁遺書變成人人必讀的書。胡先生寫了篇文章，特別介紹崔東壁，這篇文章當時轟動全中國。大家根本連崔述名字都不知道，書也沒見過，胡先生怎麼知道這個人，找出這部書呢？國粹學報已早有一篇介紹崔東壁的文章，胡先生是看了國粹學報而注意到崔東壁這個人，去找他的書。國粹學報怎麼會提倡崔東壁的呢？國粹學報都有來源的。這問題要諸位自己去找解答。

由此我們亦可再問，章太炎先生怎麼會找到一個王充的呢？我於章先生雖屬後輩，也算同時，又與太炎先生同時的幾位老先生做了忘年之交，我與太炎先生也談過。我曾與一位先生詳細談，他的年齡比太炎先生還略爲大一點，我問他們從前怎麼做學問的？他說他們當時經學已經不大看得起，史學也不太注意，文學也不講，他們要講「子學」，要成一個思想家。諸位要知道，清朝末年人已要做一「子學家」，成一家之言了。不過他們當時與我們現在想法不同，不是要講孔孟、莊老，儒家、墨家、道家。他們特別欣賞要講的是「晚漢三君」。「晚漢三君」第一個便是王充。他們要學這樣子來寫書，成一家之言。這是當時的風氣。章太炎先生亦脫不掉他當時的風氣，他是因此而來講王充，並且他有一篇文章，就是講的晚漢三君。

我年輕時寫的國學概論，在東漢一章也特別提到王充。我當時也佩服得了不得。我那時寫論語要略，也特別提到崔述，我也覺得他了不得。慢慢我讀書多了，才知他們在中國學術史上並非是什麼了不得的人物。書愈讀得多，我才感覺對於中國學術史上誰高誰低，前人早都有定論，要翻案並不容易。你要推翻古人的定論，重新下一定論，那是需要大聰明、大本領，要下大功夫的。

諸位不能跟著一時的風氣，來肆意批評。時代很快便會過去，然而有從古傳到今而不過去的。譬如孔子，孔子兩千五百年到今天。戰國初年大家講孔子、墨子，莊子齊物論裏便講「儒、墨之是非」，可見當時儒、墨並稱。直到戰國末韓非著顯學篇，仍以儒、墨為當時的「顯學」。然而到了漢代，墨子大家不講了，只講孔子。而與孔子相提並論的，不再是墨子，而是老子了。直到今天，中國的思想界，只有儒家與道家，墨家沒有了。那麼墨家那裏去了呢？這我們還得研究。關於這一點，章太炎先生有一個說法。這我們現在不論。我們要問：為什麼清末忽然大家又講墨子了呢？因為後來人又重講墨子，所以章太炎先生要問漢代以來的墨子到那裏去了？這我現在都不講。諸位不讀書，不知從前人怎麼講，可是當時是一個問題。我現在要說的是為什麼墨子到了清末又盛行起來了呢？當時有一年齡比太炎先生大，是他佩服的人，名孫詒讓。孫詒讓寫了一部墨子閒詁，這是一部了不得的大書，第一個講墨子。

四

我現講講我年輕時的故事給諸位聽。當時我在鄉村做小學教師。因爲大家講墨子，所以我也去讀墨子。我教小學生讀論語，因看了馬氏文通心裏不滿足，覺得他只講單字的文法，不講「句法」。我以論語作例，教他們句法。後來這部稿子送交商務印書館出版，這是我第一本著作，名爲論語文解。這本書出版後，我得了一百圓書券。我拿了這一百圓書券到無錫城裏換了許多書。我開始有自己的書，是由這樣來的。這些書中便有一部墨子。我讀墨子，覺得中間有倒文、脫漏、訛誤的地方，愈讀花樣愈多，我就寫了一個筆記，名墨子闇解。我這書名「闇解」，因爲我沒有先生、沒有朋友，一個人兩眼漆黑來作解注。我寫寫，心中覺得不對，爲什麼我這樣聰明，古人這麼蠢呢？我看看這書的解注，是畢秋帆注的，他是清代一個有名的人。看看出版的書局，是浙江官書局，二十二子本。這不應該錯呀！我是一位小學先生，二十歲剛過，怎麼我都解對，他都解錯呢？我一時突發奇想，拿商務印書館的辭源翻出，查「墨」字，查到一條「墨子閒詁」。上面說明此書是何人所注，這本書拿許多墨子書中的問題都解決了。我這才知道講墨子有這部書。我立刻託城裏書鋪幫我找這本書。明天船到，我就看到這部墨子閒詁。我當時真是少見多怪，不知這部書是清末一部最出名的書，讀墨子一定要讀這部書。所以諸位不要自己害怕，沒有先生怕什麼？難道每個人一定有先生？先生到那裏去找呢？我是因此而讀到這部書。一讀，我才恍然大悟，原來我所講的，他早講了。我拿我的筆記和孫詒讓的墨子閒詁對讀，有的他有，我也有；有的他比我講得好；有的我不知道。我才知道自己學問淺得很。可是我也得意，覺得自己也還不錯。後來我讀到墨經，覺得他還有講不明白的地方，所以我以後專講墨經了。這我們不談。

五

孫詒讓爲什麼講墨子呢？他一輩子只注了兩部書，另一部是周禮。他注墨子，因爲外國有耶穌，中國沒有，而墨子書裏有天志篇，近於西方耶穌，所以他下了一輩子工夫來注墨子。墨子在當時盛行一時。後來我到北京大學去教書，學生只讀墨子，不讀論語。他們說：墨子兩千年來没有人講，今天成了新學問，論語從來大家讀，過時了，我們不要再讀。我當時說：今天大家只讀墨子，不讀論語，不要隔多少年，墨子又要過時，論語又成時髦了。他們當時那裏肯信我的話！到今天不過四十幾年，墨子大家早不讀了，論語還是有人讀。所以諸位要懂得，千萬不要「追風氣」。風氣是要變的，你只知追隨一時的風氣，待風氣一變，你就完全落空了。

我最欣賞章實齋的文史通義，他便勸人不要「趨風氣」。當時大家都講經學，而他要講史學。他死後，人家連他的名字都不知道。有人拿他的「立早章」寫成了「弓長張」。而到了清朝末年，大家已知推重他。今天諸位進的是史學系，經學反没有了。他當時教人不要專講經學，要注意史學，他講這話的時代，正是乾、嘉經學考據最盛的時期。這種地方我極佩服章實齋。

六

上面我們說，論語中有史學，從堯、舜、禹、湯、文、武、周公一貫而下。孔子之後來墨子，而墨子思想以後不再盛行，兩千多年後到今天，還是不盛行。孔子、墨子之後有道家，道家又如何呢？道家更不比墨子。墨子反對孔子，非禮、非樂。禮樂由周公來至少已五、六百年，他都要反對，他只講夏禹。但他至少還在古人中挑一個來作依據。諸位讀莊子、老子的書，其中有沒有那一句講到歷史呢？其中有沒有提到一部古書呢？老子「道可道，非常道；名可名，非常名」，「道」亦不行，「名」亦不行。「名」便是墨家所說，而他一筆勾消了。儒家講堯、舜，墨家講夏禹，而莊子講許由、講卞隨、瞀光。他自己說他講的話是「寓言」，他講的古人都是假造來的。太史公照了莊子的話，想來找個許田，找不到；伯夷倒找得到。所以太史公說，還是孔子的話靠得住。太史公早已是第一個講先秦學術思想的人。太史公的父親看重道家，而太史公看重孔子。道家講黃帝，黃帝更在堯、舜之前，這樣豈不是道家更勝於儒家？到了太史公作史記，第一篇便是五帝本紀，五帝中第一個便是黃帝。黃帝是當時一個極流行的人物，大家都講黃帝。而太史公說：

學者多稱五帝，尚矣。然尚書獨載堯以來；而百家言黃帝，其文不雅馴，薦紳先生難言之。……余嘗西至空桐，北過涿鹿，東漸於海，南浮江、淮矣，至長老皆各往往稱黃帝、堯、舜之處，風教固殊焉，總之不離古文者近是。

「古文」者，便是「古書」，所謂古書，指的便是儒家的經書，這是我們上一堂講的「王官學」，至於道家之類則爲後起的「百家言」，非所謂「古文」。「不離古文者」，不即是「是」，然而「近」於「是」。

道家思想不僅排斥儒家，抑且排斥墨家，然而它是「憑空」來反對，並無它的根據。我上面所說學問的兩大類，吸收性與排拒性，若用佛家的字眼，可說一是「立」，一是「破」。儒家思想重要的在「建立」，墨家、道家則重在「破棄」。破棄中亦未嘗無建立，然而建立的很少；建立的中間亦未嘗没有破棄，然而重要的精神則在建立。諸位看墨子書，他書中除反對儒家外，亦有他認爲對的。但後來他所認爲對的，有建設性的，爲孟子吸收了。譬如孔子講「仁」，墨子講「義」，到孟子便「仁」與「義」一起講。大家聽了孟子的話，墨子的意思已包含在內，不必再講墨子了。

凡是建設性的，人家可以吸收去，而排拒性破壞性的，人家吸收去，一無用處。我們飲食，吃了這種，還可吃別種；至於排泄出來，便無可用。所以學問只有「建設性」的，可以長久；

「破壞性」的，不能長久。諸位今天不要認爲自己能批評、能破壞便了不得，過一天便都沒有了。縱算諸位所批評的確是不對，諸位有沒有一個「對的」拿出來呢？諸位做學問不應跟著「破壞性」的來做。諸位不能儘說中國的文化都不對，要試問問中間有沒有對的呢？一切都認爲不對、不該要，則一句話駡倒，下面接不下去了。若能找出對的，則下面可以發揚光大。這一點「立」了起來，有了根，有了生命，下面可以繁榮茂盛。破壞性的學問沒有生命，只有反面消極性的，不是正面積極性的。這是我今天所要說的第一點。

七

第二點我所要講的，在我年輕像諸位般年紀時，當時全中國的學術界只講先秦諸子，而代表這風氣的，便是胡適之先生的中國哲學史大綱上卷。認爲先秦不得了，代表中國文化，而以下沒有了，大家不講了。爲什麼當時大家只看重先秦呢？這其中有個道理。因爲中國人佩服西方，西方人講自由，而認爲中國自漢武帝表彰五經，罷黜百家，儒學定於一尊，從此中國學術不自由了，只有先秦思想羣言紛亂，差近於西方古代的希臘，所以大家佩服先秦。中國人錯在那裏？錯在秦始皇統一天下。天下統一了，百家爭鳴也跟著結束。殊不知中國如果真像希臘，今天還有個中國嗎？

諸位可拿地圖看，希臘只有多少大？但它有兩百以上的「市」。希臘人沒有國家。後來跑出一個馬其頓，希臘便一起亡了。中國只一個山東省便要如希臘全半島一般大。山東省內一個齊國，便有七十二城，然而它成一個國家。倘使也如希臘，齊國能存在嗎？山東不止齊國，還有魯國。中國亦不只山東一省，還有別的省。倘使中國真像希臘，各講各的一套，便要回復到春秋。傳說春秋時中國有二百多國，以前周初有八百諸侯，商代有三千諸侯，夏代有一萬諸侯，何來今天一個大一統的國家呢？諸位當知，希臘不多久便亡了，下面再來的羅馬人，早不是這套。中國人只因西方人崇拜希臘，所以也來崇拜先秦。

先秦時代，孔子不論，到了孟子便要以齊王天下，要拿中國統一，說「以齊王，猶反手也」。孟子學孔子，但孔子並未要「王天下」，孟子則不但要「王天下」，而且要以齊王天下。於此可見中國人之偉大。這是當時大勢所趨，大家情願天下統一，不願列國紛爭，所以跑出秦，統一了天下。既然國家是一個，政府是一個，思想如何能不要求統一呢？於是便有呂氏春秋。此意我在上一堂已講過。呂不韋並非讀書人，他是一個政治上的陰謀家，然而他懂得社會的風氣和要求，所以他來編一部呂氏春秋，拿羣言會通成一套。然而呂不韋並未成功，後來換了秦始皇。秦始皇不多久，他建的政權便垮了臺。下面來漢朝人，於是有淮南王劉安，他招攬賓客來寫淮南子。淮南王亦要拿各家會通，不過他以道家爲中心。可見要拿各家思想會通合一，這是時代要求。倘使我們有了兩種思想，便不能只是一個政府。或者兩者之中挑一個，或者兩種都不要，重來一個。我們民國初年大家喜歡各講一套，認爲不這樣，便不成其爲思想，殊不知中國之所以紛亂不安定，便以此。

諸位或要說，如英、美亦有兩黨兩派，卻可以合組一個國家。但諸位要知，他們的兩黨只是兩種「政見」，並非兩種「思想」。政見只有幾年，到了下次選舉，便要再有新的政見，並不是思想問題。英國的兩黨比較夾進了思想問題，所以比較美國的兩黨複雜。所以一個國家到了某一個時候，思想一定要走上會通合一的路。將來如果世界真要「大同」，世界思想一定先要走上會通合一的路。現在世界思想上不統一，絕無真和平可言。

我們上面說，呂不韋要拿各家思想都吸收，會合成一個。此在儒家亦然。我們若幫他們造一名稱，可稱之曰「先秦新儒家」。儒家在孔子之後有孟子、荀子。孟子說：「能言距揚、墨者，聖人之徒也。」荀子則不但「言距揚、墨」，他著非十二子篇，子思、孟子亦在反對之列。在我年輕時，大家對孟子、荀子這種話生反感，認爲他們爲什麼只講孔子對，別人都不對？諸位當知，這是在「百家爭鳴」的時代，他們亦要「鳴」一家之言，所以排斥這家，排斥那家，只尊孔子；荀子甚至連子思、孟子都反對。戰國時代幸而出一個孟子、出一個荀子，孔子的地位因此站了起來。其他各家辯不過孟子、荀子，因爲孟、荀講孔子，而孔子是一種吸收性的學問，有「內容」。墨家、道家都是一種排拒性的，它沒有一個內容。老子說「道可道，非常道；名可名，非常名」，他將儒家、墨家一起反對，但終是破壞重過了建設，無法如孔子儒家般能發揚光大。發揚光大之前，先要自己能站得起來。孟子、荀子就尊一個孔子，到了孟、荀以後，孔子之尊已經定了，儒家便來吸收墨家、道家各家，只教不違背儒家思想，它都吸收進來。這才叫「新儒家」。

諸位當知，我們今天，千萬不能儘想吸收美國思想、英國思想，以至其他各種思想，我們先要自己能站得起來，能存在下去，才談得到其他。我們不能連自己是什麼都不知道。今天我們尚不是「求同」的時代，今天我們的時代，是要「辨異」。中國文化究竟是個什麼？中國人和別的人不同的在那裏？中國人站起來了，才能拿別人長處吸收。這是我自己認為是自己一套大的、新的意見。這套意見，我在抗戰勝利，大陸淪陷前，在昆明的時候，寫過一篇文章講到。這篇文章題名中國近代儒學趨勢，我最近出版的孔子與論語，最後便收錄了這篇文章。

八

現在我們講，儒家思想要拿各家思想會通歸之於一，證據何在？可見之於那些書？呂不韋的許多賓客，要拿各家思想融合為一，但它沒有一個中心。淮南子，則其中心為道家。要拿各家會通，這是當時的風氣，所以另有一派儒家，他們亦想會通各家，歸之於儒。這派「新儒家」以什麼書作代表？我想有兩部書可作代表，一部是易傳，易經的十傳，它拿各家會通之於孔子。我上一堂已說，因秦始皇焚書，易不在內，所以有人拿儒家思想裝入易經。另外一書，便是禮記。禮記有兩部，一是戴德所編，名大戴禮記，一爲戴聖所編，名小戴禮記。他們倆是漢朝人，爲叔侄，他們拿從前論「禮」的文章，總合成書，曰「記」。漢朝人「經」之下，有「傳」，有「記」，有「說」，都是發揮經義的。

孔子不論，孔子以後特別講禮的，有荀子。上幾堂課我們已說過，荀子有一句話：「始乎誦經，終乎讀禮。」荀子時已有「經」，不過不是五經。荀子教人爲學，要先讀經。諸位當知，先秦中只有儒家教人讀書，莊、老道家則並不教人讀書。老子主張「絶聖棄智」、「絶學無憂」，並不獎勵人讀書。莊子書中這些話更多。他們是一種排斥性的，連讀書做學問亦排斥。所以道家無法來吸收各家思想。墨家亦不能，這我們已講過。只有儒家重學，能吸收。禮記中講禮的人，都在荀子以後。譬如我前面講到的禮運篇，「禮運」者，禮不是一定不變，不是死的，而是要隨著時代「轉動」的。運，便是「轉」的意思。所以五帝有五帝之禮，三王有三王之禮，所以當時也該有當時的禮。諸位只說中國人頑固守舊，只講孔子，不知講孔子有種種花樣。爲什麼禮要「轉」呢？我們看天，天不是也在那裏轉動嗎？晝過了，有夜；夜過了，復有晝。由此我們可講到易經，「易」就是「變易」，「一陰一陽之謂道」。由此我們可再說到「五行」，金、木、水、火、土；說到「四時」，春、夏、秋、冬。世界上沒有不變的，只有「天」不變。春、夏、秋、冬，還是此「天」。然而「不變」的中間有個「變」。這種孔子不講，孟子不講，孔子、孟子只講個仁、義、禮、智的大道理。現在拿別家的思想會歸到儒家。禮運篇我以前講過，其中就有墨家思想，有道家思想。諸位當去讀這篇文章。倘使不能全篇通讀，也可先讀前一段。

九

今天大家都講禮運篇，都講世界大同。其實當初孫中山先生便說，世界大同只是個遠大的理想，我們暫放在那裏，今天我們先要講的是「民族主義」。諸位應把中山先生的三民主義再拿來細讀。中山先生是根據康有爲講「天下爲公」，康有爲講「大同」，如何講法的呢？諸位也當拿他的大同書看一下。禮運篇上說：「大道之行也，天下爲公，……今大道既隱，天下爲家。」大道「行」的時候，天下人都爲著「公」；大道「隱」的時候，則天下人各爲其「私」。諸位只教拿上下文一讀，便知「爲」字當依我的講法。「天下爲家」，是人人都爲自己一家，那豈不是一家一家有飯吃，大家都能過日子？然而並非了不得，只是「小康」。康有爲講，「大道之行也，天下爲公」，天下都當爲「公」，所以不當有「家」，所以他主張男女同棲當立期限，不得逾一年，屆期須易人。這是康有爲講法。

當時國民政府的一批政要們，相信了康有爲的說法，在南京開會，就討論夫婦關係，主張訂約。這些人大多是領導革命的人物。革命完成了，以後國家應該怎樣？他們腦子裏沒有一套的。可以說民國以來，政治雖屬國民政府，而當時的學術思想，是另有一批人在領導，如章太炎、康有爲等。我們要講現代史，若不通學術思想，怎麽講呢？講現代史不能只講浮面，還該注意到浮面之下的。當時的社會，講思想慢慢講成凡是中國的都不好、都不對，外國人的都好、都對。於是章太炎也不對了，康有爲也不對了。孫中山先生是個中國人，自然不及外國人，於是馬克思的道理跑進了中國。我當年在大學裏教書，看到當時的大學生都信了共產主義，中國人自己打倒了中國自己的思想，有甚麽辦法呢？諸位要知道，不是毛澤東一個人能得天下的，共產主義也有一套學術思想的。這個問題我們且不講。

十

禮運篇不論是非，至少它是融會了各家的思想。諸位倘使拿這個觀點再去讀小戴禮記，便見小戴禮記有許多文章都是會通了各家思想的。譬如中庸。中庸上說：「今天下車同軌，書同文，行同倫」，這是說天下統一、文字統一、風俗倫理統一，這難道是孔子的孫子子思時候的話嗎？

孟子的先生是子思的學生，他那時並無這回事。可見這話明明是秦朝時候人的話。這裏面已有道家思想。後來與中庸同爲人看重的，就是易經。易傳裏便有道家和其他思想在內。

我們剛才說過，孔子講堯、舜，墨子講夏禹，老、莊講黃帝，可是易傳裏講伏羲，愈講愈往上了。我並非說中國沒有伏羲，可是孔子連黃帝都沒有講，老、莊也沒講伏羲。到後來，伏羲、神農、黃帝，一路講下來了。有巢、燧人、伏羲、神農，也可以說是有的，這是代表中國文化演進的幾個階段，而到了黃帝，中國開始有一個國家的形態。中國第一部正史，太史公史記，便由黃帝講起，所以我們今天稱爲「黃帝子孫」。我們今天提倡易經，認爲易傳是孔子作，商瞿傳。諸位可去看史記，孔門傳經，一代傳一代，清清楚楚直到漢代的，只有易經，而商瞿此人不見於論語；孔子論易亦不見於論語；始皇焚書亦不及易；於此可見易經絕不是孔子所傳。正因爲易傳不是孔子作，所以後人特意編造傳經的系統，以取信於人。詩、書，孔子論語屢加稱引，而其傳授，反不如易經清楚。諸位讀書，第一：要能自用思想，發生問題。第二：見到零零碎碎的材料，亦要能自加判斷。這種本領如何鍛鍊呢？要多讀書，多讀從來出名的、了不得的書，看他人如何來發生問題，如何來判斷？這樣可以開眼界、長見識。這需要學的。我今天所講，未完全講完，留待下次再續。

第五講

一

上一堂我們提到中庸與易經。這兩書在魏、晉、南北朝時已經爲一般講道家思想與佛家思想的人所看重，而且又常把這兩書一起講。今天我們要接講大學。

大學與中庸原爲小戴禮記中的兩篇，後經宋代程子、朱子特別提出，而與論語、孟子合稱四書。直到今天，社會上「四書」這個名稱成立了有七、八百年。一般中國人從小讀書，開始先讀四書，而四書中第一部便是大學。

據說清代戴東原十歲時，從先生讀大學。當時凡讀四書，無不讀朱夫子的注。他讀到朱注上說：「右經一章，蓋孔子之言，而曾子述之。其傳十章，則曾子之意，而門人記之也。」便問先生：「朱子什麼時候人？」先生答：「南宋人。」又問：「孔子、曾子什麼時候人？」先生又答：「東周人。」再問：「由孔子、曾子到朱子中間隔了多少年？」先生答：「一千四、五百年。」再問：「一千四、五百年後的朱子如何知道一千四、五百年前孔子、曾子所說的話呢？」

先生不知如何答。戴東原後來成爲乾、嘉時代一經學大師，他這件故事傳到今天，大家都知道。但戴東原雖是一位有名的經學大師，他問這問題，究竟還是他小孩子時候的話，不過是一個聰明小孩的話。他的先生不會回答他這問題，我今天來代作回答。

諸位讀書至此，應拿大學原書翻查一下，看究竟這是怎麼回事？大學書中有一條引到「曾子曰」，而大學全篇只有此一處「曾子曰」，並無引到其他孔子學生的話。因此見得大學一篇是曾子的話，而爲曾子的學生所記下，這原本沒有問題。而後來程子、朱子拿大學分成了「經」和「傳」，既然後面十章傳是「曾子之意，門人記之」，因此推想前面一章經應是「孔子之言，而曾子述之」。可是程子、朱子是根據大學的本文來講，大學本文即是證據。這樣就可以回答了戴東原的問題。

二

諸位讀書千萬不能自己偏執一端。讀到戴東原這件故事覺得了不得，崇拜「漢學家」能懷疑，覺得程、朱荒唐。其實程、朱是依據了大學本文，並非憑空講。但我今天要進一層講，其實程、朱也並未講對，我們還應該來辨僞。諸位不要認爲「僞」就是不好。「人爲」曰「僞」。我說老子一書不是老子寫的，易十翼並非孔子傳下，這對老子、易傳本身的價值並無關係；而孔子本身的講學價值又是另一回事。我們只講一個事實的真相，古人所說未必皆符實情、皆為事實的真相，因此我們要來「疑古辨僞」。

民國以來疑古辨僞的風氣很盛，其實並不是民國提倡新文化運動這些先生開始的，疑古辨僞自古即有。譬如論語子張篇：

子貢曰：「紂之不善，不如是之甚也。是以君子惡居下流，天下之惡皆歸焉。」

紂確實不好，但並未如人所說那樣的壞，是後來人拿種種罪名都加在他身上。子貢這話也便是疑古。又譬如孟子說：

盡信書，則不如無書。

亦是要辨僞。太史公的一部史記，何嘗不疑古辨僞？從來做學問都如此。不過民國以來大家講疑古辨僞，講過了份，便生出種種毛病。今天也有一班人，反對做學問要有「疑辨」的工夫，過猶不及，一樣不行。我寫孔子傳，有許多問題不再詳細寫，而注明「疑辨一」、「疑辨二」共二十幾條，我亦是疑古辨僞。疑古辨僞過了份，如康有為新學僞經考、孔子改制考，或如顧頡剛古史辨說大禹是條蟲之類，這是過了份，過猶不及，可見疑古辨僞不容易，要先有學問，不能瞎疑瞎辨。

我們怎麼知道大學這篇文章不是「孔子之言，而曾子述之；曾子之意，而門人記之」的呢？

我所謂大學不可靠，並非說大學中的理論思想不可靠，而是說大學並不是孔子、曾子說的話。換句話說，這篇文章決不出在孔子學生曾子或曾子學生子思的時代；也決不出在孟子之前。那麼這篇文章應該成於何時呢？我想這要到上一堂我所說，荀子以後的「新儒家」時代，才有這套理論、這套思想。

證據何在？我今天要舉一條證據，拿歷史來證明。這條證據比較上一堂我講中庸「今天下車同軌，書同文，行同倫」複雜一點。大學中引秦誓云：

若有一個臣，斷斷兮，無他技，其心休休焉，其如有容焉。人之有技，若己有之；人之彥聖，其心好之，不啻若自其口出，……

秦誓一篇見於今文尚書，爲今文尚書二十八篇中之最後一篇。由這段文章看，中間便產生了問題。這段文章是說：「我們的國君，有一個臣，他的心胸寬大，什麼事都能容納。他自己沒有什麼本領，但人家有本領都好像他自己的本領。人家的好處，他都能欣賞。」諸位看這段文章，中間有什麼問題呢？諸位要研究經學，不能不通史學。講思想、講文學也一樣，都該通史學。如果說大學出於曾子，這段文章與它的時代背景不配合。

諸位當知，在孔子、曾子時代，在他們之前，中國是一個封建社會。封建社會中，一個國君之下只有幾個卿。譬如魯有三家，晉有六卿。魯國雖以季孫氏之權爲重，但他也不能一家來管一國之政。其他各國一樣。並且每一家都世襲。而這段文章所說「一個臣」，乃是指國君之下的一個宰相。宰相不需有什麼本領，他只要有一個本領，他看人家的本領都是他的本領，他「知人善任」。宰相可以用人，可以提拔這人，罷黜那人。封建社會豈會有這回事？

這段文章與孔子、曾子的時代背景不合，所說的這種情形，要到戰國時代才有。諸位應當拿歷史去查考，宰相起於何時？起於那一國？如說起於秦孝公、秦昭王，像范睢入秦，秦昭王用他，他便是所謂「一個臣」，秦廷的權都在他一人手裏。這時代隔得遠了。

我再舉一淺例，老子書有云：

功遂身退，天之道。

這句話七個字，傳到今天我們社會上人人都知。一個人爲國建功立業，到功成了，應該趕快自動引退。功成身退，是天道。譬如春天功成了，變夏天；夏天功成了，變秋天。不能春天、夏天功成了而不退。天如此，人亦然。譬如孔子是大聖人，然而他功成了，他亦要死、要退，下面可以再來別人。但是這句話，不會是春秋時代的老子所說。我並不是不佩服老子書中這句話，而是說封建社會並不是有了功才進。貴族父子相傳，何來的「功」？既然進不要功，功成了，亦不能退。

我試在左傳中舉一例來講。晉六卿中有范氏，晉君州蒲無道，當時范文子爲六卿之首，因見到將有大禍，便到廟中去禱告，希望自己得早死。他若死，爵位由他兒子繼承，則因年輕，在六卿中不再居第一位，將來可避禍保存范家。此事見在左傳成公十七年，在孔子之前。可見當時封建制度，貴族皆由世襲，無身退自由。老子在春秋時代，決說不出這番話。

老子書中「功遂身退，天之道」七字是戰國時代人的話。譬如商鞅在秦，功成不退，後來不能保身。吳起功成不退，亦遭禍。他們都是建功立業跑上政治，並非世襲的貴族。范睢功成，開始他也不願引退，蔡澤便勸他趕快退，范睢因此引退，推薦蔡澤自代。這篇文章見於戰國策和史記。老子書作成，正應在這個時代。

三

諸位都懂講思想要講時代背景，倘使不學歷史，如何能懂時代背景？諸位學歷史的，應懂歷史；諸位不學歷史的，也應懂歷史。諸位學哲學的，應懂思想；諸位不學哲學的，也應懂思想。做學問先要認識一個大體，才能在細的枝節上研究。譬如一手五指，一看便知。讀史或研究哲學，都得先明大義才行。若一開始便專在小節上去研究，就不能有大成績。歷史、哲學、文學各如我們之一指，我們先須知個大概，這樣才能成個「通人」。

今天作博士論文，喜鑽牛角尖，反其道而行，不問大義，只找小題目，這樣怎麼行？學歷史的不通哲學、文學、政治、經濟、社會，只想寫一篇論文，這有什麼用？西方人的學術，以前也不是這樣。只是大家認爲今天的一定對，從前的一定不對。但是明天馬上就要來了，今天又怎麼辦？

我拿「功遂身退，天之道」七字，可以證明老子書是僞作。同樣，秦誓這篇文章，亦講要進用賢才，可證兩者成書時代差不多。可見大學決非曾子學生時候的作品。這是到了封建社會過去，新的社會形態來了才有的話。

秦誓一篇，照舊的說法，是秦穆公稱霸西戎時所作，尚在春秋時代的早年，晉文公之前。其實這說法根本靠不住，它不合秦穆公的時代。況且尚書二十八篇爲什麼最後一篇是秦的「誓」呢？難道當時人已經知道將來天下要由秦來統一嗎？再進一步說，秦在穆公時尚無文化，豈會寫這樣一篇文章，而爲孔子拿來放在尚書裏？倘使不然，更說不通，又是什麼人放在這裏的呢？

我告訴諸位，這是到戰國晚年，恐怕要到秦有天下之後，一般講孔子、講尚書的人，才放進這篇文章。這有如今天中國大陸一般著作，到最後總要引幾句毛澤東的話。照我這樣說法，豈不連今文尚書亦多不可信？關於這點，我前幾年講「中國史學名著」一課時，已經講到，諸位可以再去看。

今文尚書除西周書比較可信外，堯典、禹貢都不可信。如上一堂，我便說洪範一篇亦不可信，此外不可信的尚多。我們由大學之不可信，而牽連講到今文尚書之不可信。諸位由我這一說，便知疑古辨僞一事眞不簡單。

四

我們現在還要進一步講。在戰國末年、秦朝初年的中國學術思想，變成一種融通各家，調和各派的情形。因爲當時便是這樣一個時代。一如今天中、西方交流，是時代的趨勢。所以今後的世界，並非只是歐洲、美國人的世界，世界要轉的，東方人也應參與其中，尤其是中國人。我可以斷言，這是未來的趨勢。孔子的弟子當年說：「夫子賢於堯、舜。」今天我們也儘可說：「西方比東方好，比中國好。」不過當時孔子的弟子，只說孔子賢於堯、舜，並未說堯、舜不好。我們也不該說中國的都要不得，要知中、西文化各有其長。

孟子時代揚、墨之言盈天下，孟子要斥揚、墨，講孔子。荀子時代，百家爭鳴，荀子非十二子，要尊孔子。所以孟、荀時代要求其「別」，此乃求有所「立」。但是到了孟、荀以後，孔子的地位已定，則來要求融和會通百家，有所立才能求「通」。今天我們這個時代，中國人作學問，也應求中國思想先有所立，待中、西思想到了對等的地位，那麼可以再來求通。有所立才能求通。我們作學問先要「學而時習之」。在「時習」中才有自己，否則連自己都沒有，又如何

「有朋自遠方來」而「不亦樂乎」呢！所以中國當先有所立，先認識自己的一套才行。「求別」只爲「立己」，而不是否定自己。己有所立，而後才能求通。

講到這裏，於是就有了一新題目要研究，就是「戰國末年至秦初新思想的發展」。我們說孔子、墨子、孟子、莊子、荀子的時代，要辨其「異」。到了戰國末到秦初的時代，則要求其「同」。諸位當懂其大義，眼光要放得大，講的道理要經得起長久的考驗。須知中間是有變化的。先有孔子，墨子出來反對孔子。再有莊子、老子出來反對孔、墨。再出孟子、荀子獨尊孔子。到了荀子以後，各家思想要求有個會通合一。我們今天要講這時期的新儒家，就不容易。首先，要懂得辨僞，要鑑定出這許多書的年代都出在戰國末、秦初。譬如我們一開始講禮運篇，絕非子游作；這個問題容易講。諸位只要查孔子「與於蜡賓」之祭的年代，這時子游尚是小孩，根本不合。禮運比中庸省力講，中庸比大學省力講，能辨僞，懂得這些書是戰國末年人作品，才能再來講如何融合各家各派。

其次，要在這些書的內容方面，能各別分辨其出於那家那派，則諸位先要懂得各家各派思想的本身。再讀這些書，便知如禮運篇，固然中間有儒家思想，但同時也有墨家、道家思想。禮運的「禮」字，固然是儒家思想，然而它講禮之「運」，就是說禮要「變」，其中便夾進了道家、墨家思想在內。又譬如中庸一篇中，什麼地方是儒家思想？什麼地方是道家思想？這更不易辨別。諸位須自有本領。我今天不是講思想史，這其中詳細深進一層的問題，無法在此細講。

五

小戴禮記中，大學、中庸兩篇，是宋朝程子、朱子所特別提出來講的，而禮運篇則是近代康有爲提出。但也有人在康有爲之前洪、楊時已先講了。太平天國一批人中，亦有讀書人。他們以耶穌爲「天兄」，洪秀全爲「天弟」，稱「天國」，這不是在把中、西思想會通嗎？此亦可算一種世界思想，所以他們來講世界大同、天下爲公這番道理。後來康有爲與孫中山先生亦都講大同篇。可是孫中山先生另有一句話，他說：我們今天應講的是「民族主義」，而不是世界主義，世界大同的日子尚遠，所以他來講「三民主義」。

我現在再進一步講。我前面已說過，拿各家思想會合一處，求一共通點，成一新系統的，先有呂氏春秋，再有淮南子，我由此再往上講到秦、漢之際的新儒家。實際上，在此之前還先有其他的。

漢書藝文志拿先秦諸子分爲「九流十家」，可是太史公的父親在論六家要旨一文中，只分六家——儒、墨、道、法、名、陰陽。在此六家中，我們今天能仔細講的只有儒、墨、道、法四家，另外兩家名家與陰陽家不容易講，現在的人也不注意講。儒、墨、道、法四家都有書可研究，而名家今天也有公孫龍子一書，另外還有一段文章見於莊子書天下篇，可以考見當時名家辯論的許多題目，還可研究。我以前寫過一部惠施公孫龍，便是研究名家。名家從惠施、公孫龍以後，便失傳了。我們今天中國人是因看了西方人思想有所謂「邏輯」，再回頭來重新研究名家。

至於陰陽家鄒衍講的一套，他見於漢書藝文志的兩部書都丟了，一字不傳，我們只能從史記孟子荀卿列傳知道有關他思想的一點梗概。太史公這篇孟子荀卿列傳，理應講孟、荀兩人。可是諸位倘使拿這篇傳翻出，拿字數算一下，這篇傳中講得最多的是鄒衍。這豈不奇怪了嗎？難道太史公連作文章的道理都不知道，怎麼在孟、荀之外另找一個不相干的鄒衍放在傳中，而且篇幅佔得最多，其次纔是孟子，再其次才是荀子。但是太史公在說了一大套鄒衍的話之後，在下面加進一段他自己的斷語。他說鄒衍究竟不能和孟子相比，孟子的話還像孔子，而鄒衍則不像了，相隔得遠了。太史公的眼光真令人佩服。

諸位說太史公是一史學家，其實諸位不懂學術思想，如何能懂太史公的史學呢？太史公拿孔子的傳作成世家，拿他的學生寫成仲尼弟子列傳，再寫一篇孟子荀卿列傳，而中間夾進一個鄒衍。此外墨子也附記在這篇傳中，一共只有二十幾個字；還有其他的人。他再寫老莊申韓列傳，拿老子、莊子與申不害、韓非合傳，說老子、莊子的思想後來便變而為法家思想。這真是一篇了不得的大文章，一番了不得的大理論。把絕不相同的道、法兩家，他歸在一處，然而這道理顛撲不破。

我們幾千年來，不講從前，即就清末民初近百年來講先秦諸子，太史公已得其大。孔子第一，孟子、荀子接下。老、莊、申、韓併在一起。此外存而不論。然而存而不論中，為甚麼要講個鄒衍呢？諸位要知，在漢代鄒衍的思想大盛行，太史公不得不講，而他把來加在孟子、荀卿的傳中講，因為漢朝人認為最能講孔子的人是鄒衍，鄒衍一套偉大，又能講天文，又能講地理，而太史公則說：

要其歸，必止乎仁義。

最後鄒衍也講「仁義」。可見拿各家思想會通成一套，鄒衍是第一個，他拿儒家思想擴大了來講。不過太史公看不起鄒衍，這是太史公的偉大。到後來鄒衍的書一個字都未傳下，後來人便也看不起了。至於孔子則到今天還存在。打也要打倒孔子，崇拜也要崇拜孔子，仍是思想上一個大題目，而太史公早知道了。

諸位不要儘想求新，認為從前的人都過去了，一無價值。諸位講歷史，如何能跳得出太史公呢？鄒衍的思想是甚麼？他講「陰陽五行」。論語中不講陰陽，孟子、荀子亦不講陰陽，只有易傳中講陰陽。今天大家說孔子思想都在易傳，而不去研究論語，我不知如何能講孔子思想？

我並非說易傳無思想，亦不是認為不應研究易傳，我是說易傳的思想與孔子的思想隔一層。

孔子思想是在論語。鄒衍的思想，由戰國時開始，到漢代大爲盛行。所謂「漢學」，其實中間有一大部份是陰陽家的思想。再往下，陰陽家的思想有的也直傳到今天。諸位今天都喜歡講大衆化、通俗化，戰國時代最大衆化、通俗化的，就是陰陽家的思想，直傳到今天。我曾想寫篇文章來講陰陽家的思想，但當時想拿後來兩千年一切陰陽家言來研究，這一來可麻煩了。算命、相面、占卜、起課，一切的迷信都是陰陽家言，無法一下子都研究。這些東西流傳社會，不易拔除，將來恐怕還要傳下去。

在先秦思想中，墨家、道家、法家、名家的思想，都帶排斥性，只有儒家爲吸收性。而儒家下面跑出陰陽家，拿各家會通變成它這一套。我上面說到呂不韋的呂氏春秋。呂氏春秋有十二紀，十二篇文章，一篇文章講一個月份，孟春應如何，季春應如何，仲夏應如何，共十二月。淮南子便有時則訓，禮記便有月令。可見凡是講思想，要會通各家，逃不出陰陽家，都要講到陰陽。易傳亦是其中之一。其他各家各派亦然。這個問題，我們不好在此細講。我現在講一比較大、比較扼要，而有關我下面講法的問題。

我們現在講先秦思想的人，只懂得先秦思想百家爭鳴，分成各家各派。其實這只是先秦思想的開始，不懂得先秦思想有一種會通合一的運動。譬如陰陽家，譬如荀子以後的新儒家，譬如呂氏春秋、淮南子，這些都是同一系統下來。關於這點，從前人都没有這樣講過，我以前也没有在這一點上有大的發揮。現在我只能講到此爲止。

六

我今天要舉出一書來講，這是一本古代講經學的書，而後代失傳了。我們今天能見到的，只是保存下來很少的一點。這書或許是秦朝末年的書，總之也是新儒家中一書。此書即是伏生的尚書大傳。尚書傳於伏生，伏生嘗爲秦博士，始皇焚書，他拿尚書藏入屋壁中，直要到漢孝文帝時求尚書，纔派晁錯到山東從伏生學尚書。這是武帝之前的事。當時尚書失傳，不像易經大家有書可讀。因爲易經不燒，而尚書燒了。尚書是經，而伏生自己作過一部傳，便是這部尚書大傳。我今天想在這部殘缺的書中挑幾句來講。諸位聽了，可以懂得當時新儒家思想的情形。

伏生的尚書大傳上說：

古者諸侯之於天子也，三年一貢士。天子命與諸侯輔助爲政，所以通賢共治，示不獨專，重民之至。

諸位當知，所謂「古者」，是指貴族封建政治，其實那時並無「三年一貢士」這回事。他這番說法，才真是康有爲之所謂「託古改制」。他所說「通賢共治」云云，孔子並不懂這樣講，因爲孔子時代是封建社會，尚書裏也並無這番話。伏生這話已是戰國末年到秦朝一批新儒家的一番新思想、新理論。但是諸位當知，這番新思想已經在當時社會成了一個大力量。

我們由何知道呢？諸位都知道漢高祖是個最討厭書生的人，他看見人家戴儒冠，要拿來撒尿。可是他到後來得了天下，要做一國之主，慢慢懂得要推尊孔子。譬如今天，毛澤東再專制，他亦要推尊一個馬克思，不能就是講他自己。漢高祖一得天下，便下一詔書，要「求賢」，希望得賢人，與他共治天下。諸位現在讀古代的詔書，第一篇就是高祖這篇。一路下來，漢朝人都要求賢。這件事尚在漢武帝表彰五經之前。到了漢武帝，他也求賢，結果求得了一個董仲舒。董仲舒便勸武帝表彰五經，罷黜百家。爲甚麼？「所以通賢共治，示不獨專，重民之至。」現在人閉了眼睛，說漢武帝爲甚麼挑一儒家？因爲儒家便利他專制。這都是未曾拿書細讀。漢武帝幼年的先生王臧、趙綰，便是儒生。儒家講尚書，伏生的話便是當時儒家講尚書的話。

我不止引這一段，我下面還要引另一段。尚書大傳又說：

湯放桀而歸於亳。三千諸侯大會，……湯曰：「此天子之位，有道者可以處之矣。夫天下非一家之有也，唯有道者之有也，唯有道者宜處之。」湯以此三讓。

古代歷史有這回事嗎？當然没有。但是諸位要知道，伏生所謂「天下非一家之有也」，漢朝人就是這一個思想。天下不是一家所有，唯有道者宜處之。這道理誰講過呢？周公就先講過，孔子也講過。孔子說：

殷因於夏禮，所損益可知也。周因於殷禮，所損益可知也。其或繼周者，雖百世可知也。

可見天下不是一家所有。周下面還會有別一朝代來。來一新朝代，便要變一套花樣；可是變來變去，總有一個不變的道理。董仲舒對漢武帝的策問曾說：「天不變，道亦不變。」今天中國人便批評儒家，認爲不懂得變。其實中國人豈真不懂得變！諸位當注意，這些道理都是至少兩千年以前人所講。

伏生又說：

王者存二王之後，與己爲三，所以通三統，立三正。

這是所謂「通三統」。譬如周得天下，立殷之後爲宋，立夏之後爲杞。其實周朝立的國家還多，堯、舜之後亦皆立國。但到了後來的儒家，就講「三統」，三個大傳統。此見天下非周朝人一家所有，周之前還有商、有夏。「通三統」這句話，將來成爲講孔子春秋最重要的一句話。但孔子春秋從魯隱公元年講到魯哀公，並未講「通三統」，這是此後講孔子春秋的人這樣講。如此類推，倘使秦朝人出來，照例亦當存商、周之統，與秦爲三。而夏則往上推，與顓頊、帝嚳、堯、舜四代合爲「五帝」。倘使漢朝人替代秦朝，則存周、秦二王。而商再上推，爲五帝之末。顓頊又退出，不與五帝之列。古人講「三王五帝」，是這樣講法。我們今天以夏、商、周爲「三王」，黃帝、顓頊、帝嚳、堯、舜爲「五帝」，並非古人所謂「三王五帝」的說法。孔子時尚無

「三王」之說，「三王五帝」之說屬後起。

因講「通三統」，便要講到「五德終始」。氣分陰陽，陰陽變合，爲木、火、土、金、水五行。在人世有黃帝、顓頊、帝嚳、堯、舜五人帝，在天亦有青、赤、黃、白、黑五天帝。青、赤、黃、白、黑五色配合木、火、土、金、水五行，再配上東、南、西、北、中五方位，再配上五個時節，春、夏、秋、冬，夏秋之間，即所謂「季夏」，再添一時節。如此春色青爲青帝，夏色赤爲赤帝，秋天高氣爽爲白帝，冬色黑爲黑帝，而在夏秋間加一個黃帝。青乃木，赤乃火，黃是土，白是金，黑是水。一切萬物都有「五德」，「五行」就是「五德」。天下有這五個天帝，這五個上帝輪流當令，那個天帝當令，就有他特定的意義，此所謂「五德終始」。我上面所提小戴禮記月令、呂氏春秋十二紀，淮南子時則訓，都有這一套。這套理論都是陰陽家言。

諸位莫說這套思想無科學根據，當知這套思想亦有它極偉大、極開通處。上天不只一個上帝，青帝雖好，不能永遠當令。它功成了，下面當換赤帝出來。赤帝功成，亦當讓黃帝、白帝出來。春天過了，須來夏天，不能儘是春天。夏天過了，亦須來秋天、冬天。天要變，人世亦然。夏朝過了，來商朝。商朝過了，來周朝。周朝下還有繼周而來的新朝代。就如青帝出來是春，這是「生」，一做三個月，赤帝出來爲「長」，秋來是「收」，再下來冬爲「藏」。如此不斷循環，就是「終始」。老子書上說「功遂身退」，亦是這個道理。

七

我記得小時聽人批評中國人這種觀念，認爲只講「循環」，不懂「進步」。像英國、法國盛了便不會再衰，永遠可以往前。可是不要多久，第一次世界大戰爆發，接著第二次世界大戰，英國、法國終不能再往前，而另跑出美國人來了。照中國人的觀念，有一天美國人功成亦得要退，再讓別人出來。中國人果真明白這道理，也就不會固守一個美國。

總之，天下非一家之天下。而這一個道理，用於人生也是可通的。人由「生」，到「長」；到中年的事業有成，這是「收」；然後是死，這是「藏」。但是人仍源源不斷出生，這不同於佛教的「輪迴」。西方的基督教則只講己之一生，只管己之一代。中國陰陽家的說法，超出這些，而講這一緜長的人類生命。天上有五帝，人間也有皇帝，這是「天人相應」。漢人問：漢高祖何以來做皇帝呢？這就講到「命」了。

人之所以講命，也就是一種天人相應。這樣一講會講到迷信了。但中國人從人出生的時辰，所謂生辰八字上看人，是木德還是火德，或是水德。有的人兼而有之。而所謂「八字」，即從所謂甲、乙、丙、丁、戊、己、庚、辛、壬、癸，稱爲「天干」，與子、丑、寅、卯、辰、巳、午、未、申、酉、戌、亥十二「地支」相配。譬如：甲乙、寅卯屬木，丙丁、巳午屬火，戊己、辰戌丑未屬土，庚辛、申酉屬金，壬癸、亥子屬水。這樣每一個人都有自己的個性，而後配上數學的運算，五年一運。一個人沒有一輩子的好運；但運衰了，又會轉運。中國人的道理不論在那裏，都給人無窮的希望。我沒有工夫研究陰陽五行家言，只是略知一個大概。

中國人的命相是用易經講，易經中就有陰陽五行。歷史中算得最好的是宋代邵雍。今天一般算命的，大多是根據他的算法。其實這也是中國人好言「變」之一例。

中國人陰陽家這套思想，影響社會極大，直到今天，占卜、算命、相面、風水都是陰陽家言。在當時，做皇帝亦要人幫他「推德」。「推德」拿白話說，便是算命。「德」便是上帝所命，而人之所「得」，推德也就是幫皇帝算算命。諸位看，夏有多少年，商有多少年，周有多少年，而秦只有幾年？秦下面來漢朝，漢朝人如何肯學秦朝人！漢朝人做皇帝，他們要問問自己的來歷，自己是根據甚麼「德」來做皇帝？上面是接甚麼傳統？所以漢朝人當時一個大問題，他們要直接周，而拿秦去掉。固然這是迷信，但漢朝人因講「五德終始」而講到歷史，要從五帝、三王下面直接到他們的漢，希望漢朝能傳得長久一些。這也便是我前面所說，他們之所以要「復古更化」，恢復古代，拿秦朝人這一套變掉。

秦始皇便不懂這個道理，他自稱「始皇帝」，以下二世皇帝、三世皇帝，要傳萬世。他不懂，天下不可能永遠只是一家所有，結果下面傳不下去。

漢高祖出來，他不能再學秦朝。不學秦，學甚麼呢？他還是講戰國末年陰陽家、新儒家講的這一套。「禮」講這一套，即我前面所說小戴禮記中的一批新儒家。易也講這一套，尚書也講這一套，此外，春秋講「通三統」也是這一套。這也就是漢朝人經學裏所講的。

漢朝人要自己說他們的來歷，他們怎麼跑出來，做了皇帝總要有一個說法。這些新儒家、陰陽家說「運」，這就成了漢皇帝的信仰來源。而認識到天道是要轉的，所謂「天道好還」，這是源於老子的話，也是易傳的道理。而易傳的話也是陰陽家的道理。只不過鄒衍也講仁義，歸到儒家。明白這條思想路綫如此，再講漢代思想就容易明白了。不能說只是憑藉了武力財富便能有天下。因爲倘若如此，天下終究不能長久維持。

八

諸位聽我這樣一講，便知陰陽家言在漢代有它極特殊的地位。因爲它融會了各家的思想，而漢朝人要應用這套說法來替自己說一個來歷。儒家便在這種情形下隨之而起，而儒家思想中都羼進了陰陽家言。易、書、春秋、小戴禮記等固然如此，即如詩經，諸位讀漢人的注，它雖與陰陽家隔得較遠，亦得要添進去講。漢朝人學問都不脫陰陽家言。譬如董仲舒是漢代第一大儒，他便有陰陽家言。一切經學也都有陰陽家言。那麼要到甚麼時候講經學才不講陰陽家這一套？諸位須聽我一路講下。我並不看重漢代陰陽家的一套學問，但我要講出漢朝人學問的實際內容。

我今天是補講上一堂漢武帝表彰五經之前的一段，下一次當再接講武帝表彰五經以後的一段。我所講的經學大要，牽涉思想和歷史兩方面，諸位不容易在普通的參考書上見到這樣的說法，而我的話都有根據。我今天說漢朝人的話都有陰陽家言，諸位可以拿漢朝人的書一一去查考。我想只有一個人反對陰陽家，便是太史公。他真是有一番了不得的見識！

第六講

一

諸位聽我這門課，要先懂得，其中有許多話，我從前寫的書上已經講過，因此我在此就不再詳細講了。譬如在第二堂講孔子與六經的關係，以及史記說孔子删詩書、訂禮樂、贊周易的問題，諸位可以看我的國學概論和先秦諸子繫年。又如第三堂講漢武帝表彰五經，詳細情形都在我的秦漢史一書中。至於第四、五堂講先秦時代各家各派的思想，可以劃分兩個時期，前一段在「分」，後一段在「合」。這一會通，是我向來沒有詳細講的，而從前也沒有人講過。諸位便要待聽了我這一番講演才能明白。

二

今天我們一般人研究中國思想，大都是只根據西方思想來研究，要在中國思想中找出和西方人思想相接近的來研究。譬如法家如何？墨家如何？然後從西方思想中求發揮。至於儒家思想，因爲在西方思想中不大能找到相近的。所以研究儒家思想反變成比較困難。我們今天認爲我們的根都在西方，其他各家各派在西方思想中都可找到根，只有儒家思想像沒有根一樣。

我們要來研究先秦思想，講一家一派的不同，固不易。若要進一步再講各家各派思想的調和與會通，尤爲困難。晚清到民初以來，大家看重先秦思想，因爲中國人認爲先秦諸子講法分立，近於歐洲古希臘人，各家各派有其自由的思想。而沒有進一步去反省到中國歷史與希臘不同。

我們攤開地圖看，希臘一共有多少大？而它分成多少區，多少城邦？倘使拿今天臺灣和它作比較，希臘如一個臺灣省這麼大，而其中城邦有一兩百個，比我們今天臺灣的城市多得多。然而希臘始終沒有融成一個統一的國家，只有所謂「城邦政治」。一個城市中又各有不同的政府組織，有的是貴族政治，有的是共和政治，有的是代議政治，整個希臘時代一直如此。而希臘市民的實際生活，則靠奴隸及向外做生意來維持。後來馬其頓起來，把希臘一下子統一了。但是爲時不久，即告分裂滅亡。我們可以說，希臘人沒有歷史觀念，也沒有國家觀念。雖然人類歷史上有希臘人，有希臘文化，但是希臘人始終沒有能建成一個國。

中國的戰國時代，單就一個齊國來說，當年燕昭王攻打齊國，一下子就攻下齊國七十餘城之多。只一個齊國，就該比希臘大。楚國更大，包括了今天湖北、江西、江蘇、浙江、湖南、安徽諸省，同時秦也很大，有四川、陝西、山西等省。戰國時代在長期紛爭下，當時的人該想如何有個了局呢？中國人懂得想這一點，問這一點，所以下面有秦、漢的統一。希臘人似乎就想不及此了。

孟子見梁襄王，梁襄王問：「天下惡乎定？」孟子說：「定於一。」這句話直到今天，還有極新鮮的意義。中國此下所以有秦、漢的統一，就因爲當時有人會問這句話。環顧今天的世界，還遠不能和我們古代的戰國相比，整個世界大家鬧到如此，那有人會問「天下惡乎定」呢？美國季辛吉風塵僕僕到處跑，他想聯絡中國大陸，他也只想中、美團結可有種種便利。但用近代人的話來講，他心中似乎只可說存有「國際」問題，卻決不會存有「天下」問題。直到當前，豈不全世界仍是一個國際問題，而決非有如古代中國人所想的天下問題、世界問題嗎？孟子說：「天下定於一」，今天的世界可謂大家都不懂有「天下」一觀念，即「世界統一」觀，那又如何會定於一呢？

從孟子到秦統一，不到兩百年，天下果然定了。雖此下亦仍間有動盪與分裂，但中國始終是一個中國。亦可說儼然是一個天下了。像現在的歐洲，還是共有三十多國，則天下又如何能定於一呢？

今天中國人崇拜西方人。記得我小時，八歲初入新式的小學。那時小學找一個教五經的先生容易，而要找一位教體操、唱歌的先生則困難。當時我學校有一位體操先生，他對我說：「聽說你喜歡看三國演義，這書根本不應再看了。因爲書中一開始就說：『天下合久必分，分久必合，一治一亂。』這個道理根本不通。」他又說：「你看今天西方英、法已走上了歷史的正路，他們合了就不再分。」這位先生當時是提倡革命的，在他這樣的觀念下，可以說他不只要革滿洲政府的命，還要革中國二千五百年文化的命。當時的學術界認爲中國歷史唯一像西方般的，只有戰國時期，而今天的歐洲確也還像我們當時的戰國，不能統一。面對現在世界的國際情況，他們又不能不合作，因而要建立一個「歐洲共同市場」。

記得第一次世界大戰後，歐洲在法國凡爾賽宮開會，美國總統威爾遜提出和平主張，未能發揮任何作用。當時歐洲人只崇拜自己，不看重美國。認爲他們是主，美國只是一外來的客。會議席上，自然不聽從美國人的話。威爾遜只有退回美國，他的和平計劃也因而擱淺，他也因之鬱鬱而終。在那時候，我看到一篇文字，說威爾遜的失敗，在他做錯一件事。即是在談國際大事的場合，怎可帶太太去參加？如此一來，與會的代表們，都帶太太。嚴肅的會議，變得輕鬆而成爲交際應酬的場合了，這樣怎能去作深入嚴肅的思考呢？我當時讀了，也覺得說得有理。不過後來再想想，也深不以爲然。這是歷史問題，文化問題，那裏只爲是一種交際場合呢？其實美國人帶太太，豈不更合於歐洲人的傳統歷史、傳統文化嗎？可見這種批評是不恰當的。歐洲人從古希臘一路下來的文化傳統，從未有過如中國自古以來統一和平的一套「天下觀」，這是可以明白斷言的。

三

中國這一套大一統思想，由何而來呢？在戰國，創發此議論的顯然是孟子，而後有陰陽家鄒衍。再下才有呂氏春秋、淮南子。這樣一套大一統思想是否一定正確，這是一回事；而有人在主張，則又是一回事。須知道要作學問，自己一定得去看書。你們可以看老子、韓非子書中有沒有大一統思想？或再上溯到墨子，看他有沒有大一統的思想？再看孔子、孟子、荀子儒家傳統，他們的想法又如何？的確，孔子、孟子、荀子以及鄒衍，有此大一統的思想，這是跟隨著古代的中國歷史，即中華民族傳統來的。這就是大一統思想的淵源。其實亦就是「王天下」的觀念。

「王天下」三字亦見於孟子，其他諸家，甚至孔子，亦沒有明白說過。只是孔子上師周公，這也就是王天下的規模了。老子只講小國寡民，這與大一統局面不相干。韓非更沒有說到大一統觀念。至於墨子，和政治隔得更遠。墨子的一些想法，卻似與西方較爲接近，好像是說政治我不管，我只講上帝的問題。而鄒衍則從上帝降到民間，融通調和，把以前的中國思想一切配上，才又發揮了儒家傳統統一的規模。

歐洲人主張個人主義，所以他們至今不統一。我們從這一點去看歐洲人的歷史，由古希臘開始到今天，就能瞭解他們互相分裂，不斷戰爭的原因。同時自古到今，西方人在哲學上，又有誰提出大一統的觀念來？如耶穌與馬克思，他們都是猶太人。馬克思的共產思想，亦只在經濟上發揮，没有配搭上政治，所以他的思想也並不能統一歐洲，反而引起更大的分裂。而在馬克思前的黑格爾，也没有大一統的想法。今天我們看黑格爾的歷史哲學，其實是很幼稚的，只是西方從古以來未有人說過，所以成其大名。馬克思根據他的說法往前講，用「經濟唯物史觀」來講歐洲歷史，以至人類歷史，講得更好，因而風行於近代歐洲，並影響於世界。

中國自鄒衍講大一統，一時風行，而後呂氏春秋、淮南子也各有一套這種講法。你們可比較淮南子與老子不同處在那裏？呂氏春秋的一套又有甚麼特別處？你如想要弄清楚這一切，當先研究先秦各家的思想，並要瞭解他們之間的關係。我今天所說，也只是些歷史常識。

四

漢初以後的思想，如尚書大傳，其中有兩大問題，一是「天下統一」，一是「求賢」。

中國在秦前，是封建制度，列國諸侯不是兄弟就是親戚。但是到了戰國，封建制度崩潰，政治上主要綱領便在求賢。孟子說：

古之賢王好善而忘勢，古之賢士何獨不然？樂其道而忘人之勢。故王公不致敬盡禮，則不得亟見之。見且由不得亟，而況得而臣之乎？

又說：

虞不用百里奚而亡，秦繆公用之而霸。不用賢則亡，削何可得與？

這可見古代國君之求賢。

荀子也說：

諸侯自為得師者王，得友者霸，得疑者存，自為謀而莫己若者亡。

這是說王天下必有師，霸天下則有友，亡天下則只用奴才。這便是中國的政治傳統。在西方是沒有的。

今天中國人一味求新求變，即使談復興中國文化，也避談復古，並且還强調復興中國文化不是復古。只講「民治」，不再講「賢治」。今天我們開運動會，首先要點「聖火」，這是希臘傳統，這是西方人的古，可見西方人講新亦並不排古。而我們今天的「新」，為甚麼就不能與「古」並存呢？並且我們今天的新，又常是西方人的古。難道說古希臘的古就可以復，中國的古就不可復了嗎？

記得二次大戰後，日本被美國佔領，而後恢復獨立。他們開一全國性的運動大會，我當時正在日本，也前往參觀。運動大會的開幕儀式，開道進入體育場的是兩面大旗，隨後是兩盞大燈籠，這都是中國式的，再跟著兩面大鑼，「哐哐」敲打著，繞場一周，然後開幕。我當時想，將來日本會比中國像樣。因中國開運動會倘也如此，一定會受批評，說是封建，又是落伍。中國現在一切都不要，只要全盤西化。但「西化」亦只是一個籠統的名詞，到底要依誰爲主呢？依英，依法，依美，還是依俄？到今乃成爲中國國內一絕大爭論的問題。

第二次世界大戰，中國是戰勝國，屬五强之一。聯合國正式創建，召開大會，當時有一規定，即五强可以用自己國語發言，都算是聯合國的法定語言。中、英、法、俄，一共四種國語，另加西班牙語爲第五種語言，這是爲了南美洲的國家而設的。開會那天，各國出席代表都用他們自己國的語言發表演說，只有中國代表用英語，說是爲了方便友邦。結果蘇俄代表立刻生氣離席。今天中共一進聯合國，就恢復講中文，這是依照著蘇維埃的意見來的。一般說來，只有商人才最需要講英語。我說這些話，不是反對學英語。只是說，一個人要有自己的立場，又要知道自己國家民族的立場，作學問亦然。

今天我們畢竟仍是中國人，當知中國人自己的一套。如大家讀法國書或英國書，很容易就可以看出其相互間的差異。如果中國人一切都用英語，則中國豈不成了英國的殖民地，或附庸國了嗎？現在運動大會上的「聖火」二字，不知古希臘文，或英文、法文怎麼稱呼？不過就中國而言，「聖」字是一了不起的字，我們稱孔子爲「聖」，孟子爲「亞聖」，又稱「聖君賢相」。我從前在香港，香港的私立學校幾乎都是教會學校，他們的校名也多用「聖」字。臺灣今天稱基督教的耶誕節爲「聖誕節」，稱自己的孔子誕辰則爲「孔誕」。我們把一個民族中最尊貴的字眼送給了別人，就從這些日常人生的小事上看，也可知今天中國人的心理了。

中國古代的大統一思想，就是要從「國」而至於「天下」，這即是「大同」理想。這也是西方人所沒有的。日本人學中國，所以在明治維新時倡導「天皇萬世一系」。二次大戰後，日本萬世一系的天皇垮了。當時美國要廢除天皇，我們先總統蔣公則勸美國從寬，許以維持。目前日本人也慢慢看輕了他們的天皇了，以後日本究將如何變?不得而知。不過中國人一向看不起日本，所以日本侵略我們，我們全民族還能羣起抗戰。若以今天中國人的心理，我想如果是英、美打我們，就不知會不會激起我們的全面抗戰了。日本人則看不起美國，他在用兵侵吞中國前，先用兵去偷襲了美國珍珠港，才引起此下的美、日戰爭。日本被美國佔領，日本心中不服，但不敢表現，而極用心想接近大陸的共產中國。後來不知如何，才又轉親美國，乃成今天的日本。

其實稍前的日本知識份子，是一向傾向共產大陸的，在二次大戰時，日本侵略中國，喊出「八紘一宇」。其中有一意義，是要再教育中國人看重東方文化，而以日本爲主，來與西方對抗。日本人一向是以東方文化的主人翁自居的，所以他心中起先是看不起西方的。只可惜日本自身的文化與中國相較，少了一千年，所以他們心中亦涵有一種苦痛。而終於在經濟、科技上一味學西方，但其存心則似乎強調中國和他們自己的文化系統。他們應該是要有一些大思想家、大教育家出來，爲日本的未來尋一出路。

戰國時政治上一重要觀念便是在「求賢」。這是因當時中國人瞭解天下大勢，國家不能爲一家所有，待到某一時，別人會代之而起。這種觀念，在中國人說來，可謂親切明白，根深蒂固。

我從前在北京，曾去參觀紫禁城旁的清朝太廟，規模不大。再看陳列皇室牌位的地方，也很有趣，就只有那麼大，差不多剛好擺下清朝一代自始至終皇帝的牌位。好像早已預知清朝一朝國祚只有不到三百年，只能傳十個上下的皇帝。從這一點，亦可知中國人連歷代皇帝在內，從來沒有把萬世一統的觀念放入腦中。在中國歷史上，只有秦始皇當時有這萬世一統的想法，結果他失敗了。

五

漢代起來，漢高祖是中國歷史上第一個平民百姓出來爲皇帝的。劉邦在當時，大約只如今天一警察派出所的所長。在他下面沒有幾個眞正讀書人，除張良外，比較讀書的大概就算是陳平了。

漢文帝繼位，問左丞相陳平：「天下一歲決獄幾何？一歲錢穀出入幾何？」陳平回說：

> 有主者。問決獄，責廷尉。問錢穀，責治粟內史。

於是文帝又問：「既各有所主，宰相所管何事？」陳平答說：

> 宰相者，上佐天子理陰陽，順四時，下育萬物之宜，外鎮撫四夷諸侯，內親附百姓，使卿大夫各得任其職。

陳平所謂「有主者」云云，豈不就是上次所講大學裏「若有一個臣」云云同一思想嗎？這可見中國的政治組織，根本看不起一人專制，而是主張分層負責。而陳平所謂「順四時」，是指全國政治須順農時而行。這就是陰陽五行家之說。當時的新思潮已經盛行，陳平雖不是一思想家，他也接受了這個想法。

漢武帝表彰五經，罷黜百家，這是董仲舒賢良對策中提出的主張。當時漢武帝也是在求賢，其實求賢從漢高祖就已開始。可以說「求賢」一觀念在當時已是一常識，則是從傳統歷史來，如堯之舉舜，舜之任禹，這不是一傳統嗎？故堯、舜禪讓與湯、武革命，實都是中國歷史上「尚賢」的證據。今天大家知道漢武帝表彰五經、罷黜百家，但不知道這是出於皇帝求賢之策問。「策」是皇帝先下問，而後被舉的賢良回答，這就稱「對策」。漢武帝在策問中有這麼一句話，說：

> 三代受命，其符安在？災異之變，何緣而起？

三代受命，這是說夏、商、周開國，都是受上天之命，這又稱「通三統」。而爲皇帝的，又如何知是上帝派的呢？這要證據。這證據就是「符」，又稱「符瑞」，這又叫「天人相應」。當時漢武帝的策問裏，說到上天給人兩種啟示：一是顯「符瑞」，派你做皇帝。一是降災異，你做錯了，上帝給你一個警戒。這也就是陰陽五行家的思想了。

我詳細講這些話，只是說明當時陰陽家是一個新的儒家思想，他加進許多孔、孟、荀所沒有講的思想，但爲一般社會所接受了。我舉了陳平爲證，可知漢初已這樣講了。又舉漢武帝策問爲證，可見漢王室也早已接受了這套思想。於是下面有新儒家即陰陽家的興起。太史公史記孟荀列傳加進鄒衍，並且用大幅文字記載他，可證當時多麼重視陰陽家。

我從開始講到現在，說明當時中國有一個歷史上思想的大潮流，認爲沒有一個皇帝、一個政治力量，可以長久把持的，要轉換的。這在中國陰陽家的看法裏，連天上都有五帝，功成身退大家輪轉著，何況是人間呢？西方人也知道明天的世界非變不可，兩次世界大戰近代史已明白告訴我們了。然而世界上有沒有可以不變不垮的呢？中國人認爲世界上唯一可以不垮的是中國人所說的「大道」，不變者，大道也。這就是「天道」。簡單的說，春、夏、秋、冬雖有變，但還是一個「天」，天是不變的。任何一治一亂，中間有個「道」，是不變的。近代中國人不明白這個道理，一心只想追隨外國人，此下的中國又該怎麼辦呢？

六

董仲舒的春秋繁露中有一篇文章，名三代改制質文篇，大家不妨看看。這是說三代時也改制的，商不全照夏，周不全照商。但改來改去不外兩字：一爲「質」，一爲「文」。或由質進於文，或由文返爲質，這其中有道家思想，所以說到「變」。有關變的思想，或說變的哲學，只有中國人講。試讀西洋思想史，他們不論那個哲學家，都說自己的思想是不變的，是永恆的真理。惟不同的時代則出不同的哲學家，發表不同的思想，但仍都堅持他的永恆不變。中國人從人事一切活動上，看到這「變」；而又能超出這變化的人事之上看到其中的「不變」，即是所謂的「道」。這也可說是中國人的人生真理，是從歷史長時期的大潮流中看出來的。這真是中國人的聰明。

先秦思想到了戰國末年，外邊環境造成人們想把思想統一。思想統一，整個政治社會跟著統一。我的講法，統一思想最下的是淮南子，上面是呂氏春秋，再上有易傳、中庸、小戴禮的許多新儒家，再上是陰陽家講陰陽五行。我們不是講思想史，詳細的不講了。漢武帝就是在這種情況下來表彰五經，罷黜百家，而不是像今天大家說的，孔子思想因便利於帝王專制，所以爲漢武帝所採用。可以說，漢武帝也是跟隨時代而產生的。

中國政治上從秦、漢下來，雖一直都有皇帝，但在思想上從來沒有說要專制，並且從來的中國人也不主張帝王專制。你們不妨去看中國歷史上，從古到今學術上，中國人捧不捧皇帝？從二十五史上來看，中國知識份子那一個捧皇帝？中國自古以來的讀書人，對皇帝是須有所批評的。中國讀書人對政治人物只捧堯、舜、禹、湯、文、武、周公，此下便不多捧。中國思想雖求會通統一，但絕不捧皇帝。這裏又有了文化問題。將來諸位要研究中國文化、中國歷史裏的問題，就該依照中國人的立場，來看、來瞭解問題的真相。我們不可忽略中國傳統文化的背景，只把西方人的觀點來探討、批評、論斷中國的文化歷史。

七

今天的人常說，西方人是主張「法治」，中國人主張「禮治」。其實中國人講「禮」也講「法」，而「禮」字又常與「儀」字放在一起。我們日常人生不能沒有禮。西方人字眼上，沒有與中國「禮」字恰好相對等的字。但他們社會仍有他們的禮。中國這一禮的思想，亦可以說包融有中國人的日常生活。一個社會的存在，必得要有禮。漢高祖作了皇帝，羣臣飲酒爭功，醉或妄呼，拔劍擊柱，高祖患之。皇帝上朝總該舉行甚麼儀式進行。只是當時高祖及他的羣臣都是軍旅征戰出身，不懂禮儀。當時叔孫通對高祖說：「儒者難與進取，可與守成。可以徵儒生們來共起朝儀」。於是高祖就命叔孫通制定朝儀。禮儀制好，叔孫通請高祖觀禮，整個朝會酒宴的過程，沒有人敢喧嘩失禮。漢高祖不禁高興地說：「我今日才知做皇帝的尊貴了。」

當時叔孫通是依秦的「君尊臣卑」的禮，來定漢禮，應有很多不合宜處，而大體沿用到清朝。當然其中歷代也都有變革。我們今天常說的三跪九叩首，是到後代才有，以前是沒有的。而叫「萬歲、萬歲、萬萬歲」，也是清人才有，以前絕對沒有。所以今天電視上的一些歷史劇，君尊臣卑，不問朝代，給人們一種錯誤的認識，實在不應該。

中國人的歷史，雖歷代有變化，但其中有一「統緒」。大家今天讀書作學問，有興趣也可研究歷代朝儀的不同處，認識一下自己的歷史真相。我們今天一切要反傳統，反得太過份，變得沒有一件事有個體統，全然沒有樣子了。或許今天我們還不感覺得甚麼，但是將來我們的內心一定會有苦痛。到底以前的中國人是怎麼樣的？大家都不知道，豈不要感到徬徨苦惱。我們要做一個知識文化人，總該懂得一點自己的從前。

中國人因看重「禮」，到漢朝發生了問題，漢朝人自己要想，他們怎麼得了天下的呢？學歷史要懂得客觀，即是要能放棄自己個人的立場，而能設身處地去想。你如生在西漢初年，對下邊你一無所知，從這個角度去瞭解當時的狀況，這是一種讀歷史的本領。沒有這種本領，是不能讀歷史的。一如研究科學一樣。我最喜歡西方的天文學家，而這是最難研究的一門科目，因天文學家要去天文臺，一個人看星星，看一輩子。而提倡科學精神，造就科學家，是得如此訓練培養的。科學家得天天進實驗室，而又得客觀，這是一種訓練。然而訓練科學家容易，要講中國的一套思想，不能把人關在實驗室，你得在人圈圈中，而亦要能客觀，這也要訓練。

朱子說：你讀論語時，不要記得孟子。讀孟子時，不要記得論語。讀歷史時，也得如此，讀漢則只知有漢。而當時的漢得了天下，人人心中有一共同的問題，何以漢得天下？叔孫通爲漢訂朝儀，漢高祖、漢惠帝也都會想，爲甚麼我劉家能有天下？

當時只有陰陽家言能解此疑惑，此見陰陽家能抓住當時的羣衆心理。所以有關高祖的故事，說漢高祖殺白蛇而起，所謂赤帝子殺了白帝子，這雖是一神話故事，也是當時民間嘗試著去解答這問題的答案。

八

西方自古崇拜英雄，而中國不崇拜英雄，而崇拜聖賢、崇拜孔子。這其中有中國人的一套見解。這見解在中國已兩千多年，今天想把它徹頭徹尾的改掉，實在不容易。西方宗教講上帝創世，人類由亞當、夏娃來，耶穌只有母，不能有父。西方科學興起，宗教上許多說法講不通了，發生了大問題。中國孔子有父有母，從生到老，都可一一說明。孔子同普通人一樣，然而他變成中國第一個大聖人，這中間有道理，值得大家研究。今天毛澤東要批孔揚秦，他當然必須打倒孔子，才能獨尊自己。但毛澤東不懂，他若要打倒外國人列寧、史太林是容易的，要打倒孔子是困難的。中國人不論在政治上得勢的、不得勢的，在社會上有知識的、無知識的，人人腦子裏，都有一個孔子，你怎麼打得倒？毛澤東選走了一條困難的路。他不能自己一人來批孔，在歷史上他找出一個秦始皇來，所以「批孔」要「揚秦」。中國人一向看不起秦始皇，這又如何接上中國思想呢？我們不妨拭目以待，看看十年後，到底是毛澤東打倒了孔子，還是孔子打倒了毛澤東。

孔子沒有神話，所以科學再發達，也推翻不了孔子。孔子之言，直入人的內心。「學而時習之，不亦悅乎？有朋自遠方來，不亦樂乎？人不知而不慍，不亦君子乎？」這話平平實實，你不須懂得幾何、懂得邏輯，讀了就能明白，就有體會。這真是言簡義明。孔子是偉大的，偉大在那裏？偉大就在他也是一個最平常的。不過到了漢朝新儒家起，遠不如孔子，過一個時候就不行了。當時人問劉漢何以得天下？照孔子的道理解說，一般人不易懂。如說天上的帝都要變，人間的皇帝怎能不跟隨變？有「符」爲證。這說法，社會一般人容易懂。新儒家的解答就省力得多了。

當時新皇帝要制訂禮儀，也得再來一套新花樣，這是經學裏要講的，也是一實際的需要。如服色問題，漢朝廷不能穿秦服，也不能穿周服，漢朝廷該怎樣才能像像樣樣打扮成一個皇帝？這一切該怎麼辦？當時只得問儒家。新儒家在解答這些問題時，加上了陰陽家的理論，這在當時也是一實際的需要。

諸位注意聽好，我上面講的儒家了不得，他們當時講天下要統一，皇帝要更換，制度要改革，要求賢人，這一套思想理論真是了不得，但落到具體的事情上來，新儒家加進了一套必須要的理論，而這一套卻有關漢朝當時的大問題。秦朝失敗了，一切不能再學秦了，要有一套漢朝自己的新花樣，就要講「禮」。如服色、正朔等，都要有新花樣。不僅要「禮」，還要「法」，也不能再照周秦的法，漢朝該有怎樣的法呢？「禮」與「法」一切都成了漢朝人當時的新問題，一切新問題也都迫切的需要解決。在當時能解決這些新問題的，只有儒家。墨子、莊老不講這一套，其他各家更不講了。這是因儒家思想是正面的，是積極建設性的，而其他各家則多是消極破壞性的。在一個新時代的來臨，需要有新的建設，一切實際問題各家無法解決，也就不合時代需要了。

我們今天要換新花樣，認為中國的不行，全要照外國花樣，社會一天天在變，現在還沒學到家，如果學得真到家，中國也就沒有了。我們中國人該要有自己的一套才行呀！做一個中國的知識份子，至少要懂得裝一點中國門面，不能只是大家一蓬風的只有外國，沒有中國。諸位要知道，外國人要的是真能代表中國的，不論文學、思想、藝術等各方面都一樣，我們只會講外國的一套，他們不要聽的。

我們也該知道，我們有我們自己當身的問題待解決。今天的中國人可分成兩種：一種人到外國學西方的現代知識：一種人能真實研知中國的好處、長處。將來這兩種人配合在一起，或能創發一新方向，建立一新花樣，來解決我們自己當身的問題，這又是「新儒家」了。今天大家作學問，都不言切身問題，又如何可以求進步呢？

我不是要諸位學漢朝人，那個時代早過去了。我今天所講的，只是在指出漢朝人要討論他們當時切身的問題，於是要來表彰五經，罷黜百家，也就自然的要尊孔子儒家了。

第七講

一

我們做學問，大體上講，並不限於現世界的新潮流，中國人做學問，也都各有專門，大體分經、史、子、集四部分。講史學、講文學、講哲學，歷來亦各有名家。講經學也一樣，有許多人是專講經學的。不過講專門之學，是一個人將來自己的成就，單一專門在某方面有成績。論其開始做學問，則須各方面都通，要有一廣大的基礎，不能一開始便走專門的窄路。這不僅中國人如此，西方人也大體上如此。諸位倘使跑進西方的大學、研究所，他們所訂課程也各方面都有，課程修完，自己再從事一專門研究。這是中、西雙方相同的，不過西方重專門，中國重通學，比較上互有輕重。

我今年開這門課，想舉幾本書，讓同學可以參考。從前中國人做學問和西方人路徑不同，比較對專供入門參考一類的書不如西方人看重。中國人到近代，專門一輩子研究經學，而寫有專供入門書的，清末有皮錫瑞，湖南人。他寫有兩書：一書名經學歷史，一書名經學通論。他一輩子專研究經學，又處在清末，經學到了一變動期，他受近代影響，寫一部經學歷史及經學通論。到今天，諸位聽我這門課，學經學，也只有這兩本書可供入門參考。我始終沒有出口要諸位看這兩本書，因諸位一看這兩本書，問題便多了。不過這兩本書還是可以看一遍。

到了清朝，特別是道光以後，這一百多年來，在經學上一個大問題，即是所謂「古文經學」與「今文經學」的分別。這位皮先生，是站在今文經學的立場來講究一切的。在清末民初，康有爲是今文經學的大師，而章太炎則是古文經學的大師，在經學史上講，章太炎的地位遠不能和康有爲相比。因道光、光緒以下，這一百多年來，中國便已講了今文經學。

皮錫瑞還在康有爲之前。康有爲本不是專講經學的人，而皮錫瑞則是一輩子專研究經學。然而他的書，有一個大缺點，便是有一「門戶之見」。他是站在今文經學的立場，來寫他的經學歷史和經學通論。諸位讀他的書做入門，便要爲其束縛。可是這兩部書諸位還是可以看，看了對於幾千年來經學的變遷和經學上的問題，可以有一點知識。經學上有些問題到今天仍存在，仍是問題。特別重要的，所謂今古文的問題，我想留待下一堂再講。

二

講經學的人往往有一個大缺點，都是根據了經學來講經學，不懂得拿史學來講經學。經學脫離不了歷史，太偏、太專門來講，便有毛病。當然，在經學中再要偏於專門，根據今文學派來講經學，更不行了。而章太炎講經學，爲什麼敵不過康有爲呢？因爲他也是根據經學講經學，太偏、太專門了。我寫劉向歆父子年譜，從此講經學的人，不再講今古文經學的壁壘和得失了。我說的這是四、五十年前的事情。現在事過境遷，大家都不懂了。諸位拿了書，看到皮錫瑞、康有爲的講法，還是照著他說。學問的生命切斷了，風氣變了，沒有傳統了，我們的工夫也都白用了。譬如諸位學科學，外面的新發現一概不知，只關了門，還在研究舊的，這如何行？

學問一定要知道一個「系統」。只要有人和你講兩點鐘，或者你自己看一本書，你便可以走上這個系統了。你該跳越這個系統，跑上更廣大、更高明的路。諸位的聰明一定要接上前人。前人已有九十九分，加上你一分，便是一百分了。其實你只有一分聰明、一分工夫，然而你的成績是一百分。倘使前面九十九分你不要了，你的一分永遠只是一分。諸位做學問，只講自己的一套，不理會前人的成績，實際上是無所憑藉。正如現代人崇尚西化，所講的開創與發明，便是這條路。

其實孔子亦和我們差不多，當然他比我們聰明，他一輩子「學」、「問」，遠比我們高深，這暫不論。孔子學問的重要處，便在他能承受前代古人的成就。諸位今天不讀孔子的書，不讀中國古人的書，好自己來創造，上面便無憑藉、無積累。白手起家，一文錢沒有，要做一大富翁，那有這麼容易！

天地間有一巧妙，窮人白手容易賺錢。譬如諸位拿隻竹籃，賣點小吃，一百錢容易賺三、四百。等有了一點本錢，要賺大錢便難了。諸位赤手空拳開間小鋪子，這容易。但小鋪子要改成大廠家，這便不容易了。小鋪子永遠是一間小鋪子，開不大。到開成了大鋪子，賺錢又省力。當前的中、西文化比較正如此。

諸位做學問，開始一段是省力的。譬如諸位來聽講經學史，並無基礎，聽了一句便得一句知識，豈不好？但等諸位有了一點知識，再要往上，便麻煩了。倘使諸位一進大學，如大學像樣，有好的先生，有好的憑藉給你，一個極普通的人，到四年大學畢業，不知道可以得到多少東西，一個人立刻變了樣。這譬如一個小販，如今開起店鋪了。開了店鋪，再要往上，這難了。

我這是說我們做學問須有憑藉，從前人做出的成績千萬不能看輕。任何人的聰明、工夫只有一分，最了不得，或許說一分到十分罷。他要到達十分圓滿的階段，是總該憑藉他人的。則當前人又如何能不憑藉以往古代人而專講創造開新呢？

我們今天的缺點，就是不懂要個「憑藉」，接上傳統。我們今天人都一意要到外國留學；但他們信他們的，你去讀書，他原原本本從頭到尾一套教給你。然而中國人也原有自己的一套，又那能立刻接上他們的一套？所以中國人當前的難處，不專是在接受別人傳統，最難的是要放棄自己傳統。「開新」還不難，而要放棄破壞這一「守舊」，則實更難。中國人要完全放棄了自己是一中國人，纔能學像他們外國人。難處何在，豈不人人易知了嗎？

你在外國讀書回來，中國的圖書館並無這許多外國書。所以真要在外國做學問，最好去了外國一輩子不回中國來；回來便失敗了。研究科學的也一樣，外國一個科學研究室，有幾十年、一百年的成績，積在那裏；你回到中國，中國那裏有這樣一個研究室？所以我們一個人做學問一定要有一個憑藉，不能像現在一般風氣，一無所知，而能瞎說八道。他憑藉什麼？他憑藉的是自己社會一時代風氣，大家這樣，他也這樣。這樣永遠跑不上正路，做不上學問。

三

這並不是說古人的東西樣樣有用，有的也並無用。一種學問發展到某一階段，它下面毛病多了，好處便少了。到得像樣了，下面就難了。譬如清朝人做學問，專講經學，講到乾隆、嘉慶以後，變成今文學、古文學，有了一個「門户」。你跑進它門户中，便不容易鑽出來。這套學問便墜落，下面就要有新花樣。

譬如我們講理學，程朱、陸王，有了一個「門户」，以後的人便跳不出這門户，便在這門户中爭論，理學就要衰了。我們講宋代以後理學如此，清代後來的漢學也是如此。以前這樣，以後也一樣，這是一個通則。學問到了某一個最高階段，它要掉下來。下面再有新的人材出來，開新的天地，闢新的境界。

學問並不如諸位的想像，永遠一步一步往上進。而是到了某一階段不能往上，譬如我這房子院子，它已成了一個樣子，除非垮了，你如何再憑空重造？這不僅中國如此，下面沒有辦法，外國也一樣。諸位儘說美國好，將來的美國人怎麼辦？有了唐朝，唐朝要垮的。有了清朝，清朝要垮的。有了英國，英國垮了。現在有了美國，美國也要垮的。垮了下面還有新的來。

清朝人講經學，乾、嘉以後鑽進一個門户，講今文學、古文學，最大的缺點，就在經學一個圈圈裏吵架。清朝初年開始並不如此。他們不講理學了，就要講經學。後來慢慢兒鑽進裏面去，便沒有法子。一切學問都一樣。可惜我不會講科學，其實只要是一套學問，逃不出這一大原則。譬如講醫學，起初是講一個人的，進步到了今天，講眼睛、講鼻子，太專門了，下面將會沒人懂得一個整體人，便要出毛病。還得要反回來，再講一個人的全體。毛病都由全體來，眼睛的毛病並不出於眼睛。今天醫學上有很多事解決不了。譬如說癌症，從前沒有，現在變得天下全有，醫學上沒有發現出根治之道。

諸位不要太看重某一個時代，執以爲天經地義。學問總是一天到晚變，但是仍有一個天經地義的，須諸位好好去學。諸位不要總以爲中國學問便一文不值，西洋學問纔了不得，這要變的。

什麼是一個不變的呢？要你去學，將來再進步。只教你一句話，就進步到做學問專家，這是不可能的。學了科學方法，便做了科學家嗎？還得一輩子進實驗室。方法很簡單，並且不能多，不能寫本書，這不成方法了。

諸位喜説「科學方法」。研究歷史，又説「史學方法」。方法只有一條，你好好兒去學好了。學的中間，最好歸到我開始所講的，要懂「通學」，不要專。專便「成」，成了便要「毀」。中國道家思想，它在消極方面是很對的。但諸位不要消極，説：成了要毀，便不要成。成了雖會毀，毀了可以再來成。道理逃不掉如此。今天我們説做學問要超時代、要創造，這種話都不錯，但如何來超時代、來創造？仍脱不掉要憑藉，要跟隨從前人的路走。

四

我現在所説的，講經學不能專從經學講，應當換個眼光、換個角度，從史學來看經學。其實在清朝初年人，像顧亭林、黃梨洲之類，他們的學問是「通」的。到了乾、嘉以後，學問變成「專」，下面便出毛病了。我所以能推翻從道光以下這一百多年來經學中今文學、古文學的門户之見，重創一説法，我不是專從經學講，而是跳出經學外面，從史學來講。我根據了一部史記、一部漢書來講漢學。漢朝人究竟什麼一回事？你不能不拿史記、漢書來作參考。諸位聽我這門課，應去讀我秦漢史一書，便是這道理。

我們反過來說，講史學的人不通經學，也不行。從前人學史學，無有不通經學。今天諸位一進學校學史學，學秦漢史，看見經學不懂，便擱在一旁不問。我請問諸位，史記、漢書怎麼能看懂呢？那個時候最重要的是這個問題，諸位丟掉了，史記、漢書怎麼看呢？不僅秦漢史，以後每一代的歷史都有它特殊的地方，這特殊的地方不在史學內，在別處。諸位讀宋史，不懂理學，認為理學是哲學，自己則是學史學的。凡遇到這些人的名姓都不理會，認為與自己學問不相關。這樣如何能講宋代的史學呢？

最容易講的是現代史，現代史只講五、六十年，豈不容易講？其實現代史最難講。諸位不懂康有爲，不懂章太炎，不懂梁啟超，如何講現代史？對錯是另一問題，他們是抓到什麼？你們不曉得，如何講現代史。所以說現代史更不容易講。怎麼從民國初年到今天總攪不好？這是學術思想上一個大問題。

我小時候懂得讀書了，大吃一驚的是知道康、梁還活著，我奇怪得不得了。我早就知道他們的名字，以爲他們是歷史人物，可見他們在當時的影響。康有爲、章太炎、梁啟超，我們小時候滿腦子都是他們。我那時只是鄉村一稚齡小孩，老聽人講孫黃、康梁。孫中山、黃克强講革命，我知道是現在人；康有爲、梁啟超我還當是古人了。可是當時人看重康梁遠在孫黃之上。大家覺得孫黃革命，是攬政治；康梁是讀書人，是講學問。中國人看重讀書人的傳統，我想遠在西方人之上。

五

我們不能講遠去，再回本題。一個時代有一時代特殊之點，譬如秦人亡了，漢朝人興起，漢朝人有漢朝人一套。漢朝人便要自問：我們如何能做皇帝的？這是普通民衆，乃至漢高祖本身心中一問題。這問題要有一答案。這點我已經講過，學術走在歷史之前，陰陽家已經講了一套。我們或可說這一套不科學，可是我們換一句話，又可說這一套了不得。認爲從古以來沒有一姓的天下，一個政權一定要倒，換第二個政權來。這說法豈不是了不得嗎？我們現在做了中國人，讀了這些話，只當它迷信。世界上那裏再有一個國家民族，在兩千年前，能懂這個「迷信」的呢？美國只有二百年，英國最多只有一千年。兩千年前，希臘崩潰，羅馬正在興起，那個人懂這個道理？一個政權一定要垮，一定要第二個政權接上，希臘、羅馬人都不懂。「天下合久必分，分久必合。」明代三國演義這兩句話，便是最高的政治理論，這在中國平常得很。這是套歷史哲學，是套文化學。這一套那一個國家有？那一個西方哲學家發明過？

西方到了黑格爾，講歷史哲學，說世界文化轉一個圈，最後到德國，是最高一層。他這話不通的。下面來馬克思，講奴隸社會、封建社會、資本主義社會，到共產社會。那麼共產社會下面如何呢？他也沒有了。我是一個中國的青年，腦子裏有中國的觀念，我看馬克思的書，看到這裏，要問共產社會下面怎麼樣？這在外國人，對此方面是不發生問題的，你說奇怪不奇怪？

今天共產社會已經起來了，資本主義社會的人沒有說一句，下面他們該如何？他們要維持資本主義，一直下去，三千年、五千年、一萬年、兩萬年？沒有這一套的。中國人高明的，出了一個孫中山先生，他說我們現在要講「民生主義」。孫中山先生不是一個經濟學家，他不過是拿中國人觀念來講西洋思想，這就不同了。沒有一套東西永遠一成不變的。

漢朝人講五德終始，講三統，不管他怎麼講法，根據歷史他是對的。中國有「五帝」、有「三王」，下面再要變。不好的講法，說：三王再出了一王，拿最上一王昇爲五帝之末。若再出一王，則再昇一王入五帝。這是不通的，從前古代不如此。我年輕時看一書，爲夏曾佑的中國通史。他也是一今文學家，梁任公非常佩服他。當時只有一所北京大學，我雖未進大學，然而北京大學一位先生寫的中國通史我要讀。並非人人有機會進大學，有人不能進大學的，你要鼓勵他。所以諸位讀書要有興趣，有了興趣，他再不願放棄學問。沒有興趣，做學問是個打算，進學校爲了文憑，只是一手段，不是一個生命，不是一種性情，這樣做學問是靠不住的。

我想起小時讀書的情形，總情不自禁，到今天，腦海中還是生生的、活活的，這是我的生命。諸位要知道，學問便是生命，不是一種普通手段。譬如我剛才說，我到後來才知康有爲、梁啟超當時還活著。如果我進了學校，當然就會知道。但當時我是鄉村一小孩，忽然發現他們還活在人世，真是不勝快樂。

現在我講到夏曾佑。他講歷史，開始就說，所謂「五帝」，並非稱五人爲「五帝」。「五帝」有幾種講法。這在當時我聞所未聞。以爲黃帝、顓頊、帝嚳、堯、舜，這叫五帝。他說不是這樣，還有別的講法。我當時教小學，講歷史了，拿這講法告訴學生，結果我在學校享大名了。大家認爲我學問了不得，其實我是讀了夏曾佑的書。後來慢慢書讀多了，才知夏曾佑是一今文學家。這是一小故事，諸位讀書要讀到自己發生這樣的興趣，這才是新知識，在別人講來，是普通常識；在你講來，是新知識。但你要看重這一點，這是你做學問的生命，最寶貴的。「學而時習之，不亦說乎？」確是很開心的。

我怎麼會懂這一點？讀史記不會懂這一點，讀資治通鑑也不會懂這一點，讀普通歷史教科書都不會懂，讀到夏曾佑這書我懂了。到後來我學問進步，當然是不佩服夏曾佑了。不過當時是認爲他了不得，一個大學先生能寫這種書。現在大學先生寫中國通史，寫歷史教科書，沒有寫出一句話，能叫一個年輕人讀了覺得開了一個新天地，像夏曾佑一般。這些我們不再詳講。

六

我今天講一結論，中國人不止是陰陽家這樣講，孔子早就講了，夏朝、商朝、周朝「其或繼周者」，周朝下面還有別的朝代，這是孔子、孟子早講了，不過陰陽家拿來大加發揮。「天下非一家之天下」，這句話什麼人講？只有儒家。陰陽家就是與儒家合併了。現在中國人反說儒家思想最便利專制，你說荒唐不荒唐？所以打倒了儒家思想，我告訴諸位，我們的損失大得很。今天都不懂儒家了。倘使毛澤東懂一點儒家思想，他不會像今天這樣昏頭昏腦，他會想想明天。一個政權豈能做得如秦始皇所想？秦始皇只有多少年？毛澤東思想豈真能傳萬代？我們倘使懂這一點，便能心平氣和做學問。

今天我們都是「狂」的。外國人可是有這一套的。馬克思這樣講，他認爲可以傳萬代，他在思想史上等於要做秦始皇。黑格爾也是如此。你再往上研究，亞里士多德、柏拉圖一樣的。他們認爲自己一套是「真理」。中國人孔子不如此，孟子不如此。中國人沒有這種觀念。所以中國人偉大。這是我這樣講法。中國在戰國末年、秦漢初年，因爲當時國際的大變化，而產生一個極新的看法，認爲政權「久而必敝」，隔了多少年一定要壞的。這點我們以後再詳細講。現在再說第二點。

第二點，像不重要，可是也一路傳到今天。一個政權變了，譬如秦朝變成漢朝，漢朝出來總要有漢朝人新的花樣。中國人稱之曰「禮」。「禮」字通俗的講法，便是「花樣」。諸位跑進我門，如此入門，如此落座，這便是一套「花樣」。諸位是作客，不比在家。上課有一番花樣，回家也有番花樣。拜見先生，也要有花樣。現在人不懂這點，小孩子在家如此，上學校也如此，見客人也如此。這樣小孩將來如何進社會？我們現在稱這種爲不懂「禮貌」。「禮」要有個「貌」，「貌」便是說「花樣」。秦朝人做皇帝如此做，現在漢朝人來做皇帝，怎麼來變一變花樣？諸位或說這不成個道理，但諸位永遠跳不出這個道理。中國這樣，外國也這樣。二千年前這樣，明天也這樣，少不了一個花樣。

譬如我上一堂說開運動會。「運動會」是西方話，中國人從前沒有。我們現在學西洋人，也開運動會。可是在中國開運動會要有一個花樣。既在中國開，應該加點中國的花樣。可是中國人連這點花樣都不懂，全學外國。諸位，一切學像了，也就沒有中國了。中國在那裏呢？外國人跑到中國，是想看看中國花樣。我們變成外國花樣，先在外國人腦中沒有我們了，我們再怎麼存在呢？我們中國人跑到外國演平劇，外國人看得新鮮，有興趣。倘使我們跑到外國演話劇，演莎士比亞的羅蜜歐與茱麗葉，外國人會覺得怎麼樣？諸位做個中國人，講道理，諸位認爲只有外國道理，也不錯。可是諸位是個中國人，總要有點中國人的花樣。

兩百年前，美國成立了，該有番花樣。當時美國人最佩服的是法國人，因為他們革命是學的法國。美國成立了，他們學法國三權分立。又要建立一新首都，便是今天的華盛頓。華盛頓這個城怎麼造？美國人請了一位法國專家來畫圖樣。美國本是沒有國家的，今天成立一個國家，這是新的了。國家不是只有一個總統就算了，還要有一個首都；首都要有一花樣，這花樣畢竟也要有個來歷。諸位穿衣服，衣服也有花樣；特別是女人的衣服，巴黎服裝世界聞名，至少有上百年的傳統、憑藉，有各種花樣。今年服裝變，不是別出心裁，是學從前某一時期的打扮，變成今天的式樣，變來變去，也只是這些花樣。要一個服裝設計家設計一套從古以來沒有的服裝，他設計不出，不可能的。

中國人有所謂「因革」，這個道理孔子早講了。「革」是變革、革新。講革，一定另講一「因」字。沒有「因」，便不成「革」。服裝換新花樣，這是革，但這套新的那裏來？必有一來歷，這是因。譬如生命，也是革。父母親的生命便是因。天下一切變，逃不掉中國「因革」這兩字。

照中國人講法，「因」是不變的。譬如人，生人者不變，這是最先一「本原」；所生者變，這是「末」與「流」。夏代變商代，商代變周代，周代變秦代，秦代變漢代，這就是「革」。但夏也好，商也好，周也好，有一個不變的「本原」在前面。秦朝人不懂，自稱始皇帝，秦朝便滅亡了。漢朝創國有道，這是有本源的。「天不變，道亦不變」，陰陽家便這樣講。天地變，人也跟著變。譬如春、夏、秋、冬四季，衣服不同。夏天穿白色，冬天穿黑色。諸位看我們朝南的房子，夏天多少亮，冬天多少暗，夏天穿了黑色的衣服，看了心裏悶，應穿淺色或色彩鮮艷的。冬天天寒地凍，不穿白色的衣服。氣候不同，天時不同，地理不同，衣服的花樣也要跟著變。西方衣服多毛織品，中國則多絲織品，那花樣又各不同。中國衣服較之西方不曉得要進步多少。中國人到外國演平劇，外國人對唱工、做工，一概無法欣賞，可是戲裝是漂亮，他們都稱讚、羨慕。中國這種衣服的花樣，外國人無法學，毛織品做不來的。中國衣服是一套藝術，了不得的。這問題講得遠去了，我們不再細講。

我們講人生多花樣。譬如結婚，也要一花樣。西方人都到教堂，這套花樣是慢慢來的。中國人無宗教，卻別有花樣。又譬如家有喪事，也別有花樣。人生中那一事不要有花樣？現在我們中國人樣樣要學外國花樣，總有一點不對勁。最顯著的如結婚，今天結婚典禮，新人面對主婚人、證婚人，又有介紹人，逐一都要講話。但又說自由結婚，要自己做主。在典禮中，卻又要父母做「主婚人」。這花樣不是不配了嗎？典禮虛僞，如何挽救？

從前中國人結婚，不說古代，只說我小時所見。新娘子坐轎子來了，拜堂。没有主婚人，更無證婚人，也不要介紹人。介紹人是事前的事，同意了才結婚。兩人拜堂，拜天地、拜祖宗，再有兩人對拜，拜後入洞房，進了洞房才算夫婦。成了夫婦，才出來見父母。父母坐在上面，兩人拜見。「名不正則言不順」，新人沒有成夫婦，怎麼拜公公、婆婆，公公、婆婆怎麼受他拜？諸位不要以爲這套是繁文縟節，這中間都有意義，這已千年上下沿襲到今天了。拜了公婆，結婚禮完成了。隔一天，夫婦到岳家，拜岳父、岳母。諸位今天倘使說這一套不對，可以來另改一套。但不花聰明，不費腦筋，無法改。

今天中國人結婚要個「證婚人」，更不通了。結婚要人作證，豈是預備將來離婚？其實倘真離婚，也不須找證婚人。今天又有結婚證書，臨時街上買來填。寫了不少「百年好合」等語，倘使將來離婚，這證書豈不白用？西方人結婚到教堂，有牧師，問是否彼此相愛，答應便許結婚；離婚是另一事，教堂根本不贊成。法律則對結婚、離婚許有自由。我們今天無法全部學西洋，才變成了今天這一套。

從前結婚，宗親長輩，乃至小輩，都要來吃喜酒。回門到岳家，岳家親戚也都來祝賀，招待新女婿是件大事情。從前中國人一生總有一次，在大場合中坐首席，便是新女婿回門。這是一生中難得的一次，一個人可以一輩子都坐不上首席，更何況是在一個幾十桌的大場合。中國人人生有中國人的道理，今天全不顧了，這樣便全無了趣味。從前做父母的也開心，兒子結婚，他們都要坐在上面受新人的拜禮，今天這種也沒有了。我常看今天中國請吃喜酒，新人坐首席，父母陪坐，沒有這種道理。前一刻是主婚人，新人要向他行禮，下一刻新人的地位反要居父母之上了，這真不成花樣。更有些人，請證婚人坐首席，更不通。倘使研究社會學，儘可拿中國人從前婚禮做一番研究。

我這裏所說乃是一種「禮」，一種花樣。這種花樣諸位且不要當不相干。除非諸位全不要花樣，若要花樣，花樣中應各有道理。從前我們小孩上學，這是一件大事，我們跑進學校，第一件事要向孔子像行禮。每年開學典禮，新學生入學，學校當件大事，校長有番鄭重像樣的訓話。到了畢業，又有一隆重典禮。家庭亦然。今天進大學，或大學畢業，諸位家中是不是也有個禮呢？中國今天是沒有花樣了。

我們每一人，每一家庭，都少不了花樣。做了皇帝，開了一個朝代，也該有一花樣，要一番禮。漢高祖起來，第一件便是叔孫通定朝儀。當時中國人已經講了一套大道理，就是我上面所謂「五帝德」，做皇帝要看他是應了天上那一帝而來做皇帝的。五帝有五德，那麼做皇帝應穿著什麼樣的服裝，有一套講究，由漢到清都如此。外國人開始也講究，愈到後來愈不像樣。英國人到今天有皇帝，皇帝有講究，凡事有一套禮儀。美國大總統則馬馬虎虎，儀式便差了。美國人從上到下不講花樣，可是他們仍有些傳統的花樣。不過他們這樣下去要出毛病，事情看得太輕率，一見面便可做朋友，然而美國人善變。他們的性情不如英國人，不如歐洲人。歐洲人慎重其事，都表現在花樣上。

中國人這一套，學歷史的人都該看重，而我們今天盡把來忽略了。譬如說「奉正朔」，是件大事，而我們今天不懂了。反之也不以爲恥，一切不在乎了。古代封建諸侯都要奉皇帝的正朔。照中國傳統，夏曆建寅，以今天陰曆的正月爲正月，殷曆建丑，差一月，以十二月爲正月。周曆建子，差一月，以十一月爲正月。周朝人做皇帝，大家都要以他的元旦爲元旦，這是當時一件大事。今天我們中國人，就奉了西洋人的正朔。我們說今年是耶穌降生幾千幾百幾十幾年，稱之曰「公曆」。不用民國紀元，要用西曆紀元。如對日抗戰是那一年開始，或不知在民國幾年，只知在西元幾年。這眞荒唐！中國人這個國家、這個民族，精神早已沒有了，只剩下一名字、一軀殼，中國人腦子裏没有了中國。西方人的耶穌紀元，怎能說是「公曆」？諸位跑到阿拉伯、印度，他們是不是都如此？韓國、日本又如何呢？我這次到韓國，從前他們是奉中國正朔。他們用明代萬曆年號，大字寫，下面小字是韓國自己的年代。我們今天用西曆，下面早已不注中國年號了。西方英、法、德等各國年代相異，無法排列，但又不能没有通用的曆法，便拿耶穌生來紀元。他們的歷史是切斷的。中國人的歷史對內有一個傳統，一個朝代至少兩三百年，對外也不成問題。清末開始還有「黃帝紀元」「孔子誕生紀元」，現在都没有了。進步到今天，深入人心，造成定論，只用西曆紀元，變成不成問題了。

七

孔子春秋第一句：「春王正月」。不稱一月，特稱正月，這個「正」字，便表示一王朝之「正統」。「正朔」也如此。名不正，則言不順。晉國在山西，他們用夏曆，與周曆差兩月。我們現在讀左傳，記載晉國的事，常與春秋差兩月。古代有所謂「三正」：夏正、商正、周正。春秋所謂正月，是指周正，故加一「王」字。這便是孔子「從周」，奉周的正朔。

我們今天又有人說，孔子是商人之後，他心裏講商不講周，心迹近乎耶穌。胡適之說儒一文便這樣說。外國人聽了佩服，原來孔子像他們耶穌。這是不讀中國書信口瞎說。但因外國人佩服，所以中國人也點頭。

春秋開始這一句「春王正月」，中間便出了大問題。為甚麼「王正月」三字之上加一「春」字呢？正月要依周人正朔而改，但改了月，「時」要不要改呢？我們今天的陰曆是照了夏曆。夏曆的正月、二月、三月為春，四月、五月、六月為夏，七月、八月、九月為秋，十月、十一月、十二月為冬。十二月配了四時。倘使照周曆，周曆正月為夏曆十一月。是不是以夏的十一月、十二月、正月為春，二月、三月、四月為夏，五月、六月、七月為秋，八月、九月、十月為冬呢？能不能這樣呢？改月要不要改時呢？中國人從古以來講春秋第一句話四個字發生了大問題。諸位，研究經學不容易。我們拿曆法來算，立春在甚麼時候有一定，此外春分、立夏、夏至、立秋、秋分、立冬、冬至，二十四節氣中，這八個節氣清清楚楚。現在春秋「春王正月」四字，正月照了周正月，而此「春」字是不是也照了周朝人呢？不過孔子心裏並不贊成周歷。怎麼知道呢？論語記顏淵問「爲邦」，孔子有「行夏之時」一語。我們講「節氣」，共二十四個，是根據太陽在黃道上不同的位置來劃分的，因此是屬於陽曆的。譬如冬至、夏至，全世界只教在北半球溫帶氣候裏，都一樣。所以一年的開始，照普通的看法，都該依據冬至。天地變了，太陽開始由南返北。冬至在甚麼時候呢？在陽曆十二月二十二日左右。西方人耶穌誕辰與冬至只差幾天。耶穌究竟生在那一天呢？生在天地的第一天，冬至日。這其實只是附會。宗教向來都多附會。耶穌生在那一天没有人知道。中國人拿歷史看得很重，西方人没有這觀念。他們拿那年冬至日算做耶穌生日，後來配錯了，到今天總差幾天。西方人到耶穌誕辰，是過年最了不得的一天。外國人有外國人的道理。過年是耶穌誕，耶穌誕是冬至日。外國人的曆法與中國人的夏曆，差一月，有時要差到二月。中國人爲甚麼要用夏曆的正月呢？這是太陰曆，同時又配合了太陽曆的春、夏、秋、冬，可說爲陰陽合曆。孔子贊成這一點。可是周朝人政府用的曆法，孔子不能改變。而孔子拿「春王正月」的「春」字，放在「王正月」之上，而不說「王春正月」。照我說法，孔子贊成夏曆的意思已在裏面了。「王正月」是照了周朝人，可是「春」字已經不配合了。這樣豈不是春、夏、秋、冬四時也該改了嗎？這問題我們暫不講。

春秋裏面有些地方又有「春王二月」「春王三月」，於是漢朝人便說，這是所謂「通三統」。孔子的觀念裏，歷史上面有三個傳統，一個是「王正月」一個是「王二月」，一個是「王三月」。這個大道理我們前面已經講過了，世界不是一個皇帝的。照漢朝人說法，孔子便是要說這個道理，「王正月」、「王二月」、「王三月」，要保存「三統」。「王三月」就是夏統，因周朝人的三月便是夏朝人的正月。「王二月」就是殷統，周朝人的二月便是商朝人的正月。

這說法對不對呢？這說法後來人並不認爲對，不是這樣。但是要推翻這套理論，須有一番說法。推翻這講法的是甚麼人呢？便是宋代的程伊川。諸位不能只聽人說：「宋代理學家是講義理，清代漢學家是講考據，理學家不會講經學。」那裏有這回事。說漢朝人「存三統」這講法不對的，便是程伊川。漢朝人講春秋講錯了，春秋不如此。春秋該怎麼講呢？程伊川的說法說得極好。他說倘使正月有事，便書「春王正月」，下面記事。倘使正月無事，二月有事，則去「春王正月」，書「春王二月」，下面記事。倘使二月也無事，則書「春王三月」。倘使正月、二月、三月都無事，則不能只書「夏王四月」，沒有了春天。因此書「春王正月」，其下接書「夏四月」，然後記事。讀春秋的人一讀，知道此年春天無事，要四月才有事。諸位不信，可拿春秋二百四十年逐年查考，看這說法對不對？程伊川這種考據真好。到了清朝人，還要反過頭來講今文經學，講「存三統」。根本没有這回事。所以諸位不能只聽大家說：「宋朝人主觀，講義理。清朝人客觀，講考據。講孔子經學應照漢朝人，因漢朝人去古未遠；不應照宋朝人，宋朝人離古遠，怎麼知道古代事？」這些話根本不對。我現在舉的程伊川講春秋，便是一例。到了清代，結果還會講錯。爲什麼清朝人不照這對的講法呢？我補充一句，這便叫「門户之見」。清朝人後來一定要講漢學，不講宋學，讓門户之見蔽塞了聰明。

諸位今天不能只信一般人講法，認爲宋人不講考據，清朝人才懂漢朝人講法。有些地方，漢朝人便講錯，宋朝人才講正，這是一例。倘使孔子有「存三統」的說法，至少不能拿春秋作證據。可是這是隔了一千多年宋朝人這樣講春秋，漢朝人不如此說，爲甚麼？因爲時代不同。

我們前面說，商代以夏曆十二月爲正月，周則以十一月爲正月。這在當時大家都知道，到了秦朝人出來，他們也要變一個新花樣，於是以夏曆十月爲正月。這更不通了。下面漢朝人出來，他們怎麼辦？諸位不要主觀，說這些事没有意義。在今天這些事或許無意思，諸位要懂漢朝人的歷史，要客觀照漢朝人的想法。諸位要懂得這一點，這是當時一個問題。這如同我今天所講，我們開運動會應如何開幕？漢朝人不懂，孔子也不懂，今天中國人不但大道理都照外國人，連小花樣也没有自己一套。不過我想倘使真如英國人所說，二十世紀是美國人的世紀，二十一世紀是中國人世紀，中國真像樣了，那時中國人或許能自來一套花樣。

秦亡漢興，當時有兩大問題。一是「改正朔」，應該以那一月爲正月。二是「易服色」，禮服應採那一顏色。這正如同今天我們政府規定，藍袍黑馬褂爲禮服，有一規矩才像樣。周尚赤，秦尚黑，漢朝人也要想想該尚甚麼服色。這是漢朝初興一大問題。倘使拿我們今天的觀念來作解說，這是漢朝人的「自覺」，漢朝人應該要有漢朝人的派頭呀！中國人今天沒有自覺，只教照外國派頭便好了。

中國人是中國人，而今天日常生活以至於國家大典禮，中國人不感覺要有中國人的一套。我們今天口口聲聲要獨立、自由、平等，我想這便是不獨立、不自由、不平等。孫中山先生說革命要「革心」，中國人將來要到那一天心裏才有一種自覺，覺得有個自己。有些事我們或許做不到，在花樣上有自己一套，最簡單，該是我們今天做得到的。這是一種深入人心，將來國家要像樣、能站得起來，要有的一套。倘使我們懂得這一點，我們便該原諒漢朝人。

漢朝初年的大問題，要講甚麼？他們有一種自覺。他們是漢朝了，不能完全照秦朝，也不能照周朝，更不能照商朝、夏朝。那麼怎麼辦呢？陰陽學家告訴他們一套理論。諸位懂得了這些，便懂得中國當時陰陽學家應付了時代的需要。至於孔子、孟子講的，是一套大道理。這套道理不變，「天不變，道亦不變。」但是這中間還有小的一套花樣。譬如孔子講「仁」，是講的內心一番大道理；孔子講「禮」，則是講外貌、講花樣。一個人不能沒有外面花樣。

諸位拿我這番話來看日常人生，家庭、社會、學校，一切的一切，是不是總有一個花樣？人總該有禮貌。不過照孔子講法，禮貌要本乎人的內心。譬如早上起來子女見父母，要不要有個樣子？晚上離開父母就寢，要不要有個樣子？不是講心，是講「貌」。今天人都認爲不要，我想這不對。西方人的人生也有他們的樣子。我們學西方人並未好好地學。中國人今天之無教育，人生之無意義，將來中國還要講「人生哲學」，要講到何處去？這是一個大問題。

人生不能樣樣事歡喜如何便如何。現在小孩在家裏便不教。早上小孩見父母，當鞠躬，他不鞠躬。當站在一旁，他不站。不當隨便開口講話，他要開口亂講話。父母見了，還覺得開心。沒有了禮，不像樣了。小孩該有小孩的樣，大人該有大人的樣。小孩不像樣，大人也就不像樣。全一個社會的人不像樣，這國家又如何？還要講學問，學問如何講？還要講思想，思想又如何講？中國人講的「禮」字，外國人雖沒有像這般講法的禮字，但也逃不掉，也有他們的一套禮，這是中國人道理的偉大！

第二次世界大戰結束，日本投降，美國全國教堂同時敲鐘，感謝上帝保佑。這是一種花樣，與軍隊作戰無關係。我們中國人呢？民間燃放鞭炮，政府則說是歸功於領袖的領導。但這樣一說，中國人自己便有人反對，認爲是美國人幫了忙，我們才戰勝。這樣一來，怎麼辦呢？美國人不說是靠他們自己戰勝，他們說是靠了「上帝保佑」。倘使照中國人花樣，該說是「祖宗積德」。可是我想諸位不敢說，這成了「封建思想」了。諸位覺得功成名就，就認爲是自己的權能和力量，當然不會歸功於父母，更不會歸功於祖宗。外國人則歸功於上帝。可惜科學發達，現在他們這一套也垮了。今天無法教中國人都信西方宗教，逼得中國人要有中國人一套，便來崇拜外國人。

八

諸位，我今天要講的是秦代、漢代的歷史。他們有一個題目，而今天我們也有一個題目要我們做。我們做文章，要參考古今中外，這篇文章怎麼做？這不是要諸位作論文，而是諸位要知道國家社會的大問題。我們今天應該有一番自己的花樣，這總不能不算一個問題。我今天這兩堂所講，都講出題外，不過諸位應該記住兩點：

第一、學經學要拿史學作參考。

第二、講古代也應拿現代作參考。

不能講古代就只是古代。問題是活的，且不要拿歷史都當死的。諸位認爲以前歷史如此，現在不這樣，要變了。這我也贊成。可是變總要一個根據、一個憑藉，來幫我們的聰明。我講漢代如此講，將來我再講唐代、宋代、清代，又如何有他們的一套？倘使諸位懂了這一套，便是懂了歷史精神。如此學歷史，便能進入到歷史的深處去。

我講的好像是極普通，諸位認爲一無價值的東西，而我講出它的價值來。漢朝人有漢朝人的自覺。我只舉「正朔」、「服色」兩點作例。漢武帝要問這班讀書人，你們怎麼講法？這是個大問題。漢朝開始一直是照秦朝，以夏曆的十月初一爲元旦，漢朝人實在覺得不對。後來重定，依據了夏曆，從此沿用到清末。而重定曆法，便是照了太史公的意思。他懂曆法，懂這門專家之學。到了民國，改用陰曆，卻將此推翻，中國以前沿用的曆法，大家都不懂了。由此可見學問的重要。

諸位不能只在書本上講學問，當然書本也要通。我所講的中國人的婚喪喜慶，雖像是小問題，卻都與我們每一人的人生有關。此外，國家大典該如何？不能凡事都看輕，不當一件事。我們不能只講內心，不講面孔。「仁」與「禮」，一在內，一在外，各占了一半。諸位在外對師長該有禮，在家對弟妹，都該教他懂得有套「禮」。樣樣事無所謂，人生便沒了趣味。任何一套哲學理論，落實到人生上來，中國人都有一套花樣。今天的中國人在家沒一套；跑進學校又沒一套；將來進入社會，還是沒一套，還要講甚麼人生哲學呢？西方人今天宗教道理不講了，可是宗教上的一套形式，一套禮、樂，還盛行到今天。從生到死，他們都有一套花樣。外國人有一套人生的禮，所以西方宗教倘使真垮了，我們就不曉得他們的人生怎麼過？人生不能只是賺幾個錢，這樣便一無意思，更何況亦不能人人都發財，都做富翁。如何讓大家都能安他的心呢？總要讓大家的生活有意義。所以一定要有一套花樣，這便要「制禮作樂」。不是周公如此，外國一樣也有制禮作樂。我們把自己一套破壞了，又無法接上西方人一套，便不成樣子了。一個國家要像樣，不是說有軍隊便像樣。平常要有套禮樂。西方英、法比較像樣，現在慢慢兒也不行了，沒有樣子了。日本人從前有天皇，蠻像樣。現在看不起天皇，沒有新東西，也不像樣了。

我今天所講只舉「服色」、「正朔」兩項講，漢朝人下面還有許多問題，非得要講歷史、講儒家的人來解答。其實這是個面子問題，面子不能不要。而這背部有一陰面，便如當時的陰陽家言。倘使諸位懂了這一點再去讀史記、漢書，便見得有新的意義。諸位今天認為「改正朔」、「易服色」，這種沒有道理，現在不要講了。可是在當時是一個大問題。漢代以後直到清代，這套只有小變，沒有大變。

今天我們中華民國，是一個大變了，然而沒有變出一套來，從前的卻一概不要了。其實唐代人穿的衣服便與宋代人不同，宋代與明代，明代與清代，也都不同。中國人並非不懂變。可說只有當前的中國人不懂變，美國人如何，我們也如何。諸位讀我的秦漢史，我都講別人所不講的，可是我認為是當時一件大事，我們由這件事可以講到他們的內心。由他們這種內心的要求下，跑出儒家來。儒家以後還有陰陽家，陰陽家的道理，我認為有一個顛撲不破的大道理，便是「自古無不亡之國」，即爲五德終始。今天社會上一般算命、相面，一切講運氣，都有一番道理，没有一輩子一路好運，或者永遠壞運。五年、十年會轉一運，中國人從漢代起相信這個道理，對我們的影響很大。諸位也莫看輕了一輩子，做學問是一輩子，奉公守法是一輩子，做人的道理是一輩子。這種觀念使得我們社會還能維持下去，這是中國人一種人生哲學。

第八講

一

我自己所寫的書，一般人覺得難讀的，爲先秦諸子繫年。我曾有一學生，她能讀我這部書，而且還能另舉幾條證據來替我作補充。她是位女學生，在中央大學讀書。當時中央大學在重慶，請我指導他們的研究所，我不去。中大學生畢業出版一刊物，每人要寫篇論文，編纂發表。我看了他們那一年的論文集，我說只有某學生我願意指導；他倘使有問題要問我，可到成都來。她來了，我才知道是一個女學生，四川人。見面後一年，她中央大學不讀了，情願到成都來跟我。她計劃根據我的先秦諸子繫年，重寫一部戰國史。抗戰期間，她寫成一篇楚國史，大概有八、九萬字。倘使整部戰國史寫完，總有幾十萬字。她把寫成的稿子寄給我看。後來共產黨來了，她當時在武漢大學教書，此後我們也未能再通消息。這部戰國史寫成沒有，我也不知道。我的學生中，只有她真能讀我的先秦諸子繫年。這書中，有幾條是她補進，我在書中都一一標明。我知道讀我這部書的，一般只是臨時翻查參考，不真能從頭到尾讀。

但是先秦諸子繫年還不如我的兩漢經學今古文平議難讀。我此下所講今文學、古文學的問題，將完全依照此書。這部書共收錄了四篇文章。諸位倘使真要研究經學，此書雖不易讀，還是應該一讀。不過我告訴諸位一個讀書的方法。其實我的書不僅先秦諸子繫年難讀，國史大綱也一樣難讀。在我國史大綱之前，已有了兩部份量相當大的中國通史。作者年齡都比我大，工夫也花得深，他們都是當時大陸中學裏教書的先生。待我的書一出，學校多看重我的書。到現在我所遇見年紀在四十、五十的人，大部份都曾在學校讀過我的國史大綱。但是今天臺灣新出版的中國通史，絕不止十部。這些新寫的通史是不是都比我的更高出了呢？他們是否看過我這部書了呢？學問應該要進步才是。我寫了一部國史大綱，你倘使再寫一部，應該接受一些我書中的意見。今天的人寫通史，不僅我的國史大綱不讀，上面所講大陸從前出版的幾部中國通史他們也不讀。學術界如此，怎麼辦呢？我讀了近年出版的幾本通史，例如秦檜的問題，各持一說，漫無定論。

現在人說國史大綱不易讀，因是文言文。文化復興一件大工作，便要把古書翻譯白話，這如何翻譯得盡。要拿白話文來復興中國文化，如何復興法？文言翻譯白話，豈省力？這需要多大的本領？文言文已經難懂了，還要翻白話，白話中没有這個字怎麼辦？諸位且拿論語第一章，「學而時習之，不亦悅乎？」試翻白話，那裏容易。

二

近代講中國學術史，最大是辨經學「今古文」的問題。我這部兩漢經學今古文平議中第一篇文章劉向歆父子年譜，初次發表時，我在中學教書。我的先秦諸子繫年，也是在中學任教時寫定。當時我這篇文章登在燕京學報，第二年我便到燕京大學教書。我一到燕大，別人便告訴我，北平各大學的經學課程都停開了。他們讀了我這篇文章，知道從前學的一套都不能成立，因此不願再這樣教課了。可見當時是有學術空氣的，今天怕不會有這樣的事。但是經學還該有人講，復興中華文化，不能沒有經學。

我前幾天在雜誌上見一文，說要講中國文化，該講經學，大學裏應有經學的課程。我的劉向歆父子年譜，到今不到五十年，當時是學術界一大問題。我在雜誌上見這篇文章，就注意他如何寫。或許他看見過我的書，或許知道一點我的說法。他東抓一句、西抄一句，要來說一番持平之論。但他根本不懂經學上「今古文」的問題在那裏。要讀我書，至少要多花些時間，不是隨便找幾句就得。這幾天我在故宮博物院圖書館查書，看到一部現在人講從戰國到漢代陰陽五行家言的書，作者花了四年工夫寫成，找了不少材料，這也不容易。他對漢代經學家，尚書、詩經、春秋、易經各家注中說及陰陽五行的，舉了不少例，在臺灣學術界也應可算是部用了功的書。可是他並沒有講陰陽五行家的「三統」、「五德」、「從來不會有萬世一統的政權」這一番意思。他只說陰陽五行家完全是瞎說八道，漢朝人聽信了他們的話，「改正朔」、「易服色」。他不懂背後有這樣一個大的主張、大的理論。說天上有五天帝，所以人間也不會有不廢的王朝。這番理論的結論是要得的。「天下沒有萬世不替的王朝」這番話，孔子、孟子就講過。陰陽五行家所以在漢代佔到這樣大的地位和力量，要改正朔、易服色這許多，在我的劉向歆父子年譜裏早已講過。王莽起來，就是這套思想所促成。這是何等大的影響！

我寫了這篇文章，別人都說我熟讀漢書，從頭到尾能背誦。其實我也只是翻書，不過很熟就是了。其次，他們認爲我是古文學家，因爲我反對康有爲。所以我寫了劉向歆父子年譜後，又寫周官著作時代考，周官是講古文經學的一部大書。

照今文學家講，周官是劉歆所僞撰；照古文家講法，則周官是周公所作。在大陸時有人作一今古文系統表，譬如今文學是講孔子，而古文學則講周公，列了許多條。此後許多人講經學都依照這張表，因這張表眉目清楚。其實完全不通。如列周官是古文學，這張表第一條便錯了。

我上一堂告訴諸位，皮錫瑞一輩子專研究經學，只寫經學方面的書。他是湖南人，在湖南教書。京師大學堂成立，請他去，他不去，情願教中學。當時人這種地方，和今天比，真如同兩個世界。我最佩服一湖南人楊昌濟，他學哲學，先到日本，後到英國、德國，回國後在湖南教師範學校。毛澤東是他學生，後來還娶了他女兒。北京大學請他教書，他暫時不去，要拿自己的思想先作整理，隔幾年才去。我佩服他講德國倫理學，能貫通來講中國的論語、孟子。我到北京大學，讀到他的一本講義，講得極好。他是先讀通了中國書，才到國外。這種人，今天不易看到了。楊先生後來是在北大教書，而皮錫瑞一輩子只在中學教書。然而皮錫瑞死後到今天，沒有人能再來寫一部經學史。

但皮錫瑞這部經學歷史，一開始便錯了。他認爲今文學家推尊孔子，古文學家推尊周公。此下都根據他的說法。我的周官著作時代考，說周官這書絕非劉歆僞造，但亦絕非周公之書，應是戰國時代人的書。這篇文章我再在燕京學報發表，別人弄不清我的意見。我所說既非今文家言，也違背了古文家說法。我認爲此下講經學史，應該破除以前今古文學的界限，才能找尋出一條新路來。

我在北大開秦漢史一課，關於經學上今古文的問題，要留待講東漢史時才講。但我後來出版秦漢史的講義，只到西漢就停止了，未談到這問題。後來對日抗戰，我在成都，另寫了一篇兩漢博士家法考。這篇文章亦收在兩漢經學今古文平議一書中。我剛才所說的劉向歆父子年譜作於民國十八年。第二篇周官著作時代考作於民國二十年。這兩篇寫在前。兩漢博士家法考則已要到民國三十二年才寫成。到了民國四十二年，我在香港，又寫了兩漢經學今古文平議一書中第四篇文章，孔子與春秋。

我這部兩漢經學今古文平議，第一篇劉向歆父子年譜，參考材料只要用一部漢書就夠了。第二篇周官著作時代考，也只要參考一部周禮便夠了。可是最近五、六年前我又重讀周禮一遍，又抄出了兩三百條筆記，可以補我這篇周官著作時代考裏所未講到的條目，可是到今天尚未整理出來。我記得這篇周官著作時代考發表的時候，北京大學歷史系一位老同事孟心史老先生，他專講明清史，有一天我們在歷史系的辦公室碰見，他問我：「你幾年級了？」我告訴他，我也在此地教書。隔了半年，我這篇文章已在燕京學報發表，我送請他指教。他一看題目，便說：「你還研究經學，研究這個題目，不得了！」從此我們做了朋友。孔子與春秋是我這部書裏的最後一篇文章。從民國十八年到民國四十二年，相隔二十幾年，我這部書才寫成。

我寫這篇孔子與春秋，因當時我偶然重讀皮錫瑞的經學通論。他的書牽涉到許多經學上的問題，我當時心中正有許多心得，碰巧別人要我寫文章，我便寫了這篇孔子與春秋。這篇文章便難讀了。今天我自己再看看這篇文章，可以說這篇文章等於講了一部經學史，也可以說講了一部儒學史。我這篇文章一發表，英國學術界十分看重，這是香港大學英人林仰山教授告訴我的。可是我想英國人不容易懂我這篇文章，要根據我此文再進一步研究，就更不容易了。

三

我以上所說這幾篇文章，倘使諸位去讀，前三篇也不容易，可是我們不這樣讀書，便跑不進學問。諸位現在在學校，只聽先生講幾句，回去翻翻書，這不能稱之爲真讀書。諸位翻書，能像我剛才所提那位先生，花四年工夫寫部講戰國、秦、漢陰陽五行學說的書，已經不容易。但這位先生只拿許多材料拼湊在一起，並不真懂如何做學問，便差了。今天作博士論文豈不多是訂一題目，翻書查材料而已嗎？這絕不是做學問！

所以我每年上課，總是再三告訴諸位，我並非教諸位作博士論文，我只是教諸位，拿了學位後如再想真讀書的一個方法。所謂學位，不過可以表示你這個人可以做學問罷了。真的學問，還要自己繼續下工夫。今天年輕人在大學任教，可以從助教一路升到教授，所以許多年輕人一旦教書，便再不講學問。這樣怎麼能提倡學術呢？中國人的道理，在中學、小學教書也一樣能讀書，做學問。我的學問便如此得來，做學問那裏定要學位資格呢？

但是我告訴諸位，倘使諸位真要講經學，我這部兩漢經學今古文平議雖不易讀，也應該讀。諸位就是不講經學，也應該懂得經學的一些大概。講漢代史，怎麼能不懂經學？唐代與漢代不同，宋代又與唐代不同。但唐、宋時代的經學，仍該略有所知。爲什麼民國初年，大家便看不起孫中山，而看重康有爲呢？這是中國傳統文化作梗。孫中山的見解比康有爲高明得多。康有爲要幫宣統復辟，這樣的人在當時該讓人看不起。可是當時人覺得這是他政治觀點錯，但他是一個學者。中國社會倘使能保留這一點觀念還了得！不懂這一點，怎麼能講現代史？這是文化傳統的社會背景。國民政府在大陸始終不受一般社會看重，因政府中很少幾個是中國文化傳統的學者，所以不受重視。

中國人向來觀念，認爲做官人一定該是讀書人。今天我們沒有這種觀念了。怎麼會如此？這是學術風氣變了，文化觀念也變了。孔子怎麼被人捧到這樣？這是孔子自己掙扎出來的。孔門後學，在戰國時都沒有做大官，政府盡力敬養。譬如齊宣王、梁惠王、信陵君、孟嘗君，人家看不起的，他們盡心盡力尊敬奉養。中國文化深厚如此，今天再沒有了。可是今天西方人亦同樣有他們的一套，你做大學教授，有你的地位。尤其在歐洲，英國、德國、法國，一個學院一位教授。他人學問再好，年齡再大，只能等那位教授或退或死，才能接替上去。他們的學術也遂由此而有進步。西方人是如此般的看重學術。這種風氣，是近代兩三百年的西方人慢慢養成的。而中國人則是兩三千年來看重學術，才有今天的情形。

中國人這種傳統由何而來？依照中國文化傳統，是由讀書人自己看重自己而來。不要儘講革命，革命不是日常的事。有關學術，更不須談革命。西方人言革命，多屬政治方面貴族、平民，資本主義、無產階級的事。他們的歷史背景與中國不同。西方沒有聽說一個大學教授來革命，這是革不出命的。

諸位讀任何書，不能隨便提到經學上今文學、古文學的問題，也來說由今文學革古文學的命。這樣態度便不能做學問。你要好學，究竟如何在兩千年來的學術傳統中，得一個結論？這是你的努力。我要看你怎麼講法，這些講法怎麼來的？做學問該如此做。

康德是個大哲學家，你若一輩子做他學生，但你的哲學卻是自創的，並非一依康德。這是西方學風，與中國之尊師重道之風氣有不同。所以西方學術沒有定論，須得隨時創新，他們說這是進步。中國人則學術上早有定論，而你自己的學問仍可有進步。孟子曰：「乃所願，則學孔子也。」又曰：「人之患在好為人師。」所以中國一大學者所該重視在「學」，而非重視在「教」。這是中國學術史上一主要精神之所在。所以亦可說中國傳統重在「學」，而西方傳統則重在「教」。這亦是中西方文化一相異不同之點。

今天我們的學術界，早已西化了。成了定論，便不再學了。學在發明、在創造，諸位所學都是未成定論的。這是今天的西方化。但諸位當知，就算你做一個科學家，要研究一個未成定論的問題，但已成定論的，你先也該要懂。不懂舊的，如何來創造新的？所以諸位至少當先做已成定論的學問，才能在未成定論處去發明。

譬如我的兩漢經學今古文平議這本書，花了二十多年工夫完成，這也可說已成定論了。但你仍得花三年工夫去讀通它。你通了這本書，則做學問的艱難困苦曲折你便可懂了，如此你才可以更上進。若你根本没有懂，怎麼自己要來提出一個新題目、新問題來求解決呢？所以縱使你聰明過人十倍、百倍，你仍該好學。先學別人家已成的，纔能再由你來創造未成的。今天已成的大家不喜學，卻要來創造未成的，這又如何行呢？所以不重傳統，終難創新。

李白、杜甫詩作得這樣好，學了他，也不如他，於是纔想不如做新詩。但以前中國人一輩子學李白、杜甫，就算學不到，還有一樣子。如寫字，諸位如何學得到王羲之，但諸位不該因學不到，遂另來講創造呀！唱戲也得學梅蘭芳或程硯秋，這是一條路。要在梅蘭芳、程硯秋之外，另闢一條路，這是另一件事。但又豈是人人能夠的呢。其實諸位到外國去，他們亦並不這樣，他們有他們崇拜的。

四

諸位要知道，一切學問都要有一標準：跟隨他人學。譬如學歷史，宋史、明史如何講法？都該如此。此即所謂尊師重道。我此處說的「道」，不是說的聖賢之「道」，是說諸位學各門學問該怎麼學，這是一個「方法」。這便叫「道」，這是一條路。

我讀宋史，在清朝人中，我讀幾個研究宋史人的書，纔懂如何讀宋史。諸位買東西也要打聽打聽人家。諸位學歷史，不說學太史公，就是學司馬溫公，他到現在已經一千年了，他寫資治通鑑用了二十年工夫，而且還有人幫他。這部書都不會讀，今天怎麼來講中國通史？這是貨真價實的，不然怎能一千年傳到今天，我還在這裏講到它。諸位或認爲這是「守舊」，那麼請你介紹一部新的來讓人讀讀。新的沒有出來，只得仍讀舊的。你如要成一家之言，有一辦法，中國從前人怎麼成一家的，你讀他的書。倘使你不相信中國人，你可到外國，外國人如何成一家的，你去聽聽他。不過跑到外國學自然科學，可以成爲第一流的學者。文學、史學則不容易，這背後牽涉到民族性、民族文化，事情不單純。

今天我講經學上的今文學與古文學，這問題要從兩方面講：一方面是近代人所講的，一方面是漢代人自己當時所講的。我今天要講的是漢代人當時自己所講的今文學、古文學。倘使諸位要知道今天這一百幾十年來的中國人，怎麼講今文學、古文學，諸位可以看我的近三百年學術史這部書，從龔定庵以下到康有爲這一段。有許多話雖不易講，此處我還要和諸位講講。

諸位常要說「不要讓人牽著鼻子走」，不信任書。譬如我前面說，看皮錫瑞的書，不要儘相信他的話。其實這並不完全對。先要能「入」，才能「出」。皮錫瑞講錯在那裏，你要知道。能這樣便不得了，不能置之不論。在學校開一門課講詩，從前杜工部怎麼做詩的，你總要懂一點。

你不能說現在時代過了，這種我們不管。我請問諸位一個問題：從古以來的讀書人，有沒有不學的？他學的就是「舊」的，他成一個讀書人，他講的便是「新」的。新的便從舊的中間來。全祖望讀了宋史，才能講宋史。你得先知道他，才能批評他，便先要對他的書用工夫。

從前大陸和現在不同。我舉近代講今古文經學，在清末民初的兩個大師：一是康有爲。後來發揚康有爲學說的是顧頡剛，推薦我到燕京大學教書的便是他。另一位是廖季平，四川人。康有爲的今文學便從他學來。但後來廖季平的思想卻又變了。廖季平晚年有一學生蒙文通，在重慶一中學教書，年齡大我一兩歲。我當時在無錫第三師範教書，他看見我刊登在學校周刊上的一份講義，講法和他先生相同。我講戰國講「禮、樂、射、御、書、數」的「禮」字。他說「禮」字只有孔子講古代的禮，你怎麼會講到戰國去？和我先生從前講經學看重戰國一樣，是同道。於是他寫封信給我。這封信一萬幾千字，長如一本書，可惜現在已不在了。我想那時候人和現在真不同。他的先生是全國聞名的，他見了我一篇講演，會寫這樣一封信給我。諸位想：這是中國人，中國社會，中國的學術風氣。當時我們都是剛過三十的人。後來他到南京支那內學院歐陽竟无那裏學佛學，我已到了蘇州，他到蘇州來見我。後來我們在北京大學歷史系曾一度同事。抗戰時我到四川成都教書，他是四川人，也在成都。他請我到廖先生家去吃飯，廖先生早已死了，廖先生的女兒、女婿也拿我當上賓招待。中國人這種風氣，真是了不得。諸位想，現在還有這種風氣嗎？今天可以說，已沒有學術風氣了。不要說古人，以往在大陸社會學術界尚存有的一點中國文化傳統，現時代的此地，又已不見了。

五

康有爲、廖季平是中國近代講今古文經學兩個主要大師，我們要講近代的今文學、古文學要瞭解他們。倘我們要講古代的今文學、古文學，又該根據甚麼？我現在告訴諸位，最重要就是讀史記、漢書，直要讀到東漢書。我這篇兩漢博士家法考，便是根據這些書來講的。

第一點先要告訴諸位的，要講今文學與古文學的分別究竟在那裏，我提出一個人，這是大家都知道的，便是王國維。王國維可以說是近代一個研究學問有規有矩的人。我不認識他，可是對他學問很佩服。他的學生問王國維龜甲文當如何學，王國維要他們先學許氏說文和儀禮，這樣才能通龜甲文。不通文字學，不懂古代的禮，如何來講龜甲文？學生便覺得難了。

我因在學校教書日久，懂得年輕人心理。你們要懂經學，我勸你們讀史記、漢書，這總省力了。若史記、漢書都不能讀，怎麼來講兩漢經學，這比要你們讀許氏說文、儀禮要容易得多了。可是也不簡單，讀部史記要多少時？讀部漢書要多少時？可是路只有這一條，不讀書又怎麼來做學問，不要說大學問，小學問也一樣。

王國維講經學今文、古文，他說古文用籀文寫，今文用隸書寫。今天跳不出他這個講法。可是我今天不這樣講法，這豈不是我自發一新的創見嗎？我可以告訴諸位一句話，我讀的書絕不比王國維讀得少，我用功的程度或還要在他之上。我一部一部書從頭到尾讀，並且還不止讀一遍。譬如我開這門課，我上課不講皮錫瑞的書，可是我還拿來再翻一遍。諸位不能看我今天看書這樣省力，我從前讀書一字一句一絲不苟從頭讀到尾。

我現在要講，所謂「今文」、「古文」，在漢代怎麼樣講法的？第一人要講到的是太史公。史記裏面「今」、「古」這兩個字究竟怎麼講法？講到此，我又要講到北京大學有一位先生名崔適。他寫了一部史記探源，錢玄同拜他做老師。錢玄同是章太炎的學生，章太炎講古文經學，崔適講今文經學。錢玄同捨其師來拜崔適門下，這是新文化運動打倒孔家店以後的事。那時雖說打倒孔家店，中國文化還是中國文化。於是我也要看崔適史記探源這本書。我看了覺得不對了，舉一例，史記第一篇五帝本紀，其中有一段話：

百家言黃帝，其文不雅馴，……總之不離古文者近是。

諸位讀到「古文」這兩字若不會講，不要緊，就不要講好了。開始讀書時只能這樣。不過諸位不要聽錯一句，認爲讀書只要這樣讀便行。話要兩方面聽。

太史公這句話是說，百家講黃帝的話，靠不住。「古文」所說，總是近於「是」。諸位要知道，重要的在「百家言」三字。太史公拿當時學術分成兩大類：「百家」講的話靠不住，而「古文」講的比較靠得住。「古文」的對面，不是「今文」，而是「百家」。這個問題便變了。太史公心中的觀念，是「古文」與「百家」相對，而不是「古文」與「今文」相對。換句話講，當時沒有古文與今文分別的觀念。崔適拿史記書中「古文」兩字，都要講成「古文經學」，因此要說這句是劉歆僞羼，那句是劉歆僞羼，這便不對了。

這個問題再進一步，大問題便來了。「百家」是指「百家言」，不過從前人「百家」下不加一「言」字。倘使拿掉一個「百」字，就成了「家言」，與「古文」二字相對。「家」字對「古」字，「言」字對「文」字，這便是我先前所講漢書藝文志所謂「六藝略」、「諸子略」，「諸子」便是「百家」，這樣便講通了。我在兩漢博士家法考這篇文章第九節便講到史記講的「古文」，前一節第八節便講到「家言」。「家言」便是「百家言」。最近幾天我又看到一條古書裏講「家言」的，我沒有隨手鈔出，現在已忘了它出處。證據只要正確，其實一條就夠了。

六

我再同諸位講件小故事。我在北大講「上古史」。有人寫信給我，問我學過龜甲文沒有，倘使沒有，怎麼能講上古史？我說我講上古史，在講戰國，學校規定我開三門功課，我開「上古史」、「近三百年學術史」與「秦漢史」。近三百年學術史與秦漢史兩門課要寫講義，我來不及再寫第三門課的講義。講戰國，可以不必預備，我已寫好一部先秦諸子繫年，戰國史爛熟胸中，可以不必準備。第一堂上課，我講「商鞅變法」。我說並不是商鞅在秦國變法，而是商鞅拿東方的變法帶到秦國去。學生說：從來沒有聽過這講法，第一堂便佩服了。這是隔了幾年他們告訴我的話。諸位可想見當時大學新生的程度。今天的學生程度那能相比！

諸位今天做學問，應該要能超越時代，我們這個時代的人比起在大陸時期，相差不知多少！倘使諸位有志學問，我所說可指引諸位一條路，把諸位的聰明與生命加進去，這條路不會錯的。時代風氣變，將來還要看重學問的。我寫兩漢經學今古文平議這本書，不是爲現代人寫。風氣是會變的，這一時期還會重來研究今文學、古文學這個問題，自會有人再看我這本書。

孔子說：「草，上之風，必偃。」諸位今天都是做的風下的一株草。諸位常說要創造，創造一新的學風，這個權在你。倘使你決心貢獻一輩子在學術，諸位便是創造「風」了，便可算是一君子了。學問能不能有成就，諸位無法知道。但這一點，諸位可以有把握。崔適的學問我並不佩服，但是錢玄同拜他爲師這段故事，至少說來，民初的一段，雖不能接上以前明、清時代，也還像樣。我不過偶然和諸位說起，或許這種知識比起課本上得來的還要有價值些。

我上面講史記裏的所謂「古文」與「家言」，可以看出當時學術上兩大類別。這便是我常講漢書藝文志中學術的分野。直到清代章實齋才講到這層。所以我極佩服章實齋，到今天才能發揮他這番話。學問是少數人講的，不是多數人能講。可以隔幾十年，乃至幾百年才有人來發揮。我講這番話的來源，出於章實齋，到今天不止一百年了，而我來講「家言」與「古文」的分別。諸位可知，讀書可以在極平淡中發現新天地。

諸位讀書，有些書要一路從頭到尾讀，譬如我的國史大綱，就該如此。我舉一例，如商鞅變法，若不會讀，不懂好處在那裏。諸位說我好古守舊，我也承認。我覺得民國初年就拿我的學生講，比起諸位今天可說程度好得多。不過我有一種信仰，孔子的學生這樣多，孔子最喜歡的顏淵早死，孔子哭之慟，但孔子又曾說：「焉知來者之不如今？」將來出了個孟子。當然我們覺得孟子不如顏淵，這點且不講。後來孔子思想便由孟子來發揮了，下面一代一代不斷出人才，下面又出一董仲舒，難道將來就沒有人再出來講孔子嗎？至少諸位該拿心胸眼光放大一點。人不能悲觀消極，但是也不能樂觀自滿。

做學問是一輩子的事，一輩子不會做完的。若做完了，下面人怎麼辦？諸位要創造，一切道理不僅我沒有講完，孔子就沒有講完。孔子怎麼知道今天？一代當有一代的人才產生。但聰明易得，還要能立志。志要自己立，光靠先生沒有用，即使孔子來也沒有用，自己不立志便沒有辦法。立了志，還須用功夫，要下定決心，用功三十年、五十年。倘使諸位能照這樣，肯來讀我的書，花三年工夫讀我這部兩漢經學今古文平議，絶不嫌慢。不是説定要讀這部書，但你總要有跑進門的一條路。入了門，還要登堂入室，還要做這房子的主人，這更不容易了。

我今天所講，不僅批評到康有爲、廖季平，批評到皮錫瑞，還批評到王國維。今天大家講今文、古文都照了王國維的説法，這問題相當麻煩，我今天只拿最容易、最簡單、諸位能懂的，同諸位講，諸位且再仔細研究吧。

第九講

一

史記五帝本紀上說：「百家言黃帝，其文不雅馴，……總之不離古文者近是。」這一段照我上一堂的講法，「古文」二字乃是相對於上文「百家言」而說，並非講經學中的今文、古文。我們只看文章便清楚了。

尚書只講堯、舜，論語也如此，並未講堯、舜以上。經學中只有大戴禮記中五帝德、帝繫姓這兩文講到「五帝」。太史公主要便據此來寫五帝本紀。但大戴禮屬「記」，而非「經」。講經書的有「經」、「傳」、「記」之別，如春秋是「經」，左傳、公羊、穀梁是「傳」。又如講禮經的，漢代拿儀禮十七篇稱之曰「經」，而大戴禮、小戴禮都稱之為「記」。「傳」與「記」並非就是「經」的本書。此其一。第二點，小戴禮、大戴禮這兩部書中的文章，至少可以說它的年代並不早，都應在孔子以後。就算照五帝德、帝繫姓兩篇本文看，這是孔子學生問孔子而孔子回答的話，是後出的書。

照漢朝人講法，五經除春秋是孔子作，其他都在孔子之前，這兩篇文章已經晚了。並且「五帝德」三字，已是陰陽家言。太史公說：「總之不離古文者近是。」並不說它即是「古文」，而只說是「不離古文」。因這兩篇文章仍是在講經學。他的意思，不違離古文的，只是「近」於「是」。太史公這段文章，可說講得很清楚了。

這是我們舉太史公史記中一條例，來講太史公他自己所講的「古文」，是針對「百家言」而說，就等於漢書藝文志六藝略中的「六藝」，而不是在此「六經」中再分出「今文」、「古文」來。

二

在史記中講到「古文」二字的，共十條。我今天不一一列舉出來講，我且只再講一條。太史公在太史公自序中講到他自己：

年十歲則誦古文。

這裏所謂「古文」，當然不是說他小時候只讀古文經學，不讀今文經學。所謂「古文」便是經學。我們要知道，在那個時候，太史公的父親司馬談寫了一篇文章，論六家要旨，司馬談於六家中最看重的是道家，但他也有儒家的思想。可以說司馬談做學問，「六藝」、「百家言」都通，所以他教他兒子從小就讀經書。

但我們反過來，也因這句話，便可證明當時有的讀書人是不讀經書的。等於今天大家不讀文言，都讀白話文了。漢朝一樣，大家讀的是老子、莊子、韓非子等「百家言」，不在那裏讀「古文」。至於這種孔子所說的一套是「舊學」。所謂「古文」者，便如同說「舊書」，是孔子以前傳下來的一套。是不是真的都是孔子以前傳下來的呢？這是另外一個問題。我們在此且不討論。不過當時人認爲「六藝」大部分是孔子以前傳下的。譬如詩、書，不成問題是孔子以前的書，春秋則是孔子自己作的，易經也是孔子以前的書，論語中便提到過易。不過易分「經」與「傳」。「經」是從前傳下，「傳」則據說是孔子所作；但漢朝人這話不一定靠得住。十翼並非孔子作，但是易經本書則在孔子前便有。至於「禮」與「樂」，實際上早已亡失了。孔子時代的禮，早已看不見了。漢朝人所謂「禮經」，指儀禮十七篇而言，只是禮中間的一部分。而儀禮十七篇，照理説已是孔子以後的書了。儀禮所記爲「士禮」，不是天子、諸侯、卿大夫的禮。凡是朝聘、盟會種種重大的禮，都没有。這是要到孔子「士」的地位在社會上提高後才有，爲以前所没有。至於「樂」，則不僅到漢代没有，即在戰國也並無法見到。大家所唱都是當時所流行的，非依照古代。這些問題我們不講。

我們且説漢朝人認爲「五經」大部分是孔子以前的，「樂經」則根本没有。太史公十歲便學所謂「古文」，當時漢武帝並未罷黜百家表彰五經，也尚未立五經博士。當然這所謂「古文」，不會是指經學上的所謂「今文」、「古文」言。

三

現在我講到，從太史公起，當時人的看法，學術上有一個大的分野，可以拿今天的話說，分「舊學」與「新學」兩大類。孔子以前的學術，是所謂「舊學」；而孔子以後百家興起，是所謂「新學」。照漢書藝文志上所說，「舊學」即「王官之學」，而「新學」則是「百家之言」。這兩派並不是從太史公時候開始分的。在太史公之前，早已有這種分別了。

我且再舉一條太史公以前的證據。這條證據則見於漢書百官表：

博士，秦官，掌通古今。

所謂「通古今」三字，有兩個講法：一是「既通古又通今」，一是「或通古或通今」。或當照第二種說法。諸位或要說：由此可見中國文言文不好，應改白話文。我想倘使要這樣，大家都多讀書，再隔一百年，等中國人創造了新文化，才能拿古書一律翻譯成白話：現在無法翻譯。今天碰到像「通古今」三字，便不知道該如何翻譯。倘使國家不設一所「翻譯館」，專拿中國古書文言文翻譯白話，這工作無法做。但這還是我們現在絕無能力做的事。現在只有一個辦法，古書擱在一旁不讀，讓少數人來讀，將來讓少數人翻譯。諸位想想，歐洲人的文字隔了幾百年，普通人便無法讀了。新名詞不斷增加，字典愈編愈厚。其實不但新的字匯不斷增加，有些舊名詞也要刪除。不過他們一時刪不掉，所以字典便愈編愈大。中國文字偉大的地方，四千年到今天，只要你肯讀，你自能讀。若說遇見像「通古今」三字不會讀，讀書多後自會讀。

史記儒林列傳：

竇太后好老子書，召問博士轅固生。固曰：「此家人言耳。」太后大怒曰：「安得司空城旦書乎！」乃使固入圈擊彘。……

轅固生這「家人言」三字，出了大問題。以前人讀書，讀到像五帝本紀「總之不離古文者近是」，「古文」便是經書，這裏不須解注，此即所謂通文理。要到清朝末年，經學分成今文、古文，他們要講今文學，懷疑太史公講的「古文」，因拿「古文」講成「古文經學」，於是發生了種種問題，遂疑史記這句話是劉歆偽羼進去的。諸位不要太看重專家。專家有一種他們專門的見解，其實他們是蔽塞的。他們專講今文經學，講了一大堆，都講錯了。我們要能批評他。

「家人言」三字，在太史公史記五帝本紀，稱之為「百家言」。「百家言」大家懂，換成了「家人言」，或「家言」，大家便不懂了。其實「家人言」便是「家言」，「家言」便是「諸子百家言」。轅固生就站在經學的立場看不起「家人言」。竇太后是因為看重老子書才對轅固生發怒。她又說：「安得司空城旦書乎？」這句話更不容易懂。所以讀史記不容易，諸位一讀，到處要碰到問題。什麼叫「司空城旦」呢？「司空」是官名，爲司城之官。「城旦」是刑名，便是罰在早晨看守城門。所謂「司空城旦書」者，便是說轅固生的詩經，這書不許有，有了要犯罪。

我們從這一句話，便懂到秦始皇焚書坑儒。秦始皇焚書乃是只燒「古書」，不焚「今書」。也就是孔子以前的書都不許讀了。毛澤東懂得一點這個道理，所以他一面「批孔」，一面「揚秦」。秦始皇燒書並非拿一切書都燒。倘使今天大陸燒書，毛語錄、資本論也絕不會燒。秦始皇燒的書，是「以古非今」之書，在當時並沒有「五經」之稱。秦朝人只燒「古書」，不燒近代書，所以說：「偶語詩、書者棄市。」倘使兩人一起討論詩、書，要判死罪。那時只燒詩、書，易經在詩、書之外。禮樂則早已不存在。不能說「偶語五經者棄市」，那時沒有五經。這一點我以上幾堂已經講過了。

「古書」就是詩書。爲什麼詩書要燒？下面一條：「以古非今者族」，倘使有人要根據古代來反對近代，不單是自己要判死罪，還要滅族。這個「古」字便是「古書古文」，這是一個政治問題。今天我們不懂了這段文章，而來講秦始皇焚書坑儒，故不知燒書是一件簡單的事，還有「偶語詩、書者棄市」及「以古非今者族」這兩條更重大。等於今天在大陸，倘使兩個人在一起討論三民主義、五權憲法，要「棄市」。倘使有人根據三民主義、五權憲法來批評共產黨的政治，則「滅族」。這兩條是如此般講法。

諸位這樣一看，便知道秦始皇時代，學術上便有「古」「今」之辨。直到漢文帝的時候還是這樣。不僅朝廷這樣，博士官說這種書是「家人言」，就有這種分別。這不是在經學上分「今文」、「古文」。「家人言」是說「諸子百家」。照秦朝人所謂「挾書令」，詩、書不能帶在身邊，這些書要燒的。倘使諸位今天在大陸，身上帶本毛語錄，沒有關係的。你倘使帶本三民主義，他自會來抓你，問你這本書怎麼得來的？「挾書」的「書」，並不指一切書，有些書你儘可拿在手裏。這條法律要到漢惠帝時始加廢除。但到了漢文帝時候，轅固生已經做了朝廷的博士，他講詩經如何還犯法？竇太后卻說：「你那裏拿到這樣的司空城旦書呀？」真是瞎說了。轅固生當然不方便講，倘使要講話，他儘可說：「這是從前胡鬧，現在朝廷法律不禁了，我就爲學詩經做了博士了。」諸位要知道，這個問題從秦始皇焚書坑儒，講到太史公史記，這中間不斷有變化。

一般人讀書讀到這種地方，都忽略過去了。所以我寫秦漢史，特別要講秦始皇「焚書坑儒」。從前也有別人講這個問題，可是都講得不對。有人說秦始皇燒書不燒經學書；有人講秦始皇是燒經學書，其他書沒有燒；有各種講法。我的國史大綱雖只有簡單幾句講到這個問題，可是諸位要知道，這幾句話從來沒有人這樣明白講。我的秦漢史上的話，回答了這個問題，現在人對這許多問題沒有研究，便讀不出我秦漢史這部書的意義來。我在書上由秦始皇焚書坑儒、博士官制度，直講到太史公史記「古文」這兩個字。一路這樣講下來，講當時的學術演進，有這樣一個分野。

四

我這番話由那裏來呢？我是因讀了章實齋的文史通義。章實齋文史通義中的話，我來幫他發揮。我說他讀漢書藝文志，讀出了從來人沒有讀出的這番道理。民國初年大家因爲要提倡史學，因此提倡章實齋，但是當時講章實齋的人，如梁任公，對於章實齋書中的貢獻何在，則並無眞認識。

這樣一講，我可以從秦始皇焚書坑儒直講到班固藝文志，講當時的中國學術界。我已講過了太史公講「古文」兩個字。但這兩個字不僅是太史公用，到了太史公以後，要到什麼時候「古文」二字才講成經學上的「今文、古文」呢？現在要問這個問題了，一樣是一個難問題。

我現在舉一個例。要講經學中間的「今文」「古文」，特別重要的，要講到劉歆。爲什麼呢？因爲到了西漢晚年，劉歆要提出幾部書來請立博士，一部是左傳，一部是毛詩，一部是逸禮，一部是古文尚書。這幾部書原來不立博士官，他要請求增立。於是朝廷上反對他。這件事後來的人認為劉歆要提倡「古文經學」，來加進朝廷博士官「今文經學」中間去。為什麼要如此？因為他要幫王莽篡位。他因為要這樣，所以偽造了許許多多證據。偽造的證據中，有史記，譬如史記中凡是講「古文」的，都是他偽造。我前一堂所提到北京大學一位崔適寫史記探源，便是如此說。現在我再舉劉歆一篇文章，移讓太常博士書來講這一問題。

漢武帝表彰五經，所立的這許多博士官，都可以教學生。所謂「博士弟子」，將來都有出身，可以為「郎」為「吏」。不僅如此，逢到朝廷召開大會，博士官可以出席。博士官是不管政治的。這是中國一個大問題，就是中國從古以來有一班做官人，不管政治，而只管學術的。只要學術成一家言，遇到朝廷公開的會議，他可以出席。漢代稱這種會議為「廷議」。後來有人拿史記、漢書中的材料鈔出，專來講漢朝人的所謂「廷議」。漢朝人遇到大事，都有廷議，這是今天西洋人所沒有的。這是一種全體會議；皇帝不能作主，宰相也不能作主，要三公，要九卿，還有其他的官員，合開廷議，博士官可以出席。這是第一點。第二點，若是專門的問題，則開「博士會議」。譬如有水災了，要開博士會議，這要治水專家，研究禹貢的尚書博士開會。從前人讀書與我們今天讀書不同，他讀一篇禹貢，全國的地理水道他都研究。發生水災了，派他出去。譬如要出使匈奴，有什麼問題要辯論，派一名博士。或者有一件大的刑事案件，也派一名博士去。等於我們今天若發生一件重大的事，派一位大學教授去處理。從前中國人是這樣。他總比一個司法官，或者一位外交官更懂。可是我們今天一位大學教授都派不出，都不懂的。從前一個學者「通經致用」，都有用。今天的西洋人比我們强的，他們所學至少也都有用。中國幾千年來便是這樣。證據在那裏？書本上給我們證據。

古代中國一位大學的博士，可以出席廷議，能特派做專使，至於太學中內部的事情，當然要問他們意見。我們今天只有關學校教育的事情，政府要問學校的意見，由學校開會決定。其他政府事，則學校教授無權過問。諸位總認爲中國傳統政治是專制，只要皇帝一道命令，什麼事情都可以決定。這便是對中國歷史無知識。

漢代太學中所設立的課程常有變動，倘使要新設立一個講座，須送交太學博士會議同意。同意始能設立，不同意便不能設立。劉歆當時以侍中奉車都尉領校秘書，等於做當時皇家圖書館的館長，他在皇家圖書館中發現幾本當時人未加注意的書，他希望能在太學中添設幾個博士，開幾門課程來講這幾本書。太學拒絕了，可見太學在當時是政府中一個獨立的機構。至於經費則都由政府支出，這是中國的制度。

外國人學校大部分是私立的，不能要政府的錢。倘使要政府的經費，政府便要干涉。英國學校如牛津、劍橋都由教會興辦。美國學校如哈佛，則由私人出錢辦。美國這個國家只有兩百年，可是這所學校三百年私立到今天，它不受政府支配。美國人要到今天才慢慢有州立大學，然而仍沒有國立大學。中國人學校是政府的，然而政府不能干涉它，政府也不去干涉它。這是文化不同，歷史不同。

現代人拚命辯論，說中國沒有大學，沒有國立大學。實在漢武帝設立五經博士，便是一所國立大學。中國人的大學遠在西方人之前。北京大學是中國模倣西方設立大學的第一所，以往歷史上中國的大學，現在國人都不承認了。所以今天的中國，國家雖還存在，傳統精神則已變失無存了。精神遺失，知識也變。今天的大陸專講馬克思，則更要拿國家也一起投降外國。遷居臺灣的中華民國，尚主孫中山的三民主義。可是今天的講法，最重要的是民生主義，只要日子過得好。三民主義明白當以民族主義爲首，而今天中國人只學西方人講資本主義，可見我們今天的三民主義，實在亦已變質了。

劉歆要設立的博士，一是左傳，一是毛詩，一是尚書、一是逸禮。當時詩經設立的博士則是齊、魯、韓三家。近代人稱毛詩爲「古文」，齊、魯、韓三家詩爲「今文」，此甚失之。其實劉歆當時所要設立的毛詩博士，實因他和齊、魯、韓三家同爲「古文」，所以要求設立。在當時只有經學與諸子百家言的分別，並沒有經學上今文、古文的分別。這我已在我的兩漢經學今古文平議一書中說過了。今天三家詩都已亡失，只剩毛詩一家。他們的異同便無法詳講了。

劉歆這篇移讓太常博士書，是一篇極出名的文章，姚惜抱的古文辭類纂中便選有這篇文章。不過現在讀這篇文章的人，因爲不通經學，都不懂他的話了。我在這篇文章中舉出一條，他說：

今上所考視，其古文舊書皆有徵驗。外內相應，豈苟而已哉！夫禮失求之於野，古文不猶愈於野乎！

由他這段話，可見劉歆所謂「古文」，其實亦即是「舊書」。中國的所謂經學，其實亦只是孔子以前所保留下來的少數幾部古文舊書而已。太史公的史記中，古文針對百家言，可見太史公史記之所謂古文，實亦即指在孔子以前的幾部舊書。孔子以後的一切著作，全成爲「子部」，即「百家言」。而孔子以前所保存的幾部舊書則稱爲「古文」，亦即「經學」。中國當時的學術分野，大體如此。那裏在經學中尚有「古文」、「今文」的分別呢？這是遠在後起之事，拿來移說古代，這就大謬不然了。劉歆的意思是說：我現在所要求提出立博士的書，與你們的一樣，都是古文舊書，你們爲何不許立呢？劉歆並不是說：你們這些都是今文，我的書是古文。若果如此，那就自然不能立了。

這可證明我所說，爲甚麼詩經、尚書立博士？因爲這些都是前代「古文舊書」。老子、孟子爲甚麼不立博士？因爲這些是後代「今文百家言」。

這時候是把秦代的情形轉換過來。秦始皇焚書坑儒以後，凡是古文舊書一律不許立博士，其他的博士還有。到了這時候，非古文舊書都不立博士。這便是漢武帝「表彰五經，罷黜百家」。立博士的尚書、詩經、春秋、易經、儀禮，都是古文舊書，不是百家言。而劉歆提出的也是古文舊書，他希望也能立博士。

劉歆這幾句話幾乎兩千年來没有人會講，卻說成了劉歆所提出的是古文，朝廷上所立的是今文。這等於諸位今天倘使向政府提出一番意見，諸位只能說諸位的意見不與孫中山的三民主義相違背。諸位不能說自己是正宗的共產主義，而要政府接納，没有這種道理。可見當時朝廷上立博士官的都是「古文」，劉歆所提出的也是古文。這是一篇極普通的文章中的一條，而我講出一個大問題來。不能說朝廷所立的都是「今文」，而劉歆所提出的為「古文」。在劉歆時候尚未有後來經學上今文、古文的分別。

五

現在我們回過頭再看看這問題。從戰國以來，學問家分成兩派：一派是舊學，講古代，講歷史，即是講經學。孔子就講周公，講堯、舜，講三代。一派是新學，講新的。新舊之間一大轉變，始於墨子。墨子於古人中，只講一個，便是夏禹。此外的歷史他不管了。此下莊子、老子，到韓非子，都不講古代的歷史。後起名家，辨「名」的問題，也不講歷史了。

現在我再特別提起一句，我中華民族有一傳統觀念，就是看重「本源」。木有本，水有源，一切無不希望要求其本源。中國人重歷史、重經學即在此。

我前面講漢武帝表彰五經，其中有一點最重要的，便是「看重經學即是看重歷史」。所以經學在後代，也只有傳、記或注、疏，而更無經書之創作與繼起。如本只是一個本，而源也只有一個源。近代人西方化，重創造、重開新，這是中國本源所無的。

當然另外有一點也是重要的，便是儒家是講「教育」的，此外百家都不講教育。而中華民族傳統教育之主要中心，亦在「正本清源」，「尊古敬祖」上。所以看重教育與看重歷史，還是同一本源、同一精神的。漢朝人講經學、講歷史，也講陰陽家言。這幾點，在前面幾堂課我都已經講過了。

班固寫漢書藝文志，舊學的一派，歸之六藝略；新學的一派，歸之諸子略。戰國時代的儒家如孟子、荀子，也屬於「諸子」。所以漢文帝時孟子也立博士，到了武帝表彰五經，孟子與老子一樣，孟子博士亦便罷黜了。至於論語，因爲漢朝人看重孔子，附在六藝略之後，但同樣不得立爲博士。這都是從歷史來的。

我們今天得到一結論，中國古代的學術，孔子以後慢慢產生出戰國時代的諸子百家，即近人所謂之「思想家」來。諸子百家除儒家外，有一共同點，他們看不起歷史，他們要自己講思想。

這一點，他們是有點近似西方。所以到我們「五四運動」後，大家看重先秦諸子，而中國以往的歷史則放棄了，不要講了。我們大學裏的科系，便分得明明白白，此爲哲學系，此爲歷史系，這是根據西方人的觀點來劃分。其實我們今天從幼稚園開始，到大學研究所，全部的教育思想已完全照了西方，沒有一套自己的理想。這樣的教育制度下，讀外國書比較省力，而讀中國書便要發生問題。譬如一部論語，究竟該放進哲學系，還是歸入歷史系，或中文系讀呢？又譬如我今天所講的經學，該分入那一門類呢？經學不就是史學，也無許多思想，放不進歷史系、哲學系。中文系也不來理睬經學，認爲與文學無關。但實際上不是如此。劉勰寫文心雕龍，第一篇便講經學。那裏說文學能不講經學呢？中國人講文學、史學、哲學，都要注意到通經學。現在照了外國觀念，經學便裝不進任何一門科系。這是將來中國學術界一個大問題。

中國百年前康有爲、章太炎的學術傳統，與今天的大學教育，已格格不入了。倘使我們今天能理學院照西方辦法，文學院仍照中國傳統，這豈不好？可是我想今天絕沒有人敢如此說。至於今天的法學院，一切理論也全依照外國，中國道理只佔極少的一點。此外譬如音樂、體育、繪畫，乃至一切，也大多是仿照西方。中國新式學校，所教大都只是西方的一套。今天的中國學術界，其實也有點像漢代，有「古文」與「百家」的分別，一個當尊，一個當棄；所尊的是西方歷史，所棄的是中國歷史，這樣一個分別。

以上我們證明了由太史公到劉歆，他們的所謂「古文」二字，並非指經學中的今文、古文。那麼經學中的今文、古文又是從何時始有的呢？凡是歷史上的問題，我們仍要在歷史中求答案。孔子時，有經學，無今文、古文之別。戰國時，有經學，也無今文、古文之別。今文、古文之別要到漢朝纔有。漢朝何時有？研究此問題，諸位不要輕易相信當前一般經學家的話，他們只在經學中講經學，他們的話是主觀的。我們要在歷史裏客觀的找材料來解答此問題。

經書開始分有「今文」、「古文」的，只有一部尚書。秦始皇燒書之後，尚書遭查禁，原先的博士也不得為博士了。博士中有一伏生，是山東人，他因此回家去。尚書因為燒了，這部書在一般社會便失傳了。伏生逃歸他的家鄉，藏其尚書於壁中。因此漢文帝時派了一位年輕人晁錯，到伏生家受讀尚書。伏生當時年齡大了，口音聽不清，因此由他女兒在一旁協助。晁錯學的這部尚書，計有二十八篇，此所謂伏生尚書。此外漢朝另有一部孔安國尚書。孔安國為孔子的後代。當時魯恭王為了建宮室，拿孔子家的牆壁拆了，在壁中發現很多古書，中間便有一部尚書。這因秦始皇燒書，有些人捨不得燒，便設法將書藏起來。伏生的尚書也是這樣藏起來的。孔壁中發現這許多書，當然應當歸孔安國所有。因此這部尚書稱為「孔安國尚書」。

拿孔安國尚書與伏生尚書相比較，多出了許多篇。這在後來成了大問題了。這暫不去管它。孔安國尚書當時稱為「古文尚書」。因為伏生傳授尚書，晁錯把來改寫成當時通行的字體，稱為

「今文」。而孔安國尚書則都是古體字，所以稱爲「古文」。漢武帝「表彰五經」所立的尚書是伏生尚書。孔安國尚書雖然多出許多篇，當時人沒有讀過，學尚書的人都是學伏生尚書。孔安國家裏藏著這部書，送往朝廷，可是沒有立博士。太史公曾做過孔安國的學生，後來講經學的人發生一問題：到底太史公學的是今文經學呢？還是古文經學呢？這其實不是問題，太史公跟孔安國讀書是一件事，太史公心中並無古文經學、今文經學相異對立的觀念，是另一回事。亦可說，連孔安國心中也沒有這樣的分別。

孔安國這部「古文尚書」直要到劉歆領校秘書，做國立圖書館長，才再將這部書翻出，他於是講博士官除了伏生尚書外，這部尚書也立博士。但是未獲同意。此後直到東漢，這部書在社會學術界流行，可是始終沒有立博士。最後到了三國，天下大亂，這部書丟了。大家都知道有一部孔安國尚書，可是失傳了。到東晉，有人發現一部古文尚書，獻上朝廷，說是孔安國尚書，這書才算失而復得，再在社會流傳。

實際上東晉發現的這部古文尚書是部僞書，這是要到南宋朱夫子出來始加辨明，朱子以前還有別的人辨過，今不詳述。經過明代到清代，就有閻若璩出來，作尚書古文疏證一書，證明這部古文尚書是假造的。辨此問題不容易，但已獲得定論。今天沒有人再說古文尚書是真的了。閻若璩對這部書如何假造，曾詳細舉出證據。講這問題的，不止他一人，所以今天的今文尚書是真，古文尚書是假。然而今文尚書雖是秦代傳下來的書，其中如堯典、舜典之類，並非是堯、舜時代所作。大概孔子以前並無此二典。再如禹貢，也不能說是禹時代的書。

西漢當時討論的所謂「今文」、「古文」，就是這部尚書。而當時講尚書的人，也只講此下的今文尚書，不講古文尚書。

前面我們講過了漢代的博士官，詳細的無法講。我現在再講一點，關於孔子春秋，共有三傳。董仲舒自己便學公羊傳，公孫弘所學也是公羊傳，所以漢朝人所立爲公羊春秋博士。當時三傳中只有公羊一家立博士。漢宣帝年輕時，長於民間社會，他學過穀梁春秋，他心裏喜歡這部書，可是太學中只有公羊春秋。在漢武帝的時候，講公羊春秋的是董仲舒，講穀梁春秋的則是瑕丘江公。漢武帝因兩人講法不同，要他們在皇帝面前辯論。董仲舒善辯，而這位江公沒有口才，講不過董仲舒。公孫弘也是學公羊春秋，他做宰相，便在皇帝面前幫公羊春秋說話。因此太學中只立公羊春秋的博士。可是戾太子時，武帝要他學公羊春秋，他心裏喜歡穀梁春秋，曾從瑕丘江公受學。後來漢宣帝出來做皇帝，他曉得祖父很喜歡穀梁春秋。那時江公已死，漢宣帝在石渠閣召開博士會議，主要由講公羊、穀梁的雙方辯論，穀梁春秋終於也獲立爲博士。石渠之爭，乃一家與一家之爭，非如後人所謂「今古文經學」之爭。當時有所謂「今文」、「古文」問題者，惟獨尚書有伏生與孔安國兩本的不同而已。下及漢哀帝建平元年，劉歆請增立左氏春秋、毛詩、逸禮、古文尚書四種於學官，而爲朝廷諸博士所反對。漢哀帝想叫這些博士和劉歆在朝廷辯論，可是博士們卻拒絕了。劉歆的移讓太常博士書便是爲此而發的。最後到了漢平帝時，古文尚書、毛詩、逸禮、左氏春秋終於還是都立了博士。到王莽時代又增立周官博士。博士官制隨時增立有如此。只不久之後，到漢光武帝中興，這幾部經又再被廢。那時立博士官的總共有十四個，這五種便都不在內。但要之，凡屬經學在當時則同爲「古文」，別無所謂今文、古文之分別，此則同歸一例，不煩深論。

第十講

一

上一堂我們講西漢，由太史公史記到劉歆移讓太常博士書，他們所謂「古文」，實際上即是「古書」。而「古文」的對面，爲「百家言」，或稱「家言」、「家人言」。五經中實無古文、今文的分別。怎麼後來在五經中會產生古文、今文的分別呢？今天我們接著再講這一問題。

要討論這一個問題，我們便要講到漢朝人研究經學的一種方法，或說一條道路。我們要知道某一時期的學問，便該知道，這一時期如何做學問的？做學問的方法不同，成績自然也不同。每一時代都一樣。我爲要諸位容易明白，且先拿今天的情形作例。

我們今天做學問，可以說完全照了美國人的辦法。譬如諸位進學校，先分「院」，再分「系」。等諸位進了某一學系，這一系的課程不止一位先生教，可以有七、八位，乃至十幾位。可見我們今天做學問，重課程，不重先生。諸位今天來就某一個系的課程，而非來從某一位先生做學問。這兩者不同。諸位修滿多少學分，才能畢業。進研究所，自己選題目，作論文，都表示諸位自己的意願；當然到這時候諸位可以有一位指導教授。這樣做學問的方法，不能說是西方的方法，因爲在最近美國大學以前，英國、法國等國家，並不如此。我們前面說過歐洲人到今天，差不多一課程只有一位教授。諸位要做學問便跟他。下面另有幾位，或是副教授，或是講師、助教，其中有極傑出的，但要等老教授退休，才能升做教授。我們今天學的是美國制度。這裏面便有大問題。我們今天在外國留學的人，沒有人來講西方做學問此一變化，各個時代的不同，告訴諸位做學問該怎麼做。

二

我們現在回到講漢朝人做學問的方法。漢朝人看重經學，他們是如何學這套經學的，我們要懂得。再進一步講，西漢、東漢共計四百年，是一個很長的時期，變化極大。我們今天便是要講，漢朝人講經學四百年的變化。諸位千萬不能認爲中國人沒有變化，認爲中國歷史一路一樣。天下那裏會有這樣的事情！中國歷史、西方歷史同樣都有變化。

我們要講漢朝人如何講經學，我們不得不由歷史推上，先講講先秦時代。我們不是要講他們所做出來的學問，而是要講他們做這套學問的方法。諸位要先明白了先秦時代做學問的方法，才能懂得漢朝人是如何做學問的。要懂了漢朝人做學問的方法，才能再往下懂得魏、晉、南北朝人做學問的方法。

先秦做學問的方法，大體上可分別爲三類。「先秦諸子」，特別到了戰國，如莊老道家、陰陽家、名家、法家，乃至於農家、縱橫家之類，他們有一共通之點，他們可以不讀古書。這話或許說得太過，或許他們也讀古書。但這是隨便看，也可以不讀。所以我說先秦諸子是新的學派，他們各講自己的意見。在當時，他們沒有學校，可是有學生。每位先生，都有許多學生跟從他。諸位要知道，諸位都羨慕先秦，但這是與今天的情形大不相同。我們不講別人，且只舉莊子爲例。莊子是什麼樣人，我們不清楚。當然他不是當時一貴族了。可是莊子也有他的職業，他做過「漆園吏」。當時政府有一園，栽種漆樹，派他去管。這是一個小職位，大概收入也不多，他是個相當窮苦的人。然而我們看莊子的書，他有學生，而且學生絕不只一兩人。這些學生怎麼跟從他的，我們弄不清楚。大概這般學生也不在乎環境，跟著先生過苦日子。先生寫書，這般學生恐怕都參與工作。大體上講，莊子內篇七篇或許是莊子自己作的。諸位拿內篇七篇看，他沒有規規矩矩、正正式式引到一部像樣的古書。譬如詩經、尚書之類。我們不能說莊子沒有見過這些書，可是他是講新的。

特別到了後來，跑出所謂「稷下先生」，這是齊國公家出錢來養一批大學者。不僅奉養你個人的生活，還可以兼及學生。大概總有幾十個學生跟從一位先生，形成一個一個學術團體，都由政府出錢。他們講學、著書。此所謂「家言」、「家人言」。他們講新思想、新學術，所以成爲「一家之言」。這許多跟他的人，都稱「弟子」，如同他的兄弟、兒子。或稱「門人」，即是他一家之門內人。

今天我們的學生還照舊的規矩，稱「弟子」，但不像是一家的子弟，也不能說是先生的「門人」。其實各位都是文化學院的學生，諸位與我早不是從前師弟子的關係，諸位不過選了學校這一門功課，一星期來聽我上兩小時課罷了。而他們這些弟子，是跟先生一輩子，做他這一套學問，所以他們成一個團體。他們慢慢拿先生講的話來發揮，於是像莊子，便有外篇、雜篇。這些文章未署名是何人所作，到後來合成一部書，稱之曰莊子。這才是所謂「一家之言」。這是先秦諸子中的一批。

但是先秦諸子開始的時候並不這樣。譬如孔子是第一個講學的人，孔子並不如此。孔子也是講新的，他的思想從前並沒有人講過，然而孔子「述而不作，信而好古」。孔子仍由舊的講來，他有一文化傳統，從堯、舜、文、武、周公講起，有個大傳統。又譬如墨子，諸位讀他的文章，如兼愛，尚同等篇，引經據典，更比論語多，這是老派學問如此做。所講雖是新思想、新理論，但是不忘舊傳統。墨子之學到後來很快變了，譬如像墨經，便與古傳統一無關係了。只有儒家，到孟子、荀子出來，仍與孔子一樣，他們講新思想，然而有舊傳統。這便是我前面所說，要追究戰國以前的歷史，只有讀儒家的書。因爲儒家是新思想與舊傳統兩面兼顧的。此外各家都只論新，不顧舊，把歷史切斷了。

然而無論孔子、孟子、荀子，都並未教學生分門別類專讀一本一本書，學生中亦並未有研究詩經、研究尚書、研究春秋諸分別。到了荀子後，或許有一批少數的儒家開始專門研究一部一部古書。這沒有證據，但可以推想，我們做學問有時是如此。舉一例，伏生在秦朝做博士，秦朝人的博士制度，便是由齊國的所謂「稷下先生」學來。一個博士的薪水，我想比起一般的官應該來得多。一個博士下面有幾十名學生，一共便等於幾十份薪水。這在我們今天人想來，或要覺得奇怪了。

到秦始皇焚書，伏生罷了職，將尚書帶回家，藏在壁中，政府不許讀了。這裏我們要發生一個問題。秦朝人要具備什麼條件才能爲博士？我們前面說過，博士「掌通古今」，或通古，或通今。伏生學尚書，他通古，可以做博士。但是有個問題難解決，伏生是拿了儒家的資格，還是拿一個尚書專家的資格來做博士？有的問題我可以回答，有的問題我也想不出如何來回答。但是我們看伏生尚書大傳這部書，他的學問恐怕不專是尚書。至少可以講一句，到了戰國末年，荀子以來，中國儒家中有許多人是偏重在研究古書。

我們前面講過，儒家「述而不作，信而好古」，是不離古書的，但也不專講古書。可能到了後來，有專研究古書的人。如小戴禮、大戴禮。特別是小戴禮，有許多儒家顯然是根據古書來講他們各自的一套。這是一派「新儒家」。

以上我們講由戰國以至秦始皇時代做學問的三派：一派是百家，這不需講了。一派是在百家中特別舉出儒家，儒家也是百家之一，但與百家有不同。百家只講新，而儒家既講新，又講古。第三派是在儒家中又分出一派專講古書的。儒家的前一派如孟子、荀子，可以稱之曰「通儒」；後一派或許可以稱之爲「專經之儒」，重要的在講一部經，如伏生。

三

我現在不是講先秦的思想，思想是另外一件事，我是講先秦的學術。學術上有「百家」，有「儒」。「儒」中又分「通儒」與「專儒」即專經之儒。若我們拿今天美國大學的情形來講，美國有麻省理工學院，這所學校有了不得的地方，他們學理工的學生一定要學哲學，哲學是必修課。倘使文化學院今天進文學院的學生一定要修一門科學概論、科學史，或進理學院的學生一定要讀一部中國思想史，這便了不得。美國也只有麻省理工學院是如此。此外哈佛大學提倡一種制度，他們在博士班研究生中挑選一名傑出的學生，特許他不照課程讀書，讓他自由。倘使你羨慕某位先生某一門功課，而不在哈佛大學的，也準許你去讀。這是他們在今天的大學教育中出花樣了，也漸注意到「通」的方面。但後來此一方面，終少成績。而在中國的戰國時代，則「通人」反更超出於「專家」。

秦始皇時焚書，不許以古非今，從此不許人讀古書。諸位要知道，在孔子的時候，讀古書省力，大家讀書只是讀這些書。墨子時代，還差不多。從春秋末到戰國兩百年，諸位不要忽略著這一段的歷史，中華民國到今只有六十幾年，可是戰國這兩百多年變化大極了。這如諸位天天進大學一切照美國，情形亦如此。

諸位倘使早生幾年，在民國十幾年，乃至二十年，當時大學裏許多出名的教授，他們本身不是大學畢業，他們從前讀書，並不是如諸位今天進歷史系或中文系這樣讀。所以當時課程是照了美國辦法，但是教授們並不由美國栽培。不僅大學，中學也如此。可是幾十年到今天，我們大學裏那一位先生不是由大學畢業出身？不過一種由國內大學畢業，一種由國外留學回來，分這樣兩種不同而已。

從前一位先生教文學，不一定中文系畢業；教哲學，也不一定哲學系畢業。他的學問是從中國傳統老的方面做出來，不過教的是新課程。現在則是在新的課程中栽培出來任教的老師。前後幾十年，變化就大不同了。

我們懂得現在，便懂得從前。諸位不要認爲我們的社會一成不變。說到科學方面，到現在變化大了。我小時到今，不過八十年，全體大變了，但是變的只是在物質文明一方面。

說到文學院，沒有說今天出一個大史學家，可以拿從前的史學一掃而光，都沒有價值了。或說今天出一個文學家，從前的文學都是死文學了。這只有今天當前的中國人這樣想，西方人絕不這樣，從前我們中國也不這樣。這是我們就不變的一面說。若就變的方面講，中國古代也與今天一樣有變化。

在孔子、墨子的時代，大家只有讀詩、書，沒有別的書。漸到後來，比較上講，他們的讀書便難了。第一他們自己書中用的字，就難懂了。如像第一部孔子的論語，當然由孔子的學生記下，它中間的文章，譬如：

子曰：「學而時習之，不亦說乎？有朋自遠方來，不亦樂乎？人不知而不慍，不亦君子乎？」

這種文章直傳到今天，人人能讀，並沒有死。至少一個高中學生便能懂，這是古代中國的新文體。下面到孟子、莊子，一樣的。可是諸位要讀讀以前的詩經、尚書，它中間的句法、字義便麻煩了。就是一部詩經三百首，其中有的較易讀，有的很難讀，和論語以下的書不同，真的變成古書了。但如論語中一個「仁」字，雖屢見不一見，並不易懂。直到今天尚無一人能把此「仁」字簡易明白來加以解釋，仍為一極難明白的字。又如孟子道性善，「人皆可以為堯舜」，但也沒有一人能明白解釋出人人如何來爲堯舜。所以詩、書難讀，只要一字一字加以訓詁便易讀了。論、孟難讀，不在訓詁上，而在義理上。如把論、孟來較之詩、書，是難讀得多了。這兩百年戰國時代的大變化，是值得我們注意的，這是第一點。

第二點，戰國時候學風變了，大家看不起上面的古書了，只有少數幾個人專門在那裏研究這些書。譬如伏生，便是其中一人。到了秦始皇焚書，學古書的這許多博士都去掉了。只有一部書未遭秦火，便是易經。可是我們已經說過，易經只是古代一部卜筮書，本不在這些古書中。所以當時讀古書的人，只讀詩、書，戰國末期詩、書亦由博士教讀。現在沒有博士官了，怎麼學法呢？到這時候，社會上沒有這些了。並且古代書流傳不多，都須借鈔，不像今天可以隨處購買。若沒有先生，便無法見到。在戰國時代，你只要參加他們的集團，譬如莊子集團，便可以讀到莊子的種種篇章。關於這一點，可以來寫一篇長文章，專門研究戰國時代各家各派，所謂「一家之言」的經濟背景。這件事偉大的在什麼地方呢？這批學者都出自平民社會，而支持他們、提倡他們的卻是貴族階級。那時的中國人，腦中對貴族與平民的觀念，並不如我們今天這樣的，要平民階級起來，打倒貴族階級。這是外國頭腦，中國歷史不這樣，這且不講。到了秦始皇燒書，我們只就伏生一個人的經過，便可以推想當時的情形。古書都要收藏起來，也不許再談論，這樣學問很快便新了。秦始皇，經秦二世，楚、漢相爭，到漢高祖、漢惠帝，慢慢到漢文帝。這幾十年有著極大的變化。並不是農業社會就不變，這種想法是一種極淺薄的觀點。

四

這一連串的歷史變化，大家應有一認識。在這幾十年中，出了漢文帝，當時打聽出講尚書的，只賸下一伏生。於是文帝便派鼂錯到伏生家，學尚書，這是第一本尚書重現於世。而秦朝人皇宮所收的書，則在項羽入咸陽的時候，被他一把火燒光了。伏生所傳的尚書，僅止二十八篇。這二十八篇尚書，容易懂的不多，大部分難懂。伏生當時便教鼂錯，這個字相當於當時那一個字。譬如詩經中「厥初生民」的「厥」字，即相當於後代的「其」字。論語、孟子以下，戰國兩百多年，都用「其」字，不用「厥」字。「厥初生民」便如言「其初生民」。伏生便像這樣拿字教給鼂錯。鼂錯聽了之後，便拿中間字改了。大家想想，當時一部古書尚書，除了中間如秦誓之類較晚出，西周書到漢代當時，便已有八、九百年歷史了。大家今天讀英文，若在八、九百年前，則那時尚無英文，只有拉丁文。有的人不懂，認爲中國人沒有時間觀念，其實中國人的時間觀念了不得，四千年到今天！

伏生尚書只有二十八篇，而孔安國家中所藏的尚書，則多出十多篇，此爲「古文尚書」。這兩種本子的不同，猶如我們後代的「唐抄本」、「宋本」的分別。

至於詩經，則大體未缺。因爲韻文，大家都能記誦。但要讀這三百首詩，也不易。漢代初年有申公。申公是武帝的太老師，他講詩經。太史公史記說：

> 獨以詩經爲訓以教，無傳。疑者，則闕不傳。

這句話不加解釋不易懂。申公說詩，是以「訓詁」爲主，但「無傳」。漢代初年傳詩的共有三家，除申公所傳爲「魯詩」外，另有轅固生的「齊詩」與韓嬰的「韓詩」。漢書儒林傳上說：

> 漢興，魯申公爲詩訓詁，而齊轅固生、燕韓生皆爲之傳。

此「詁」字，即「太史公問故於孔安國」之「故」字。「故」字亦即「古」字。說文：

> 詁，訓故言也。

「故言」，即「舊言」。這個字不懂，拿來訓釋一下，此所謂「詁」。「訓」，解釋意。魯申公只訓詁文字，而其他兩家則都有「傳」。譬如我們今天還留存有一部韓詩外傳，它是一段一段故事，到末了引用兩句詩經上的話。班固漢書上說他們：

> 或取春秋，采雜說，咸非其本義。……魯最爲近之。

這兩家說詩，有許多引申發揮，或斷章取義的地方，未必是詩經的本義。只有申公最近原書，因他只訓詁，沒有「傳」。史記上所謂：

> 疑者，則闕不傳。

「不傳」與上文「無傳」不同。「無傳」是說沒有像齊、韓兩家之所謂「傳」。「不傳」則是說申公遇見他所不知道的，則不加傳授，付之闕如；此「傳」字或係「訓」字之訛。後來人因有不明上一「傳」字之義，又增一「疑」字，便成了：

無傳疑，疑者則闕不傳。

由上面所講可知，漢代初年，尚書只有二十八篇，而詩經也沒有人能從頭到尾講。齊詩、韓詩，只據中間一兩句來發揮，而魯詩則只講訓詁，並且不能逐字都講通。武帝時的經學，一人各研究一經，並不能完全講通。孔子教學生，並未教人只讀一經，亦未教人這樣一個字一個字地讀，要到漢代才有專家來講經。據我推想，這當起於戰國晚年，與儒家孟子、荀子，所謂「大儒」、「通儒」有不同。

五

以上是拿詩、書作代表，來講漢武帝立五經博士，開始這一段是怎麼回事。其他的情形大致相同。下面到漢宣帝時則不同了。發生所謂公羊、穀梁的異同。在武帝時春秋只有公羊博士。前面已說過，因爲武帝的太子，喜歡穀梁，宣帝時又立穀梁博士，於是規定春秋有兩家，詩有三家，乃有所謂「家法」、「師承」。武帝時五經博士，是不是每一經只有一家呢？是不是只通一經呢？董仲舒其實不止通公羊春秋，不過他在太學所教爲公羊春秋。等於我們今天倘使人在歷史系開課，別人便稱他是史學家。其實他所學，並不一定只是史學。當時一個博士不止通一經，譬如魯申公並不只通詩經。但到了學校的制度改變，規定博士只有幾家。譬如尚書三家，詩三家。而當時更重要的，有了考試。戰國時期，大家做學問沒有考試，但到了這時候則有了考試。

考試的結果，分甲乙等，這與將來的出身大有關係。師承不同，則講法不同。於是考試的時候須注明，是根據某一先生的講法，這是「家法」，倘使不注明家法，分數便無法評定。但是題目由誰出呢？倘使所出的題目爲先生所未說到，則怎麼辦？這便發生問題了。於是經學變成了像當前的教科書，這是經學而教科化了。這便是所謂「章句」。也就是說，講經學變成了逐章逐句講，這與武帝時不同了。

武帝時申公說詩，只講他所懂得知道的；他所不懂或懷疑的，他便不講。而韓詩、齊詩發揮，也只引據詩經中幾句而已。一變成「教科書化」，便一字不遺漏。我且鈔一段作例，來說明章句的來歷。直到太史公死，當時經學尚未有「章句」。班固漢書才講章句。漢書夏侯建傳：

> （夏侯）建師事勝及歐陽高，左右采獲，又從五經諸儒問與尚書相出入者，牽引以次章句，具文飾說。勝非之，曰：「建所謂章句小儒，破碎大道。」建亦非勝爲學疏略，難以應敵。建卒自顓門名經，爲議郎博士。

古人的文章，倘使諸位讀懂了，諸位便懂得他的意見。因爲他的意見，便在他的文字上。譬如他用「牽引」二字，可見他並不認此爲對。至於下文「以次章句，具文飾說」，當然更不贊成了。夏侯勝爲夏侯建的叔父。建以勝爲師，但夏侯勝並不贊成夏侯建做學問的方法，所以勝非之曰：「建所謂章句小儒，破碎大道。」但同樣的，夏侯建也不贊成他叔父，批評勝：「爲學疏略，難以應敵。」

由此上這段文章看，可見在夏侯勝時，尚無所謂「章句」，要到夏侯建才有章句。同時其他人也都未有章句。當時人稱夏侯建爲「小夏侯」，夏侯勝則爲「大夏侯」。小夏侯講尚書有了章句，後來大夏侯也有了章句，於是其他各博士，一起都有了章句。當時若不這樣東牽西引，一字一句都講得完備，則無法與別人對敵。此所謂「章句」之學。

六

章句始於漢宣帝以後，這與武帝時立五經博士，做學問的路徑大不相同了，演變到後來每書有章句。王莽時代，秦延君講尚書，解首句「曰若稽古」四字，到兩萬言。秦延君是揚雄的朋友，這事見於桓譚新論。不過桓譚新論中這一段記載也遺失了，而只見於太平御覽的引述。秦延君講尚書堯典一篇，一共十餘萬言。而揚雄則瞧不起這批博士。其實也不止漢朝人「曰若稽古」

四字講到兩萬多字，從前大陸的小學教科書，第一字教「人」字，第二字教「手」字，第三字「足」字，第四字「刀」字，第五字「尺」字，亦要教師在課程教三小時。先生無法教，於是另編有教學法，照了它上面的辦法可以教三小時。今天的小學教科書，都改白話文，如「小貓三隻四隻，白布五匹六匹」，也要先生教兩小時。我想這樣教下去，絕教不出一文學家，卻要拿中國人的聰明都窒塞，都成下愚。

我小時讀書，先把書背到爛熟，將來年長後一點就通。其實西方人也一樣，他們也講「直接教學法」，莎士比亞的樂府一樣可以在小學教。

我們前面講，從申公說詩，經過一百多年，才有章句之學到這樣的地步。自西漢武帝起，教育由國家來辦，再加上考試，而且還有出路，演變到後來不行了。這輩教授先生，已經做了博士，在公羊、穀梁之外，還要另添左傳，有了齊、魯、韓詩，還要增立毛詩。如此一來，到了東漢以下，才有所謂今文學與古文學。

今文學立博士，有章句，有考試，有出身。古文學則不立博士，不到太學，亦不做官，他們自己讀。所以今文學與古文學的分別，在於有章句與沒有章句。章句有家法，而東漢古文學則無家法。

王莽懂得章句之學的弊病，因此他會下令，規定每部經只許有多少章、多少句，限在二十萬字之內。特別派了博士弟子郭路去刪節這些章句。結果這個人死在他的工作上。諸位由此可見當時章句之繁。

由於章句太多，先生無法講，學生便自己去討論。慢慢由此便發生將來的清談與黨錮之禍。所以到了東漢以後，才有古文學，而西漢所傳下來十四博士的章句，到東漢以後，一個字都不傳了。只有東漢古文經學，才是真經學。

七

怎麼清朝人又來提倡今文經學呢？今文經學最重要的在公羊家言，西漢人講「通三統」、陰陽家言「五德終始」，無萬世一統的王朝，要變法，要禪讓，這一套大道理。清朝人講經學，一部皇清經解已可觀，但跑進去跑不出，他們實亦未真懂西漢人這一套。而漢朝人這許多章句，到今天都不傳了。但以上所說雖是漢代經學的毛病，並非說漢朝人的經學一文不值，而是經學變而爲章句、利祿、考試之途，這才是大病所在。

第十一講

一

我們講歷史最重要的要講「變」，不變便無歷史可講。現在一般錯誤的看法，總認爲中國歷史兩千年不變，便因此不看重中國歷史。所謂「變」，這一時代與下一時代不同。我們普通稱「兩漢經學」，其實在這「兩漢經學」中，便有許多變化。上面已講西漢經學，此下要接講東漢經學。從西漢到東漢中，經學便有大變。

西漢經學可分三時期：

第一段：由漢初到武帝表彰五經以前。

第二段：由武帝表彰五經以後，到漢宣帝石渠議奏。

第三段：由漢宣帝石渠議奏以後，以至於王莽時代。

這些在上面已講過。石渠議奏後到王莽時期，才有所謂「章句」之學。此非短時間能有，先從某時期開始，慢慢發展，後來才有所謂「家法」，即一家的章句。這中間詳細的情形，諸位可以參看我兩漢經學今古文平議一書中兩漢博士家法考一文。

二

東漢光武帝是王莽時一太學生，他做皇帝以後，極尊重經學，仍沿襲西漢下來的一套制度。當時一個大趨勢，即是章句愈來愈繁瑣。於是章帝時有楊終上奏疏，說：

章句之徒，破壞大體。

他主張仿漢宣帝「石渠議奏」，再來開一學術會議。朝廷採納了他的意見，召集了一個大會，便是所謂「白虎觀議奏」。當時所討論的意見，編纂成書，便名白虎通義，這猶如當時一部經學通論。

楊終上疏後，漢章帝的詔書中有兩句話：

雖曰承師，亦別名家。

我們讀書做學問不能只聽先生話，都應當去翻原書。譬如講漢代經學家，有所謂「師承」、「家法」，今天人認爲了不得。其實漢朝人自己說：「雖曰承師，亦別名家。」可見他們雖有師承，與先生所說已有不同，所以一個先生所傳弟子可成了兩家。石渠閣議奏以下，愈分愈多。王莽時一部經有幾個講法，五經便有十四家博士。於是他們要學西漢石渠議奏的辦法，在白虎觀重新討論，經不要這樣講、那樣講，要明白一個大義。家法分由章句，而章句則破壞大體。我們現在要講一通論，則又難了。

可見到了東漢初年章帝時，已感覺西漢經學出了毛病。其實王莽時便已感覺到這毛病，所以下令要限制章句的字數，章句實在太多了。另一方面，當時因為講章句，有許多學者便瞧不起這些太學博士。譬如東漢初的班固，史稱他：

> 博貫載籍，九流百家之言，無不窮究。所學無常師，不為章句，舉大義而已。

他的學問不止研究經，九流百家都研究。諸位要知道，自從董仲舒建議「表彰五經，罷黜百家」，大家便不研究九流十家了。而現在到了東漢，像班固九流十家都研究，對於經學則不守師法，不為章句。師法便是章句，他所學則舉大義而已。

章帝時又有一人名李育，和他同郡的班固便很看重他。後漢書記載：

> 育頗涉獵古學，嘗讀左氏傳。

我們現在說公羊春秋是今文經學，左氏傳是古文經學，但後漢書此處明白用「古學」二字。李育如何「涉獵古學」的呢？他也讀過左氏傳。可見當時所分別的，並不是「今文學」、「古文學」，而是「今學」、「古學」。「今學」是指當時人講章句，而「古學」是從前人沒有章句，讀書只通其大義，漢武帝以前講經學都如此，武帝以後也差不多如此。要到了石渠議奏後，才慢慢慢變而有章句、家法。現在李育要照從前人做學問，他學公羊春秋，可是他不守公羊家法。公羊家有章句，他不會章句，他什麼書都讀，他也讀左氏傳，當時白虎觀會議，他也出席，他講公羊春秋。另有一位大師講左傳，即是賈逵，他們兩人在會議中辯論。

李育之後另出了一個人名何休。何休作春秋公羊解詁，他的學派是跟隨李育而來。他講公羊春秋，但不講章句，章句是朝廷太學博士所講，是當時的教科書。諸位只要一查漢書、後漢書便知當時有幾種教科書。而何休講公羊則根本不講章句。他並沒有在太學做博士，他在家中，關著門十幾年，寫他這部公羊解詁。到了後來清朝人講經學，講今文經學中古代留存下來的，便只有這部書。

三

康有為把董仲舒與何休稱之為今文經學的兩位大師，不曉得這便講不通。並不是講經學，書中分出這部書是「今文」，那部是「古文」，西漢人講今文、古文並不這樣講。這在前面已講過。至於東漢，則有兩種學派：一為「今學」，即是當時的章句之學。用現代話說，就是讀教科書的。一種則為「古學」，不讀當時的教科書，而照從前人的方法做學問，通其大義，再旁通別的，不專守一門。西漢的經學一部都沒有留傳下來，而東漢則只賸何休一個人的書。何休的學派跟著李育來。

與何休同時，另有鄭玄。我們直要到清代道光、咸豐以後，這一百多年來，講經學的人才懂得講何休。在此以前的清朝人，都只講鄭玄。不僅清朝人，我們也可以說，自從鄭玄以後，凡是講經學的人，都要講到鄭玄。

關於鄭玄的一生，倘使諸位要講經學，便該研究。鄭玄當時是年輕人，他不進太學。他也到過太學，聽過太學裏的先生所謂「一家之言」，講一部教科書，即專家之學。他聽了不滿意，於是他全中國到處跑，只要一個地方有一位講經學的人，他便去跟從他，聽他講。凡是這種不照今文家法講經，不做太學博士，稱之為古學。他們自己開門授徒，教書沒有教科書，等於今天不照國立編譯館指定的教科書，有許多學生跟著。可是諸位要知道，今天這種情形不會有了。你在家裏教，他來跟你學，那麼文憑呢？教育部不承認你，沒有文憑，便沒有出路。

但在東漢，有人在家中教學，先後有幾百人，乃至幾千人跟他學。到他門下的人都注册，稱之曰「著錄」。至於東漢太學，則有三萬學生，這是件了不得的事。諸位想，漢武帝時代，相當於西方耶穌降生前一百多年；到東漢初年，纔是西元二、三十年；中國古代這種社會情形，決為同時期西方歷史所未有。所以我們研究中國史，一方面須「縱」看，一方面須「橫」看，拿來與西洋歷史對比。當時一所國立大學，有十四個特設的講座，有三萬學生；而社會上則瞧不起，都到這種私家講學的先生門下去。尤其像鄭玄，諸位讀他年譜，不僅年輕時，甚至到了四、五十歲，還是這樣從師求學到處跑。最後他到陝西，跟從大師馬融。鄭玄是山東人，他不是由山東直接到陝西，他是經歷了許多地方，最後到馬融家。據說馬融當時門下有四百學生，這許多學生居住在那裏呢？這些無法詳細講了。大概都住在他家附近，甚至於成一個「市」。這在今天美國有所謂「大學城」，但在西元一、二世紀的西方，並沒有那樣的情況。諸位今天就算認爲中國學問不值一文錢，但中國在東漢時便有這種好學精神，總不能說一無價值。

鄭玄在馬融家，見不到馬融，只能見到幾位助教，但他不離去，可見鄭玄這個人。鄭玄當時大概已不年輕。諸位！中國古人這種好學的精神，實在可佩服。鄭玄在馬融門下等了三年，一天，馬融在樓上，有一天文曆算題算不出，他的高第弟子也算不出。鄭玄說他能算，於是馬融招鄭玄上樓，兩人見了面，鄭玄藉此請教先生幾個問題。當時究竟鄭玄問了那些問題，馬融如何回答，今天已經不得而知了。鄭玄問完問題之後，便拜別了馬融。馬融說：「鄭生今去，吾道東矣！」這等於說他的一切學問，轉移到鄭玄身上了。結果鄭玄的學問，終在馬融之上。後代中國經學便只講鄭玄，不講馬融。當時人並稱鄭玄爲「徵君」。他沒有做朝廷的官，做官的人要經過考試，但也有的官可以特徵。當時朝廷曾特徵鄭玄，鄭玄沒有去，因此稱「徵君」。

鄭玄的學問，他注過周易、尚書、毛詩、儀禮、禮記、論語、孝經、尚書大傳，五經中只沒有注過春秋。他還有其他的文章。據說他一個人的書，有一百多萬字。在東漢末年，當時見過他的人，都覺得他了不得。譬如袁紹曾舉行一極大的宴會請鄭玄，袁紹跟前到的人多，大家只當鄭玄是個老書生，不曉得一談，才知鄭玄什麼都知。又譬如劉備自己說，他年輕時曾和鄭玄交往過，自己覺得了不得。其實他也並非在鄭玄那裏讀書，不過或許見過幾面就是。

諸位要知道，自從石渠議奏以後，一個太學生從一位先生，一部經不僅有一位先生，同時可以有幾位先生、幾本教科書，如公羊學當時就有兩個講座，有兩部教科書，或跟這位先生，或跟那位先生，此即所謂「師承」、「家法」。而一部教科書，譬如尚書，它的字數便可多至一百多萬字，一句話要解幾萬字。現在不同了，又要讀這書，又要讀那書，讀了以後還要自己另來作注。注到鄭玄是最後一個，他注的書，譬如周易，當時有三家博士，可是他注易不依照此三家。又如詩經博士有齊、魯、韓三家，此外有毛詩不立學官。從來漢朝人不承認毛詩是部大學教科書，而鄭玄則齊、魯、韓三家不顧，特來注毛詩。可是他注毛詩並不即照毛傳，倘使他遇到不滿意毛傳的地方，他也兼採齊、魯、韓三家詩。如論語，也有魯論、齊論、古論三個本子。鄭玄注論語雖據魯論，卻不完全照魯論，有的或據齊論或古論。這也就是說他已不守所謂「師承」、「家法」了。他所注的其他各書，也都一樣。

諸位今天講經學，要講所謂「漢學」，而漢學要講鄭玄。不曉得鄭玄在當時，他的經學是漢朝經學中一反動。拿今天的話說，實是一大「革命」。他是各經都講，而且是各經的各家各派都講。我們前面說過他求學的種種經過，他的這番精神真了不得。我們別的不講，自從他這一百多萬字的書出來以後，從前的一切一起都消滅了。今天我們要講漢朝的經學，我告訴諸位，只能從鄭玄講起。中國的一部經學史，從鄭玄開始。鄭玄以前，兩漢的經學，這許多書一起都丟了。所謂「師承」、「家法」、「今文學」，清朝人那一個會講？已經沒有書了。

所以我告訴諸位，做學問最是民主。後來人讀書都讀鄭玄的書，便等於是投他一票了。鄭玄的書，由東漢末年到今天還保留，不過不完全保留便是。他以前十四博士的書，卻幾可說是一個字都不存在了。為什麼會如此呢？這豈不是我們社會自己選舉的嗎？後來的人看重鄭玄，不看重朝廷的博士章句了。漢朝朝廷提倡太學，太學生有官做。欽定十四博士，而到了東漢，大家不看重。有許多學者，自己來做自己的學問。這一點，諸位至少要明白，這是中國學術思想的自由。諸位且不管今文學、古文學講些什麼，當時太學講些什麼，社會上講些什麼，當時社會上的人不進太學，寧願不做官，而在社會上跟人讀書，真正做學問。

東漢政府設置有經學博士十四員，太學生三萬人，尤受社會重視。至於十四博士，所講都在他的章句中。甚至除章句外，實際並無所講，學生也不聽了。三萬名學生，聚合在一處談論，這便是清議。他們譏評時政，品評人物。

東漢桓帝時，最著名的太學生有郭泰，他僅爲一太學生，而歷史上有他的傳，從古到今有他的名。他是山西人，遊於洛陽。有一天他要渡黃河回家，當時有幾千輛車、幾千人爲他送行。送到黃河邊上，他辭謝大家，而有一個人還要送他渡河，他也允許他再送，這人便是李膺。李膺是當時的河南尹，相當於市長，而兼防衛總司令。他是一個朝廷大臣，當時得入到他門的，身價百倍，稱之曰「登龍門」。他送郭泰渡河，兩人同乘一船，當時在河岸觀看的人，嘆以爲「仙侶同舟」。諸位想想，别的不講，當時一個政府裏做了大官的人，會看重一大學生。一個大學生回家省親，可以幾千人送他到黃河邊，而只有這個人能送他渡河。諸位一定要説，漢武帝提倡五經是爲要便利專制。諸位拿歷史來看，是不是如當時的郭泰般，便是便利帝王專制呢？然而郭泰這種在朝廷太學中的人，在野學者像鄭玄尚看不起。他才是真做學問，真是當時一經學家。所以鄭玄寫了這許多書，永傳後世。

四

我們可有一個講法，西漢政府的經學，到此刻東漢時代，可稱是一起垮了。鄭玄在野特起，他是不守家法的，没有「今文」、「古文」的分别了。從他出來，兩漢家法都不值錢了，我們都不曉得了。可是我們也可換一個講法，中國人的經學要從鄭玄以後，才是新開始。這種經學稱做什麼？當時人都稱之曰「古學」，古代人做學問這樣做的。那麼我早講過，孟子如何做學問，荀子如何做學問，他們是專讀一部尚書呢，還是專讀一部詩經？他們並不是一個人專讀一部經。一個人專讀一部經是後世漢朝人的辦法。一個人讀一部經，而一部經中還要分兩家、三家，這是要到石渠議奏以後才如此。到了東漢時代，便非常看不起這種學問。所以班固說，農隙有三個月，可以讀經，三年可以通一經。我告訴諸位，一部易經，只有六十四卦，一年中有三個月空閒，三年則有九個月，大約有二百七十天。二百七十天讀六十四卦，時間儘夠。詩經有三百首，也只要一天讀一首。倘使遇到不懂的地方，也只要通其大意便好。一部春秋兩百四十二年，也只要一天讀一年。尚書只有二十八篇，儀禮只有十七篇。所以一個人，十五歲以前讀論語，十五歲以後三年通一經，到了三十歲，五經都通了。其實很簡單。現在我們做學問也一樣，如諸位只要每一暑假能讀一部書。譬如讀一部論語，論語只有一萬一千七百零五字，每天只要讀二百字，不需兩月便讀完了。就算再蠢再笨，也不會不能讀。但諸位要懂得一點，讀論語要先懂得通其大體，一部論語孔子講些什麼？諸位懂得了，到了明年，便可讀孟子。再隔一年，又可再讀別書。不論諸位讀什麼科系，能如此讀下來，讀到四十歲，便經、史、子、集幾部大書都讀過了，通了。不過諸位不要學西漢人的做法，一部書加上一百萬字的注解，弄得頭昏腦脹。

從前我中學畢業，回學校請教中學一位老師呂思勉先生，一部二十四史如何讀法？他說：這極省力。他便幫我計算，一天讀多少卷，幾年一部二十四史讀完了。我這是學我中學先生的方法。現在諸位不這樣，諸位看不起通史，要講專史。不但只研究一部專史，而且是在一部專史中挑選一個小題目，來寫篇幾十萬字的論文，才能通過博士學位的考試。這樣便做不成學問。我們今天是走的西漢人的路。諸位或說，我們今天是走的美國人的路，美國人的路其實便已走錯了。

中國的經學，要到鄭玄來集其大成。從此以後，經學都在書本上。鄭玄以前的經學，一個字都不留了。諸位說，這是中國人的胡塗呢，還是中國人的高明呢？諸位認爲漢朝人都是高明，到了三國，如袁紹、劉備般人，都不行了。以後一路下去，西漢的經書章句一個字都不留了，這譬如今天社會的新文學，一天之內在報章雜誌發表的要多少，一年累積下來，更不得了。但一過十年、二十年，是不是還會留存下來呢？

五

東漢的經學是對西漢經學的一個大反動。西漢經學是今文學，到了東漢，今文學還有存在朝廷，但他們要講的是古文。而今天傳下來的只有古文。諸位要問，既然如此，如何到了清朝人，尤其如康有爲，卻要講「今文」呢？這便是荒唐了。中國學問到了道光、咸豐以下斷了。而到了我們今天的人，腦海中還受有他們影響，所以諸位聽到「今文」之名，還覺得了不得。

我前面所提到的皮錫瑞經學歷史，他把經學分期，稱兩漢爲「經學極盛時期」，鄭玄以下爲「經學中衰時期」。這便不對了。兩漢爲「經學極盛時期」，而十四博士章句下面一字無存了。所以我要諸位讀漢書、後漢書，根據史學來講經學。下面的經學乃始是到今尚存的，可以不憑史學來講經學了。現在且舉一例，譬如今天諸位學經學，有一部十三經注疏。看這部書的目錄，「疏」不講，詩、周禮、儀禮、禮記四部，皆用鄭玄注。公羊傳用何休解詁，孟子用趙岐注。何休注公羊，我前面已說過，他是在家自己著書，不是朝廷的博士章句，不能代表今文學。他的書也只薄薄的一本。至於孟子，諸位當知，十四博士中不列諸子，孟子也不在內。武帝表彰五經，罷黜百家，儒家亦爲百家之一，所以孟子亦廢不立博士。要到東漢末，始有趙岐再來注孟子。這時學風已變，朝廷不講孟子，而他自己來注孟子，這是開天闢地第一部孟子的注。在他之前，没有人來管孟子。後來人看重孟子，才拿趙岐孟子注放在十三經注中。其中共六部爲東漢人所作，此外穀梁傳用范寧集解，左傳用杜預集解，尚書用僞孔傳，易用王弼注，論語用何晏集解，爾雅用郭璞注，孝經用唐玄宗注，更都在鄭玄以後。至於西漢以下這許多博士章句，一家都没有了，怎麼後人把兩漢稱之曰「經學的全盛期」呢？

前面鄭玄、何休、趙岐這六部書，約占十三經中的一半，是開始的一段。此下除孝經唐玄宗注以外，亦有六部，其中王弼、何晏大家都知道，他們是講莊、老思想的，可是易經、論語是用他們兩人的注。杜預、郭璞是西晉人，范寧則已是東晉人了。范寧最看不起王弼、何晏，他曾說：「王、何之罪，浮於桀、紂。」但他的書，也與王、何的書一樣傳到今天。至於尚書孔安國傳，則是三國以後人僞造。他們這六部書，諸位說是今文經學呢，還是古文經學呢，這六部書難道是漢朝人的書嗎？所以清朝人講漢學，講到後來，自己講不通了。十二部書中六部是東漢末年人所著，六部是魏、晉以後人的書。我想照經學的歷史講來，東漢末年以至魏晉南北朝，不能稱「經學的中衰期」，而應當是經學的「興起時代」、「成就時期」。我們後代的經學，便是由東漢末年以至魏、晉這一段而來。僅就這一點而論，便是經學史上一個大問題。

這樣講來，便知清朝人講經學靠不住。不僅道光、咸豐以下靠不住，在道、咸以前便已靠不住了。譬如乾、嘉時代，稱程、朱、陸、王之學爲「宋學」，他們所講則爲「漢學」。諸位只教拿十三經注疏的目錄一讀，便知這些只有一半是漢學，一半不是。於是清朝人要在這中間用大工夫，要來重講這幾部經，可是他們始終並無成績，可以來代替這幾部古注。至於東漢人的幾部書，其實只是鄭玄、何休二人。或竟可說只是鄭玄一人。所以清朝開始講經學，大家都講鄭玄。到後來慢慢懂得講漢學不能只講東漢，要講西漢，便講出所謂「今文學派」來。

清朝人講法既然靠不住，則我們今天是否對漢代經學便存而不論呢，倘使要講，又該如何講法呢？我想還該照舊說，漢代的經學，至少有四個時期的不同：西漢是漢武帝以前；漢武帝以後，石渠議奏前；石渠議奏後。特別是石渠議奏以前的人，不喜歡講章句。東漢以後的人，也不喜歡講章句、講家法。到今天章句一概都不傳了。古人講經學所能傳至後代的，只有鄭玄以後的書。這是一個大問題。

六

諸位照了這樣講法，或許會發生疑問。西漢人講經學既都不傳了，則又有何價值呢，豈不是西漢人經學都白講了？此並不然，西漢經學價值仍在，而中國經學之價值，亦應以西漢人爲最大。爲什麼呢？前面我已詳細說到，西漢人開始講經學有一大義，而大義中最大者，即謂「無有萬世不替的王朝」。而且當時的皇帝，無論什麼事都要問學者。譬如霍光立昌邑王，後來因爲昌邑王不行，霍光想把他廢掉，但霍光是臣，昌邑王爲君，臣如何能廢君？歷史上應有先例。中國人這一點了不得，重「承續」、不重「創造」，並不認爲自己想要如何便可如何。於是霍光便問當時學者，歷史上有沒有過廢君的先例？有人便舉商代伊尹廢太甲的故事，於是霍光便拿昌邑王廢掉。諸位聽聽這種故事，應該去查考查考西洋歷史，是否有與此同類之例？

可是當時的經學家講到最後，連皇帝也不該長期繼續做下去，主張該禪讓，於是此下便起來了王莽。西漢經學中這一件故事，不能不詳細說。王莽究竟是如何一個人呢？後人說「王莽篡漢」，中國人提到王莽，都認爲是個最壞的人。但當時並無人說他簒位，而是漢朝人依照堯、舜故事把西漢帝位禪讓給他。王莽或可說是一迂腐的書生，但如說他是一大奸大惡的僞君子，實不然。至於劉歆，更不是一壞人，他是劉家的子孫，照了經學的說法，他主張以漢傳新，王莽代漢。他有他一套理想。關於這一點，詳細的情形可以看我所著的劉向歆父子年譜。

王莽既受漢禪，爲何此下一亂不治呢？這因他是一迂腐的書生，不長應變所致。可是他當初受漢禪的意義，並不是一狡詐的權謀。及其即身而亡，出來的是漢光武，還是漢朝劉家。中國人當時經學家的「禪讓論」，此下便不講了。

我曾告訴諸位，戰國末年，秦代開始，中國人的學術思想要講一個共通的，不能像從前，各自分家。大家的共同要求，治國進而爲平天下。學術思想先統一了，顯著的如陰陽家，都在前面詳細說過。

陰陽家在漢朝初年幫漢朝的忙，而到末年要逼漢朝人讓天下。他們講陰陽五行，有些近乎迷信，但有些是大道理，没有錯。自古没有萬世一統的王朝，此下亦是一樣。東漢以後，陰陽家這一套暫時不講了，那麼學術界如何再有一番最高理論來領導政治呢？於是乃有如嚴光高隱不仕，至少使士的地位亦和帝王同其尊貴。要之，兩漢經學之士，是在當時朝政上有其甚大貢獻的。

下面如曹操、司馬懿，他們居心要帝王讓位，但那些是權奸。他們既不敢講革命，而滿衷要求禪讓，那並不當列入學術史的傳統來講。後人便拿王莽與曹操相提並論，那對王莽是冤枉了。

經學到了西漢末年，講章句，成為一種書本上、文字上的學問，而不是在時代上、人生上，不同於西漢初年經學之明大體。西漢的經學到今天雖都不傳了，但西漢一代的政治制度及其風氣，則可謂直傳到清末。縱然其間有變化，但變來變去，仍不脫漢代的大規模。這個規模，是由漢武帝到漢宣帝，一般經學家共同建立起來的。皇帝看重學者，一切要聽學者的話，在內心的地位上，皇帝在下，讀書人在上。政治上的地位，皇帝在上，那是另一回事。從精神上、心理上來講是如此。到了東漢，學術界的地位更在政治家之上。這個風氣將來一直傳下。譬如我前面所舉郭泰、李膺的故事，即其一例。郭泰只做一太學生，未做一日官，然而大家看重。政府中人反而看低了。當然不是都看不起，也有大家看得起的，譬如李膺。輿論在那裏？在知識份子，在當時便稱為「清議」。

中國人這番清議的傳統，從東漢開始。今天我們的社會學西方人講「言論自由」，但究竟一個新聞記者在社會人心中的地位，遠不及政府中一官員，並不見其具體真實的力量。可是在東漢，當時社會確實看重太學生，其聲望地位可說當更在「三公」之上。而這種學者不進政府做官。所以後代中國人總要說東漢的風俗最為淳美，東漢人了不得。其實我認為郭泰、李膺、鄭玄這些人，依照中國文化傳統言，亦並不算太了不得。

西漢人「通經致用」，一個讀書人跑上政治，他有貢獻。東漢人不參加政治，兩相比較，只能說差不多，並不能說東漢人便高出西漢人之上。我的國史大綱一書中，詳細地分析東漢這般士大夫內心的觀念。他們看不起政府，與政府不合作。這時期這種風俗，當然大部份過錯在政府，但也不能說他們這種風俗更超越、更勝過了西漢。

我的說法，中國的經學在中國歷史上有過大貢獻的，還是在西漢。這一點，須諸位詳細讀西漢史。而當時這般學者，對政府確實有貢獻，並且有力量。東漢以後，學術與政府分為兩途，不像西漢兩者能打成一片。所以西漢是一個光明的時代，而東漢則比較黑暗。東漢的學術界是反政治的，而西漢學術界則能參加政治，領導政治。西漢看重讀書人，而東漢光武、明、章以後，做官人不懂得看重讀書人。皇帝都是小孩子，先不懂了；太后也不懂。膝下一班外戚與政府要員聚在一塊，合力要打倒宦官，直到最後有袁紹。

諸位要知道，袁紹亦是一讀書人。到了東漢末年，這許多我們現在稱之曰「軍閥」的，他們當時都一定要拿學者姿態出現，這種稱之曰「名士」。要像董卓之流，才是一草寇。到了東漢，「士」的地位高了，而他們的地位乃高在「名」，而非在官位。東漢人看不起朝廷的官位，而看重社會的名望。如黃憲，他在當時是一了不得的大人物，等於孔子門下的顏淵。可是照這樣，知識份子學術界與政府分了，下面便垮了。

七

諸位或許認爲只要帝王專制，便可治天下，中國人從秦始皇以下二千年專制。這種說法，真是不通情理。今天外國人也聽了我們這番話，一般所謂「中國通」，都曾到中國，受中國人影響。譬如哈佛大學的費正清，他抗戰時期到中國來，聽見當時我們許多教授學者的講法，所以他回去以後，慢慢識了中國字。他其實並非真能讀中國書，他只是聽懂了現代中國人講的話。所以他回去便說：「毛澤東是上承孔子，孔子便講專制，中國不能實行民主政治。」他這番話，實際上是由中國人來，他聽我們當時大學裏教授所講。中國書中，中國傳統並無這樣的話。我們現在罵他，因爲他捧大陸。其實他的話，還是我們教他的。我們都說中國政治兩千年專制，所以他認爲毛澤東可以一路專制下去。

中國政府雖無憲法，雖無議會，旁的且不說，至少政府不能支配知識份子。中國人有一句源於禮記的話：「士可殺，不可辱。」這句話成了一句通俗的話。一個專制皇帝對知識份子，最了不得，只能殺他，可是不能「辱」他。何謂「辱」呢？中國的士有他傳統的地位。東漢人便抱有這番精神，政府禮聘他，他不去，而政府對他還是恭敬萬分。後來人推尊東漢便因此故。士人的地位更在政府之上。這因漢武帝表彰五經，設太學，後來中國人做官人都經考試，全是讀書人了。直到清代，皇帝不能干涉。皇帝當然有時也用幾個私人，但這是少之又少。今天我們五權憲法，設有考試院，但也並未做到所有官員都經考試。天下沒有百分之百的事，我們講學問，要講一個大體。要說中國政治是一帝王專制的傳統，試舉二十五史從秦始皇、漢武帝開始，那裏是明白的證據，也該詳細講來。

即使如壞官、奸臣，也都是經考試規程出身。經過考試出來的，未必都是好官。然而考試出來的人，政府一定任他官；不考試的，做不到官。這一制度，是由漢武帝開始訂下來的，是由古代經學裏講的。到了東漢，讀書人太多了，政府裏容納不進這許多人，這許多人也不要做政府的官了，於是政治與學術分了。政治與學術分，學術更形分散。從前政府提倡五經，現在這一套人家不看重，變成不值錢了。譬如馬融便不專一經，不講章句。班固便通諸子百家。他們都已拿了一新觀點，不再依從上層政府了。

近人必謂秦始皇開中國之君主專制，其實這是照了西方觀念。中國歷史斷無帝王專制之局面。秦始皇廢封建，亦是一時之一種政治觀點，不能就說是尚專制。但他禁以古非今，而有焚書之獄，則不得說是沒有錯誤。至漢武帝表彰五經，罷黜百家，則斷與秦始皇帝大不相同。西漢人言孔子「為漢制法」，漢武帝之表彰五經，乃反秦，非反古、反傳統，更非為專制。此只因近代人本於西方的政治分類回頭來論國史，才有這種論調。今則可謂，中國之傳統政治，有帝王而非專制，與西方人之政治分類有不同。這才比較近其情實。

惟明代廢宰相，乃始有帝王專制之嫌。然明代一輩讀書人，皆寧居鄉間，不願應考試出爲官吏。即如王守仁門下亦如此。獨王守仁不然，身膺龍埸驛之難，而他出仕朝政，始終不稍變其初衷，這見得他確不失爲一代之大儒。此下東林學派，便是上承陽明此旨而力反王學，這實是不失中國學術之真傳，也實爲治史學者所當深論之一大節。

我希望我們將來講經學史、文學史、思想史、經濟史、政治制度史，拿中國歷史都先講一個大概，拿這大概拼起來，便是所謂中國通史。一部二十五史便該如此講，這叫「通大體」。我們現在講歷史，其實等於漢朝人講章句，拿一件事情以新觀點幾十萬字寫篇文章。照這樣下去，學問便愈講愈疏散了，史學亦不成其爲史學了。

八

我們再講到王弼。王弼注了兩部書，一部易經，一部老子，而王弼二十幾歲便死了。王弼何以有此天才呢？這因王弼的外曾祖劉表，是一個講經學的。王弼的父親王業，便是劉表的外孫。中國在當時出來的人物，都是讀書人。譬如關羽學春秋，杜預並爲左傳作注。在今天，不論中國、外國，做官的人有幾個人是做學問的，官僚與學者，現在是分行的。做官人和讀書人分離，將來對整個世界害處相當大。中國從前讀書人不一定做官，而做官人則定是讀書人。諸位不能在中間挑一些壞的來批評，說這些人怎麼這樣壞，倘使從來做官人不讀書，便更不得了。諸位應把兩面來一比，中國人講一大道理，做官人該讀書。

王弼與劉表爲親族，他們講經學有專門的一派。王弼從小便受了家學淵源的影響，而他們講易經，便不同於博士官講的一套。他們這一套，便是社會上的所謂「古學」。因爲社會上已經有這一套古學，所以他一跑出來便能注易經。

我們現在無法一部一部經詳細講，我且只講易經。易經只有六十四卦，分上經、下經。十傳則並不在經之內。古人「經」與「傳」分別開，書也不在一塊。拿經與傳合寫一處的是鄭玄。在鄭玄之前，有費氏易，爲古文，它也把經與傳合在一起。王弼這一派，便是講的費氏易。今天費氏易已不傳，清朝人還拚命去找，將古書所引一句兩句拿來講，書已經不傳了。可見劉表當時只是承受傳統。

我看報上，孔孟學會天天在提倡易經，他們說，孔子與易經有關係，語見莊子。而莊子是先秦時人。諸位當問孟子、荀子書中是不是也有講到呢？而莊子書有些寫成得早，有些寫成得晚。莊子這番話見於那一篇？寫成在前抑在後？爲什麼孔子注易經，莊子書有而孟子、荀子不提及呢？而且就算孔子與易經有關，孔子講易是講在「傳」中。而西漢人講易，只講「經」，不講

「傳」，這又如何說法呢？王弼注易，也只管經，不管傳。直到南宋朱子，他注易說，經與傳各有道理，應該分別看。但到了明朝人，卻又拿經與傳混在一起。諸位今天讀易，也都是經與傳合。這些問題，現在無法詳細講。我們現在只說，經學到了東漢末年，有一種新學派、新潮流。

照我這番話講，鄭玄、王弼爲一派，他們都與西漢專家章句的易講法不同。大家說，自從有了王弼的注，以前各家的講法一起都失傳了。其實從前各家的講法，漢書、後漢書中仍然可以看到一些。然而王弼的注直到今天，永遠廢不掉了。到宋朝人起來，教人讀易經，第一部便先讀王弼的注。論語便是讀何晏的注了。所以講經學，今天從十三經來講。十三經的注是東漢到魏晉南北朝這一段才有的。我們講經學史，今天應重新分。博士官的經學是前一段，從鄭玄、王弼下來一路到十三經注是新的一套，可稱是經學的第二段。

我今天只講到此，到下一堂課再補講幾句。我們要拿觀念變，以後的經學怎麼來研究？我以下所講，諸位可以先看皮錫瑞的書，他收了許多材料，可以方便諸位。但他的講法，是今文學家的講法，雖有錯，但不如前面錯得多。分「全盛時期」與「中衰時期」，怎麼中衰時期佔了十三經注的一半，全盛時期的末年也只佔一半，而全盛時期上面一段一個字都不傳了，這如何說法？我們懂得了這一點，便知道清朝末年，中國學術自己先亂了，不必等到西方學術跑來。當然中國自己先亂先垮了，西方人的一套容易跑進來。倘使中國人自己學術很像樣，西方學術跑進來，中國人接受他，今天便不是如此，而是另外一套了。

第十二講

一

外國人做學問喜歡創造新名詞，中國人很少如此。沒有固定的名詞比較不受拘束，也自有它的長處。

皮錫瑞的經學歷史把歷史上的經學分期，而他的分法實有不妥。我認爲要給經學分期，兩漢時代可稱爲中國經學的「開創時期」，因漢以前並沒有「五經」之說，孔子時代沒有經學，荀子時代也沒有所謂的經學，要到漢朝才有今天所謂的經、史、子、集中的經學，所以我認爲兩漢可稱經學的「開創時期」。

魏晉南北朝時期則可稱爲經學的「完成時期」，或稱爲經學的「成立時期」。因爲今天流傳下來的十三經注疏，大部分是撰成於此一時期。魏晉南北朝時代的門第社會起於東漢，經學的完成亦起於東漢末期，到魏晉南北朝而完成。所以講中國的經學史，若要照西方的歷史分期方式是不可能的，因爲學術思想的發展並不是平頭進行的，通常在前一時代已啟端，到下一時代才完成。我們應以中國人自己的一套觀念來講中國文化、中國歷史。

但畢竟兩漢的經學不同於魏晉。從另一角度來看，皮錫瑞說兩漢是經學的「昌明時代」、「極盛時代」，魏晉是經學的「中衰時代」，他的話也可說有一部分對。…………❶

二

到了西曆紀元三世紀，讀書人中間出來一個王肅。他是一個經學家，並且是一個儒家。他出身大門第，他父親王朗也是一個經學家，父子兩人都做魏朝大官。諸位要知道在這個時候，要找一個經學家，在朝廷上就有了，不必再要到窮鄉僻壤的地方去找讀書人，時代已經不同了。

王肅的女兒嫁給司馬昭，王肅雖然是一個經學家，但他與政治卻結了不解緣，一切政治問題都要同經學發生關係。王肅所作的尚書、詩、論語、三禮、左氏解及撰定他父親王朗所作的易傳，藉著政治的力量，皆立於學官。王肅父子喜講馬融、賈逵的經學，而不喜歡講鄭玄的。王肅是政治上的大人物，有許多經學意見與鄭玄相反對，爲甚麼呢？簡單地說，他要從政治上考量，

❶ 編者案：此處原錄音帶毀損，有部分內容失錄。

這不是一種純學者的心情。我在講西漢時已經講過，西漢當時是書生任博士官，在大學裏教書。講春秋，你這樣講，他那樣講；講尚書，你要這樣講，他要那樣講；慢慢便分出家法。王肅是政治人物，他有大計劃。我們講經學史，鄭玄、王肅二人成了以後經學上的一個大爭論。這個問題以後一直要到清朝人出來，才詳詳細細考據出王肅曾僞造古書。

十三經注疏中，東漢只有一個鄭玄，一個何休，一個趙岐注孟子；此外都是鄭玄以後的。可是尚書卻是孔安國的傳，孔安國則是西漢時人。不過這部孔安國傳是假的。大概從宋朝開始，就知道這部傳是假的，所以稱之爲「僞孔傳」。到了清朝人，才講這是王肅假造的。

清朝人丁晏寫了一部尚書餘論，他在這書裏考證尚書孔安國傳是王肅假造的。此外，舊傳孔安國還注了論語及孝經，但這所謂論語、孝經孔注也是王肅所僞造的。丁晏尚書餘論說：

王肅私造孔傳以難鄭者也。……論語孔注亦係僞書，實出王肅之手，與書傳一時所爲也。

丁晏又有孝經徵文一書，他說：

孔氏古文孝經，漢人皆不言作傳。……夫孔傳……與王肅宛合，……可斷其爲肅僞撰矣。

王肅又僞造了孔子家語及孔叢子兩部書。因爲孔子子孫在漢朝最出名的是孔安國，王肅便是想要借孔子來壓倒鄭玄，所以他自己寫的文章就叫聖證論，以譏短鄭玄。

王肅的時代，漢朝十四博士講經學的書都還有流傳，他要反對鄭玄，卻不能挑一個西漢經學家或東漢甚麼人爲說，這也可見鄭玄在當時經學界的地位。王肅之學，出於他的父親王朗，他是講馬融的一套；鄭玄的先生也是馬融，他也講賈逵。賈逵、馬融都是東漢古文經學家。可見王肅也就是古文經學了。他爲了政治問題，要與鄭玄作對，因而僞造了許多假注。現代人講王肅不好，是個小人。可是也不能說王肅一定比鄭玄差。這種問題要等到諸位真研究經學時才能討論。其實這是從前經學裏的老問題，我們也可以不去細究。我們要注意研究的問題，例如將來清朝人同宋朝人的經學不同，這是一個新問題。

……❷……

諸位要知道，在漢朝，經學之外，還有「讖緯之學」，就是講迷信神鬼的一套，這一套難講了。東漢還是講這一套，漢光武不聽「通三統」、「五德終始」這套大理論，可是他也講讖緯之學。漢朝人怎麼做皇帝的，讖緯之學裏有說法，都同經學裏相呼應。鄭玄講這一套，而王肅是不講的。至少專就這一點而論，可說王肅並不完全是錯的，而鄭玄也並不完全是對的。這是經學上內部專門的問題，我們且不討論。

---

❷ 編者案：此處亦有部分內容失錄。

三

王肅之後，第二個人就要講到晉朝的杜預。上一堂我們已經提到他。杜預曾帶兵伐平吳國，他是一位軍事學家，精治左傳，他也有家學淵源，父親杜恕，祖父杜畿，至少從祖父到他三世都喜歡左傳。杜畿做河東太守時，特別委任了樂詳為文學祭酒，教學後進。樂詳便是一個對左傳有專精研究的學者。杜預的叔父杜理也是一位經學家，他也有左傳的著作。杜預作春秋左氏經傳集解及春秋長歷，成一家言。他們一家三代家學都很了不起。其時政治上當權的人，都喜歡接近讀書人。這是中國自古傳下來的一套文化精神，我們上面講漢武帝時已講過了。

十三經注疏中，左傳注是用杜預的。杜預左傳注到後來被清朝人大肆批評。近代人劉師培，他與章太炎同時，也是民初一位經學家，劉氏四代專治左傳，他們的研究未成定稿，沒有付梓成書，直到大陸共產黨來，才拿劉家這部稿印出來。我聞其名，買了劉家這部書來看。劉文淇他們是把杜預裏引到從前人的話加注說明。例如這話是服虔講的，這話是賈逵講的之類。杜預左傳注引了從前人很多話，他沒有說明那句話是那人說的，劉文淇等一一舉出注明了出處。照我的看法，杜預雖沒有逐句注明，他能根據從前人的話也很好了，其實這個並不重要，太史公寫史記也沒有每條注明。至於其他複雜問題，我們現在無法詳講。我今且舉清朝人批評杜預的另一例。

杜預把一部春秋裏的事歸納起來，分成若干「凡例」，所謂「發凡起例」，凡是怎麼寫，事情一定是怎麼樣。孔子寫春秋並不這樣寫，但是我們讀孔子春秋的人未嘗不可以幫他做個分類。杜預有一部書叫春秋釋例。當然凡例中可批評之處很多。杜預有他的聰明，依今天人的觀念，這也未嘗不是一種科學方法。我們舉一條來講，春秋魯宣公四年經文說：

鄭公子歸生殺其君夷。

左傳曰：

凡弒君，稱君，君無道也；稱臣，臣之罪也。

杜預釋例云：

稱君者，唯書君名；……稱臣者，謂書弒者主名，以垂來世，終為不義，而不可赦也。

倘使稱君的是君無道，稱臣的是臣有罪，那麼現在稱的是甚麼？都不好嗎？我們現在不必討論這件事究竟是君不好還是臣不好，也不必討論孔子是不是持這樣的意見，我們要討論一個問題：弒君有沒有是君不好的？杜預釋例又有一段話說：

天生民而樹之君，使司牧之羣物，所以繫命也。故戴之如天，親之如父母。……然本無父子自然之恩，未有家人習翫之愛；高下之隔懸殊，壅塞之否萬端。是以居上者降心以察下，表誠以感之，然後能相親也。若亢高自肆，羣下絕望，情義圮隔，是謂路人，非君臣也。人心苟離，則位號雖存，無以自固。故傳例曰：「凡弒君，稱君，君無道……」照這道理來看，君當然會有不好的，不應全都是臣不好。即使我們今天接受了西方思想，也會認爲弒君不一定是臣不好，也有可能是君不好的。清朝人卻從這個觀念來批評杜預。曹氏篡漢，司馬氏篡魏，這是不好，但並非說篡位都不對。這道理該在甚麼地方看呢？看董仲舒的春秋繁露。太史公史記所寫的，君也有不好的，並非完全是臣不好。清朝人在這種地方批評杜預，是過了份。杜預在晉朝爲官又是司馬昭的妹婿，在政治上確是有大關係的；清朝人罵他幫司馬氏講話，於是說弒君也有君不好的。司馬氏篡位，是君不好還是臣不好，這是另外一問題。諸位真要研究經學，在經學要研究到杜預，要研究到後來人對他的批評，這個問題是很小的，可以不必理會。我今天特別要提出來講的一點，就是西漢初年的經學家都出自偏僻農村，來自民間；而魏晉的經學家卻都在政治高層。這是一個大不同。

我再舉第三個人何晏來講。何晏在曹爽、司馬懿的鬥爭中間是一個重要的人。何晏是在曹家皇宮中養大的，算是個皇親國戚，也是個政治家。就舉這三個人爲例，一個王肅、一個杜預、一個何晏，來說明魏晉南北朝的經學。王肅注了不少書，他的尚書僞孔傳，與何晏注的論語、杜預注的左傳，他們三人的書都在十三經注疏裏，可見我們講經學不能空口說白話。

西漢初年的經學家都從社會偏僻地方裏出來的。董仲舒是一農村老圃，在家耕田，三年目不窺園，用功讀書。公孫弘牧豬四十年，他用功公羊春秋。要做學問，那裏一定要講條件的，我最不信這句話。倘使真有志，甚麼地方不能用功。董仲舒、公孫弘怎麼做學問的？漢朝直到後來像匡衡，窮得晚上點不起燈，挖個壁洞，讓隔壁鄰居家的光通過來讀書。今天諸位老說環境不好，不能用功，推託之詞多得很，又怎麼能做學問。縱使等到大學畢了業，謀到一個職業，又會有這樣那樣的事忙，怎麼還能做學問。要說忙，你們總沒有這些政治人物忙吧！像王肅、何晏、杜預，他們又是怎麼做學問的呢？重要的不在外面條件，而是在你的心能不能立志。

東漢末年、三國，絕對不能同秦朝末年、漢朝初年相比，只相隔四百年，中國社會已經進步到做官人都是讀書人了。從什麼時候起？從漢武帝表彰五經起。所以我說這是漢武帝立下了不朽的大功，現在就有了證明。

四

今天我要講的不是武帝表彰五經的功績。諸位聽話要注意，今天我要說的是西漢初年的讀書人都是從社會偏僻的地方來的，而東漢末、魏晉以來的經學家都是與政治有關係的。那麼，既然政治上到後來看不起曹操，看不起司馬懿，於是王肅也好，杜預也好，何晏也好，這些在政治上有關係的人，就都不足以號召一世，他們不夠力量來號召。換言之，大家看重經學的份量差了。

這個話是諸位讀歷史書上看不到的，是我今天這樣講。

西漢初年的伏生還了得，他年紀老了，不能到政府來，皇帝特別派人到他家，由他女兒把尚書傳出來。上面我們也已講過董仲舒、公孫弘，漢朝初年直到漢武帝時，這輩讀書人是受人看重的。漢朝人重視經學，那裏是爲便利漢武帝做皇帝專制呢。今天諸位都是道聽塗說聽來的，說中國兩千年政治只是一個「帝王專制」，中國兩千年的社會就是一個「封建社會」。今天這種道聽塗說的話可以在學術界盛行不輟，這是我們學術界的「公恥」。今天大家不懂得看重學術、看重社會、看重時代，也不懂得我們中國今天的學術、社會、時代遠不能與過去相比。今天大家只懂得看馬路上有多少洋房、汽車、銀行有多少外匯存款，今天中國人的人生價值、人生意義完全從物質上衡量，學術則早已置之不論。今天的中國人實也看不起學術界。民國初年，倘使政府裏用一個學術界的人，譬如章太炎、梁啟超等，社會上當一件大事看待。那時中國社會還懂得看重學者，到今天全不問了。

我再舉一個例。清末民初你要做一個革命黨，你要預備被殺頭的。今天諸位若進三民主義研究所，你是希望明天會得意的，那裏還會怕被殺頭呢！只有八十年，變化之大，難以想像。諸位總要先懂人事，才能懂得歷史。我今天講漢朝初年的經學家是受人看重的；到了魏晉的經學家，官做得太大，都和政治發生了關係，評價就要打個折扣了。諸位要懂得這是中國社會一般人的心理。今天我們沒有這種心理了，至少該懂得從前的中國人有過這樣一種心理。所以魏晉以後的經學與兩漢的經學自然要不同了。魏晉朝廷上還是要講經學，因為兩漢下來一路是講經學的，但是提倡不起來。並非當時的政府不看重，而是經學衰了。從這一點講，漢朝經學是盛的，魏晉南北朝則衰了。這是我從另一角度看，而這樣講。

再有一點，魏晉以後的中國不統一了，經過東晉五胡到南北朝，直要到隋朝再來統一。政治不統一，學術無法統一；學術無法統一，於是有道家、有佛家，至少有儒、釋、道三家。而就在儒家講經學的中間，又分了南、北兩派。南朝人講的，北朝人未必講；北朝人講的，南朝人也未必講。這也是經學衰的一個原因。

譬如民初中國留學生有留日派、留歐派、留美派，各派不同。因為他們留學的國家不同，他們回國以後也不一樣的。經過第一次、第二次大戰，思想統一於美國派，現在是美國一派最盛行。然而真到歐洲留學多年的，他未必贊成美國人這一套。今天我們臺灣的政治重心是在中國，大陸也一樣；但我們的學術重心不在中國，而在國外。倘使我們將來建國的重心放在學術上，而學術的重心卻放在外國，那麼我們絕不能拿學術來建國，這樣子的學術建國，國家就垮了。但是不用學術來建國，中國又怎麼辦呢？這個問題我們暫且不論。

我們講到鄭玄、何休、趙岐，講到王肅、何晏、杜預，十三經注疏中還有一個作春秋穀梁傳集解的范甯，這已經到了東晉。范甯也是一個做官人。大概魏晉時代講經學流傳下來的重要人物，我們已經都舉出來了。

兩漢博士雖不是正式做官人，可是他們在政府大學教書，他們所講的經學，可以說沒有一個人能流傳下來。鄭玄不在政府，何休也不在政府，兩漢傳下來的卻只有他們的經學。趙岐也不是在政府的，他是社會一清流。魏晉南北朝講經學的卻都與政府有關係，於是社會上老莊思想、佛家思想便興起來了。我們舉此一例，即可知政府並不能控制學術界。至於這種現象是好是壞，則另是一事。我們要懂得兩漢是政府看重社會低層的人，所以提倡經學有大的影響。魏晉南北朝是政府在上面講，一般社會並不理會，他們講他們的老莊，做他們的和尚去了。

五

現在講到經學分成南、北兩派。兩漢時經學分成古文、今文兩派，這我已經講過了。魏晉南北朝以下的經學，則分成南方、北方兩派；北方是五胡以後，外國人統治的，南方是中國人的。這要講到他們的門第有不同。因為中國從魏晉以來，第一等的大門第有力量的，都逃到南方來，居在政治上層最高地位，姓王的、姓謝的，像此之類，這批人結合成時代的新潮流、新思想，講老莊清談。第二等以下的門第，不能逃到南方來，他們還留在北方，於是變成胡漢合作。五胡要來統治中國，直到元魏，他們不能不用中國人；而中國人在北方的，也不能不同胡人合作，於是就造成北方的局面。而這許多留下來的門第，他們當然也講經學。

我現在要講一點，門第怎麽來的？簡單地說，門第是從經學來的。漢朝人是一定要考經學的，經學才有出身，可以做官。所以當時人說：

遺子黃金滿籯，不如一經。

你留給兒子一大筐黃金，不如傳給他一部經書。諸位試想想那個時候的中國社會，你傳給兒子一部經書；他將來有出路；留給他一筐黃金，用完了怎麽辦？今天我們的社會變成工商社會了，不看重學術，只要做生意賺錢，將來好同日本一樣。其實今天的日本已經不行了；前些年的日本，比中國强得多。從明治維新到第二次大戰，他是最强的强國，他敢於打中國，打英國，打美國；中國要學到像日本，這一天不曉得要等多少年。我舉一件事來說。日本青年到外國去留學，得了學位回國，政府不承認他資格的，一定要日本本國頒給的博士學位才算數。這一點中國人今天絕對學不到的。諸位若在國內拿到的博士學位，當然遠不及一個外國的博士學位。但今天的日本，慢慢情形也有所不同了。

我們只要舉一個例，只要看一件事，就夠了，就可以知道這個好那個不好，這樣對那樣不對，很簡單的。諸位當知道，做學問不是光讀書就行，要懂得一點是非、得失、高下。我們說日本人高明，這是講以前的日本人。今天的日本人恐怕漸漸不如我們了，爲什麼呢？因爲他現在也變成了資本主義，走上了純資本主義的路。第二次世界大戰以後復蘇的日本，變成完全是商人的，這已經同以前大不同了。

講到南北的門第，南方是新風氣，北方是老傳統。講經學，南方、北方也不相同。我們舉幾個最簡單的例來說明。在北方，易經、詩經、書經、禮都是用鄭康成的；左傳則是服虔。其實服虔也宗鄭，所以北方經學，可說是以鄭玄爲主的。直到現在，鄭玄所作的詩經注還留傳，就是毛詩；三禮的注也同樣保留下來；易經注是沒有了；書經注也是零零碎碎，現在都用所謂孔安國的傳，其實是王肅的傳。北方的經學，幾乎全是東漢以來的舊傳統。南方便不同。易經第一看重王弼的注，書經就已用了僞孔傳，左傳則用杜預的注；只有詩經和禮，還是用鄭玄的。五經注裏面，北方人的是老傳統，只佔五分之二；南方人新風氣，占了五分之三，這都是曹操、司馬懿下來，魏晉以來的新學。今天我們講經學，在隋唐以來看重的就是南方所用的五家。十三經注疏所收，今日可以看得到的，就是這些。五家本源不同，南方、北方不同，這是一點。…………③

③ 編者案：此處有部分內容失錄。

另有一套「疏」，這是魏晉南北朝人在注下再發揮的。這套學問有一個大問題，究竟是講佛經的受了經學家影響，還是經學家受了佛教的影響？這需要詳細研究。

皮錫瑞的經學歷史一書，諸位可以去買一本來看。皮錫瑞的觀點和講法，有許多與我不同。我現在手邊買到的這本經學歷史，是此地藝文印書館印行的，加了許多出處的注，我在大陸沒看過。這應是後來大陸人注的，書上沒有寫名字，不知何人所作。❹他把皮錫瑞的話都注明了出處，經學有關的一些普通知識都有了。你們聽我講了一個大概，回去可以先看皮錫瑞的這本經學歷史，這些注可仔細看看。

現在我們不懂學問，一切便都沒有辦法。論語、尚書都可以加注，但不能用白話翻譯，翻成白話難道都能看懂了嗎？這種書不是給小學、中學生看的。白話文只是教育青年能寫能看，現在人出的書，一般人懂白話就夠用了；但是諸位如要進大學、進研究所，要研究中國的舊學問，只懂白話文是不夠的，一定要通文言。做學問有難有易，買本皮錫瑞的經學歷史，看看書中的注，這當然不算難，但有更難的在上邊。我所講是一個最簡單的大概。皮錫瑞是清末的今文學家，現在我們知道今文學家是錯了。這些問題所牽涉到的材料，人名、書名以及一切事

❹ 編者案：此書爲上海復旦大學已故教授周予同所注。

情，在經學歷史一書，特別是注中，大概都有了，希望諸位回去都能看看。

第十三講

一

這門課叫「經學大要」，實際上重要的在講經學史的問題。諸位要懂得，做一學問，要找到這門學問的問題所在。譬如今天這個時代，我們大家都有個觀念，就是要學西方。然而西方沒有經學，這是第一點。第二點中國學術分經、史、子、集，經學是學問中的第一項，這裏就有問題了。我們倘使要講「經學史」，那是歷史中間的一部分。我們懂了中國歷史，才能懂得經學。講經學不能不牽涉到全部歷史，那麼我們今天應該先研究中國歷史的問題在那裏。

我們要懂得問題在那裏，學中國史的意義在那裏，爲什麼要學中國史，中國史對我們今天這個時代的意義、任務在那裏？我今試舉兩個例來說：一是「政治」。今天西方是民主政治，我們中國從秦朝開始到清朝，是有皇帝的。照西方人講法，中國兩千年上層政治是君主專制。一是「社會」。西方講社會分奴隸社會、封建社會、資本主義社會、共產社會。用西方觀點來看中國社會，中國經濟既然不是資本主義，那麼自然就是封建社會了。從民國開始到今天，我們一般中國人的腦子裏，認爲中國上面就是一個君主專制，下面就是一個封建社會，二十五史一文不值，不需要再研究了。事實是不是這樣呢？

可是你們該知道，上面既然是君主專制，下面就不能再是封建社會。下面倘使是封建社會，上面就不可能是君主專制。這道理很簡單的，讀一遍西洋史就懂了。可是中國人今天都這樣講。要懂得人家，必須先懂自己，諸位來此上課，要做學問，先要懂得你自己；你對自己一點都不懂，怎麼來從先生，來講一套學問呢？這是不可能的。

我問諸位，中國是什麼一回事？沒有一個人能講我們中國文化、中國歷史、中國的政治、中國的社會是甚麼一回事。諸位開口就是兩句話：「中國的政治兩千年專制，中國社會兩千年封建。」如果我要問：怎麼樣專制，怎麼樣封建？如果你不懂，那麼你怎麼去學外國呢？你要學人家，先要懂自己啊！你說中國有了大病，非要請醫生不可，外國人是我們的醫生，可是醫生治病，先要知道病在那裏，才能對症下藥。

今天我們講，要復興中國文化，大家說「復興文化不是復古」，這句話很對。但中國文化是什麼呢？我們對以前的一點都不知道，請問怎麼來講？從這一點上，諸位要知道你們研究一門學問，尤其是今天研究歷史，要懂得它的時代意義、時代任務在那裏，至少你要告訴人家，中國人是什麼一回事。

我曾說中國政府不是「帝王專制」的政府，乃是「賢人政治」。中國的中央、地方，所有大小官吏都是讀書人，這是西方從古以來所沒有的。今天他們政府雖也用讀書人，但與中國是學者的讀書人不同。雖道中國兩千年都錯了嗎？今天要改學外國，也該先知道這賢人政府錯在那裏。政治要重學術，難道不對嗎？

我又說，中國不是「封建社會」，中國是士、農、工、商的「四民社會」，從戰國以來至今，士爲四民之首。中國所謂的「士」，西方是沒有的。中國看重讀書人，不看重打仗的、做生意的。如果說中國社會不好，不好在那裏，也該同別人比一比。

近代人中，我最佩服孫中山先生，因爲孫先生懂得，學外國還要講我們中國自己。如講民主政治要選舉，孫先生說西方選舉有毛病，一個大學教授或選不過一個拉車的。中國有考試制度，被選舉者的資格應經考試鑑定。今天我們不照孫先生的主張做，因爲西方民主政治沒有這樣講。我不知道今天的中國人要如何來講「三民主義」。

我上面說，中國上層是士人政府，下層是四民社會。社會的「士」跑進政府，這是「治術」與「學術」的結合。我們如何推行政治，要根據學術。古人讀書爲了治國平天下；現代的讀書人只是爲謀職業，拿份薪水過日子，不想治平的問題。況且現在治國平天下，都要用從外國留學回來的。你們諸位是學歷史的，要問問從前中國的政治是怎樣的，至少應負起這點責任。外國留學回來的，不會來管這些。

中國歷史上治亂興亡的大問題，簡單地說，政府能看重學術，學術能懂得政治，能來領導政治，這就是好；政府看不起學術，學術界不來管政治，這個天下就會亂。漢、唐、宋、元、明各朝都這樣，很簡單的，就只有兩句話：「學術與治術合，便是天下治；學術與治術分，便是天下亂。」秦始皇焚書，廢了許多博士官，又不許人以古非今，要拿政治來控制學術，下面就完了。漢武帝立五經博士，成立國立大學，什麼都看重讀書人，請教讀書人，漢朝就有幾百年歷史。中國人講中國歷史，該來辨別秦始皇與漢武帝的不同。不能只說他們都是「專制皇帝」就算了。

講到社會，封建社會、資本主義社會或共產社會，其中以經濟爲最重要。奴隸社會的經濟靠「奴隸」，封建社會的經濟靠「農奴」；資本主義、共產主義的社會都看重「物」。中國歷史上並不看重物，中國人看重社會風氣。由上面稱之曰「風教」，下面稱之曰「風俗」。我們今天稱它「社會風氣」。「風氣」是全社會人生之所好。今天的人生，好尚些什麼，看重什麼，理想是什麼？不能說只看重洋房、汽車，喜歡看電影、喝咖啡、上舞廳。

中國人最看重社會風氣，即是社會的「人生」。中國從春秋戰國直到今天，社會的人生理想，風氣一直在變。漢朝的人生與魏晉南北朝不同，以下各朝人生亦不同。這種不同就叫社會不同。今天我們不管向來中國看重的社會人生問題，要來講經濟問題，那麼糟了，我們看漢、唐、宋、元、明、清，好像都差不多。物質生活或許差不多，講到人生，漢朝人與秦朝人絕不相同。我們不看重人生，不懂自己，就無法懂中國歷代古人是怎麼生活的。

二

我們在歷史上看人物，漢朝的人物不僅與我們今天大不同，與魏晉南北朝也不同。漢朝的風氣淳樸。「淳樸」二字講的是人生，我們讀書要懂得這個。漢朝人如董仲舒、公孫弘，他們來自田間。不僅學者，漢高祖也來自民間，是個平民。漢惠帝、文帝的生活同農家差不多。漢朝時，有一了不起的地方，皇室至民間，生活一樣淳樸，這叫「道一風同」。這輩讀書人跑上政治，到漢武帝以後中國成了一個「四民社會」，創造出一套大一統的典章制度。中國到了漢朝，政治是一個不得了的大時代，一個自古未有的統一政府，中國之大有郡國一百零三，南至安南，東至朝鮮海邊，西到甘肅、新疆，至今全世界沒有一個國家能比。

漢朝人這套典章制度，不是學的春秋戰國、西周，因爲時代不相同了。你們去讀史記、漢書，可以懂得這是漢朝人自己創造的，一直到清朝，大部分學他們，中間也有小部分的變化。漢朝人來自民間，如漢高祖、蕭何、陳平，沒有讀什麼書，怎麼能創造出這一套典章制度呢？這不得不歸功於漢代的經學家們。漢高、惠、文、景時還不是士人政府，要到武帝，他開始時也不是士人政府，然而他有一套制度，建立國立太學。太學裏有出身、有官做，慢慢地政府裏都變成太學生了。從漢昭帝、宣帝以下，直到清朝，都可稱爲士人政府，這豈不是個大典章、大制度嗎？孫中山先生在「五權憲法」中加入一考試權，這是他的偉大處，因他知道中國過去的士人可以治國平天下，把中國這套最精采的部分加進他的思想去。但可惜今天很少有人能懂這一點了。

簡單地說，漢朝人講「通經致用」，這一套爲後人所效法的典章制度，主要就是當時經學家們通經致用的成績。這就是我剛才所講，政府能看重學術界，學術界能領導政府。詳細的情形，諸位要去看史記、漢書、通典、文獻通考等書。一切中國的典章制度都從漢朝開始，所以我們今天才自稱「漢人」、「漢族」，說你這個人是個「好漢」，稱得上是個「漢子」。今天的中國人寧願做美國人，那裏懂漢朝呢。「漢族」這個名詞變成歷史上的名詞了，精神上沒有了。

漢朝經學家注意治國平天下，參加政府通經致用，至於私人生活呢，還是「淳樸」這兩個字。可以說，當時漢朝的經學家不太注意講私生活。這個問題我們分兩點來講，第一，你的生活總要有個修養。今天我們社會最大的修養便是參加運動，從小學就開始，看重運動，這是學的外國。諸位看美國總統福特和法國總統在一海島上開高層會議，空下來兩人就一齊去運動。現在我們政府的高官貴人，幾乎都學會打高爾夫球。但要完全學像外國人是困難的。

漢朝人對於個人如何修養、享受的問題不大討論，他們討論的是治國平天下的大問題。或許這一點是兩漢學術的缺點。可是到了東漢章帝以後，外戚、宦官更迭用事，東漢漸衰，演變成衰亂之世，來了三國魏晉南北朝，中國人退一步不講治國平天下了，變成了講個人私生活的享受方面，於是莊老思想興起了，文學也來了。

漢朝的文學，上面是賦，代表宮庭生活，如司馬相如下來，一路到揚子雲，堪當代表。諸位如要做個文學家，固然應該一讀文選上的賦；諸位如要做個學者，研究史學，也一樣的，又怎可不讀漢朝人的賦呢？漢朝文學的下面是樂府，代表民間生活。武帝表彰五經，詩經便是周朝人採集各地的民間文學。詩經有十五國風，各地人民的生活，政府要懂得。武帝將各地的民謠收集來，這就叫「樂府」。直到三國以後，中國才有新文學，是描寫人生的，直接個人人生的私生活表現由這裏開始。這就是曹氏父子領導的建安文學。

曹操是個大政治家，同時是個大文學家，他創造了新文學。曹操也是個士，他被選舉到政府去，他想學周公，想學周文王。他自身沒有做皇帝，要到他的兒子才做皇帝。今天我們說曹操是個大奸雄，但當時人看他是個「士」。諸位去讀曹氏父子所寫的文章和所做的詩，這裏面就表現了當時人的生活享受和人生修養。

其實修養與享受是分不開的，諸位不要以爲修養是苦痛的，享受才是享福的，這樣的想法根本便錯了。要知道享受就是修養，修養就是享受。今天的人生認爲看電影是人生的享受，讀書是不得已，倘使不懂得讀書中自有享受，又怎麼能真讀書呢？

我請問諸位，曹操、曹丕做宰相、做皇帝，他們理想中的真人生追求的是什麼？諸位可去讀讀他們的文學。諸位不要看輕了三國，那是中國一個了不得的時代。今天我們的新文學可笑萬分，就是講婚姻問題，全部人生就只講婚姻，或結婚或離婚，還可以加上小說的描述，講來講去，我們的人生無理想了，人生無享受了。我們倘使能學曹操、曹丕，做一首詩、一篇文章，這種生活也很令人羨慕。倘使我寫現代小說，寫的內容同我全不相干，那便一無意思了。今天我們這個社會，你怎麼能來批評？你讀了歷史，你就能瞭解你所處的時代。所以你懂得這個社會，才會去讀歷史。曹操、曹丕、曹植，曹氏父子三人，他們一路下來，把一種政治生活以及一種私人生活，打成爲一片，這是了不得的。

漢高祖我們且不論，現在我們回頭來看，漢文帝是怎麼生活的？漢文帝淳樸得很。又如漢宣帝、漢光武是怎麼生活的，漢明帝、章帝是怎麼生活的？他們做皇帝，皇家的生活就是一個學術的生活，他們學一輩子。諸位不懂從這個角度去看，而只說他們是一個專制皇帝，而我們則是有奴性才讓他來專制，這是外國人一個最簡單的看法。我們中國人要拿人生來講，中國人看重的是人生。講中國文化最精要的就在「看重人生」，中國自古就懂得看重人生。然而漢朝人的人生，到了三國以後，卻已大變。現在有新的文學家出來了，這是一種「變」，纔有這種講私人人生的修養與享受，做皇帝的也要有修養與享受，這是一種人生好尚，現在我們不叫「好尚」，而稱「嗜好」。

常有不熟識的人來看我，總要問：「先生你有沒有嗜好呀？你怎麼樣消遣的呀？」要拿你的生命來排遣，這是大問題。「消遣」成了我們今天人生的大理想，看電影、上咖啡廳、打牌等等，一天時間消磨過了，你的嗜好就是這種。外國人有句話說：「工作時工作，遊戲時遊戲。」他們工商社會生活很緊張，一早坐車出去，到晚回來吃飯。別的我不懂，我看見不少外國大學教授的生活，他們這種努力，這種認真當回事情，中國今天很少見到的。他們的大學教授沒有空的，早上到學校，晚上才回家來。家裏沒有書本，都放在學校，要到了禮拜六、禮拜天，才是休息的日子，要玩一天。如果連放幾天假，大家都要拚命開車子出去旅遊。我很同情他們的忙碌。我們現在近於天天過禮拜天，特別是教書先生。現在一個大學教授，一星期最多上九堂課，有的只上六堂，不要準備的。今年這樣講了，明年還這樣講。學生不來求教，先生也不來關心，然而薪水照拿。不工作，你怎麼講消遣呢？我們學外國人，只學下一句「玩耍時玩耍」，沒有學上一句「工作時工作」。倘使你禮拜天去看場電影，或和幾個朋友在一起尋開心，你至少禮拜一到禮拜六要拚命用功，那麼你學到西方人兩句話了。不能工作時不工作，玩耍時真玩耍，這就不對了。

中國人從前不這樣的。中國人的理想生活要打成一片。西方人何嘗不想生活打成一片呢？他們是工商主義社會，逼得這樣分開。像曹氏父子是當時文學的代表，不僅他們，還有很多其他人都一樣，生活改變了。在這一情形之下，莊老起來，再加上佛教。在思想上講，有莊老、有佛教；在整個社會上講，那個時候中國社會變了，人生也變了，魏晉南北朝同兩漢的人生不同了。

今天我講的比普通說法要深了一層。普通說天下衰了、亂了，才有莊老思想、佛教思想的興起。我要問一句，那麼唐朝的天下是太平盛世，怎麼還是講莊老思想、佛教思想呢？你就無法回答了。可見這樣的說法，最多只是浮面的了解。魏晉南北朝時整個社會人生變了，拿私人的人生放到大羣人生、政治人生之上去了。變在那裏呢？在人的心裏。從東漢末年變成魏晉，為什麼變成這樣的呢？我請問諸位，今天你們的腦子裏，是看重私人人生呢，還是看重大羣人生？你只要問問你自己就知道了，你只要看看別人就明白了。中國今天要有光明的人生，不可能的。因為大家只講私生活，要享受，不管大羣人生怎樣。今天做官或教書，這也都是種手段，最後只是要求得私人的享受。這是可怕的。

三

我們再從第二點講，中國社會到東漢以後，變成門第社會。怎麼變成門第社會的？考試制度、選舉制度，使讀書人漸成公卿，而形成門第。到了天下大亂，每一個政府裏的人，他至少要保他的家，或說是爲了保身。於是乎這種保身、保家觀念同新的文學人生，再加上莊老佛教思想，就漸漸變成這樣一個門第社會了。在這樣一個社會裏，你讀尚書有什麼用，這同你私人生活有什麼關係？你讀春秋、讀儀禮，有什麼用？讀詩經有什麼用？其實讀詩經裏「關關雎鳩，在河之洲」，還不如讀漢朝人的樂府，還不如讀當時的新文學，這些和當時的人生還可以相配。五經中只有一經比較同當時社會可以搭配得上的，就是易經。所以到了南朝，講易經的人很多，易學通「玄學」，用易經可以講怎樣保身，怎樣保家，這一時期人同漢朝人的時代不同，對經學的看法也不同了，這一點諸位要了解。

我們再換一點來講，我們已經講過漢朝人第一個問題是：「我們怎麼出來做皇帝的？」怎麼一個老百姓做了大一統中國的帝王呢？我們已經講過好幾堂課，就是用陰陽家的說法才能解決這個問題。到漢光武再做皇帝，「五德終始說」、「三統說」已經不發生大力量了。以後的中國，沒有平民做皇帝的，曹操是漢朝的宰相，司馬懿、司馬昭是魏朝的宰相，做皇帝的都在政府裏出來，沒有從社會平民出來的。歷史上要到下面明太祖，才再有一個平民天子；此外沒有了。總之，皇帝不能做一輩子，沒有萬世一統的，這些觀念中國人腦子裏早已有了。

所以從前漢朝人發生的問題，到後來變成不成問題。大問題沒有，小問題呢，我們怎麼過日子？怎麼做人？這些五經裏講得很少，於是論語被人看重了。漢朝時論語不在五經之列，論語是小學讀的，讀了可以懂得做人；到大學則要講究治國平天下，是大事情了。何晏有一部論語集解，他能看重論語。他注的論語裏也已經有了當時的莊老思想，等於王弼注易經中間已有了老子思想，這是一樣的。我們如此講來，漢朝人的五經，到了魏晉以下不適用了。要講政府的典章制度，學漢朝人就好了。魏晉南北朝要講私人人生，那麼這幾部經書都不夠，不僅尚書、春秋、儀禮，連詩經三百首也不在講私人人生。只有禮中間講喪服可以有助於維繫當時的大門第。南朝大門第的家庭，是怎麼形成的？就是因為有「服制」。這些今天我們一般都不懂了。現在都學了外國，沒有什麼家庭制度了。

中國人從前就拿喪服來分親疏關係。在魏晉南北朝，唯有這一個禮是經學中可同時代配合活用的。沒有喪服，不成其大家庭。當時每家各過小家庭生活，然而他們懂得在大家庭裏彼此之間的關係，誰應服什麼喪，服多少時間的喪等等這許多。其實中國人在漢朝已經有了喪禮。漢宣帝時，大儒蕭望之做太子太傅，他教太子兩種學問：第一，你將來要做皇帝，做皇太子要懂得論語。第二，你要懂得喪服，將來父母及整個皇家叔伯親戚去世，你怎麼服喪，要知道的。可見喪服在中國本來早已講究。到了南朝，有一個雷次宗，這個人當時被看重得同東漢末年的鄭康成一樣，他就是講喪服的。他是個隱士，不做官，或許他不是大門第中人士。劉宋請他到南京，在鐘山西邊幫他造了一所房子，稱爲招隱館，皇親國戚都去聽他講喪禮。這就是我前面講過的，政府要看重學術，學術能來領導政府。當然魏晉南北朝達不到這理想，可是不能沒有喪禮，沒有了就不成體統，一切要解體的。

雷次宗的喪禮，是他年少時到廬山，在和尚寺裏跟慧遠學來的。慧遠真是一個大和尚，他是北方人，跑到南方來，住在江西廬山的東林寺，在廬山山腳下。慧遠送客只送到溪邊，絕不過溪，他一輩子就在廬山東林寺裏過，然而卻能轟動一時。他通禮經，懂喪服，雷次宗便是他學生，遂成了南朝的經學大師，同鄭康成齊名，稱爲「雷、鄭」。

北魏魏孝文帝是鮮卑人，他講中國學問，愛慕中國文化，他在朝廷上開了講堂來講喪服。魏孝文雖是一國的元首，政治的領袖，可是他做學問。若講中國帝王的私生活，從漢高祖開始，漢武帝、漢宣帝、西漢就有幾個好的。東漢光武、明帝、章帝，甚至像曹操、司馬懿，一路下來像魏孝文，其實都並不差。直到清朝，如我們舉康熙爲例，我想康熙皇帝至少比諸位今天用功多了幾十倍。他十幾歲便做皇帝，就像從前的漢武帝，從年輕到老，他是個書生。又如乾隆皇帝喜歡藝術，故宮裏一幅幅中國畫，乾隆皇帝總要題首詩，打個圖章。即如亡國之君像宋徽宗，他所畫的畫、寫的字，直傳到今天，依然有他的地位。做皇帝也是一個人呀！南朝梁武帝的兒子昭明太子，他讀書之用功，生活之清苦，諸位倘使能一讀他的文選，就會感到慚愧了。他是做皇太子，卻能過這樣的生活。我們今天要復興文化，如有人肯花三年、五年工夫，寫一部「中國歷代帝王私生活考」，讓大家知道中國做皇帝的是怎麼做的。後來的皇帝要學從前人，所以康熙皇帝、乾隆皇帝也要學中國從前做皇帝的。我們讀書人，當然該學從前的讀書人。今天卻說要學外國了，固然外國人自有外國人的長處，不過從前的中國人也並非只有壞處，一無足取。

四

到了南朝，我們不能不說經學是一個中衰時代，因為經學在那時的社會，不感覺是需要的。這個時代政治成了小問題，家庭問題、私人問題才是個大問題。東晉變宋，宋變齊，齊變梁，梁變陳，這在當時的社會上，大家不當這是重要的。姓王的還是姓王的，姓謝的還是姓謝的，大門第私人生活，他們只看重講莊、老、佛學。在這樣的社會中，經學還有什麼用呢？經學只有一個用，就是禮經的喪服。這是講的南朝的情況。

由上述可知，經學的盛衰，不是專制皇帝提倡、不提倡的問題。東漢皇帝算得是提倡經學了，大家看不起太學，便有古文經學一套起來。北方同南方不同，當時第一等的大門第都搬去南方；沒有力量逃到南方的，就留在北方。第一等的門第是新風氣、新學術、新生活，都講莊老；留在北方的門第則守舊，當時的北方人還講經學。這是第一點。第二點，到中國來的五胡，都是原來生在中國，都在中國受過教育，他們看重兩漢以來的經學。我舉一個例。苻堅在北方統治，立太學，太學裏面每一經都有先生，獨缺周禮的先生。打聽到有一位老太太通周禮，她姓宋，宋家世代講經學，她父親没有兒子，把周禮傳給女兒。天下大亂，五胡亂華的時期來了。她顛沛流離，有一個兒子叫韋逞，這位老太太日裏去樵柴，晚上教兒子讀書。這個兒子後來就在苻堅下面做太常官，就是學官。苻堅立了太學，宋太君已八十歲了，於是苻堅派了一百二十個學生到韋家去，請宋太君在家裏教周禮，當時用一絳紗帳幕相隔，聽宋太君講授。於是周禮就在北方流傳。鄭玄時有周禮，鄭玄便注過周禮。以後經過三國、西晉到五胡亂華、東晉，大亂中没有人講周禮，出來一個宋老太太，苻堅封她爲「宣文君」，晉書列女傳有她一篇傳。北方的周禮是她傳下來的，這是中國經學史裏一個了不得的人。

我讀二十四史、十三經，乃至於各種詩集、文集之類，覺得是一種精神享受。中國古人真是不錯。苻堅怎麼懂得看重中國學問？中國人教他的，做皇帝要看重學者。劉淵、石勒怎麼知看重中國的學問？中國人跟他講的。魏孝文怎麼懂看重中國的學問，他自己會在朝廷上來講喪服？魏孝文自己研究，自己來講。今天外國來一個讀書人到中國，各個大學都有外國人來，中國人教他什麼呢？中國人不知道有什麼東西可講。我們只知道學他們選一個題目，做一篇論文，論文題目可以無意義、無價值，對中國自己什麼都不知道。要做歷史研究，我想挑個題目，你們可以幾個人一組共同研究，譬如我剛才講的，研究中國歷代帝王的私生活，或做歷代中國女性的研究。可是你寫出來出版會有用嗎？大家會看嗎？現在沒有人管這許多。說這個有什麼價值呀！抄抄書的，有什麼價值。今天要有價值，先規定你要研究什麼。如要研究宋史，在宋史裏面挑個小題目，從前已經講過的不許講，那麼當然沒有好東西出來。我們現在就要講從前人講過的，這些我們總該知道。譬如宋老太太拿了絳紗帳教一百二十個學生，從前我們講經學的都知道的呀！今天我們再也沒人理會這些了。

南方社會的經學，我已經講了一個大概；至於北方社會的經學，我今天還沒有講完。我講經學都跟時代配合，我看重中國一向看重的「人生」，做一個皇帝、做一個讀書人、做一個官吏、做一個平民、做一個教授、做一個學生，怎麼做？我講經學總要講到人生，或許諸位聽了覺得有一點奇怪，怎麼經學同人生會不配合呢？諸位自己試去讀部尚書，看看同你的人生有什麼關係。詩經同我們的人生關係是間接的。易經同我們的關係是遠的，儀禮今天或會用不到了。那麼你只要再去讀部論語，便見得中國人慢慢講到個人人生了。

我們可以說，兩漢時代的人生是淳樸的，魏晉南北朝時代的人生是浮華的。禮是浮在外面的，是華的。兩漢的人老老實實，就像鄉下人一般；魏晉南北朝的人變成門第中的人了。我特別提出來講的，上面的是要講「經學同政治」的關係，就是從五德、三統一路講下來；今天我再提出來講的是「經學與人生」的關係，即經學與下層人生的關係。下邊再一路這樣講下去。我想我的看法可以說也不失爲一個新的看法，從前人講經學史不這樣講的。這一堂所講的、要保留到下一堂再聽，才能得一個結束。

第十四講

一

漢朝爲何要講經學？漢代政府爲何看重經學？因經學和政治關係重要。講政治不能不重經學。到了魏晉，政府的規模以至一切制度，都跟著兩漢來。但魏晉已有了門第。南方門第重禮之喪服，喪服雖只是屬於禮中一小部份，可是對門第制度有大關係，所以南方門第重喪服。北方則不同，外國人跑進中國來，他們在中國受過教育，尊重中國舊傳統，懂得尊重學者。北方門第乃舊門第中次一級的，他們無力跑到南方，所以只得留在北方。

當時南方、北方經學有所不同：第一點，南方是新經學，南方門第已用新思想；北方經學仍是舊傳統。第二點，東晉南渡，王室的地位還在門第之下，要聽門第的話，王導、謝安這些都是當時門第中人。而北方的政府則是胡人，他們看重中國門第，要中國門第同他們合作，而北方門第的地位在政府之下；這又不同。

我們上一堂講過，苻堅辦太學，各科經學都請有教授，獨缺周禮，請到一位八十歲的宋太君來講周禮，周禮在北方發生了大影響。西漢人的五經，中間沒有周禮；要到劉歆請增立左傳等四種以後，下面到了王莽時代，太學才添立周禮，但過不多久，又取消了。

周禮在中國歷史上有三個大時代：一是王莽時代，二是北朝西魏蘇綽之提倡，三是到宋朝王荊公提倡。中國歷史上有三大變法：王莽要變法，蘇綽在北周變法，王荊公在宋朝變法。他們都看重周禮，根據周禮來變法。中國的經學，如尚書、詩經，都在孔子以前的，講的西周歷史，對於後代的政治制度沒有很大的關係。易經是講思想的，南北朝人很看重易經，因爲易經可以同莊老思想相通。春秋雖爲孔子的經，然而對於朝廷的制度種種，它的用處也不太大，尤其春秋講的是孔子以前的歷史，也是古代史。周禮則是孔子以後的書，是戰國末年人寫的書，我們可說這書是一部「烏托邦」。希臘哲學家柏拉圖寫了一書，稱理想國；到了西元十六世紀，英國人摩爾便根據它寫成烏托邦一小說。外國人一向看重這部書，因他們要想建立一理想國。倘使真照這書來建立一國家，比馬克思共產主義還要可怕。在共產黨社會裏，你生了兒子，兒子還是你的；在柏拉圖的理想國裏，你生的兒子不是你的，政府要拿去分配。誰讀書、誰當兵、誰做工、誰種田，完全由政府來分配，分配以後不許改變。這個世界真有些荒唐，不知道外國人爲什麼會稱這種社會爲「理想國」。我們中國人也跟著稱理想國、烏托邦，沒有人來批評的。

我認爲中國的周禮，就好比西方的烏托邦。中國人從前說周禮是「周公致太平之書」，這話當然不可靠。我曾寫過一篇周官著作時代考，說周禮不是周公致太平之書，而是戰國末年人所僞造的。我舉出了好多證據來證明我的意見，但我並沒有說這部書一文不值。

我已同諸位講過好幾次，我說易經不是孔子看重的書，孔子也沒有來作十翼。我並不是說易經、易傳沒有價值，這是兩件事。這本書起得後，或許起得後的還比起得前的價值更高，這是不一定的。我自己很喜歡讀易經，不過研究易經是易經的思想；研究孔子是孔子的思想，兩者是不同的。我告訴諸位，研究中國史、中國文化，與研究西洋史、西洋文化不同；至於那個好，那個不好，這是另外一件事。我只是說，你們是中國人，應看重中國的歷史；不是說中國歷史比西洋歷史有價值。有價值抑或無價值，要等你們懂得了以後再來判斷批評。你們真讀了中國書，都認爲中國無價值，只要講得有道理，我也無話可說。你們不讀中國書，不能隨便批評中國沒有價值。

現在我們回到周禮來講，周禮的價值在那裏？剛才已講過，中國一切的經學都在孔子之前，孔子是封建時代的人；周禮是孔子之後的書，並已在戰國晚年，我想恐怕還在荀子之後。朝代變了，社會也變了，從前周朝的政治不看重經濟問題，因爲是封建時代，沒有自由經濟，所以不看重經濟問題。孟子已到戰國的中期，那時他還未看重經濟，好像把經濟問題看得很簡單。下面到了荀子，經濟問題看得重了，因爲中國的經濟很快地在那裏發展。

中國經濟史上第一個做生意的人，是孔子的學生子貢。第二個是陶朱公，他和孔子的時候差不多。下邊第三個起來了，便是白圭。再下面出來呂不韋，都是了不得的大商人。他們和西洋商人是不同的，他們偉大，都抱政治野心。今天外國人也有這樣的了，像美國的洛克菲勒，他不是要做副總統了麼？

我們講政治，不得不講到經濟。論語裏也講到經濟，孔子到衛國去，冉有幫他駕車，孔子說：「庶矣哉！」這裏很熱鬧啊，到處是人。冉有問：「既庶矣，又何加焉？」孔子說：「富之。」替他們解決生活問題。冉有再問：「既富矣，又何加焉？」富了怎麼辦？孔子說：「教之。」加上教育。論語裏明白的講到先要教人「富」，才能加以「教」。孔子的思想是很開通的。今天大家批評孔子不注意經濟問題，那裏有這個事情。不過論語時代的經濟和後來不同，冉有當時沒問怎麼教人致富。到了戰國，富了就發生問題，因商業的力量超越了政治之上去。諸位還說今天中國是個「封建社會」，其實戰國時代就早不是了，自由經濟出來了。

政治裏一個大問題，就是經濟問題。怎麼來控制經濟？經濟可以運用，但是要能控制它。你要運用就一定要控制，不能讓它自由。馬克思這一個大道理是對的，政府不能不管這班做生意的人。西方的毛病就在自由資本主義。今天我們中國人只看重上面「自由」兩字，不知自由中間最重要的是要發財。今天中國受傳統文化久了，不看重發財，政府便來拚命提倡發財。今天的臺灣豈不是這樣嗎？發小財是可能的，不可能大家都發大財。有人發大財，有人發小財，有人無法發財，於是便來共產主義。馬克思講得很對，馬克思聰明，他說資本主義發展到某一程度，便來共產主義。蘇聯、中國明是不夠條件，而卻硬來講共產，所以弄得今天這樣糟。

馬克思不失為近代一個大思想家，經濟總得要有辦法來對付它。現在美國人沒有辦法對付它，因為資本主義是講自由的。今天世界上最有錢的是猶太人，以色列就是猶太人，美國背後就有猶太人操縱，將來美國人就是吃原子彈世界毀滅，也不得不幫以色列。阿拉伯人起來，誰來幫以色列，他就不賣石油給誰，鬧到石油漲價，變成世界危機。你講自由，他這種也是自由。天下事不簡單的啊！現在錢都在阿拉伯人那裏，他們拿錢到英國、美國投資，出高價錢買銀行，買各種工廠。他們在國內開發，機器向美國買，科學家向美國聘，一切的技術都可用錢買過來；再隔一、二十年，這個世界怎麼辦？資本都集中到阿拉伯人手裏去，將來世界上最有錢的都變成阿拉伯人。今天是阿拉伯人和猶太人在那裏鬥法，猶太人集中在美國，蘇維埃卻冷眼在一邊看你們鬥法，這是可怕的。諸位說我們臺灣是自由世界，我們同美國人站在一邊，你們是極權共產世界在另一邊。事實上那裏可以這樣分？美國人就不這樣分。美國人要拉攏蘇維埃，就要拉攏毛澤東。今天他要對付的是阿拉伯，倘使蘇維埃、毛澤東能和他做生意，他當然歡迎。做不到生意也不要緊，他要對付的是阿拉伯人。美國人要朋友，要與歐洲人、日本人聯合起來對付阿拉伯人。日本人第一個不贊成，因爲日本百分之九十的石油是從阿拉伯來的。萬一石油禁運，整個日本也就垮了。歐洲的法國不贊成，法國人和阿拉伯雙方談得很好，阿拉伯石油賣給法國，法國軍火、機器賣給阿拉伯。這就叫自由，各國自由的。美國人怎麼辦？阿拉伯人的石油設施多是美國人投資的，美國人賺了大錢。阿拉伯人起初不懂，現在懂了，權利收回，請你走路。美國怎麼辦？從前可以派軍隊打，佔領爲殖民地；今天國際情勢已變，這種事變成不可能了。所以中國大陸可以放心大膽講共產思想反美，不必怕。美國人心裏明白臺灣和美國交好，都講自由，然而他害怕的則是中國大陸。

二

我們講中國歷史，大家認爲中國是個封建社會，封建社會主要是貴族，那時是沒有經濟問題的；可是到了戰國，封建已經轉變，自由經濟來了，那個時候已有都市的興起。我勸諸位一定要讀讀西洋史，至少簡單的大綱大節一定要懂。西方中古時期下邊怎麼會變成現代國家的呢？因爲都市興起。先從義大利興起，再蔓延到北歐，慢慢各處都紛紛興起。從前我看見過德國人作的一張地圖，專講西方人的都市，某城興起於某年，旁注得清清楚楚。你一看這張地圖，從南方的義大利到北方的波羅的海，旁邊是現在的德國，乃至於其他各地，都市興起形成現代歐洲的情況便一目了然。我常告訴人家，你們不是喜歡學外國人嗎，你也該畫張地圖，注明陶朱公的陶在什麼地方，是在那一年興起的；吳國的吳，這個大都市是那一年興起的；趙國的邯鄲、齊國的臨淄、秦國的咸陽，分別是那一年興起的；可以一路下來，講到漢朝、唐朝、宋朝、明朝，直到今天。西方人一看這張圖將會大吃一驚。原來中國人的都市興起遠在西方之前。中國人的自由經濟發展得真是早了，那時西方還沒有羅馬帝國，還是希臘人的時代。這種歷史事實不是很簡單的嗎？廣州這個都市至少從秦始皇開始到現在兩千年。我曾住在蘇州，蘇州這個都市從吳王夫差開始，到現在就是二千五百年了。揚州到唐朝時是中國第一都市，「腰纏十萬貫，騎鶴上揚州」，正如今天的人能帶了大把美金坐飛機到紐約，是人生最開心的一件事。那麼唐朝人也一樣的，腰纏十萬貫，那時沒飛機，中國人騎鶴上揚州，開心玩幾天。諸位不要讀死書、要讀活書。從前人說的話，要拿今天的實際情況配合上去理會，你才會有興趣。什麼叫死讀書？把自己的人生丟在一旁來讀書做學問，便是死讀書。至於你的人生呢？今天看電影，明天吃小館，這和讀書爲學絕不相干的。這樣來讀書都是死的。要學歷史、學文學、學哲學，而把你自己這個人放在一邊，和你所學不相干，怎麼學呢？

西方的商業興起從什麼時候開始？從文藝復興。中國人對「文藝復興」四個字，連晚上做夢都忘不了，認爲中國就少了一個文藝復興。但要文藝復興，第一點就先要做生意，先要有都市。

那麼中國在戰國時候就已經文藝復興了。

商業自由資本一來，政府沒有辦法了。我認爲西方人沒有理想的，他們選舉是民選，但背後有人在那裏操縱。如日本人到今天，是遇到難局了。金元政治底下，首相被趕下來，只好換人了；國會的人許多都是賄選上來的。三木武夫昨天公開他的財產，他算是政治中清苦的人，但報上說他還有沒公報的。一個日本人做官的，家裏財產動輒都是多少億。我從前到日本，看見八年抗戰時期過來的日本人，都是窮的，我實在佩服。我認識一個日本人，戰後被下獄關在監裏，同廣田內閣首相兩人一間房。他曾是文部省大臣，等於教育部長，又做過秘書長，地位很高，因此在監裏跟首相同關一間房。後來被放出來，我和他成了朋友。我曾到過他家，他住的是戰前的房子，很小。我又到過小磯國昭的家，他是朝鮮的總督，而做了侵華的總司令，曾掌握軍隊幾十萬。那時他的兒子還在，兒子窮，樓下自己住，樓上租給我的朋友，我特地在那裏照了幾張相，我說我要拿回去給中國人看看。日本軍閥是了不得的，他做到這樣高的位子，家裏這樣清苦。倘使打了敗仗，就切腹自殺。中國人怎麼對付得了日本人？中國人只知要科學，光有科學就行了嗎？

現在以色列買美國軍火，埃及等阿拉伯國家買蘇維埃軍火，大家都有軍火，然而打起仗來，阿拉伯這許多國家卻打不過一個以色列。以色列打阿拉伯人像大風掃落葉。科學是一樣的，可見以色列人比阿拉伯人高明。阿拉伯人的錢比美國人還多，可是人不行，下面阿拉伯人怎麼辦呢？所以現在阿拉伯人的錢在政府手裏，問題還少；萬一錢一多，都到民眾手裏去，那麼立刻就會垮了。諸位不要認爲自己沒錢便沒辦法，倘使給你錢了，看你怎麼辦？恐怕你非墮落不可。做錢的奴隸還好，就怕連奴隸也做不到，就整個垮了。美國人如此下去總要垮的，垮在那裏？垮在經濟。這是中國人一種極普通的常識。

三

那麼中國人該怎麼辦呢？我們的理想政治，要如何來控制經濟，這問題遠在中國的戰國時代已經有人講了。照儒家思想，我們政府該怎麼來控制經濟？大學裏講修身、齊家、治國、平天下，「平天下」講的就是經濟問題。中國人的頭腦真高明！今天我們要平天下就要講經濟問題，而戰國時候的中國人已經懂得這個道理了。現在我們硬要說大學是孔子講給曾子聽，曾子將它記下來，那個時代有什麼經濟問題。大學是戰國末年人寫的書，跟孔子相差多少年呢？相差兩百年。西方人的自由資本主義到今天，最多還不過兩百年。

能從政治上看重經濟問題的，還有一部書是管子，管子書裏講到經濟的很多，寫管子這本書的，也是戰國末年人，他們也要來處理經濟問題。然而管子這部書是儒家所不用的。怎麼可以運用經濟來克服世界呢？大學裏認爲世界是我們的，天下是我們的，我們如何從經濟問題來「平天下」，中國儒家就看重這個觀念。周禮已經出在戰國末年，但不受人注意，大家不知道。到了漢朝，一部一部書出來，尚書、詩經、易經等等，周禮卻没有人注意，於是這書歸到皇家了。要到劉歆時，他懂得這書講的是經濟問題。漢朝從漢武帝開始就有經濟上鹽鐵官賣的大問題，後來便有鹽鐵論；太史公史記也有貨殖列傳、游俠列傳，社會上風氣到了後來，商業經濟上有很大的花樣。可是做官人都是讀書人，他們要來解決問題。

王莽得天下，他要來改革中國，第一個問題便是貨幣。經濟問題是會發生毛病的。現在世界上各國做生意要有個共同標準，經過第一次世界大戰、第二次世界大戰，全世界經濟的共同標準是美鈔與英鎊。英鎊、美鈔有一定價值的。這是所謂自由資本主義世界經濟價值最高的兩國。而我們的臺幣價值就建立在合美鈔多少上。第二次大戰英國、美國提出要海上自由，爲什麼要海上自由呢？因要做生意，英、美的輪船要到處跑。最近這兩年我們中國的貨可以銷到外國去，美國人說你們進步了，中國人便覺得意。不知中國一向的立國精神不在講做生意，中國人的生意有中國人的做法。中國人講「信義通商」，我們做生意要講「義」，還要講「信」。講一句話算話，不要定條約的。其實歐洲人跑到中國來做生意，對此也懂得佩服。我小孩時在清朝，看鄉下人買棉布，江北人到江南來賣布，一匹一匹布放在一塊板上，背在肩上，直接跑到人家。你買多少布多少價，他買多少布多少價，一句話講好，他走了，一文錢都沒拿，要到明年他再來收帳。中國人這種偉大，也沒人欠錢的。你說奇怪吧！他信你，你信他，沒有什麼講價的，不討價還價。現在能嗎？諸位到街上去買東西，不多跑幾家打聽打聽，要上當的。這叫「不信無義」。中國人今天再三提倡要學外國人，外國人不講這一套，這一套也就沒有了。

我介紹諸位讀本書，是英國羅素到美國寫的，書名自由與組織。他這部書的寫法，就是學馬克思寫資本論，講美國的「托辣斯」是怎麼來的，石油大王、煤油大王、汽車大王等等是怎麼做到的，他寫出種種黑暗的經過。羅素是個英國人，又是個哲學家。我們看了他這書，就懂了美國人。今天我們要學美國人，就要罵了，說中國人吃兩千年來文化的虧，只講賺錢規規矩矩，發不了大財的，只要看英國人怎麼發財的，法國人怎麼發財的，日本人怎麼發財的，為什麼不會學？

講到貨幣，今天世界上經濟一個大問題就是貨幣。現在大家不信英鎊了，英鎊天天落，怎麼辦呢？全世界的貨幣交通都用美鈔了。

…………❺…………………………………………………

特別在漢朝以後，講政治不能忽略經濟。周禮是一部中國人講經濟的書，西魏蘇綽就曾依周

❺ 編者案：此處有部分內容失錄。

禮來定官制，未成而死，由盧辯接續完成。後來隋唐的官制即本於此。

當時在北齊有一個人精於講周禮的，叫態安生，名聞於周。北周滅了北齊，態安生在家告訴手下當差趕快把門外掃乾淨，北周的皇帝快要來拜訪他，因爲他講周禮。北周看重周禮，果然周武帝便來拜訪態安生。我常把這個故事講給人聽，這種故事世界上有幾個？現在總是說中國做皇帝的沒有一個好人，說二十五史是一部帝王家譜。不知道中國的皇帝都要讀書的，不讀書不配做皇帝，而且還要尊賢下士，更不要說尊師重道了。可見這本周禮在南北朝時的重要。到了宋朝王荊公時期，又有了經濟問題。王荊公也是看了周禮來講變法。

我們看了南北朝，就回想到漢朝，漢武帝要講經學，因爲經學對他有用呀！然而漢朝講的經學，到了魏晉南北朝時候卻沒有用了，要變了，南方重喪服，北方重周禮開始是由劉歆提倡，下面到東漢鄭康成作注的。鄭康成是大經學家，到了唐朝，孔穎達五經正義就說禮是鄭玄的一家之學。我們已經說過，鄭玄的禮學盛行在北方，南方人則非所重。直到宋朝，朱夫子講五經注疏中第一部最有價值的就是周禮。

我不過是同諸位講講經學的常識，諸位真要學經學，今天就麻煩了。要讀部周禮，翻開一條都不懂。一部周禮，一部儀禮，今天就不能讀、不會讀了。中國經學，五經最難的是禮。此外的，易經可以憑空講，詩經、尚書都簡單，春秋也簡單的。禮經怎麼講？戴的帽子、穿的衣服、坐的位子，你都不懂，如何來講？周禮更不容易懂，這個官管些什麼？一條一條，都不容易，可是這部書經過了中國三大政治家王莽、蘇綽、王荆公的實驗。倘使我們今天要寫篇文章，講周禮中的政治哲學，周禮中的政治與經濟問題，專拿這一個觀點來研究，就可以有不少題目。這書裏是有一套理想的，並且它也有一套辦法。可惜這些今天我們都不知道了，也沒有人再過問了。

第十五講

一

在清朝初年萬斯大說過一句話，他說：

非通諸經，不能通一經。

真要講經學，諸位不能專讀一部經。不懂得五經，這一經就不能通。做學問一定要有廣大範圍，基礎要廣。我們也可換句話，說「不通諸史，不足以通一史」。不懂漢朝、魏晉南北朝、隋唐、五代、宋、元、明、清，羣史不通，你要研究宋朝史或明朝史，還是不夠的。我們還可再換一句話講，「不通整個學術的一個大範圍，這一行學問也不能通」。這樣一講，諸位或會覺得學問不能做了。然而從古以來做學問的，倘真要能通，還得走這條路。

我們講經學、講到經學史，我上幾堂講魏晉南北朝的經學與兩漢的經學中間有不同，不同在那裏？我不是從經學來講經學，而是從史學來講經學。魏晉南北朝的政治與兩漢的政治不同，魏晉南北朝的社會也與兩漢的社會不同，那麼經學主觀的在個人腦子裏的地位、客觀的在整個政治社會上的地位，當然要不同。這是我上幾堂講的話。

再進一步講，南朝經學與北朝經學不同。關於兩漢經學，我已講出西漢同東漢的不同。今天我要補講一節，就是兩漢時代的學術同魏晉南北朝的學術不同，當然影響到經學的不同。我今天舉出一點，就是「學術分野」之不同。

學術有分野，譬如諸位今天去看皮錫瑞的經學歷史，他的眼光沒有放到這個地方來。他也懂得兩漢經學同魏晉南北朝不同，南朝的經學同北朝的經學不同，這些他都講到。然而他沒有懂得更深一步。我從歷史上來講，諸位可以知其然並知其所以然。

今天我要講兩漢的學術分野同魏晉南北朝的分野不同，這就是學術史裏的問題了。不同在那裏呢？其實講來很簡單，諸位都知道，因爲我們已經講過。漢朝時最大的學術分野就是他們的學術觀有「王官之學」「百家之言」之別。從春秋末年孔子開始到秦朝，百家之言起來，王官之學慢慢衰退下去。當時人觀念就只有這兩個。可是到了魏晉以後，學術分野不是這樣了。第一要有史學。史學從什麼時候開始？可以說正式的史學從司馬遷史記開始。然而司馬遷的史記在漢朝人的看法裏，它還是經學，應該附屬在孔子春秋之後，就是司馬遷自己也這樣講。

史學慢慢造成一個獨立的觀念，那是怎麼一回事呢？我在我的中國史學名著一書中詳細講到，諸位可以去看。我們講史學一定要講到尚書，一定要講到春秋，這都在經學裏面的，但這些當時不叫做史學，至少漢初不叫做史學。到後來史學成立了，我們知道尚書也是史學，春秋也是史學。

至於文學呢，我們知道，一部詩經三百首是文學，可是當時不稱之爲文學，詩經原是在經學裏的。屈原的離騷，乃至於整部楚辭，也都是文學，但是當時並沒有一個文學獨立的觀念。一路下到兩漢，西漢有辭賦，依然未有一個文學獨立的觀念。那麼既無文學獨立觀念，怎麼漢朝人會有辭賦的呢？辭賦當然是文學，這個道理諸位應去讀章學誠的文史通義，他講得實在好，他說：「漢朝人的辭賦是跟著戰國的縱橫家言來的。」諸位喜歡要創見、要創造。章學誠這句話是前人從沒有講過的，他一個人出來講。科學裏的創見，大家容易懂；我們講文史哲學裏來個創見，別人不容易懂。章實齋已經過去近兩百年，我們可以說近代人都講章實齋，沒有真能瞭解章實齋這番話。我從前讀章實齋這番話，我想怎麼你講辭賦，說是從戰國的縱橫家來的？讀到他這個講法，我們應再問縱橫家怎麼來的？論語裏就有：

子曰：「誦詩三百，授之以政，不達，使於四方，不能專對，雖多亦奚以爲？」

熟讀一部詩經，可以辦外交。譬如孔子的學生子貢也是做一個外交的使臣。你拿一部左傳看，從前人外交要通一部詩經，通了詩經才能講話，那麼這種講話變成戰國的「縱橫家言」；下面再變成漢朝人的辭賦。總的一句話講，文學不獨立，它是別有政治上一個用的。漢朝人就講，他們的辭賦源於詩經裏的雅頌。所以章實齋這個創見，其實還是跟著從前人的話講過來的。倘使從前人都未講過，你怎麼能有創見？

中國的文學觀念，要到什麼時候才獨立？要到曹操，曹操的兒子曹丕、曹植，所謂「建安文學」。這個我在前面已經簡單講過了。漢朝人除掉辭賦以外，還有一個「樂府」，有這樣一個官，有這樣一個衙門，搜集各地民間的歌謠整理在樂府詩裏，當然是不完全的。這是在耶穌降生以前，中國地方的民間歌謠，已經有政府正式出來搜求結集。今天中國人一聽見外國人提倡民謠，覺得不得了，說怎麼我們中國人不懂看重民謠呢。且問這可笑不可笑，你說還有什麼好講？試問那個時候有英國嗎、有法國嗎？有英文、法文嗎？要隔多少年才有英、法，而那個時候中國人已經看重民謠，看重民間歌曲。其實更早，詩經第一首「關關雎鳩，在河之洲」就已經是民謠了。

然而民間歌謠中國人不當它是獨立的文學，文學的創造要由魏武、文帝開始。魏文帝曹丕寫過一篇論文，他特別說到文章是不朽的。孔子講立言，但不是講做文章呀！孔子之前，春秋時叔孫豹就講過人生有三不朽，但要到魏文帝才來提倡這樣的立言不朽，那麼才有獨立的文學。

中國的正史裏有列傳，太史公史記有貨殖傳，游俠傳，因爲那個時候的社會上，貨殖工商人以及游俠，對整個時代、整個社會有大關係。到了班孟堅寫漢書時，他們的影響就少了。此後一路下來，江湖俠客，乃至於商人，大體上都不足以影響整個時代、整個社會與政治。歷史裏再也不能專爲他們寫篇傳了。

譬如水滸裏有一百零八個好漢，你只能寫本小說，如寫進正史裏，他們並沒有什麼大影響。現在的人又不懂了，認爲寫歷史的人怎麼不注意這許多呢？你不能寫進整個大的歷史裏面去，因爲他的影響少了。在史記裏面有貨殖傳、有游俠傳，但是沒有文苑傳。班孟堅的漢書裏也沒有；文苑傳要到范曄的後漢書，才特別闢一門叫做「文苑傳」。諸位或說既然這樣，那麼東漢就有文學家了。東漢有文學家是不錯，西漢也有文學家，戰國時代也有文學家，但是文學的一門在中國學術上獨立，這要到三國時代建安七子開始。諸位要批評一個人也不簡單的。曹操在政治史上不值得推崇他，但在文學史上卻決不可忽視，我們一定要講到建安的曹操、曹丕、曹植三父子。

二

這樣一講，古代有王官之學、百家之言，就是我們講的「經學」、「子學」。我們可以說漢武帝表彰五經，罷黜百家，王官之學經學在上，百家之言子學慢慢的不得勢了，衰退了。但是到了東漢以後，政治力量遠不如西漢，於是乎私家的思想又起來了，百家言又起來了。百家言在東漢有王充、仲長統、王符，所謂「晚漢三君」。我所認識的清末民初以來的學者，比我年齡稍大的，我問他們從前做學問怎麼做的，腦子裏嚮往的理想是什麼？我們今天先要懂得前一輩的人，他們的理想、他們的嚮往是什麼，他們怎麼做學問的？當然更要懂得你自己做學問的理想、嚮往的是什麼？我雖是只問一個人，可是大家年齡差不多，應可作爲代表。他們不是五四運動這批人，而是在清朝末年屬於老一輩學人，他們的嚮往，就是想做一個新的「子學家」。那時候孔子儒家已經不是大家共同必尊的，儒家已經衰了。孔子在清朝人中地位已經降得很低，清朝人看重研究的是經學。所以我一開頭就同諸位說，要研究經學，該懂得孔子與經學中間有不同。清朝人是只研究經學，並不是研究孔子，當然更不是研究儒家。清朝末年這許多學者當然也受了西方人的影響，不過他們不喜用「哲學」這名詞，他們要自己來一套思想，要學東漢時的王充、仲長統這許多人。章太炎可爲代表，章太炎很佩服東漢王充、王符、仲長統三個人，這是子學復興了。西漢子學不行，到東漢則子學復興。

我們再舉一個例，譬如趙岐注孟子。西漢人看重經，東漢到了鄭康成時期有趙岐，他來注孟子，這是「子學」。然後王弼來注易經，同時注老子。再有何晏注論語，他用子學的眼光來研究孔子，儒家是子學中第一個。漢朝的論語是小學書，等於是今天小學、中學的教科書；進了大學以後，則要讀五經。何晏來注論語，這就是子學，他把子學的精神放進去了。

如此說來，可知到了魏晉南北朝時代，他們看學問就有經、史、子、集四種。諸位要知道，

「經、史、子、集」的名稱就是這個時候開始的。這是學術史上一個大變動。從前的學問只懂得王官學、百家言，只有經學、子學的分別；到了魏晉南北朝的人看學問是經學、史學、子學、文學四種了。從前西漢人在王官學、百家言裏，他們看重王官學，不看重百家言；到此時至少有經、史、子、集四種。既然當時人對學術觀點不同，經學的地位當然要變了。我們從這一點來看西漢經學與魏晉南北朝經學的不同，不必細講就知道其中的差異。至於具體內容的不同在那裏？還待諸位再去研究。

這種地方要瞭解，說省力也很省力，省力在那裏呢？你看班固的藝文志，分六藝略、諸子略，你看隋書經籍志，它分經、史、子、集，這已說出在什麼時候開始有這樣不同了。我們做學問，先要能見其大，不能專從一點小的地方來講。好比諸位進了大門，走進屋子，要能見其大，再挑張椅子坐下。今天諸位做學問不然，不管從大門如何進屋子的，卻只要在屋子裏挑張椅子坐。你不能儘站在門外，要能從門外走進門內，再升堂，然後能入室。然而今天這道理大家不能明白，一切都已成了風氣，諸位陷入其中而不自覺。進研究所只要找一個專門小題目來研究，並且不照這樣研究還不行，所以今天的中國學術是沒有希望的。諸位要在沒有希望中間找個希望，那麼要靠自己，不靠自己是沒有辦法的。其實從古以來做學問都要靠自己的，孔子靠什麼？司馬遷靠什麼？曹操靠什麼？都得靠自己。

三

今天我要補講一下魏晉南北朝時的經學，我換一句話講，就是：在古代王官學、百家言之下的經學，與此時經、史、子、集四部分類以後的經學，當然不同了。

我們舉一點，可以從史學來講經學。譬如說到了魏晉南北朝已經有史學了，我們試根據後來研究史學的人來看經學。今姑舉劉知幾為例來講，這已是唐朝的初年了。劉知幾是一個史學家，他能批評歷代的史學，但是在劉知幾的史通裏，他並不看重經學。我只能說劉知幾的學問僅是「在史學的立場講史學」，那麼這句話至少說到劉知幾絕不懂得司馬遷，因為司馬遷的時候還沒有史學，司馬遷的學問是超於史學之外的，而劉知幾的史學並沒有瞭解到史學以外去；因此劉知幾的史通裏面，有一篇文章叫惑經，他反對經學。從前人讀劉知幾的書，只說劉知幾看不起經學，因此就看不起他。但是今天我們要講專家之學，劉知幾正是個專門的史學家，這是第一點。第二點，我們今天正是要打倒孔子、打倒經學，要提倡新文化運動。那麼劉知幾不得了啦，變成近代中國人所特別看重的一個人。

我告訴諸位，我以前寫了一部中國史學名著，我這本書出來，最受人家批評的是：怎麼你對劉知幾可以這樣批評呢？這話是從前在國內大學出身，現在在美國大學教書的人所批評的。在臺灣，你出本書是沒有批評的；不僅沒有人批評，我想也沒有人看的。諸位年輕，還有一點希望，會去拿來看看，看了你懂不懂呢？實在是不懂的。至於年齡較大，做了教授的先生們，只怕是絕對不看的，不當一回事的。也有和我年齡差不多，從前在大陸的教授，以及很好的學生，現在在美國當大學教授的，他們看了這本書，問我說：你怎麼批評到劉知幾呀！我有我講學問的立場。一個史學家他可以看不起經學，就像劉知幾，他作了疑古、惑經、申左各篇，他反對孔子的春秋，他拿史學家的立場來講話。……❻

四

我們再講文學，我告訴諸位，魏晉南北朝裏講文學理論的，我最佩服劉勰的文心雕龍。我從什麼地方看呢？劉知幾的史通講惑經，劉勰的文心雕龍第一篇就叫宗經，一切文學應該拿經來作統宗。這個人了不得，他是一個和尚，因他自小家貧，因此就在佛寺裏做小和尚。他通佛學，回過頭來研究中國史。他寫文心雕龍，他講文學史完全站在學術史的立場。文章有各種文體的，對

❻ 編者案：此處有部分內容失錄。

於每一體的文，他一定原原本本從文學史的立場講下來。我試舉一例。如「碑文」，這是文學中一體，要立個碑，從什麼時候碑文刻在碑上？這種文章應該怎麼寫？我們應懂得文章做什麼用的，不能只說白話文就行了。白話文也要成一個體，「體」是要有分別的。

中國人覺得講話有講話的體。對兄弟姊妹、對老師、對同學，你的講話應有不同。如連這個都不懂，不能做學問。你給父母寫信，總不該和你給同學寫信一樣寫法吧！現在卻真的沒有這個分別了。「相鼠有體，人而無禮」，這是中國人三千年以前講的話，可以直罵到今天的人。他說：你看呀，一隻老鼠有眼睛、有尾巴、有腳、有身體，牠有個「體」的，你做人怎能沒有禮的？「禮」就是「體」。你寫封信對父母這樣寫，對兄弟姊妹也這樣寫，對老師同學也這樣寫，這叫「無體」。你說這是白話文，白話文也得有體。掛幅對聯，若用白話文來做幅對聯是很難的。白話文只能給不通文學的人用。譬如「銘」，今天都不要，都打倒了。倘使我有一個茶杯，我寶貝它，要在茶杯上刻幾個字，這叫「銘」，現在也沒有了。現在什麼都沒有了，所以諸位今天讀到文言文，根本不懂怎麼一回事。我們只能看電視，電視裏人講話一律的，就是這一套，沒有第二套的。

我和諸位上課，這樣講法；如果是講演，我不會這樣講的，即使同一個意思，聽眾多了，講法自要不同。你們一兩人來看我，來談天，也不像上課這樣談，這要有個「體」的。譬如我寫信，對什麼人我怎麼寫。現在我看到別人寫給我的信，我心裏總是不開心。有的沒有見過面，有的是熟人，他們的信就是一樣寫法的。我同你不認識的，你來封信，應該怎麼寫；你是我學生，你來封信應該怎麼寫？我只得自己心裏想，現在不比從前，若照從前，沒有一個人可以談話了。可是我寫信給你，照幾十年的習慣，朋友是朋友的寫法，學生是學生的寫法。從前人要做個書記先生是不容易的。一個秘書不容易當，請你回封信，你要懂得這封信如何寫才算「得體」。

文心雕龍拿中國當時有的各種文體，從頭到尾原原本本講，到最後都講在經學裏，都要照經學。我們剛才已經講過，劉知幾是講史學，劉勰是講文學。這個講文學的是高明過這個講史學的。可是今天大家讀劉知幾的史通容易讀，讀劉勰的文心雕龍就難讀了。…………………………❼…………………………

五

現在我們講到文中子王通。他不是一史學家，也不是一文學家，他是一個子學家。他應該算是個儒家，並且他看重孔子，他是站在儒家的立場、儒家的觀點來講六經的。這與漢朝經學家看

❼ 編者案：此處有部分內容失錄。

經學不同。漢朝經學家是從「王官學」的觀點來看經學的，儒家不這樣的。文中子寫了一部書叫中說，這部書就要學論語，書中記載好多學生一條一條問文中子，以及文中子的回答。文中子有一個意見，他要「續經」，經學不能到尚書、詩經、易經、春秋、儀禮五經就完了，要把經繼續下去。譬如說，書經裏有許多古代的詔令奏議，後代也有好的詔令奏議，可以寫出來續書經。諸位說這個觀念對不對呢？我舉個例，譬如諸葛亮出師表，這真是一篇不得了的大奏議，這篇文章直傳到今天，將來的人懂文學的、懂史學的、懂諸子百家言的，這篇文章非看不可，還可以再傳三千年。不過現在這篇文章沒有用的。因爲它是文言文，現在人稱之曰「死文學」了。現在是不得已，大學國文課還要講幾篇文言文。將來的中文系恐怕都要講白話文，事實上今天大學中文系教授就有人在那裏主張。有人便主張研究中國文學，近代中國新文學的白話文該從魯迅起，依此風氣，不必多少時候都要改成白話，像出師表這種文章都可以不讀了。

王通要續經，從兩漢以下一路到魏晉南北朝，有好多政治上的文件，可說是標準的政治文件，應該選出來。「關關雎鳩，在河之洲」，三百首詩是古代的好詩，後代有沒有可以流傳代表一個時代的詩呢？我們也應該續詩，這是王通的理想。

中國後來的學者說王通是個狂妄人，經學怎麼能續呢？這個見解實在是不對的。王通也有不對的地方，不對在那裏？我認爲恐怕不是王通，而是王通的兒子、孫子不對。王通對歷史很有研究，但在北方沒有他的地位，他在隋朝便已去世。他的兒子福畤、孫子王勃，這班子孫狂妄魯莽，拿文中子書中問話的人都換成唐朝貞觀之世下邊了不得的大人物的名字，如房玄齡、杜如晦、魏徵、薛收等等，於是貞觀之世一批大人物都成了王通的學生。等於今天有個人寫本講汪精衛的書，說胡漢民怎麼問，蔡孑民怎麼問，凡是黨國元老一起是他學生。後來人一查沒有這回事，這個書就給人家看不起。但是我以為不必管那個人問，你只要看他回答的話。總有一個人這樣回答的，這個思想是不能假造的。就如同我和諸位說老子是本僞書，不是孔子以前老聃所作的，這是一句話。那麼究竟是那個人作的呢？這個人總是個思想家呀！我告訴諸位易經裏的繫辭不是孔子寫的，但那裏邊有思想，寫易繫辭的這個人是誰？我只能告訴諸位我不知道，但是你不能抹殺他的思想。現在又或轉成根本不去辨真僞，這就難講了。

我舉一個例，論語裏這樣講，易經裏的繫辭卻那樣講，那個真是孔子制的法呢？不是弄不清了嗎？我說論語是真的孔子所講的話，易繫辭不是真的孔子講過的話，我們研究就省力了。至於易繫辭有沒有價值？這是另外一件事。論語裏難道孔子講的就都有價值嗎？這也是另外一件事。這是兩個問題，一個是事實問題，一個是價值問題，兩個問題不同的，應該分別看待。

王通這種續經的主張，其實後來人就照了這樣。孔子寫春秋，司馬光便寫資治通鑑。春秋寫到這裏，資治通鑑下面接下去寫。孔子春秋這樣寫，朱子寫通鑑綱目，下面的歷史也照樣寫的。

難道只能講到孔子為止，下面不要歷史嗎？難道只能講到詩經，下面不要再有文學嗎？難道只講到尚書，下面一切的政治文件沒有一個有價值可以傳的嗎？照我看，諸葛亮出師表的價值絕不在尚書各篇之下。尚書後面的幾篇文章，與諸葛亮出師表相比，至少差不多，或許諸葛亮出師表還比尚書裏的文章更好。不是文筆好，而是內容更好，慢慢的進步了。

六

我們已經講過，王通是一個儒家，是個子學家，他對經是另外一個看法，認為應該續下去。史學家看經，像劉知幾，他認為史學在經學之上。文學家看經，像劉勰，劉勰叫人「宗經」，但並不限制你，只許有經，而沒有下邊的文學。

諸位要聽清楚，我所講這許多，不是守舊頑固。諸位聽我講課多年，到今天能不能懂我一句話？我只教諸位不要對中國舊的經學、史學、子學、文學一竅不通，你們應該懂一點。但我並不是說，將來的學問只許要民國以前的，民國以後的都不要。果使如此，我就是民國以後的人，我就一個字都不應該寫了。我沒有切斷你們下邊的路，我只是告訴你，你是某人的兒子，並不是要你不長大成人。你將來長大成人，做了大政治家、大學問家、大企業家，你總不能忘掉你的父親、母親。諸位不要忘掉中國從前這一套。為什麼？倘使一個人不記得自己的父親、母親，這個人的前途是有限的。倘使諸位做學問不懂得中國人的一套，我想你的學問要打七折八扣，做不出大學問來的。你是個中國人，在中國社會生長，你不懂中國文學，要做一個西洋文學家恐怕很難。今天我們還沒有碰到一個中國人做成西洋文學家的，一百年來沒有過。科學家可以得諾貝爾獎，文學不能。你是中國人，生在中國社會，你到外國去研究歷史，即使再研究得好、再了不得，你也不能做一個外國史學家，爲什麼？你看呀，英國人不做法國史學家的，法國人不做英國史學家的，美國人不做歐洲史學家的。你是中國人，只有做中國人才能站起來；你要做外國人，站不起來的。做科學家差還可以，因爲科學有世界性。或者你可以做商人，商人可以發大財的，發大財就站起來了。希臘出了一個船王，美國大總統的遺孀後來下嫁給他，因爲他有錢。今天中國人要丟掉了中國人的一套，只有兩條路，一條路是學科學，一條路是做生意。諸位應懂得這個時代，諸位要在這個時代裏邊懂得怎麼做。我今天只講到此，不詳細再講了，下邊要待下學期再繼續。

七

總結今天講到魏晉南北朝，天下大變了，學術也大變了。諸位千萬不要相信漢武帝表彰五經，罷黜百家，從此學術便定於一尊。這個話那裏來的呢？魏晉南北朝就不這樣。固然有經學家，但也不一定推尊孔子。有史學家、有文學家、有哲學家，至此學術分經、史、子、集四個，經學的地位當然要降下去了。何況魏晉南北朝都講老子，都講釋迦，老子、釋迦是成了子學中間第一等了，當然經學的地位要變了。

可是我們要回過頭來講一點，經學是打不倒的。譬如說後來發展出獨立的文學了，經學裏原就有文學，如詩經，後來講文學的人都佩服鄭玄注的詩經。但今天的中國人卻不佩服了，要只講白話文了。從古以來詩經沒有被打倒，今天我們倒像打倒了。我認爲將來中國的經學大體上還是推不翻的，因爲歷史上在某一個時期看重某幾經，在另一個時期看重另外幾經，經學始終沒有推翻。雖然我們現在把經學不當經學，一一分開來看，可是除非中國學問都廢了，否則研究哲學的仍要研究到經學，研究史學的也一樣要研究到經學，研究文學的還要研究到經學，所以我認爲經學是推不翻的。我剛才提到過一句話：「非通諸經，不能通一經」，我告訴諸位，不拿中國從根到柢一起打倒，是打不倒孔子，打不倒五經的。中國人心裏也明白的，要打倒這許多，只有一個辦法，便是把中國字根本取消，現在有人就是在那裏這樣想。想打倒中國的人不少，因他們嘴裏說不出來。他沒有研究經學，他不懂講經學，講起來他無法對付人家。他沒有研究歷史，不敢講歷史，可是他心裏覺得中國歷史沒有價值。他沒有研究文學，他不敢講文學，如有人拿篇詩經、拿篇楚辭去問他，怎麼辦呢？他有一個辦法的，就是拿中國文字一起取消。這不僅在大陸如此，臺灣也在這裏鬧。現在一個外國留學生回來，不能回答問題，這種情況總是一個大問題。他們會不會斬草除根呢？照今天的趨勢來看，大的時代潮流恐怕是會要走上這條路的。

那麼能不能不照時代呢？照中國所謂經學，「不廢江河萬古流」，將來中國的學問還要站起來。要等到什麼時候？我們不知道。總得要有人出來；這個人什麼時候出來，我們也不知道。或者三十年，是諸位；或者五十年，是諸位的兒子；或者一百年，是諸位的孫子。人走錯了路，繞圈繞到後來，還要繞到原來的地方。我相信是這樣子。

前幾年有個東方哲學會議在檀香山召開，美國人是主人，他們不講話，請三個東方人講話，一個日本人，一個中國人，一個印度人。這是東方的哲學會議，這個日本人講禪宗的，外國人不明就裏，以爲禪宗是日本人講的。這個印度人講印度哲學。至於我們中國人，他們請的是胡適之先生，胡先生提出個題目，講「杜威哲學」。這令美國人大失所望，他們要聽我們中國的一套，可是在今天中國人心裏，只佩服外國，早沒有中國自己的一套了。這是現代史，十年的歷史具體清清楚楚的。這樣一來，你叫美國人是看重日本人呢，是看重印度人呢，還是看重中國人呢？

第十六講

一

上學期我們講中國的經學，講到魏晉南北朝，本學期從唐朝接講。

凡是一種學術，照中國從前舊的講法，一定同「世運」有關。中國從古代尚書、詩經，一路到近代經學，有長近三千年的歷史；史學、子學、文學則比較短。我們要瞭解這種長時期性的學術，應該瞭解它歷史性的轉變，這同世運有關。近代我們不叫世運，換一名詞叫「時代背景」。譬如胡適之寫中國哲學史大綱，他說：研究思想一定要懂得時代背景。當時社會一般人好像聞所未聞。講文學也要講時代背景，為甚麼晉宋之際的南朝出了陶潛，唐朝出了杜甫，宋朝出了蘇東坡？這都有時代背景的。為甚麼元朝來了部水滸傳，清朝來一部紅樓夢？不懂時代背景怎麼講文學史呢？為甚麼到了隋唐又來統一天下了？講史學能不講歷史的背景嗎？現在我們要講唐朝的經學，就要講到隋唐時代的經學背景，這就是中國人從前講的「世運」。社會變了，學術界變了，做學問的人也跟著變，因為時代不同了。這種觀念，諸位當是一種極新的東西。現在中國人把一切新的都歸給西方人，認為講思想要講時代背景，是從美國杜威哲學到胡適之，才開始在中國提倡的。這不是淺見寡聞嗎？

譬如說，顧亭林是明末清初人，他的學問、他寫的書是這樣的；稍前東林學派時，明朝還沒有亡，滿洲軍隊尚未進關，他們的思想學問又是另一樣。相差不到一百年，兩者就不同了。孔子所講與曾子、子游、子夏不同，到孟子更不同，到荀子又不同了。因為各自處身的時代不同，講法遂有各種的差異。我和皮錫瑞的時代相隔了五十年，我來講經學，自然與皮錫瑞的經學通論、經學歷史有大不同。內容姑不講，講法就不同。可是你雖在新時代，講法儘管不同，也總該懂得舊時代是怎麼講的。諸位說今天是工商社會原子時代了，你們要新的講法；但你們如根本不知道舊的，又怎麼能講出新的來？

諸位如此一想，豈不是現在做學問比從前更難了嗎？譬如漢朝人講經學，不用講經學史。到魏晉南北朝就不同了，得先知道漢朝人怎麼講法。到隋唐，不僅要知道漢朝人講法，還要知道魏晉南北朝人的講法。宋、元、明、清一路下來，到今天，還要講經學，我們也得知道唐、宋、元、明、清人怎麼講法的。我們不是難了嗎？其實我們也該反過來講，在沒有經學時，古人要講經學，這才真正的難。沒有孔子思想以前，要產生出孔子思想，這是難的；有了孔子思想以後，來批評孔子思想，當然省力了。可是你也得讀了孔子的書，才能來批評他。

孔子思想有兩個講法：一是論語，這是孔子自己本身所講的孔子思想；一是孔子以後的書，孟子、荀子以下直到今天，大家講的孔子思想，你們總得知道一點，漢朝人怎麼講、魏晉南北朝人怎麼講、隋唐人……怎麼講？孔子思想講法也要變的，難道只有外國人才懂得變，中國人便不懂得變？諸位今天說中國人守舊頑固，不懂得變，這種話實在似是而非。

我們講到經學的時代背景，今天便要根據這觀點來講隋唐的經學，爲甚麼與過去南北朝不同，與漢朝人不同？中國人講法，世運不同了，世界變了轉了。中國古人用一個「運」字，比今天人用「變」字好得多。中國人不說「世變」而說「世運」，爲甚麼？因爲你再變變不出這個老花樣。人變了五十萬年、一百萬年，變到今天，還是一個人。你從小孩變到成人、到老、到死，還是一個你；將來的人還是差不多，也要從小孩到老、到死。今天世界的經濟大變了，前幾年經濟衰退過，現在經濟好了，隔幾年又要衰退了。問題儘不同，方式則一樣的。冬天去了，春天來了，下面還是春、夏、秋、冬循環，這就是「天運」，不叫「天變」。中國人用這個「運」字有極深的意義，在變的中間有一不變所以就叫「運」，或叫「轉」。一般人要用白話文，他們只懂變，不懂運，一定要說「時代變了」，這是只知其一不知其二，不知在變的中間還有不變。中國人這種「運」「轉」的觀念，影響很大，大在那裏？譬如我們講歷史盛衰興亡，盛了一定要衰的，世界上没有一個國家盛了不衰的。可是換過來說，衰了還會再盛的；興了没有不亡的，但亡了還會再興的；這叫「復興」。

今天我們講國家要復興，文化要復興，這就是我們從前幾千年一路傳下來的舊觀念。我們今天就靠這舊觀念，這是西方人所沒有的，他們只懂往前變，所以他們經不起大風浪。大風浪來了，他們沒有信念，下邊便無辦法。今天的英國、法國怎麼辦？譬如從前的西班牙、葡萄牙，他們盛的時候，全世界是他們的；事過境遷，過了就完了，他們今天不記念了。「過了就完了」，這句話今天中國很盛行。過了怎麼能完呢？從前你身體健康，現在病了，病好又健康了。不能說健康過去，下面就是生病。人不能永遠健康，總會生病；然而病好了，你也不要當總不生病的，還會生病的，你要當心。你的身體就有兩個變：健康、疾病，疾病、健康。

中國人講法極簡單，可以拿最普通的事情來講。西洋人講一套哲學，看似高明，但拿具體事情都丟掉了，這個哲學怎麼講呢？中國人沒有像西方人這種哲學，這是中國人的高明。西方哲學脫離了一切人事、自然現象來創造出一套理論，這套理論是懸空的，再拿這套理論放到現實中來，便要出問題了。中國人從現實問題創造一套思想，思想距離現實不遠，因此沒有問題。而你們看看覺得中國的平常，認爲西方的才不平常。要知道，不平常不見得是好，平常也不必定不好。平常是「常態」，不平常是一種「變態」。其實常態才可久。

我們講到世運，可分上下兩層講：上層是政治，下層是學術。如講學術史，講唐朝人的經學，要知道唐朝時的學術界與漢朝時的學術界大不同了，因此唐朝人講經學當然與漢朝人不同。至於今天，我們當然更和從前不同了。一個顯然的不同，是西洋文化已經傳到中國來，世界文化問題複雜了，所以今天我講著講著，就要講到外國。顧亭林不會這樣講，朱子也不會這樣講，孔子也不這樣講的。時代變，學術思想也就變了。

民國初年，中國人看重先秦時代的百家爭鳴，爲甚麼？因爲當時人認爲先秦像希臘。秦漢以後呢，則看重漢朝、唐朝，爲甚麼？因爲像羅馬。今天我們對先秦以至漢、唐一併都不看重了，時代又變了。今天是照了外國的，中國人才看重；不照外國的，中國人便看不起。從前中國人不這樣的，你不像我，我就看不起你。今天講英文的，就高一等；講中國話，就低一等。我們中國人內心深處都一樣的，碰到講英文的，你總覺得這人不平常，有道理；碰到同你一樣講中文的，你覺得這人平常得很，彼此差不多。這種心理無可奈何，下面的中國人危險了。

近代的中國人看不起中國自己，要學西方人，而又學得不對。西方人特別的是他們相互有「異」，英國同法國不同，法國與德國不同，美國與英國又不同。我們倘使真要學外國，要學得與他不同，才真學像了西方。那麼也學到了「獨立」，中國是中國；學到了「自由」，中國照中國；也學到了「平等」，我中國也和你們美國、英國差不多。今天中國人的思想自己想不通，拚命要講獨立、平等、自由，但是今天的中國人做學問不獨立、不平等、不自由，處處要學外國，這種學問要它有甚麼用？我們應該由自己的一套獨立、平等、自由的思想中，產生出現實的社會來。

民初的中國人看重先秦思想，因爲先秦思想墨子與孔子有不同，莊子與墨子有不同，正像西方。中國人討厭先秦以後的中國，因爲他們認爲先秦以後的中國只懂講孔子。這是我年輕時候中國思想界的狀況。今天是連孔子的問題也没有了，大家只要講外國。

二

我們進一步講。戰國時代百家競起，從孔子算起到戰國末年有三百年，中國人又變了。戰國到了末期，戰國人要從事一個統一運動，要拿各家思想融通和會統一起來。……………………❽

我們可以說，漢武帝以前的中國，只有一套學問，就是先秦諸子之學。先秦諸子之學以前的舊書，我們現在稱之曰「經學」。孔子講經學的，墨子講經學的，第一批先秦諸子是講古書的；下面一批則不講古書了。這些去年我都已講過。到了漢朝覺悟了，知道非要參考古書不可，就提

❽ 編者案：此處有部分内容失錄。

倡經學，其實漢武帝提倡經學就是提倡儒家。我去年已經講明白儒家思想與經學中間是有分別的。漢武帝當時是要提倡五經，而五經與儒家，他們不能仔細分開。所以凡是經學家，都在太史公的儒林傳裏。這就產生出史學來了。司馬遷史記是根據孔子春秋來的。漢書藝文志裏只有「王官之學」「百家之言」，沒有所謂「史學」的。司馬遷的史記，是放在王官之學春秋下面的。這時候要變了。後來有了班固漢書，一路下來，變到後來史學獨立，另成立一門史學了。

至於文學呢？文學也在變。譬如漢武帝提倡樂府，政府裏有一衙門專講音樂的，凡是民間各地的民謠民歌，一起採集來。今天世界進步，英國、美國政府也並無一個專講音樂的衙門，而中國兩千年前早就有了。從前詩經是匯集十五國風，現在漢朝也要學它，將各處音樂都匯合起來，慢慢變成將來的新詩。於是下面就有三國時代所謂「建安體」的新文學出來了。

漢朝人的賦，也是根據古代的雅、頌，這是漢朝人自己講的。頌本來是經學裏的一部份，應該屬於詩經，後來變成文學了。所以到東漢書裏才有所謂「文苑傳」。於是歷史上有一個儒林傳，又多一個文苑傳。而史學也已漸漸另立一門。到了三國時，就有所謂經、史、子、集四部，編書不照王官學、百家言這樣編，而是照著經、史、子、集四部分類，直到我們今天。今天又變了，現在只要照外國杜威十進分類法。要知道中國書和外國書有不同，中國書若都照外國書分類法，有些書分不進去的。中國書分類有中國人的一套，將來的中國人有聰明的話，應該自己成立一套新的分類法，不能完全照著別人怎麼我們也怎麼。諸位千萬要明白，這樣做是不行的。

兩漢以後，中國學術界大變了，經學、子學以外，有史學、有文學。我們講的子學，開始就是老莊。人們對孔孟信仰改了，就信老莊，後來又有印度的佛教，即所謂道與釋。在思想方面以後漸不用「諸子」兩字，而改稱「三教」了。今天我們講中國歷史的人，只說前面是先秦諸子，到漢武帝以後，就是儒家定於一尊。這種話完全沒有常識，竟流傳到整個社會、整個學術界。時代大變了，諸子沒有了，變成儒、釋、道。經學在這個時代裏的地位，當然也要跟著變，這是很簡單的道理。經學至少是經、史、子、集裏的一種，至少是儒、釋、道裏的一教，四分之一也好，三分之一也好，同漢朝初年的經學大不相同了。

我再舉一例，在南北朝的末年，隋唐要開始，當時的中國人對經學就有三種不同意見。這我在去年都已經講過，今天再重提。

第一種：「惑經」。唐朝劉知幾寫史通，有一篇文章叫惑經。劉知幾自己是個史學家，他看不起經學，他懷疑，批評說：孔子春秋他大惑不解。這是由史學家的立場來批評經學。

第二種：「續經」。隋朝文中子王通寫中說，他主張續經。王通的意思，認爲古代尚書裏有西周時政府的詔告奏令，現在從漢朝以下還有很多有價值的詔告奏令，也應該編起來，這叫「續書」，要續尚書。古代有詩經三百首，從漢朝樂府、建安以下文學裏有許多好詩，也應該編起來，這叫「續詩」，要續詩經。應該把後代有價值的作品匯集起來。我們既然看重經學，就應該把經學繼續下去。他寫了兩部書，一部叫續書，一部叫續詩。我覺得這個見解非常高明。其實這個見解就是後來人講的「六經皆史」，經學不過是古代的歷史。孔子寫了春秋，我們要續春秋。我說史記其實就是續春秋，只體例不同，太史公史記講得明明白白的。六經是古代的文獻，古代的歷史，今天我們要有後代的文獻，後代的歷史。我們要繼續詩經，可以有新詩經；繼續尚書，可以有新尚書；繼續春秋左傳，可以有新春秋左傳；繼續儀禮，可以有新儀禮。那麼今天我們要復興文化，可以有新儀禮了，就是今天政府印的「國民生活須知」。結婚應該怎樣，喪祭應該怎樣，這不是新儀禮嗎？所以王通的見解其實是通的。不過後來人尊經，認爲你王通怎麼可以繼續孔子來續經呢？這話反而不通了。其實後來人等於照王通的話做了。譬如選一本唐詩三百首，就是續詩；選一部歷代名臣奏議，就是續尚書；司馬光寫資治通鑑，就是續春秋、續左傳。王通可以說是子學家，他學孔子要續經。

第三種：「宗經」。劉勰寫文心雕龍，主張宗經。這書是專講文學的，是一部非常好的書。諸位要研究文學，這本書是不能忽略的。這書講文章體例、文章演變，講以前中國的文學史。劉勰在和尚寺裏讀書，後來做了和尚，這書是他還俗回來寫的。劉勰的文心雕龍主張宗經，他說一切文學應該以經爲本，一切的文學都從六經來的。他這話對不對呢？從歷史來講是對的。今天我們的文學從那裏來，是憑空創造的嗎？一切創造都有來歷，我們創造新文學，那裏來的？你們不肯說從中國舊文學裏來，這會沒臉、沒地位、沒意義、沒價值，要說是學外國人來的。其實現在許多新文學作家，英文大概是能讀的，要說真通外國文學，實在難以相信。諾貝爾世界文學獎要頒獎給東方文學家，先有個條件，即其文學作品要能代表東方的。在中國找不到人選，在日本找到川端康成，他的作品能得到諾貝爾獎，就因爲他的文學不脫日本式，日本人喜歡讀。日本人是比中國人像樣，倘使中國文學家的作品是中國式的，恐怕中國人沒有人要讀了。這話我不是隨便講，都有憑有據的。將來的中國怎麼辦呢？我實在不懂。

我們從當時的學術立場來講隋唐，就有惑經、續經、宗經三派不同意見。做學問沒有甚麼秘密，今天我講的就是一個秘密。你們如要看唐朝，也要懂得漢朝是怎麼樣的。不能說你現在專門研究隋唐史，便可以不管秦漢；或又說你是來聽經學課，不是要來聽我講歷史。若然你就錯了，這樣無法來作學問的。至少中國人做學問決不是這樣的。我雖不能引經據典來講外國，但我想外國一個大家，也絕不如此。我們要知，到了隋唐，不能不說經學的地位與漢朝時大不相同了，學術變了。這是我講「世運」的第一點。

三

有關「世運」的第二點，我們不僅要注意到社會上一般的學術界，還應該要注意到上面的政治。外國人與中國人的觀念中間，有一個隔膜。甚麼隔膜？外國人政治學是政治學，社會學是社會學。這是不錯。但中國人的觀念，研究社會不能忽略了政治，研究政治不能忽略了社會。我想這也不錯。那能講政治問題可以不顧社會的呢？社會問題中，最重大的問題，就是政治問題。外國人硬要分開，你進法學院，政治系學的課與社會系完全不同。遇有問題要討論，如果研究社會的與研究政治的意見不一樣，大家舉手多數通過。他根本不是研究這方面的，然而他也可有一票。贊成他的多，就是他對；贊成我的多，就是我對。今天的中國人就是要學這一套。但有的事情是不能會議決定的。太史公寫史記，是要「藏諸名山，傳之其人」。今天人都是商業性的頭腦，寫本書要求暢銷，能暢銷的就有價值。現在外國人最有價值的書，是美國總統的回憶錄。外國人不懂得要「藏諸名山，傳之其人」。中西雙方看法不同，意義價值自然跟著都不同，學術方向也跟著不同。這雖是題外之言，諸位也該瞭解。

隋唐起來，天下重歸一統。經學也要統一，所以南北朝時經學是分裂的，唐朝人的經學統一了。任何一個政府要統一，思想一定要統一，此意我已講過。所以唐朝統一了，講學問也要統一。今天我們中國困難的是有一批人講美國，有一批人講馬克思、列寧，怎麼辦？不統一，變成兩個政府。還有一批人，像我們，還要講中國。這批人很簡單，慢慢死光就沒有了。那麼中國只有兩個，一個叫「自由中國」，是講美國一面的；一個叫「共產中國」，是講馬克思、列寧一面的；沒有第三個了。你們要明白，思想可以影響整個的社會。在臺灣不能有共產思想，在大陸不能講美國。現在大陸政府要和美國交往，這是外交；思想則不許講美國，一講政府就要出問題。就舉此一點，可見思想之重要。我們現在不提倡中國思想，凡是中國人，沒有中國思想，那麼將來的中國便可想而知了。

隋唐起來要統一中國，這要先講從前不統一的時候是怎麼樣的，這裏有一個大問題。我們生在這個時代，就拿這個時代人的觀念講，但卻要合當時的事情。當時南方中國是個新中國，北方中國是個舊中國。南方中國是中國人，北方中國有胡人。但是北方守舊，南方開新。我們舉學術上的例，南方的史學是一種新學問，諸位讀我的中國史學名著，其中講到隋書經籍志，你看南方人寫的歷史，現在大部份已經失掉了。當時南方人能講史學，北方人不講的，北方人這套學問來得淺。北方變成匈奴人的、鮮卑人的，中國人沒有興趣來寫他們。北方胡漢合作，史學的發展是北方不如南方。

至於文學呢？南方小天地，天下安頓，文學大發達了。試看昭明太子的文選，沒有北方人，北方不出文學家。南方人作首詩，寫篇賦種種，北方人沒有這個興趣。那麼北方人要做的是什麼事呢？鮮卑人是外國人，他腦子裏只有一個問題，怎麼樣來統治中國？南方人不想這些，東晉宋、齊、梁、陳都是大門第，無法統治，能過去就算了。北方中國人怎麼想呢？胡漢合作，只能幫鮮卑人怎樣來使政治上軌道，先使北方中國安定下來。靠什麼？靠經學。北方中國人可以和外族皇帝講，這是我們中國治國平天下的大典章制度，一切原理原則都在經學裏面，從前西漢、東漢都是根據經學。北方胡族也受過教育，他們懂得經學的重要性。這樣講來，北方經學是近於兩漢的，南方經學則是開了新的天地了。南方人講老莊，北方人不講老莊。佛學是南北兩方都有的，不過也分南北不同，這方面我們不詳細講。

到了隋唐，統一中國，文教上該怎麼辦？照政治講，當時是北方人統一南方，隋朝的上面是北周，西魏從宇文泰開始，他根據上面北魏的魏孝文。我上一次也講過，蘇綽在宇文泰時，在政治上有極大的貢獻，最重要的是他研究中國的周禮。北方政治先上軌道，武力勝過了南方，所以隋朝人平了中國。講社會，南方人看不起北方，可是北方人很喜歡南方。南方有文學，天下太平了，大家喜歡文學，文學流傳在南方。南方又有清談。南方人的生活，北方人喜歡，文學、清談都是生活中之一種。所以隋唐的統一，政治是北方統一了南方，而文化生活卻是南方統一了北方，諸位要懂得這一點。

所以經學是南方經學統一了北方。唐朝人的經學是接著南北朝的南方經學，並不是接著北朝經學。南朝經學和北朝經學不同在那裏？第一點北方人講經學，照現在人的講法，他們的經學其實應叫作「樸學」。後來清朝人講樸學，等於是一塊材料，還沒有做成東西，這叫「樸」；做成了桌子，並沒有雕花，這也是樸。這種學問在當時近乎所謂「專家之學」，講易經的就講易經，講尚書的就講尚書，就叫「師法家傳」，北方人講經學是這樣講法的。南方人講經學則叫做「名理」，因爲南方人要講清談，經學也要清談。談的是什麼？談名理。譬如說談「有」談「無」，這是「名理」問題。換句話講，就是思想問題、哲學問題了。南方人還接近釋道，講佛教、道教。南方人講思想、講理論，北方人講經學就是經學，這是第一點不同。

第二點不同：北方人講的學問是傳統性的，他們守舊，跟著舊的。換句話說，是歷史性的。南方人講經學是新的，是哲學性的，或者說是文學性的。今天諸位都是新風氣裏的知識份子，像當時的南方人，喜歡思想、喜歡文學。北方人守舊，這樣講就是這樣講，沒有花樣的。到了唐太宗起來，要拿經學統一，怎樣統一法呢？他拿易、詩、書、禮、春秋五經來做一「正義」，「正」者，「定」也。照他的書這樣講，就是正解。可見在五經正義以前，經學是有各種講法的，現在要來統一講法了。

現在又有一問題了。後人多講漢武帝表彰五經，卻少講唐太宗定五經正義。漢武帝表彰五經上學期已經講過了，爲什麼今天還要再講呢？因爲現在講到唐朝，覺得對漢朝又有其他講法了。好比從前只講清朝以前的中國，就是這樣講；現在有了東西交通，外國思想進來了，中國舊歷史就轉見新鮮，新意義就都來了。

漢武帝表彰五經；其前五經還沒有，要找部尚書，找部詩經，非常困難，這些我們前面都已講過。唐太宗時則有南方經學，有北方經學，兩種不同的，怎麼樣來合歸一是？漢武帝是從「没有」來提倡到「有」。我這樣講，你那樣講，他又另一樣講，都好；漢武帝時是這樣的。講詩經有魯詩、齊詩、韓詩，都立博士，到後來又有人講毛詩了。魯、齊、韓三家詩的博士反對，遂不立毛詩博士。又如春秋，講公羊好，立博士；講穀梁好，也立博士；又有人來講左傳，公羊、穀梁兩家博士反對，左傳遂不立博士了。可是現在來講唐太宗便不同了，詩有魯詩、齊詩、韓詩、毛詩，詩經怎麼講？春秋有左傳、公羊、穀梁，春秋怎麼講？兩種情況不同，漢武帝是「創始」，唐太宗是要「歸一」，天下太平了，考試也要根據經學，這是最重要的。唐太宗要恢復經學，那麼不能再你這樣講，我那樣講，怎麼辦呢？一個政府是應該要統一的。政府之下，學術應該要獎勵一條統一的路。統一有好有不好，可是非統一不可。譬如說在大陸，只能講馬克思；我們臺灣只能講美國；現在的日本可以講美國，也可以講蘇維埃，又可以講中共，下面的日本會比我們更困難。

我現在又要講一個題外的問題了，我想講題外問題有時更重要。我年輕時聽人說，中國人講「人治」，西方人講「法治」，所以西方人比中國人高明，現在我們都要講法治。我是自己讀舊書出身，我覺得這個話不對，我認爲西方人不懂法治。這話諸位一聽要大感奇怪了，怎麼西方人不懂法治的？簡單舉件事說，美國尼克森做了大總統，他說怎麼辦就怎麼辦。現在大總統換了，這不是「人治」嗎？諸位會說不對，尼克森做大總統要經國會通過，現在的總統也要經國會通過。但試問，國會還不是人嗎？國會議員幾年一選，倘使國會裏共和黨人多，尼克森的意見容易通過；現在國會裏民主黨人多，政府是共和黨，總統提案可能通不過，怎麼辦？美國人是看人的，這個叫「民主」。英國民主政治是最先進的，保守黨上臺，用保守黨的辦法；工黨上臺，用工黨的辦法。今天工廠收歸國有，明天工廠自由經營，一個國家可以長久這樣的嗎？英國人是永遠沒有辦法了。美國和越南簽訂和平條約，幫越南的忙，要加幾億美金，國會不通過，現在能幫嗎？總統只能說，你們派幾個人去看看，回來再決定怎麼辦。國會議員要組織一二十個人到越南去，現在只去兩個人，因爲國内爲經濟上要加石油進口税，減人民所得税，許多問題在吵，他們分不出身來。明年美國總統要改選了，萬一是民主黨出來組織政府呢？那麼又要變了。所以西方人是人治，政府樣樣事情要變的。只講多數，任何一件事來，舉手表決，一念之差，全體的決定或許就是一個人的決定。譬如四個人投這邊，四個投那邊，我忽然一轉念，贊成這四個人，這樣通過，試問這是法治還是人治呢？我認爲西方人只有一個法，就是看「人」，你們應該懂他們的法治是這樣的。

我認爲中國人才是「法治」，訂了一個法，任何人來都不能變這個法。考試制度從漢朝考到清朝，要進政治做官就要經過考試，考試有一定的規定。唐朝規定要考五經，五經怎麼考？出一本正義，根據這書來考。這不是法治嗎？我們今天駡中國人政治是靠不住的，說這叫「人存政舉，人亡政息」，人在就有政，人不在就沒有了，所以要學西方的法治。中國人還要等到這個人亡，西方人不要等的，尼克森下了臺，還有尼克森的政治嗎？我們不能只看字面，應研究字裏的意義。我雖沒學過西方政治學，這只要見其大體就知道了。現在的大問題是先拿你的思想拘束了，凡是西方人講的都對，這就無法講了。今天中國的問題，是既沒有自己，又不能百分之百照美國。現在中國兩派思想、兩個政府，下面怎麼辦？可見思想的重要。

四

既然唐太宗統一天下，當然學術思想也要求統一。南北朝時講五經，如易經，北方人照鄭玄講法，南方人照王弼講法。到了唐太宗的五經正義出來，用王弼的注，不用鄭玄的注。我上面已講過，漢朝人講易經的有幾家，到後來都沒有了，匯通到鄭玄一家。鄭玄之偉大，不論政府立博士的、不立博士的，都一起拿來做他易經的解注。有的根據這人，有的根據那人，有的則是他自己意見。鄭玄的易經解注一出來，其他人的說法都垮了。中國社會到了東漢，大家看不起博士，都要到四鄉八方去找先生。這些先生不照政府太學裏的一套講法，然而他們講的一套卻興盛起來。諸位能說中國是專制嗎？中國有個偉大的地方，學術都抱一個野心，要領導政治；政治有一個美德，能看重學術。

唐太宗做皇帝，他來定五經正義，這是他看重學術，請幾位經學先生來編寫五經正義。但是中國的學問，有了孔子，立刻來墨子，又來莊子，又來諸子百家；有了鄭玄，鄭玄以後立刻來魏晉南北朝許多學人，下面又來朱子；有了朱子，立刻來陸象山，來王陽明。中國思想還不自由嗎？清朝許多學者都是經過朝廷考試的，清朝考秀才、考舉人、考翰林、中狀元根據什麼？根據朱子的注。考上了以後，他來著書立說駁朱子。駁得對不對，暫且不講。他在朝廷上做官，考試照定法；考取了以後政府不管，你的思想是自由的。

唐太宗定五經正義，易經只用王弼的注，不用鄭玄的注，鄭玄的注到今天便不傳了。鄭玄以前，東漢到西漢，怎麼講易經的，我們都不知道了。現在只有唐朝人李鼎祚寫的一部周易集解，他採集由漢以下講周易的三十幾家說法，一條條抄了不少。現在我們看這書，可以知道隋唐以前，特別是王弼以前講周易是怎麼講的。清朝人很看重李鼎祚的書，但新舊唐書裏查不到此人，清朝人用了很多功夫也沒能查到。

又如尚書有兩家，一是孔安國的注，一是鄭康成的注。所謂孔安國的注是王肅假造的。五經正義裏採用了王肅僞孔傳，疏裏引到鄭康成的畢竟很少。漢朝人怎麼講尚書的也不傳了。我上次曾說過，鄭康成注經以後，大家看重鄭康成，漢朝十四博士怎麼講經學，慢慢便失傳了。今天再補充說，其實鄭康成的書裏本有採用十四博士的講法，不過現在也不詳知了，而鄭康成的書也沒有全部傳下來。

五經正義裏的春秋是指左傳。講左傳原有兩家：一是杜預，一是服虔。服虔與鄭康成差不多時候。杜預則是到了晉朝，是新經學。五經正義就採用了杜預的注，沒有用服虔的。

我們可以說唐太宗時的五經正義是用南方新經學，沒有用北方經學，北方經學裏還有舊經學。今天來講經學，只能講五經正義，以下要講到九經、十三經。今天的十三經注疏，是唐朝以後的，最早也只是魏晉南北朝以後的。漢朝人怎麼講？今天我們不知道了，這是個大問題。經書古籍，漢朝人原來怎麼講法，現在大體都不知道。我們講經學，難道一個個字可以來訓詁，來重講從前人究竟是怎麼講法的？唐朝易經都照王弼講法，而王弼是研究老莊哲學的，他所講便和他前面的不同。舉此一例，可想其餘。

今天臺灣孔孟學會說：要文化復興就要講孔子，爲什麼？因爲大陸毛澤東在批孔。然則孔子該怎麼講？他們說講孔子就要講五經，要講經學。而我則認爲文、史、哲各系學生進了研究所，開一門課講五經是可以的，可是要在大學甚至中學來提倡讀經，做先生的自己就不會讀，如何來講經學？諸位若問我王弼怎麼講易經的，我會講；若問我鄭玄怎麼講易經的，我不會講。要講就得看李鼎祚周易集解，而周易集解裏只有零零碎碎幾條。尚書孔安國傳都靠不住，要照鄭康成的講法，但鄭康成的講法零零碎碎也沒有多少條。左傳不能照杜預講法，要照服虔講法，服虔講法留下了一點。這種問題不能再講了，再講下去是經學上的專門問題了。

今天以後，我們中國人還要不要讀五經？研究所五經究竟怎麼讀法？這都先要有「人」，沒有人儘說沒有用的。且不要說經學，我問諸位，我們要不要讀歷史？二十五史怎麼讀法？西方到近代才有史學，中國歷史則遠從尚書一路到今三、四千年，要懂現代還得懂古代，總要開條新路。這條路要靠諸位來開了。今天我們的史學系是「分」的，一人一部分，你研究經濟史，他研究社會史，誰也不管整部歷史。研究隋唐史，可以不管隋唐以前、也可以不管隋唐以後，請問將來我們怎麼讀歷史呢？今天研究現代史的人，不懂康有爲，因爲讀不懂康有爲的書，新學僞經考之類，都看不懂；不管章太炎，章太炎的國故論衡、檢論等也不會讀。甚至連梁任公都不管了，梁任公的書也不少。從胡適之以下，提倡新文化，打倒孔家店，提倡白話文，文言文早已死去了。新文化運動這條路，大家方便，給大家開了一個大的方便之門，現在倘再要翻過來，大家不肯，因爲要吃苦。可是我們非得翻過來不可，再這樣下去不得了的。胡適之還讀幾本中國古書，能通文言文；現在我們照他話，中國古書都不讀了，只通白話文，將來的中國人怎麼辦呢？

新文化運動以來，講歷史就是「疑古」。全部歷史究竟怎麼一回事？只說二千年「封建社會」、「專制政治」。現在我們研究的問題，都是零零碎碎的。寫篇博士論文，至少三十萬字。要字多，就要找材料。中國書多，可以東抄西抄。今天的中國已可謂到了「學絕道喪」的地步。中國人有自己的講法，易經上有所謂「元亨利貞」。元亨利貞完了，再來元亨利貞。現在我們到了「貞」的最下，總將又開出「元」來了。中國人這種見解，你說是迷信，至少比耶穌宗教有歷史證據。試問人死了靈魂上天堂，你能拿出證據嗎？只要你向上帝禱告便行，這沒有道理的。中國人則是有道理的。我們讀易經，只要讀「元亨利貞」四個字就夠了。

今天既然還要提倡讀經，我們將來能不能重來一部「經學史」，「經學通論」，重來一套五經新注？這要政府花一大筆錢，請許多人花一二十年或二三十年工夫，或者真能夠寫成。這不是採用白話抑或文言的問題，總得先要有學術。

第十七講

一

上一堂講唐朝人的五經正義。漢朝人的五經是尚書、詩經、易經、春秋加上儀禮；唐朝人五經正義中的春秋，實是左傳，禮則是禮記。五經中間易經分南北，唐朝人用南方王弼的注，沒有用鄭玄的注，等於是新經義了。尚書也有兩個注：一是孔安國的，一是鄭康成的；實際上孔安國的是王肅假造的，叫「僞孔傳」，而唐朝人看重了孔安國的，沒有看重鄭玄的。春秋，唐朝人用的是左傳，而左傳又用的是杜預注，沒有用服虔的。照這樣，五經中間三部經都是用了南方人的新注，同東漢末年鄭玄、服虔舊的不同了。

也可以說經學分了三層：第一層是西漢博士家言，第二層是東漢古文家言，第三層是五經正義。五經正義一出，連東漢的古文家言也廢了，其實都是魏晉新經義了。我們說五經正義是孔穎達的，實際上到了唐朝孔穎達年齡已經老了，他不過是編五經正義一個總其成的人，下面設有一個等於現在編輯委員會，他是個主任委員。著書立說，都要「成一家之言」，由一個人完成；至於集體合作，由許多人共做一件事，是不容易見成績的。譬如史書，爲甚麼我們看重四史？史記、漢書、後漢書、三國志都是一個人成一家之言的書。晉書是唐朝人來編的，現在二十四史裏的晉書叫作「官修」，由政府來修的。中國政府裏向來有學術界，這是中國政府特有的；西方人政府裏則沒有學術界的。但是中國人看不起官修書。現在經學也變成官修書了，五經正義由很多人合作編成，只是舉孔穎達之名，因此五經正義裏有許多處，這裏講法與那裏講法根本自相反對，不成一家言的。倘使我要編一部「中國通史」，請你們來合作，你寫上古史這樣寫，他寫秦漢史那樣寫，這部通史便不通的。這不是觀點問題；不是說那個人觀點好，那個人觀點不好，而是學術特別要重視所謂一家之言。所以這成了五經正義的一個大毛病。

後來的人批評五經正義有三個毛病：第一，是講法不一致，這裏講的和那裏講的有不同。這就是我方才所講的意思。第二：是疏一定要照注。五經正義的疏不反對注，注怎麼講，疏也怎麼講。不過因爲注有不同講法，疏跟注，也出毛病了。實際上這還不算是大毛病，甚或可說幸而照了注，使得大家的說法勉强還有一個範圍，不致於大相違背。第三：五經正義裏用到讖緯。這一點我以爲也不是大毛病。爲甚麼？因爲從西漢下來到東漢，本來經學裏就講到讖緯。幸而五經正義裏還引到讖緯，因此我們還略懂一點兩漢人是怎麼講經學的。倘使它對讖緯之言一概不引，兩漢人怎麼講經學，我們恐怕就更不知道了。所以我們不止要知道從前人的批評，我們還要懂得再批評。五經正義固然不好，但實際上特別重要的是都變成新義了，大部分是魏晉以下的經學，不是兩漢經學，這是最重要一點。此外從前人所批評的，我們反而覺得並不太重要。關於五經正義，姑且就簡單講到這裏。

唐太宗五經正義以後，有個賈公彥，這已到唐高宗時。他接續著作周禮、儀禮的義疏。本來五經中間只有小戴禮記，這已經不對，因小戴禮記是「記」，漢朝人的經學是「經」，是儀禮，怎麼五經中間沒有儀禮而變成小戴禮記呢？這是一個大錯。譬如春秋不用公羊傳而用左傳，左傳是古文學，漢朝人不承認的。講春秋照左傳，不照公羊、穀梁，這猶可。但五經中間不能把經拿掉，儀禮是經，拿掉儀禮用小戴禮記，可見唐朝人的觀念已經和從前大不同了。後來因有賈公彥補作了周禮、儀禮的疏，所以還不覺得有毛病。儀禮是漢朝人的經，周禮是古文經學，漢朝人不承認的。但是到了東漢，東漢人很看重周禮。現在都加進去了，我們現在讀的十三經注疏，有儀禮　周禮、小戴禮記，這叫「三禮」，遂不覺得有很大的毛病。如把賈公彥補進去的周禮、儀禮拿掉，只餘小戴禮記，則是一大錯誤。「記」不是「經」，不能稱小戴禮，應稱小戴禮記；「傳」也不是經，只能稱春秋左氏傳、春秋公羊傳、春秋穀梁傳，這三傳上面一定要有經。而我們現在不批評了，爲甚麼？因爲現在十三經注疏裏三傳都有了。穀梁傳後來唐朝人也補了一疏。公羊傳的疏也應是唐朝人補的，不過是唐朝那個人補的，現在經學上成了問題。

其他再加上孝經、論語、爾雅、孟子，後來合稱十三經。

唐朝人考試要考經學，開始用五經正義，後來加上其他經學。中國最偉大的是政治上有個考試制度，這是全世界政治制度裏最值得看重的大事情。直到近代英國人，也採用中國的考試制度。可是英國人只採用一半，這是英國人的聰明。我舉個例，英國內閣大臣一定要黨員。例如邱吉爾沒有學過海軍，他卻任海軍大臣。海軍部長要黨員做，海軍部的次長則要用一個懂海軍專業事務的人做。這在各個國家幾乎都一樣的。今天我們中國要學外國，要全部推翻中國自己的，爲甚麼不學學外國，我也用你的一半。他覺得中國考試制度好，只用一半。今天我們學外國，部長重要的要用黨員，外交部長不懂外交不要緊，用個職業外交家做次長幫忙，他是經過考試來的。職業外交家的好處，你不能隨便罷免他，除非他犯法，否則他可以一直做下去。一個部長不一定可以一直做下去，他要隨著政黨執政而更換的。

諸位讀古書，古書要能對今天有用。我們學歷史，讀了歷史書，可以看看我們現在政府裏的制度，是外國制度好，還是中國制度好，還是中國歷史上的制度好？你要懂得比較。今天西方英國人學中國，考試制度學一半，次級的官可以由考試取來。中國人再來學英國，譬如英國郵政人員要考的，郵政制度規定考上郵務官，可以做到老。海關制度要考的，考取海關的人員可以做一輩子。我們從前沒有郵務、沒有海關，如學英國人，大概今天中國的海關人員、郵務人員由考試來可以做一輩子。中國人從前做官由考試可做一輩子，沒有後顧之憂。犯了大法，要殺頭；犯了小法，可以降級，還是保有職務。所以中國讀書人一考試及格做了官，一輩子生活問題解決了，那麼你應該好好的做事。今天的中國人要罵，說這種是官僚，做官怎可做一輩子。尼克森做美國大總統下臺了，萬一生活發生問題，怎麼辦？這也是個問題。所以照外國人這樣，要有了錢才能去做官，不然四年、六年下台怎麼辦？安格紐做美國副總統下來，為解決生活，去做阿拉伯人經濟顧問。阿拉伯人賣石油，賺了許多美鈔，要在美國投資，請安格紐做他們的商業顧問，幫阿拉伯人介紹生意。一個副總統下來，做這樣的職業，這是我們中國人所看不起的。

諸位讀書，不能知古而不知今；可是還要懂得反過來，也不能知今而不知古。今天不都是對，昨天也不都是不對。中國人本來是用選舉制度，漢朝就是選舉制度，由選舉制裏補充加上考試以後變成考試制度。要進政府，全部經過考試，這是正途出身。政治上只能有皇帝一人不經選舉考試，皇位可以一路傳下去；也只有大兒子可以接位，此外的兒子可以討一份財產。下面做官的絕對要經考試，政府是公開的。諸位可以去查考，漢武帝以後下逮清朝末年，做宰相的究竟甚麼出身？有沒有不經考試的？今天我們的考試院，是有其名無其實。高等考試，文官考試，不過取得一個資格而已。至於政府的大官，其實並不憑考試來。中國人看不起中國的良法。如你在外國取得一博士學位回來，那可以任大官。這不能詳細講了。……………………………………

❾

我們這個班上有許多位是三民主義研究所的，你們研究三民主義，不能只讀三民主義。要瞭解中國的考試制度，要讀中國全部歷史，不然你不懂，讀了全部中國史，你纔敢講話。你不敢講話，研究三民主義有甚麼用？你們是大學畢了業，再到我班上來讀書的，我不希望你們只做一個不敢講話的人。或許你們要說，研究三民主義還要讀二十五史，我沒有這個工夫，讀懂了歷史，還要我開口講話，我沒有這麼傻。那麼你們何必讀三民主義呢？規規矩矩讀秦漢史、隋唐史，讀經學史，不好嗎？國家治國要照三民主義，三民主義只是一本薄薄的書，又是白話文，那個人不會讀，何需大學畢了業進研究所來專門研究？今天我要告訴你們，我不是看輕孫中山先生的三民主義，我是崇拜三民主義的，可是我認爲今天大家不懂三民主義。

唐朝人都是考試，唐摭言上有一段記載：

> 唐太宗嘗私幸端門，見新進士綴行而出，喜曰：「天下英雄入吾彀中矣！」

因爲唐太宗講了這樣一句話，五四運動以來，中國人於是罵考試制度是愚民政策，專制政治。其實唐太宗好名，不僅是好當代之名，他還好後世之名，要以後的人說他是個好皇帝，所以他要治

❾ 編者案：此處有部分內容失錄。

好國家。要治好國家，就要天下英雄都到他那裏去，治國才有辦法。從前南朝門第制度不要考的，姓王的、姓謝的永遠做大官，下級門第中人要爬上去可是真難。到了唐太宗，不管姓甚麼都要考，天下統一了，大家來考，所以說「天下英雄入吾彀中矣」。唐太宗是一個「公天下」之心，是一個要後世萬代傳名的心。光是他有這樣一個心，在中國歷史上就了不起。考試要統一，於是來五經正義。可惜唐太宗這句話近代人不懂，卻拿了這句話來罵中國的考試制度。

現代孫中山先生也定考試制度，所以那時中國大陸的學術界便批評孫中山。我從前在大陸教書，有好多學生罵孫中山，他們說毛澤東再差，他學馬克思，至少他懂得要學外國；孫中山卻要講中國正統，然而堯、舜、禹、湯、文、武、周公不值得再回顧，所以大家情願相信共產黨。毛澤東說，中國共產主義是「民族主義的共產主義」。當時中國大陸年輕人，有許多擁護共產黨，就爲這一點，認爲他有道理。今天還要講現代史，我不知道應該怎麼講。現代史要面對現實問題，今天的讀書人逃避現實，所志也不大。大學畢了業，再拿到一張碩士、博士學位文憑，可以到大學任講師，升副教授、教授，一輩子到退休。所知就是這樣，這將害了下一代。你們受了上一代的害，也照這樣害下一代。下一代中間就有你自己的兒女，這樣下去，中國還能存在嗎？我認爲三民主義是一本偉大的書，但是中國社會今天並不真看重三民主義，大家內心或認爲它不成一套學問，在學術上没有地位。要如何才能把三民主義建立成大家公認的學術思想、政治哲學中的一部份，則有待信仰三民主義的人來努力了。今天中國青年好像不到外國去留學，就不能做才俊。你們進了文學院，又學的中國思想，那麼中國的一綫希望就在你們身上。將來總該有個改革，怎麼改革法？我不知道，這要看你們將來的努力。

二

唐朝人考試考經學，經書的內容不同，有大有小，有容易讀有難讀，所以唐朝人的考試制度把經分成大經、中經、小經三種。禮記、春秋左氏傳是大經；詩經、周禮、儀禮是中經；易經、尚書、春秋公羊傳、春秋穀梁傳是小經。唐朝考試制度經書分等，可說比漢朝人進步了；漢朝五經則是平等的。唐朝考試分等，於是有人只讀這經，不讀那經，這是第一點。第二點：漢朝、唐朝都是中國統一的兩個大皇朝，可是漢、唐兩朝的社會不同。諸位要懂得中國兩千年來不斷有變化，至少讀了中國史，該懂得一點，中國人不是頑固的，不是守舊的，中國人永遠有變化的。或許諸位認爲這個變化只是退步，然而這又是另一個問題。至少你們不要認爲只有西洋歷史才有變化，中國歷史則從來無變化。

我舉一個例。在「做人」上，唐朝人看重的是什麼？從魏晉南北朝到唐朝，做人有三個典範：一是孔子，一是老子，一是釋迦牟尼。唐朝人覺得最偉大的是學佛教釋迦牟尼。不出家做和尚，在朝廷做官也可以，雖貴爲宰相，往往到休沐日要去和尚寺與大和尚談談做人道理。裴度是唐朝第一等大宰相，他相信佛教，他手下用了韓愈，韓愈卻是最反對佛教的。中國古人光是這一點，就了不起。唐朝人第一看重佛教，第二講老莊。老子姓李，唐朝皇帝也姓李，遂說老子是他們的祖宗。皇帝看重佛教、道教，社會上更不用說了，孔子於是輪到第三位。這是講做人道理的思想家。

其次，唐朝以來最盛的風氣是講文學。唐朝之前，隋煬帝是個壞皇帝，他是北方人，喜歡南方，在揚州住下。隋煬帝本身是個文學家，他把政府一大臣薛道衡處死了，臨刑時隋煬帝問薛道衡還能作「空梁落燕泥」這樣的詩句嗎？隋煬帝就是欣賞他這句詩，自己作不出。其實他是妒忌薛道衡的詩寫得好。我想一個皇帝能在文學上這樣妒忌，也是少有。……………………⑩

唐朝考試一面考經學，一面考文學，分成「明經」、「進士」兩科。政府考試明經在前，進士在後；可是社會看重文學，考試報考進士不報考明經；於是到了唐高宗、武則天以後，沒有講經學的了，只講文學。不讀易經、尚書、春秋，而讀文選。所以唐朝一朝，講思想是佛教、老

⑩ 編者案：此處有部分內容失錄。

莊；普通一般人的人生，乃至於進政府的一條大路，是文學的天下，經學則並不看重。

諸位或許要問，那麼唐朝怎麼能成漢朝以後第一個大朝代呢？我建議諸位去讀兩部書：一是讀貞觀政要，一是讀杜佑通典。唐太宗與許多大臣各種談話討論的材料都保留下來，到唐玄宗時，有人根據這許多材料，來講唐太宗怎樣治天下，寫成貞觀政要一書，這書就是講唐朝立國的精神。唐太宗同大臣講的話，不是講佛教、老莊、文選，都是根據經義來講的經學。這種經學是「活經學」。到宋朝、明朝，中國做皇帝、做宰相大官的，貞觀政要是一部必讀之書。

我又要轉回頭講到從前，漢武帝以下的經學，表彰五經、罷黜百家，通經致用。諸位讀漢朝人的經學，要懂得漢朝人「通經致用」的「活經學」在那裏？在漢書、後漢書每一個人與國家大政有關的事迹中。這是活用的經學。至於當時在太學裏教經學的先生，他們的講法，到今天一字都不傳了。五經博士、十四博士，這種太學裏講的經學是甚麼？是章句之學、專家之言，爲供考試用的。所以活的、有用的真經學在政府施政上。今天我在這裏講經學，是學校的一門課，你們上課，可以得兩學分，這有如太學的專家之言。將來你們進入社會工作，能把我講的許多話來活用，這才是真學問。學校先生教課，可以關著門，像我就是關著門做學問的。你們不來，我也從不出去，與外界少交接。你們問我，我可以源源本本講經學、講史學，講治國平天下之道，但我没有實際政治經驗。你們做學問應該懂得做活的學問。

唐朝人也有一套活的經學，在那裏？在貞觀政要。我在課堂上常喜歡提出研究題目，這些年來已出了不少研究題目，主要也爲指引諸位如何來做活學問。倘使你們能自己研究經學，可以研究「從貞觀政要裏看唐代的經學」。這句話出典何處，根據甚麼這樣說的？不過這種題目都不容易研究。現在諸位或早已決定進大學、進研究所只爲自己謀一職業，至於治國平天下與你有甚麼相干？你們若無此志，也看不起傳統的中國學術，那麼你們講甚麼經學呢？

唐朝人考試，看重進士；唐朝人得意了，都講文學。那麼唐朝人的政府怎麼能維持這麼長久？我們要瞭解，第一步該讀貞觀政要，這是講的中國經學。在此我們要講到章實齋的一句話，「六經皆史也」。其實經學就是史學。漢朝人講諸子百家在學術上的大缺點，就是不講歷史。只墨子講一點歷史，不過墨子的道理太偏，有的給儒家採用去了。老子、莊子、韓非子、陰陽家都不講歷史。鄒衍講一點，他是採用儒家的話。諸子沒有史學的，而經學就是古代的史學。

我現在附帶告訴諸位，中國有本統計的書，易經、尚書、詩經、禮記、儀禮、論語等書，其中講到多少人物，都有具體的統計數字。從前我們讀四書，如讀論語，要懂得論語裏的人物。譬如孔子論語講到伯夷、叔齊，講到鄭子產、晏嬰、管仲等，一部論語講到中國歷史上多少人物，你要懂得這些人。一部左傳裏有多少人，詩經、尚書裏有多少人？你們根據這一點去讀老子，老子裏沒有人物的。莊子、韓非子還講到幾個人，都不是重要的。所以我們學經學，有兩項學問要學，一是訓詁，一是考據。這些都大有關係。

現在一般講經學，只懂文字訓詁，不懂要講考據。考據學甚麼？一要學「人物」，一要學「典故」，典章制度。講歷史要懂人物，要懂典章制度，這兩項是最重要的。講典章制度，講得最好的是杜佑通典。你們讀杜佑通典，才知道唐朝人的制度都是從漢朝人來的。而制度有好有壞，有人創立制度，有人改造制度，這就有賴人物了。杜佑在唐朝做宰相。唐朝有幾個很好的宰相，裴度是一個，杜佑也是一個，可以說他們是「通經致用」，至少他們熟悉漢朝人的歷史。

我已經講過，漢武帝當時原是沒有五經，憑空來要講五經；到唐朝人出來，不需學五經了，只要讀漢書、後漢書，種種典章制度都在裏面。經學變了，只要講史學就好了。今天我們要來提倡復興中國文化，應該提倡史學，不必講經學，經學已變成史學了。你們不能不通歷史來講尚書，來學春秋。今天要講史學，你們至少應該讀資治通鑑。我們今天要講考試制度，不讀杜佑通典，不讀史記、漢書，去讀五經，然而五經裏卻沒有考試制度。唐朝人的經學是跟著漢朝人來的一種活經學，在政府裏有此一種經學，所以當時社會上看不起五經正義。

我今天對諸位講的這種話，都是從來沒有人講過的，希望你們要懂得。今天我們的學術只在學校，政府則沒有學術的，政府墜落了。爲甚麼？今天我們一切學外國，外國政府沒有學術，可是他們大學裏有學術。而今天我們大學裏也慢慢變成沒有學術了。……………………

諸位今天是要拿「方法」來做「學問」，而我告訴諸位，應該「從學問裏產生方法」。治國平天下有一套方法，這套方法在那裏？在學問裏。學問而能活用，才有方法；學問不能活用，只能教學生，這種學問東漢就看不起。所以唐朝人雖不看重經學，不講經學，實際上是有經學的，經學在那裏？在活的「致用」方面。⓫

三

唐朝人只喜歡文學，著書立說講經學的只有陸淳，陸淳師事啖助，友趙匡，傳春秋之學，著有春秋集傳纂例、春秋微旨、春秋集傳辨疑三部書講春秋，這是一家之言。陸淳極反對左傳，他說左傳是把當時各國許多歷史材料，如講子產、講晏子及其他人的家傳，還有許多迷信講做夢、占卜等事，併起來寫成一部歷史。左傳等於後來的縱橫家言，可是左傳裏並沒有講到孔子作春秋的大義。要研究春秋，不是要研究左傳，因爲春秋的大義沒有了，所以不能根據左傳來講春秋。這是他們的講法。這個批評可以說是講得非常對。陸淳這個講法，直傳到清朝人，大體還是照這

⓫ 編者案：此處有部分內容失錄。

講法。因左傳裏講許多做夢、占卜的迷信，於是大家便說左傳不好。然而乾隆時有汪中作左氏春秋釋疑來講左傳，他說這是當時人的實際情形，當時人相信占卜、做夢、鬼神這許多迷信事，所以左傳便據實來講這些事。這也可算是一種解釋。

我們可以說唐朝人只有陸淳寫過三部講春秋的書，重要的意義就是在指出左傳裏沒有講到孔子作春秋的大義。這個意義很重要，這個批評是對的。此外唐朝沒有人寫有關經學的書，而其前魏晉南北朝人卻寫得很多。唐朝可以說是佛教、是道家、是文學，而史學就是我剛才舉的貞觀政要及杜佑通典兩部書，這兩部書就是活經學，經學也變成史學。

照這樣講法，從上面講來，唐朝是經學最衰的時代，兩漢有經學，魏晉南北朝有經學，唐朝可以說沒有經學，也可說唐朝經學已經不如史學了。今天我們要來講復興中國文化，我認爲不要讀經，只要讀史。不必定要讀漢史、唐史，應該讀宋、明、清史就懂得現在對我們最重要的是甚麼。諸位不能連近代史都不知道。照皮錫瑞的經學歷史講：唐朝是經學的「統一時代」，五經正義後來變成十三經注疏，十三經的疏大部分也是唐朝人寫的，將來中國就統一於此。其實照我講，五經正義是一個「中衰時期」的產品。在唐朝人的經疏裏，究竟是都不好呢？還是有好有壞呢？講到這個問題上，我要引朱子的一番話。

朱子有三個批評，他說五經疏裏最好的是周禮一疏，這是賈公彥作的。第二好的是詩經與小戴禮記。唐朝人五經正義裏詩經是用的毛詩，還是東漢時鄭康成的毛傳鄭箋。禮也是用的鄭康成小戴禮記的注。至於尚書、易經最差。尚書用的是所謂孔安國的僞孔傳，易經用的是王弼注，講老莊之學。

中國一路下來到清朝，別的不讀，詩經總要讀的。但是今天的人也不讀了，說它是死文學。「關關雎鳩，在河之洲，窈窕淑女，君子好逑」。這首詩，一個中學生我只要教他幾分鐘，他就能懂，怎麽說死了呢？再如另一首：「昔我往矣、楊柳依依；今我來思、雨雪霏霏。」東晉謝玄就曾說詩經三百首中，這四句最好。現在一個中學生，也只需教他幾分鐘就懂了。新文學也不是人生下來就能懂的，也要進學校一字一字認識起來。能教學生讀今天的新文藝，爲甚麽不能教他讀舊文學呢？譬如唐詩：「春眠不覺曉，處處聞啼鳥，夜來風雨聲，花落知多少。」其實對一個十歲左右的小孩，教他讀像此之類的詩句，比教新文藝容易得多。中國人原有這一套，現在大家不教不學，又有甚麽辦法！有人稱讚西洋人語言就是文學，認爲了不起。諸位從進中學就開始學英文，試問到現在諸位有幾人能直接讀莎士比亞的原著？我告訴你們，這才是死文學。莎士比亞用的字現在都不用的，書中句子也與今天不同，可是外國人看重，中國人也崇拜。莎士比亞的時代約莫相當於中國明朝湯顯祖時代，比歸有光還略晚一些。中國文學講到歸有光、湯顯祖，已沒有甚麽可講了。英國人歷史淺，覺得莎士比亞偉大，可是今天普通的英國人已經不能讀了。我想歸有光的文章，你們總容易讀吧？西洋的文字隔一段時期就變了，講話變，文字也跟著變。中國文字高明得多了，不需變的。全世界今天能讀三千年前文學的，只有中國，沒有第二個國家、第二個民族了。

今天有人主張廢除中國文字，改用羅馬字拼音。不僅大陸在講，臺灣也有人在政府裏提案，沒有人敢來批評，只好將案子放在那裏請人來研究。中國今天的學術界再不改變，不知會成甚麼樣子！國家還能長久存在嗎？可是怎麼改變呢？就得要靠你們將來的努力了。

如果諸位今天做學問只爲拿學分，取得博士學位，照這樣做學問，等你們進到大學去教書，就再也沒有辦法了。路走錯了，走上了絕路。若諸位真心要做學問，該選一條大道。倘使走小道能有成，那一個人不想走捷徑呢？今天我們的學術已可謂走到無辦法了。諸位照這種風氣下去，將來一教三年書，就要做所謂「老油條」了。你再想讀書，怎麼讀法？習慣已經養成，不容易改了。習慣有兩種，最重要的是你的「心理」習慣。倘使你做學問開始就無大志，只想謀個職業。等到職業謀到，再想改變，樣樣容易改，只有你的心不容易改。你看別人都這樣，你會想何必改變呢？你不「獨立」；你也不要「自由」；你不肯「博愛」，爲下面後一輩想想，這有甚麼辦法呢？我們應該徹底反省一下自己的心理，究竟自己是以怎樣一種心理來讀書的？倘使這個心能立刻改變過來，下面的路簡單得很。以諸位的年齡，可以繼續做三十年學問。你們教書之餘，自由的時間不少，這是一段最好做學問的時候。六十以後，你將可成一正式學者，再貢獻十年、二十年，國家民族的復興，傳統文化的復興，就靠你們了，中國將前途無窮。

第十八講

一

我屢次同諸位講學術與時代的關係，時代變，學術會跟著變；學術變，時代也會跟著變。經學也一樣。上面從兩漢、魏晉南北朝、隋唐各時代的經學大體都簡單講了。現在講到宋朝。宋朝又是歷史上一個新時代來臨。宋朝一切學術，包括經學在內，有宋朝的特點。西方人講歷史分上古、中古、近代三個時期，中國歷史也可分上古、中古、近代，不過中國歷史與西洋歷史不同，我們不能照了西歷的年代搬過來分期，這是不通的。若照中國歷史來分，中國的近代史應該從宋朝開始。倘使我們說先秦以前的中國是上古史，秦漢以後的中國是中古史，那麼宋朝以後是近代史。今天的中國還沒有大變，還是宋朝一路傳下來的。至少你們如果不懂宋朝，就不懂今天。這是一個歷史問題。

我舉一簡單例子來講。譬如說古代中國是個封建社會，有貴族，有平民。直到戰國，有秦國、楚國、齊國、魏國，都是封建貴族，下面是平民，這是中國上古史。秦漢以後的中國，則是一個大一統的政治，顯然不同了，這是中古史。我們也可以說，今天中國的政府，是跟著秦漢大一統來的，不再分許多國家。雖然上面的政府是大一統的，但是下面的社會到了東漢以後，又有大問題了。那時新的士族階級起來，我稱之爲「變相的封建」。它不是封建的，和封建不同，因爲上面有個大一統，可是政府與社會之間有個中層，就是「士族門第」，直到唐朝都如此。但從宋朝開始，政府在上層，下層社會大家平等，沒有大門第了，我稱宋朝社會爲「白衣社會」。大家穿平民服裝，他們出來考試以後，可以做到宰相，政府一切官吏都從民間來。其實漢朝、唐朝官吏也是從民間來，但漢朝、唐朝有一個士族門第，宋朝沒有了，讀書人全體是從白衣考秀才開始。所以中國從宋朝以後到清朝末年，這個社會絕對沒有一點封建的留存。當然還有皇親國戚，要封他一個王，這種不算的。好比現在英國有個皇帝，你能說他還是帝制時代嗎？這不能算的。

今天我們的社會在變，將來變成怎樣，我們不知道。也許變得同宋朝不同，也就是同我們今天不同。所以要瞭解我們今天的社會，一定要從宋朝開始。換句話講，不懂四千年的全部中國，至少要懂宋朝以下到今天一千多年的中國。我再舉一個極普通的例。今天的中國人，樣樣學西洋。西洋人從中古時期變到現代，有一個「文藝復興」時期，從意大利開始。近代的商業都市便從意大利半島開始，延伸到波羅的海，到德意志的北部，再延伸有倫敦、有巴黎；這時他們從教堂發展出來所謂「文藝復興」運動，近代歐洲即由此產生。大家認爲我們中國沒有一個文藝復興，所以只相當於西方人的中古時期，不用「黑暗」二字，而說「中國社會是個『封建社會』，中國政治是個『專制政治』」。其實這兩句話根本就不通，倘使是封建社會，就不能有專制政治；若是專制政治，就不能有封建社會。但是今天無法講得明白，大家這樣相信，有甚麼辦法呢？諸位試去讀西洋史，看看封建社會上層有沒有專制政治？有了專制政治，還許不許有封建社會存在？這在西洋史裏講得明明白白。我並不反對你們研究西洋，倘若真研究通了西洋，這許多話就說不下去的。

倘使我們定要在中國社會找一個文藝復興，就應該在宋朝。民國初年有人認爲清朝可以勉強當得西洋人的文藝復興，這是一般人的見解。這個說法不通之處，今天不能詳細講了。我要說的是，在中國找文藝復興只有宋朝。宋朝知識份子的心理狀態，知識份子的聰明，知識份子的思想路徑，與唐朝人大不同。當然唐朝與魏晉南北朝不同，魏晉南北朝與東漢不同，東漢與西漢不同，西漢與先秦不同；這個我們上面已經大概講了一點。今天要讀古人的書，該怎樣讀呢？你讀唐朝人的書，你要覺得自己如在唐朝和唐朝人在一起；讀宋朝人的書，要覺得自己如在宋朝與宋朝人在一起；這是不容易的。倘使你學歷史講文化，而能尚友千古與古人做朋友，這是人生一莫大快樂。你能知道各時代人的不同，就能超乎時代之上，心胸開了，可以不受時代的拘束。

宋朝人的思想很難講。最不好的，是清朝乾嘉以後中國有「宋學」「漢學」之分。清朝人說他們的學問是漢朝人的學問，所以稱「漢學」，與宋朝人學問不同。一般留學生在外國接受了新知識回來，還接受當時中國學者的影響，他們腦子裏遂僅知乾隆、嘉慶，並不能超出當時中國自己的傳統。當時中國重要的有一個康有爲，再一個是章太炎。章太炎是詁經精舍的學生，康有爲的先生則是朱九江。朱九江曾爲學海堂都講，康有爲雖非學海堂的學生，可是受學海堂的影響。詁經精舍和學海堂，都是阮元一個人成立的，嘉慶、道光時，阮元任浙江巡撫，立詁經精舍；後來任兩廣總督，立學海堂。中國近代經學分兩大派，康有爲、章太炎都從阮元詁經精舍和學海堂來。所以一般留學生，像胡適之等，腦子裏有乾嘉一路下來的中國傳統。乾嘉以下的經學家說，他們的經學是「漢學」，宋、元、明的經學是「宋學」，他們反宋學。一般留學生從國外回來，同樣反宋學，要尋一個中國的「文藝復興」，便找到清朝的經學。

胡適之寫了一篇文章新思潮的意義，提倡以科學方法整理國故。說科學分兩條路：一條是西方人的科學之路；一條是清朝漢學之路，這是中國人的科學方法。這條路未免太狹窄了，只研究書本上的文字、訓詁、考據。至少他們是看重乾嘉學派，他們反宋學，直到今天中國學術界反宋學，看不起理學先生道學家。

我順便講一件事。去年美國哥倫比亞大學副校長來臺，他是研究宋學的，他告訴我，他正式研究中國學問第一部書讀的是黃梨洲明夷待訪錄，於是有意來研究中國的政治制度。第二部讀的是我的中國近三百年學術史，書中第一個正式講的就是黃梨洲。他說讀我書後，才懂黃梨洲的重要不在政治理論上，還有比政治更重要的，於是他接觸到中國思想史。他說：所以他做學問是跟我的路來的。這位先生最近寫的書大概四月可以出版。他很客氣說：他的書只是寫給美國人看的。美國人認爲中國道學家理學家們心胸是關閉的，頑固守舊的。他說他覺得中國道學先生的心胸是開展的。聽他這句話，使我覺得他是讀書有得。他到臺灣來，除了和我接觸以外，沒有碰到一個講宋學的人。我看他書的注，大概百分之六十是引用日本人的資料，百分之二十引到大陸中國人的，所以真要研究中國學問，該到日本去，日本還找得到先生、朋友。大陸也還有人在討論宋學；此地沒有人。

諸位來上我課，我特別要勸你們：「知之爲知之，不知爲不知。」你沒有讀過理學家的書，你只應該說不知道，不應該隨口批評。你或說是因爲聽進了別人的批評，可是話是出自你口。我們應有自己的人格，不知道的，應該說不知道。有一年，我從香港來臺，政府爲留學生舉辦行前講習會，請我去講演。我說特別重要的只有兩句話：「你是一個中國人，到美國去，美國人問你中國，你不知道就說不知道，千萬不要隨便批評。」後來我去了美國，與一些中國留學生談天，我也是說這種話。他們認爲我是在幫政府講話，他們是反政府的，立場高，聽不進我的話。你們不要當隨便講句話沒有影響，影響大得很。照今天這樣子發展，倘使有一天我們要研究中國學問，到日本去，還可以學到一點；再隔幾年，恐怕中國青年要研究中國學問，也得到美國去了。這是我們學術界一個很可怕的現象，其實也是一個可耻的現象。

日本天理教大學是傳統研究朱子學的，前兩年天理教大學一位先生來臺接受文化學院張創辦人頒送哲士學位，他希望我能出席。我曾與他的先生通過幾次信。他在接受學位時說，自己没有資格接受這份榮譽，爲了紀念先生，他來接受學位。這些話就是中國話。現在中國人只講美國話了，「吾愛吾師，吾尤愛真理」，誰會説學問是從先生來的？真理不在先生身上，只在你自己身上。日本的天理教大學今天還保持有講朱子學的傳統。前天晚上日本天理教大學在陽明山文化學院表演中國唐朝的舞，所謂「雅樂」，我特地去看。這是唐朝人從西域傳來的，後來傳到日本。中國從古有所謂「疇人子弟」，天文、曆法、算學、音樂、農業、醫藥等，這種學問父傳子、子傳孫，也是專家之學。政府給一份薪水，一直傳下去，這就叫「王官之學」。到了唐朝，這種專家進翰林院做供奉。皇帝要聽音樂，翰林院有供奉唱歌舞蹈等。畫家也一樣，是一種專家之學。不過中國人在專家之學之上，更看重「通人」之學。這個我們姑且不講。

日本在唐朝傳去雅樂以後，直到明治維新。日本的中央政府移到東京，雅樂團體也到東京，直傳到今天。日本除了皇宮有雅樂外，第二處有雅樂的是神社。現在不僅宮廷、神社有，連大學也有，就是天理教大學。在日本他們有一定的表演時間，我去日本没有碰上他們表演。前一天晚上我曾在實踐堂看過一次表演，可是沒有看見蘭陵王，所以第二晚趕到陽明山文化學院去看。蘭陵王是中國南北朝時代的人，出去打仗戴個面具。蘭陵王舞我是在書上看到，不懂得是怎麼一回事。王國維的宋元戲曲考裏說中國戲曲遠講應從蘭陵王講起。又說中國的蘭陵王舞傳在日本，現在中國失傳了。所以我特地要去看看。看了以後，我纔懂得，懂得甚麼？懂得中國人的讀書功夫。

據我粗淺的看，我認爲這個舞一千幾百年來沒有大改變，沒有加進新的。我對中國崑曲、平劇、地方劇以及中國與西洋電影、電視、跳舞、唱歌都看過很多，至少有這方面的常識；這種蘭陵王舞很古樸，沒有加進後來的東西，這是專家之業，他保留著原來的。至於下面，再要講到它與中國戲劇，乃至於拳藝等都有關係。再有一點，他們學中國古樂的，可以到藝術學校去學西洋音樂，可是這一套是這一套，那一套是那一套，他們表演唐朝的便照唐朝。

所以我要告訴諸位，最重要的一點就是「守舊」不害「開新」。你們說現在是工商社會、原子時代了，我們中國該換新樣子，其實儘可以新，新舊可以並存，兩不相害的。證據在那裏？看日本人。日本人保留了中國過去的一套，而他比中國進步。中國工商業及不到日本。從甲午戰爭以來，中國人就吃日本人的虧。可見得你們這套理論是錯的。你們說現在我們要做一個新時代的新人了，可是你這人生自父母，你還是個舊人。「守舊」與「開新」，並非相互妨礙的，你們真心情願研究中國學問，不會妨礙今天的十大建設，彼此並不相干。我想日本人將來變到某個程度，這一套舊的又會重新出來。中國人則已如小孩離家，迷途日久，回不去了。「纍纍如喪家之狗」，這就像是我們今天的知識分子。

二

我們轉回過來講宋朝，諸位要懂得宋朝人的心情。宋朝之上是五代，再上是晚唐。中國歷史上最壞的社會莫過於晚唐，因爲唐朝社會雖有經學，有五經正義，唐朝人卻不講經學。就如我上一堂所說，唐朝政治是跟著漢朝來的，雖還算是照著經學，其實已變成史學。這一點，我們只要讀唐朝的貞觀政要，讀杜佑通典就可知道了。至於唐朝社會，講的是文學，是文選，是禪宗佛教，是道家，卻不講儒家了。而文學、禪宗、道家，這三樣組織不起一個政治，維持不起一個社會，下邊就垮下來，垮到五代。

我特別喜歡講的，五代有個大和尚，在和尚寺裏開始教小和尚讀韓昌黎集。唐朝一朝唯一闢佛的就是韓昌黎，而到了宋朝一開始，就有大和尚教小和尚讀韓昌黎集。國家社會沒有出路，沒有辦法了，怎麼再能在和尚寺裏安安頓頓做和尚呢?可是這話在宋初還能講，今天時代不同了，我們卻認爲有辦法的，只要到美國去，入美國籍，一切問題都解決了，這個國家社會便和你不相干。可是去美國入籍的人多了，美國也非垮不可。

你們倘使讀讀晚唐五代的歷史，就可體會到宋朝人初起心胸上負擔之重。宋朝起在遼之後，宋太祖得天下，燕雲十六州早已歸遼。遼不像匈奴，不像突厥，他有中國人幫忙，胡漢合作的。宋太宗要同遼國打，一打就吃了敗仗。所以宋朝人有內憂外患，這是第一點。第二點宋朝人窮。我所講的「白衣」都是窮書生，沒有包袱，思想是開展的。如果也像魏晉南北朝姓王的、姓謝的十幾代傳下來一個大門第，你的負擔就大了，就顧不得其他，要爲這個門第負責了。宋朝人起來，中國已經一起垮了，政治垮了，社會垮了，學術思想垮了。宋朝人是平地拔起。宋朝皇帝也是開從古以來中國沒有的風氣，平地拔起。一個皇帝跟前的衛隊長，小兵一擁立，黃袍加身，做了皇帝。這不是從宋太祖開始，五代就是這樣。五代以前，唐朝就已這樣的。唐朝是擁立藩鎮，五代宋朝是擁你做皇帝。宋太祖出來，這個國家社會怎樣能站起來，立得住？當時每一個知識分子的心裏，同漢高祖手下一批人的心裏想的完全不同了。一個時代是一個時代，在這裏面慢慢產生出學者來。再有一點特別重要的，宋代有了印刷術。從前的書，要用手一字一字抄。宋朝人讀書省力了，可以印書。在這樣情況中，宋朝人開了一個新的天地。

宋學應該分兩部分講：一部分是理學家以前的宋學，一部分是理學家以後的宋學。我們現在講宋學則不分，一同講。我不是講全部宋學，只是講宋學裏的經學這一點。宋朝人到慶曆仁宗皇帝，得天下已經七八十年，對經學開始有一新風氣、新規模。其實在慶曆以前已早有端緒。你們倘使要詳細研究從宋朝開始到慶曆這一段時期的學問，這是史學裏的課題。現在我們是在史學裏只講經學部份，而經學中間也只講一大要，所以我從慶曆時期開始講。

宋朝人的聰明與漢朝人不同，也與唐朝人不同。開始時宋人是希望學漢唐，慢慢他們看不起漢唐，要重建一個新天地。第一，他們研究到經學上去。究其實也可說不是先研究經學，而是先研究文學，因爲唐朝以來只研究文學。第二，宋人研究佛學，因爲唐人研究禪宗。第三，宋人研究老莊道家，研究道藏。在宋初普通就是這三大類。宋朝人從研究文學接上去才研究到經學。

我試舉一個例。在宋人中我特別喜歡歐陽修。歐陽修自己說他年輕時在朋友的藏書中找到一部韓昌黎集，他從沒看見過這樣的文章，他向朋友要了來。歐陽修是個聰明人，他知道先要有出路；要先謀職業解決生活問題，就先要準備考試。歐陽修讀韓昌黎集是到他考試及格以後再來讀的。後來他做主考官，要人學韓昌黎做古文。從唐憲宗到宋仁宗隔了近兩百年，韓昌黎的古文運動要到歐陽修才成功。韓昌黎闢佛沒有成功，從晚唐到五代以至宋朝，還是和尚的天下。歐陽修受了韓昌黎的影響，也要闢佛。歐陽修進一步了，他寫一文叫本論，闢佛要從根本上闢起。倘使中國政治社會都上了軌道，佛教自然沒有這樣大的勢力。他一面要改革宋朝政治與社會，來做闢佛之本；一面提倡韓昌黎的古文運動。曾鞏是江西人，跟歐陽修學古文。曾鞏告訴歐陽修，他有個朋友王安石，文章很好。他拿了王安石幾篇文章給歐陽修看。歐陽修看後給王安石寫封信，說將來繼韓昌黎而起的人是你不是我。他這樣推尊王安石；可是王安石回信說，自己無意做韓昌黎，要做孟子。韓昌黎曾說「軻之死不得其傳焉」，言下他似乎認爲自己可接孟子，而王安石看不起韓昌黎，要學孟子。就拿歐陽修與王安石爲例，可知宋朝人的頭腦是不同的。換句話說，他們有反抗性，他們要創一個新天地。他們講文學是這樣，經學也一樣。漢朝人講經學，唐朝人講經學，到了宋朝人他們來另講一套，所謂「新經學」。唐太宗五經正義，宋朝人看不起的。

宋學很難講，我學宋學是從文學學起的。我喜歡韓昌黎、歐陽修、王安石，讀他們的書；讀到後來換路走了。我從王安石的文章，欣賞到他文章背後的聰明意氣，欣賞到他這個人。歐陽修崇拜韓昌黎，韓昌黎寫諫佛骨表，他來寫本論，他是對的。王安石對歐陽修說，不學韓昌黎要學孟子，這也是對的。我從這裏就來研究他們的新經學。我在很年輕時讀全祖望的宋元學案，我一字一字全部圈點過的。那時或許我也是一種反抗心理，你們說中國文化無價值，我要看看中國文化究竟有沒有價值；你們說中國是個專制政治，我要看看中國是不是專制政治；你們說中國是封建社會，我要看看中國是不是封建社會；你們說中國舊文學死了，我要看看中國舊文學究竟死了沒有。我研究舊文學，舊文學在我腦子裏總是活的。我從研究文學才轉過來研究到其他方面，所以我對歐陽修、王安石開始都是五體投地的。我讀宋元學案講到歐陽修，那時我已讀完了歐陽修全集。歐陽修有很多思想理論的文章，我很欣賞的，宋元學案裏都沒有採錄，所以我想重寫一本宋元學案，直到今天沒有達成志願。我那時的讀書計劃，要把唐宋八家的全集，一字不遺的從頭到尾讀。讀完了韓愈、柳宗元、歐陽修的全集，讀到王安石的，我才轉路了。因本來我很佩服姚惜抱的古文辭類纂，我覺得他選得很好，我所喜歡的韓昌黎文他都選了。到了王安石，我有幾篇特別喜歡的文章，古文辭類纂裏卻沒有選，我覺得姚惜抱這個選的不對，於是改變計劃。

我特別喜歡歐陽修的是他講經學。我舉一個例。歐陽修有易童子問一書講易經。那時宋朝經學剛開始，沒有人和他談易經，姑且隨便說有個童子相問。歐陽修別有秋聲賦一文，也有個童子。我一看見他的易童子問，就想到他秋聲賦中的童子。讀古書很有趣的，做學問要能慢慢進入去。我去年講的課，寫成了一本書叫雙溪獨語，其實就是學的歐陽修；我用「獨語」，沒有童子在旁問，我一個人自己在講話。我們讀書要活讀，不能死讀。一個學者，一個讀書人，他生活之孤寂，這種心理你們能懂得、能欣賞嗎？倘使不能，千萬不要做學者。你們要熱鬧，怎麼能做學問呢？莊子書載南榮趎去見老子，老子說：「子何與人偕來之眾也？」你怎麼帶了一大堆人來呢？諸位到我這裏來，心裏不知帶了多少人；不僅帶中國人，特別帶的都是一大羣外國人。有這一羣人在你腦子裏，你有什麼辦法來聽我講課？

歐陽修的易童子問講什麼問題？從古以來講易經，伏犧畫卦，文王重卦，並作卦辭，周公加上爻辭，到了孔子作十翼。易經講四聖三個時代，上古伏犧，中古文王、周公，下古孔子，共經四個聖人。歐陽修不這樣講。他說易經的繫辭傳不是孔子作的。有人和他辯論。諸位要知道，思想理論有時講不明白的。同時代人都不這樣講，歐陽修一個人要這樣講，講不明白的。學問不能講多數，不能講時代，我們做學問要能做到「人不知而不慍」，別人不了解，你不介意。當時有個湖南人姓廖，與歐陽修通信討論，歐陽修有一篇廖氏文集序，講得好極了。他說：

余嘗哀夫學者知守經以篤信，而不知僞說之亂經也，屢爲說以黜之。而學者溺其久習之傳，反駭然非余以一人之見，決千歲不可考之是非。欲奪衆人之所信，徒自守而世莫之從也！余以爲自孔子歿，至今二千歲之間，有一歐陽修者爲是說矣；又二千歲，焉知無一人焉，與修同其說也？又二千歲，將復有一人焉。然則同者至於三，則後之人不待千歲而有也。同予說者既衆，則衆人之所溺者可勝而奪也。夫六經非一世之書，其將與天地無終極而存也；以無終極視數千歲，於其間頃刻爾。是則余之有待於後者遠矣，非汲汲有求於今世也。

我當時年輕，讀到歐陽修這種話，內心的興奮難以形容。今天我講中國文化有價值，只有我一個人講；隔多少年，再來一個人講；再隔多少年，來第三個人講。三人成衆，我的話就不怕沒人信了。諸位要知道，過了這個時代，這許多人一筆圈掉了，有幾個人能保留下來？歐陽修這篇文章，我至少對人家講了不下百遍，因為我受他這篇文章的影響很大。其實不要隔一千年，甚至於不到三百年、五百年，照歐陽修這樣講易經的人便很多了。我一生最崇拜朱子，朱子對易經沒有照歐陽修講。我覺得在這一點上，朱子不及歐陽修。

三

下面我們講經學，慢慢要講到經學的內容問題上去。我今天舉一條最簡單大家容易明白的來講，可以略見宋朝人在作翻案文章。清朝人說宋朝人距離孔子已一千多年，你們的話靠不住；漢朝人距離孔子只有兩三百年，他們傳下來的話比較可信。這種話太淺薄。要講可信、不可信，應講究內容，不能說與孔子時代近這話就可信，時代遠就不可信。歐陽修易童子問裏說繫辭傳不是孔子作的，我們只舉這一篇為例，此外十翼其他的篇章，我們暫時不論。

照歐陽修的講法，這篇易繫辭傳不是一個人寫的，是多人寫了拼湊而成的。在此課開始時，我曾對你們說，戰國末年秦朝初年到漢朝，有一輩新儒家出來，像易經繫辭傳就是這輩新儒家的作品；至於那個人寫的，我們不知道了。我只講到這裏。而照歐陽修的講法，不是一個人寫的。怎麼知道的？歐陽修舉出證據。我覺得這些證據很充分。歐陽修在易童子問裏舉了繫辭傳裏五條來說明。繫辭曰：

聖人設卦觀象，繫辭焉而明吉凶。

辨吉凶者存乎辭。

聖人有以見天下之動，而觀其會通，以行其典禮，繫辭焉以斷其吉凶，是故謂之爻。

易有四象，所以示也；繫辭焉，所以告也；定之以吉凶，所以斷也。

設卦以盡情僞，繫辭焉以盡其言。

上舉五條，主要宗旨都僅是說明繫辭是用來明吉凶的。可以舉一條說就夠了，不需三反四復地講。歐陽修是懂文學的，凡是一個文學家寫文章，都懂得上面講過了，下面不必重復再講。所以歐陽修說這五條是五個人寫的，拼在一起。原來歐陽修辨易經是辨的文章，從文學去鑽研。諸位今天不懂寫文章，這就難講了。但諸位可依理來猜想，一篇文章爲甚麼要重復地老講這句話？這又不是一句特別重要的話。只舉這一條已足證明歐陽修的講法，繫辭傳不是成於一人之手。這種講法，別人無法駁的。

歐陽修易童子問又舉一條繫辭傳說：

河出圖，洛出書，聖人則之。

這是說易經的八卦是怎麼來的。這句話有大問題了。孔子論語裏有：

子曰：「鳳鳥不至，河不出圖，吾已矣夫！」

這已足證歐陽修繫辭非孔子作的說法是對的。直到清朝胡渭寫了一本易圖明辨，他詳細辨明易經裏說的河圖、洛書，都是靠不住的。朱子的易本義開始就有河圖、洛書，這一點上朱子是錯了。我要補充一句，雖然我欣賞胡渭易圖明辨一書，可是我仍佩服朱子，爲甚麼？這種道理今天不能詳講。

另一條繫辭傳說：

> 包義氏之王天下也，仰則觀象於天，俯則觀法於地，觀鳥獸之文與地之宜，近取諸身，遠取諸物，於是始作八卦。

這條也是說八卦怎麼來的，說得很好，內容我們不詳細講了。諸位要懂得，這一條同上一條，「河出圖，洛出書，聖人則之」，兩條說法是衝突的。究竟八卦是看了河圖、洛書畫的，還是「仰則觀象於天，俯則觀法於地」畫的？那個說法對？孔子是中國的大聖人，他寫文章，怎麼可以一會兒這樣說，一會兒那樣說？倘使孔子真是這樣寫的，被歐陽修這樣一講，孔子怎麼能存在到今天？在論語裏如找到類似這樣的例，孔子還能存在嗎？諸位讀朱子的書，他這一年講的與那一年講的，也有說法不同；朱子自己的思想進步了。或是朱子對這人講與對那人講的，也有說法不同；對象不同了，說的話意義也就不同。儘管如此，但絕不可以有前後自相矛盾衝突。所以歐陽修易童子問裏舉的例證，可以證明繫辭傳不是一個人寫的，當然更不必講是孔子寫的了。

你們聽我這樣講，要瞭解到歐陽修沒有講到繫辭傳的思想內容。我再換句話講，歐陽修他並不是一個大思想家，拿宋朝的思想家來比，他還不夠。然而歐陽修是一個大文學家，他的話顛撲不破。只要他在一門學問上有深入的見解，他的眼光就能看出顛撲不破的道理。不要等二千年，到今天他的話已經顛撲不破了。

易繫辭傳誰作可以說是當時一個極大的問題。到今天還有人說，講孔子思想要根據易經，那當然指根據繫辭傳了。你要根據繫辭傳，也該聽聽反對繫辭傳人的話，總該辯一辯，不能存而不論不理。至於易經繫辭傳的思想內容與孔子論語不同，這是另外一個問題，歐陽修所沒有講到的。我們聽了歐陽修的話，該再來聽聽宋朝另一個大名人司馬光的話。

司馬光比歐陽修年輕，歐陽修是前輩，司馬光是後輩。司馬光有一個呈皇帝的劄子，名論風俗劄子，說：

新進後生，口傳耳剽，讀易未識卦爻，已謂十翼非孔子之言；讀禮未知篇數，已謂周官爲戰國之書；讀詩未儘周南、召南，已謂毛鄭爲章句之學；讀春秋未知十二公，已謂三傳可束之高閣。

諸位要知道歐陽修在宋朝還了得，當時他說易繫辭非孔子作，後進小子跟著他講的人要有多少？那時別人已經照他講了，怎麼歐陽修還說要再隔二千年再來一歐陽修呢？諸位懂不懂，這種只是

「口傳耳剽」，講了等於没有講，不存在的。真能跟著歐陽修來講十翼非孔子之書的，當時没有。好比現在我們要在今天再找一個胡適之，那裏去找？至於要「全盤西化」，要「打倒孔家店」，大家都會講了，諸位真能傳他的學問嗎？差得太遠。諸位要懂得人該自立。當時大家已經都在那裏講了，司馬光卻搖頭，他對這班新進後生跟著大講十翼非孔子之書搖頭。

周禮又是一個大問題。宋朝已有人講周禮是戰國之書，新進後生讀禮未分篇數，已跟著說周官是戰國的書了。周官究竟是周公治國平天下的書，還是戰國的書，還是後來劉歆僞造的書？這是經學上一個大問題。讀詩經周南、召南没讀完，新進後生已經會講毛公、鄭玄僅是一種章句之學。讀春秋魯國十二公的名字都不知道，新進後生已經會說三傳可束之高閣。所以司馬光要對當時的社會風俗感嘆了。

司馬光如果生在今天，不知他會怎麼講了。諸位二十五史一本都没有讀完，已經說中國兩千年是一個封建社會，是一個專制政治；讀中國書，文言文能看得懂的不多，已經說中國文字要不得；没有讀過詩經、楚辭、文選、古文辭類纂，已經說中國舊文學是死文學了。像此之類，司馬光的話恰如針對我們今天的社會情況而發。近代中國從宋朝開始，我們今天是學到了宋朝的毛病。這些毛病唐朝不會有，漢朝更不會有。

我們可以想像到宋朝人的風氣，宋朝的風氣都在那裏做翻案文章。其實司馬光自己也一樣，他寫了一書名疑孟，說孟子也不對。司馬光自己也是在這個風氣中。我很欣賞他們能自由思想，能開創一個新天地。諸位現在也贊成自由思想，開創新天地，那麼爲甚麼要排斥宋儒呢？今天真要照你們的理想，你們應該看重宋朝人的話，不應該看重清朝人的話，宋朝人另開了一個天地。司馬光是二程夫子的朋友，與王安石同一時代。就在這種風氣下，產生了理學家。有關這些下回再詳細講。清朝人批評程夫子、朱夫子，說他們不該補大學。宋朝人本有這一作風。後來人罵宋朝人是道學先生，頑固、守舊、閉塞，其實宋朝道學先生比起後來人，他們的思想活潑開明多了。

四

經學到宋朝換樣子了。我欣賞歐陽修，我同時欣賞司馬光，我又欣賞王安石。我們今天只知道有孔子、墨子、老子等等，因爲這種思想近於希臘人。五四運動以來，大家喜歡講先秦諸子，認爲漢武帝表彰五經，罷黜百家，孔子定於一尊，下面中國就不行了。這種講法真是胡說。魏晉南北朝隋唐都不尊孔子，尊孔子也有各種尊法。宋朝人的思想還不自由嗎？你與我不同，我與他不同，然而大家都是好朋友。可是宋朝衰弱，沒有唐朝這樣的武功。諸位看不起宋朝，要富國强兵便該學唐朝。中國近代章太炎曾說：我們今天怎能學漢朝、唐朝，我們應該學宋朝。我很欣賞他這話。我想諸位今天不要學歐陽修，該先學司馬光的話，讀詩經，周南、召南讀一遍；讀春秋，魯國十二公記一記；讀禮，要知道有周禮、儀禮、小戴禮記，各種篇數要清楚；讀易經，六十四卦三百八十四爻，先弄清楚。

今天我講的是理學家未起來以前，宋仁宗時的宋朝。以後的知識分子講經學，開了一個新天地。各家各派不相同，可是他們都是朋友。諸位恐怕不知道宋朝學術界是這樣情形。諸位一聽見宋朝理學家，以爲就是講孔子。今天我舉的這幾條，你們聽了，就會覺得宋朝一開頭，社會上學術風氣風起雲湧。唐朝人開頭是貞觀政要，漢武帝開頭是董仲舒天人對策，都是當時社會上沒有的。宋朝爲甚麼會這樣？我剛才已經講了，第一點，都是白衣了。第二點，印刷術發明了，思想澎湃。這是理學家未興起以前的經學，至於理學家興起以後的經學，我們下面慢慢再講。

今天我們要來講經學，是要照漢朝人講呢，還是照唐朝人講，還是照宋朝人講，還是照清朝人講，還是我們自己另外有個講法呢？有一朋友來看我，他說今天我們提倡孔孟就要提倡六經。我說這個話我不敢贊同，我對經學就沒有完全懂，我問他懂了沒有？我們自己都沒有懂，怎麼來提倡讀經呢？我說經學只能在文學院的研究所可以講。今天我們這門課我不叫「經學史」，也不叫「經學通論」，我叫「經學大要」，就是說這門課只是最簡單的初步介紹。你們倘使要讀經學，我想你們非費二十年、三十年功夫跑不進去，所以我不提倡你們讀經學。我今天提倡的只是一點，就是「你們不知道的不要亂開口」，只這一點而已。你們能學到這一點，就好了。不必去附和別人，也不必去批評反對別人。倘使今天的知識分子能懂得「金人三緘其口」，能懂得承認「我不知道」，那麼中國下面有希望了。你們不肯承認不知道，怎麼辦呢？論語孔子說：

有鄙夫問於我，空空如也；我叩其兩端而竭焉。

有人問孔子，孔子反問他，這邊問了，再問那邊。你們可以學孔子的辦法，有人要提倡讀經，你問他怎樣提倡法，看他怎麼說；你翻過來再問：倘使不讀六經，對孔子的道理能講不能講呢？問你的人他自己也明白了。你們不懂問，聽他的「口傳」，而你則「耳剽」，把他的話當成自己的，再傳出去，這固然不對；你不聽他的，你來批評他、反對他，你一樣的無知。

我們要研究出宋朝人怎麼會開這種新風氣，他們的知識、聰明怎麼來的？這是個大問題。宋朝人認為漢朝、唐朝講孔子沒有講對，講春秋三傳、講周禮、詩經都不對，他們另來一套。今天我們只懂提倡先秦，不懂提倡宋朝，這是我們的沒有知識。

下面將要講理學家。我們已經講了理學家以前的宋朝儒生，專舉經學部份講。倘使要我講政治，宋朝人花樣多了；倘使要我講文學，宋朝人花樣又多了；倘使要我講史學，我佩服兩部書：一是司馬溫公的資治通鑑，一是歐陽修的新五代史。我是一個不失為現代人的中國人，我喜歡宋朝人。也可以說我對宋朝人多懂一點，對漢朝人、唐朝人的社會懂得少一點；當然我對清朝人懂得更多。你們學歷史，特別學思想，要懂學「活思想」；不要學「死思想」。講到歐陽修，腦子裏要有個歐陽修；講到司馬溫公，腦子裏要有個司馬溫公。我雖畫不出，可是歐陽修、司馬溫公的性情生活，我覺得出是怎麼一回事。我們讀書要讀到這種地方去。所以你們多讀書，對你們總是有好處，沒有壞處。你們書也讀得不少，讀的多是不相干的，抓不到要領，沒有找到做學問的大道。

我認爲宋朝是中國的文藝復興，宋朝是現代中國的開始。明天以後的中國學問，要從宋朝作起。而宋朝不能從理學家作起，要從理學家前面的作起。諸位聽了我今天所講，對於經學的一種新風氣，總該已經大概知道一點了。

第十九講

一

諸位要懂得我上課，不是和你們講一門學問，我等於在和你們講我自己一輩子的生活，甚至於可以說在講我自己的生命。我自己認爲我的生命，就是跑進了學術裏去，是與學術結合的。我常要批評近代人，批評社會上種種觀點、種種風氣，因爲我自己就在這裏面成長。我年輕時在鄉村，就有「五四」新文化運動，這種風氣影響多大！可是我没有被這種風氣包圍，我從風氣中鑽了出來。我聽了他們講，再去看書，不覺得他們批評得對。所以我碰到機會就要講這些問題，這是我生命中間碰到的艱難痛苦，而我跑過來了，衝過了這關。或許是他們對，我錯。可是我的一生和這一個大風潮，是一種生命的搏鬥，這樣才鑽過來的。

現在講到宋朝，這是我特別喜歡的，我自覺好像在這個時代碰到最多的先生，最多的朋友。周濂溪講：

聖希天，賢希聖，士希賢。

我們人是有等級的。這不是指大學畢業、碩士、博士這種等級。「士」以下是普通人，只要衣食溫飽一輩子就過去了。可是我們中國人特別重要的在人中間有「士」，就是讀書人，或說知識分子；他希望學做一個賢人，賢人希望學做一個聖人，聖人希望學一個最高的真理，就是學天。我自己是想做個士，不想做一普通人，不知道你們想做那一等人？孔子說：

士志於道，而恥惡衣惡食者，未足與議也。

可以說我從小孩起，從不考慮到穿衣服、吃東西這些事，我自己認為我一輩子經濟生活不在意下。我是「士希賢」，不敢說學做聖人，聖人太難了。孔子大聖，孟子還只能算亞聖。我希賢，我所希的賢特別就在宋朝。當然別的朝代也有。有許多等於是我的先生，等於是我的朋友，我總是希望能學到他們。

上一次我特別提出司馬溫公，他也是我特別欣賞的一個人。司馬溫公論風俗劄子講宋朝的風俗，批評那時的一輩讀書人種種不好的毛病。我們可以看出宋朝人在當時的一種風氣，而這是一種新的風氣。我們只講學術，學術中只講經學，宋朝人在經學上開了一個新的天地。易繫辭是不是孔子作的？這是個大問題，從前沒有人懷疑，不會提出這樣的話來。歐陽修說，孔子到他一千多年，他第一個提出這話。再隔一千多年，難道天地間產生不出第二個歐陽修嗎？這是中國人的觀念。孟子就講過「聖人與我同類者」，「人皆可以為堯舜」，顏淵說：「舜何人也，予何人也，有為者亦若是。」中國人要學「人」，與西方人不同。西方人向上帝、耶穌學，在教堂祈禱。我們中國人要讓賢人去學聖人，聖人可以希天。「五十而知天命」，只有孔子一個人。所以孟子明明白白的說：「乃我願，則學孔子也。」歐陽修退一步講，再隔幾千年，等有了三個歐陽修，三人成衆，他的話就不怕別人不信了。古人這種對人生的觀念，等如是一種信仰，所以多讀了中國書，可不需要宗教。今天你們能想到三十年、三百年以後嗎？今天的人根本沒有這種觀念，沒有這種信仰的。

我年輕時讀到歐陽修這篇廖氏文集序，受到極大影響。歐陽修的話從那裏來？他是讀書有得讀來的，做學問做來的。我這門課的參考書，雖是選用了皮錫瑞的，可是我並不看重他的書。皮錫瑞一輩子用功經學，但是清朝人的經學可說是無足取。皮錫瑞說繫辭傳並不是孔子寫的，是孔子的學生拼湊起來的。這就是講的歐陽修的話。我上一堂舉出五條繫辭傳裏講「繫辭」兩個字，照皮錫瑞經學通論的講法都相通的，它並不是指這篇繫辭傳，而是講卦辭、爻辭。「繫辭焉而明吉凶」的意思是聖人設卦觀象以後繫上卦爻辭來明吉凶。

從前人講卦辭是文王作的，爻辭是周公作的；也有人講卦辭、爻辭都是周公作的。現在皮錫瑞說這個「繫辭」才是孔子作的，繫辭傳則並不是孔子的。皮錫瑞這話比起歐陽修的話講得更明確。從前說易經四聖，有文王、有周公；皮錫瑞這樣一講，文王、周公便取消了。他承認繫辭傳不是孔子作的，那麼孔子做了甚麼？他說孔子作了卦辭、爻辭。那麼文王、周公做了甚麼？他說沒有做甚麼。這個說法裏又有問題了。所以一部易經，就這一個問題已千古聚訟，是經學上一個大問題，這筆官司還沒打完。我們今天不能詳細講了。

至於說周官不是周公所作，是戰國之書，這又是個大問題。今天這個問題也沒有解決。近代學術界在清末民初一位孫詒讓，他一生有周禮正義、墨子閒詁兩部大著作，他還會講龜甲文。清朝講經學，講子學的很多，可是周禮、墨子這兩部書沒有人講，孫詒讓來講。孫詒讓可以說是清朝學者中最後的殿軍，以後沒有像他這樣的學者了。你們要讀墨子，若不讀墨子閒詁，便讀不通墨子。但是我們可以說，不讀墨子不足爲害，不要緊的。孫詒讓一輩子的精力用來注一部墨子，這部書只能說是一種工具書，也可說是參考書。讀書不能只讀工具書、參考書的。今天的人讀書，只懂工具書、參考書，連論語、孟子也當成工具書、參考書來讀。我們要喝茶，這個茶杯不過是裝茶的一個工具，不能代替茶。現在的風氣，是把圖書館的書，一律都當工具書來讀。你們不要忽略我這話，忽略我這話你要迷途的。我是指點你們走出迷津，迷途要知返。

孫詒讓爲甚麼注墨子？第一，墨子難讀，別人沒有注過墨子。第二，因爲耶穌教講天、講上帝。中國只有墨子講天，講上帝。所以孫詒讓花了大工夫來注墨子。當時墨子盛行就爲這個道理。胡適之沒有去美國以前，他讀過墨子，也是受當時風氣影響。胡適之在美國的博士論文就講墨子。他回到中國來，說他出國時只看見一部梁啟超講的墨子，現在回來還只有這本書，中國學術界無進步。為甚麼胡適之不提孫詒讓的書？孫書實也了不起，但孫書是工具書、參考書，是個茶杯不是茶；梁啟超講的則是墨子哲學思想。後來胡適之寫中國哲學史大綱一書，人家批評他寫得最好的就是講墨子。可知他沒有接觸到中國文化大傳統。我到北京大學去教書，那時文學院的學生還肯讀書，可是十個人中有八個人讀墨子，沒有人讀論語。我問他們為甚麼都讀墨子呢？他們說論語大家讀的，墨子沒有人讀，他們要「新」。我說照你們這樣，再隔幾年，墨子大家讀，論語變成沒人讀了，又要反過來講論語了；你們這話不成理論。到今天，諸位在座的恐怕讀過論語的多，讀過墨子的少。一共才只有多少年，我的話已證明是說對了。諸位不能這樣讀書的。

孫詒讓的周禮正義諸位或許沒有看過，他花的工夫更大。為甚麼他要注周禮呢？因為西方有所謂柏拉圖的「理想國」。有人說中國也要一部理想國，周禮是那時中國人看重的理想國。孫詒讓是清朝末年中國講舊學一個第一等的學者，其實他的腦子裏也受了西方影響。可見這種問題不能專怪到胡適之一個人身上去。胡適之比我只差幾年，大家同一個時代，我從生下來到今天，中國的學術思想都在西方的影響之下。我所認識的老一輩人讀中國書的，大家也早不讀周禮了。周禮究竟是一部周公的書呢？還是一部戰國之書呢？這是一個大問題。我已經告訴你們，我寫了劉向歆父子年譜講今文經學不對，於是許多人以為我是講古文經學的。其實我並不講古文經學，我只說今文經學不對。於是那年年假我從北京回到蘇州，寫了一篇周官著作時代考，我就是要告訴人家，我也不是講古文學的。周禮是古文經學，而我認爲它是戰國晚年之書，不是劉歆假造的，也不是周公的書。周官著作時代考所講這個問題，實際上宋朝人已提出來了。

第三講到詩經。詩經三百首是不是應該照毛公、鄭玄的講法？這又是一個大問題。五經中間我勸你們總要讀一經，就是詩經。詩經是三千年前中國一部文學書，是第一流的文學書。全世界要找一部三千年前的文學，而今天還能讀的，只有中國的詩經，你們不讀實太可惜。英國文學莎士比亞最多只有四百年，詩經三千年，加了多少倍。講到這些，我自己心裏總不免要憤慨。今天的中國人，中國書能讀他不要讀，硬說是死文學讀不懂，有甚麼法子呢。那麼你們讀莎士比亞，難道能從頭到尾都懂嗎？其實一樣讀不懂，但是西洋的書讀不懂你們肯拼命，你們大家佩服，可以唬人。讀中國三千年前的文學，沒有人佩服，也唬不了人。這種心理是沒有辦法的。

詩經第一首是「關關睢鳩，在河之洲」。我們真要研究文學，要懂「本事」，要研究甚麼時候、甚麼情形之下，甚麼人寫的這首詩？這是一首詩的本事。今天這一點我們也不懂，只爲投稿而寫，爲賺稿費而寫；進一步爲求多一些讀者。現在的新文學，你不必去懂他的本事，他爲「興趣」，並沒有「志趣」，不知道爲甚麼寫，沒有了意義，就失去了價值。寫書一定要問爲甚麼寫。我剛才已講孫詒讓爲甚麼寫墨子閒詁、周禮正義。再如曹雪芹爲甚麼要寫紅樓夢？施耐菴爲甚麼要寫水滸傳？我都會講。連小說我都可以講到爲甚麼要寫。今天你們做學問寫書，只爲求博士學位，一無價值的。你們該懂得比較，這種爲職業、爲賺錢出品的東西，沒有甚麼意義。

關雎這詩爲何而寫？「詩言志」，詩的背後要知有寫詩這個人。毛傳說：這是周文王稱讚后妃之德，所以寫這首詩。對不對？從前人不都這樣講，毛公一家之言。講詩經除毛公外，還有齊、魯、韓三家詩。西漢到東漢，詩經立博士官的「今文經」就是這三家。不立博士的，社會上流行，叫「古文經」，毛詩即是。東漢人看重古文不看重今文，換言之，不看重政府提倡的，看重民間自己研究的。鄭玄就是這樣，他注詩經不照太學裏齊、魯、韓詩，他用民間的毛詩，所以有毛傳鄭箋。這些我們已經講過了。到魏晉南北朝，詩經只讀鄭玄的，唐五經正義的詩經就是鄭玄的注，詩經慢慢傳下，不叫詩經，就叫毛詩，直到今天還是這部毛詩。齊、魯、韓三家講關雎這首詩不這樣講的，說這首詩是周康王時的。爲甚麼周康王時的人要寫這首詩？因爲周康王初做皇帝時，早上遲起床，有人作這首詩來諷勸。這首詩不是「頌」，不是「美」，而是一個「刺」。不過這位詩人講話很和緩，不講康王，講他太太；也不直講，只說我們一個人要找個好太太。鄭玄注毛詩，他也採用齊、魯、韓三家，不過鄭玄要寫箋，主要是用毛詩。這一條鄭玄就是用的毛詩，不是用齊、魯、韓三家的。

到了宋朝，宋朝人就提出問題來了。歐陽修寫了詩本義一書。我們看他的書名，就知他要講詩經本來的意義。歐陽修說：這第一首詩是刺不是美。唐太宗五經正義，「正」者，「定」義，要成定論。歐陽修說這並非定論，他要尋詩經本來意義是甚麼，所以要問：毛公、鄭玄的學問是不是也是一種章句之學呢？今文學家是章句之學，當時人看重古文學家。鄭玄是古文學家，宋朝人說像鄭玄這樣講詩經，是不是也是一種章句之學呢？這句話夠高明。五經正義裏就有鄭玄的注，我們去讀鄭玄的注，還不是一種章句之學麼？對於詩經，宋朝人又提出了大問題。

至於春秋呢？春秋是該照公羊傳講，或照穀梁傳講，或照古文學家的左傳講？這是個問題。現在到了宋朝，又出新花樣了；說只要研究經，不要去管傳，三傳可以束之高閣。這個問題直到今天。研究孔子的經，是不是一定要照傳，還是不一定照傳？宋朝人提出這個問題來。

這些問題我們今天不能詳細講，只舉司馬光論風俗劄子裏所舉的這幾條，都是經學裏最重大的問題，這些問題不解決，經學怎麼講？今天我們的孔孟學會主張第一重要是提倡經學，認爲我們要講古文化，便要講經學。那麼提倡經學要不要讀春秋呢？春秋怎麼讀法呢？這個問題先要有人來討論。是照公羊傳呢、還是照穀梁傳呢、還是照左傳呢、還是三個都不照呢、還是三個都要照呢？該怎麼辦？可見宋朝人至少對經學用了一番心。可以說從來歷史上講經學史，沒有引起這許多大問題，拿來再討論。今天的人，一句話就要批倒宋朝人，說宋朝人的學問是「空疏」的。我想像民國以來這六十幾年的中國人都不讀書，才是真正的空疏。或許不能說不讀書，讀的只是外國書，批評的是中國書，一樣是空疏。我只學歐陽修一人，他寫過多少書，光看歐陽文忠集有多少分量，他學問之廣深浩博，真可令人佩服。

我再講一件歐陽修的故事，我年輕時受他大影響，這故事始終留在我腦海裏。歐陽修老年辭了官，住在河南潁州西湖旁，每天晚上讀書到深夜，他太太同他開玩笑說：你這樣用功，是怕明天去上學，先生要罵你嗎？歐陽修說：我不是怕先生罵我，我是怕將來的人笑我。歐陽修自己知道，他的書一定會傳下去，萬一書中有錯，趁自己沒有死，還可以補充一點，不要留給後人取笑。我拿歐陽修這話，配上他寫的廖氏文集序，說再隔幾千年可有三個歐陽修，我覺得他自從年輕時拿到韓昌黎的集子，一輩子在努力用功。若有人拿歐陽修寫的書抄一遍，像今天人這種樣子的生活，怕一輩子都抄不完。現代人聰明，不要學歐陽修了，笑他「空疏」。好在不是笑他一個人，笑宋朝一朝都是空疏。我認識許多朋友，他們在大學教書，著書立說，講宋朝人空疏。我想今天人的學問怎麼能同宋朝人比。今天人的人生觀，對宇宙人生的信仰，對自己的抱負，都沒有了。他們認爲現在是原子時代了，只管今天，不必管明天。人生是不是能這樣？宋朝人是農村社會人的觀念，中國舊文化不是守舊，他們講明天。……⑫

⑫ 編者案：此處有部分內容失錄。

二

我再要講一個人劉公是。全謝山公是先生文鈔序曰：

> 有宋諸家，廬陵（歐陽修）、南豐（曾鞏）、臨川（王安石），所謂深于經者也，而皆心折于公是先生。蓋先生于書無所不窺，尤篤志經術，多自得于先聖。所著七經小傳、春秋五書，經苑中莫與抗。故其文雄深雅健，摹春秋公、穀兩家，大、小戴記，皆能神肖。當時先生亦自負獨步，虎視一時。雖歐公尚以不讀書爲所誚，而歐公不敢怨之。

劉公是寫了一部講經學的書，他很謙虛自稱七經小傳，七部經是尚書、毛詩、周禮、儀禮、小戴禮記、公羊春秋六部，第七部是論語。直從漢朝起，漢武帝表彰五經，論語是小學讀本，在鄉村開荒讀論語；到大學，論語便不在內，十四博士裏没有論語。唐朝五經正義以至九經也没有論語。現在劉公是拿論語同其他經書放在一起稱「七經」。我特別欣賞他的是，七經裏没有易經，而加上論語。到今天有人不懂，還說提倡孔子思想不必讀論語，要學易經。劉公是這人有思想、有頭腦，現在論語已變成「經」了。你們讀經學歷史、讀宋元學案，恐怕都没有注意到唐朝以前論語不算經，要到宋朝以後才將論語視爲經。這是一件極爲重要的大事，是宋朝人對中國文化學術思想史立的大功。漢武帝時也講孔子，不過是在五經上尊重孔子，不在論語上尊孔子。論語容易讀，「子曰：學而時習之，不亦說乎？」大家能讀，所以漢朝時論語是小學讀本，到了太學就要讀五經了。大家只知論語容易讀的方面，不知道論語難讀的方面。諸位若真有大志作大學問，我不反對研究經學，可是我並不提倡讀經。只是論語這部書，你們卻非讀不可。

七經小傳不大，你們可以去翻翻看他怎麼講論語的。劉公是與歐陽修是朋友，我舉兩條劉公是與歐陽修討論論語的話講給你們聽。這兩條問答收在宋元學案裏。第一條：

永叔問曰：「人之性必善，然則孔子謂『上智與下愚不移』，可乎？」劉子曰：「可。愚智非善惡也。雖有下愚之人，不害于爲善。善者，親親、尊尊而已矣。孔子謂子貢曰：『女與回也孰愈？』對曰：『賜也聞一以知二，回也聞一以知十。』然則其亦有聞十而知一、聞百而知一、聞千而知一者矣。愚智之不可移如此。」

歐陽修因爲孔子「上智與下愚不移」這句話，對儒家講性善說起了疑，認爲人性不都是善的。劉公是說孔子講的是智愚，不是講的善惡，下愚的人一樣可以爲善。我想只要「愚智非善惡也」這一句話，劉公是就可笑歐陽修不讀書，故而善惡與智愚分不開。另有一條問答：

永叔曰：「以人性爲善，道不可廢；以人性爲惡，道不可廢；以人性爲善惡混，道不可廢；……然則學者雖毋言性可也。」劉子曰：「仁義，性也；禮樂，情也。以人性爲仁義，猶以人情爲禮樂也。非人情，無所作禮樂；非人性，無所明仁義。性者，仁義之本；

情者，禮樂之本也。聖人惟欲道之達于天下，是以貴本。今本在性而勿言，是欲導其流而塞其源，食其實而伐其根也。夫不以道之不明爲言，而以言之不及爲說，此不可以明道而惑于言道，不可以無言而迷于有言者也。」

歐陽修說講人性善，要講人生大道；講人性惡，一樣要講人生大道；講人性善惡混，還是要講人生大道。那麼只講人生大道就好，不必去辨性善、性惡。辨不明白，我們就人生講人生就行了。歐陽修有歐陽修的見解。劉公是說不對，人生大道的根本是「性」，不講性善，人生大道那裏來？

諸位注意聽，這些問題都是宋朝以後到今天的問題。漢朝人、唐朝人不講這些的，宋朝人才鑽到了學術思想最高的大問題上。宋朝人是凌空了，清朝人不會這樣講的。宋朝人是講思想，清朝人講訓詁、考據、校勘，講的是材料。今天的人做學問是做的材料之學，並沒有做思想義理之學。宋朝人講思想、講義理，我們卻認爲是空疏的。今天做學問都要有內容，一篇論文二十萬字，講點甚麼內容呢？對思想義理有沒有關係呢？今天要講思想怎麼講？我很同情諸位生在這個時代，是很難做學問的。倘使要做，你要先立志，要能往前衝。要能衝破這個時代，不然不要做學問。那裏是馬馬虎虎、輕輕鬆鬆就可以做學問的。孟子說：「待文王而後興者凡民也，若夫豪傑之士，雖無文王猶興。」今天諸位肯做學問，不失爲一個豪傑之士。我自認雖非豪傑，至少懂得欣賞豪傑。大家這樣，我不這樣，我可以反潮流。今天的潮流應該反。大家不讀書，要講學問怎麼講？大家罵宋朝人空疏，究竟怎麼空疏？今天的人不會讀劉公是的七經小傳，沒讀過宋朝人的書，罵宋朝人空疏，自己才是真空疏。

三

第三人要講到王荊公了。我對王荊公也是極端欣賞。前面我們已講過歐陽修推尊王荊公，說他將來可以繼韓昌黎。王荊公說自己不想學韓昌黎，要學孟子。當時歐陽修已是大官了，王荊公只是青年後輩。宋朝人這種態度，其實我們今天倒有點像。你不佩服我，我不佩服你；你批評我，我批評你；而我們今天卻看不起宋朝人。漢、唐、明、清幾個大一統時代，都比宋朝像樣。宋朝的政治、社會，前不能比漢、唐，後不能比明、清，然而宋朝的讀書人就在這個環境中產生出來。孟子進孔廟是王荊公的主張。王荊公做宰相，他提倡祀孟子於孔廟。王荊公的文學且不講；他寫了一部三經新義，這是他的經學。唐朝考試要考詩賦文學，宋朝開始要考經義。經義應該有個標準，王荊公不照五經正義，他定一套三經新義。今天我們喜歡講「新」，宋朝人就是提倡「新」。漢朝人、清朝人不講新，他們講「舊」。今天我們要講新，可是我們卻崇拜清朝，不崇拜宋朝。

王荆公的三經新義，三經是詩經、尚書、周禮，他不講易經，不講春秋。後來人罵王荆公，因爲他説春秋是「斷爛朝報」。這話是不是王荆公説的，還有問題，暫且不論。王荆公説春秋等於是一種政府公報。爲甚麼是政府公報？春秋時魯國的史官拿各國大事編起來，這不是政府公報嗎？中國政府看重歷史，第一，春秋時每一國有一史官，世代相傳，父傳子，子傳孫。第二，政府不能過問史官的記載。春秋時齊國史官記「崔杼弒其君」，晉國史官寫「趙盾弒其君」。若殺了史官，就來第二人再寫。到了後來，唐太宗想看史官的記錄，這個史官説：

史官書人君言動，備記善惡，庶幾人君不敢爲非，未聞自取而觀之也。

史官的記載是給後人看的，究竟寫的内容如何，皇帝不能過問。你們説今天是工商時代、原子時代了，從前的中國一切要不得了；可是中國人這一種精神，今天還能找得到嗎？

「朝報」從春秋時代就有了，是用一塊塊竹簡編起來，時間久了，有的缺掉，有的破爛，剩下半塊。既已斷爛，價值已有限。王荆公崇拜孟子，孟子崇拜孔子，王荆公當然對孔子也崇拜，但就是不讀孔子的春秋，他認爲這是「斷爛朝報」。你們今天要批評中國文化，要有本領批評，像王荆公批評孔子春秋一樣，我佩服你，不要空疏瞎講。

王荆公不講易經，不講春秋，他只講尚書、詩經、周禮。歐陽修就懷疑周禮不可靠。宋朝人講法各不同，你講你的，我講我的，都是朋友，這一點我很欣賞。倘使今天你們這許多人，有人說中國文化不對，有人說中國文化對；有人說我們要提倡孔子，有人說我們不要提倡孔子，要提倡莊老，要提倡佛經，這樣慢慢即上路了。雖然沒有學問，沒有知識，大家可以討論，慢慢就有了問題，以後會產生學問。不要一窩蜂中國都不對，那就無可討論了。

王荊公相信周禮，三經新義中王荊公自己寫的是周禮新義。王荊公變法，他在經濟政策上的大改變即根據周禮。當時的人反對三經新義，司馬溫公就是其中一人。司馬溫公與王荊公兩人不僅政治上相敵對，學術上也處反對地位。王荊公最佩服孟子，司馬溫公就寫了一個書叫疑孟，他對孟子懷疑。王荊公是經學家，司馬溫公是史學家；司馬溫公看重漢唐，王荊公看不起漢唐，要講三代，這樣講經學地位更高了。宋神宗佩服王荊公，皇宮裏設有「經筵講官」爲皇帝講經，請王荊公擔任。王荊公對宋神宗說：你聽「道」應站著聽，我講「道」應該坐著講。宋神宗以爲然，皇帝便站著聽講。後來又有程伊川做經筵講官，也是坐講，皇帝站著聽。試問外國歷史裏能找到這樣的故事嗎？今天中國人罵中國是專制皇帝，我想有這樣一個專制皇帝也滿令人崇拜的。到司馬光做經筵講官，皇帝要站著聽，司馬光說：你是君，我是臣；你坐著聽，我站著講，我應該尊君。對不對？也對。司馬溫公是要叫大家懂得「尊君」。

我再講一個司馬溫公的故事。司馬溫公同王荊公當時齊名，是朋友，可是兩人的意見不合。後來王荊公做宰相，司馬溫公的話宋神宗不聽，可是對他非常敬重。司馬溫公不做官退下來，他去編資治通鑑，帶了一個書局回洛陽去編書，化了十九年寫成。司馬溫公在洛陽有一個花園叫獨樂園，窮則獨善其身，現在政治既與我不合，只能獨樂其樂，所以取名「獨樂園」。一個朋友去看司馬溫公，那天他不在家，看門的老頭子說：「君實先生出去了。」客人說：你怎麼叫他「君實先生」呢？你應該稱官名，他在朝廷上做過很高的官。客人走了，司馬溫公回來，看門的改口了，稱司馬溫公的官銜。司馬溫公見到這位朋友說，你來一趟我家，把我的老家人教壞了。這種故事，今天還有嗎？這種叫甚麼？叫「人格」，叫「道德」。今天我們討厭道德，然而像司馬溫公這樣的人不可敬嗎？我們不必研究宋朝人的經學、史學、文學、思想、義理，只要看看宋朝人一條條的小筆記，我想唐虞三代以來找不到的。宋朝跟我們相隔近，有許多小故事是偉大的。

清朝末年梁啟超戊戌變法失敗逃到日本，寫了中國六大政治家一書，其中有個王荊公。這本書我很喜歡看，可是我看了生出一個反感。王荊公到後來被人批評，梁啟超幫他洗刷冤枉。王荊公是好不錯，可是不能把司馬溫公講得一文不值。這也可以代表今天的學風。其實可以兩個人各有是非，你佩服王荊公，也可對司馬溫公一樣佩服。倘使你們喜歡批評人，我勸你們學學宋朝人。司馬溫公批評王荊公的三經新義，他說並不是你書的內容錯，但是你不能拿政府的命令來規定這三部書作爲考試的唯一標準。這種批評真高。你書中那裏講錯了，那裏講對了，這是另外一個問題；講得再好，政府不能拿這個一家之言作爲國家考試的標準。可見司馬溫公也不會拿五經正義作爲唯一標準。這裏便見宋朝人頭腦之開通。經學應該尊重，考試應該考，但不必要政府規定一個標準。大家如都照這個標準，不必讀別的書了。這是中國人的理論，這就叫「學術自由」、「思想自由」，不能定一個一家之言的標準。王荊公到了晚年也後悔了；他說：

欲變學究爲秀才，不謂變秀才爲學究也。

唐朝人考試有各種科目，一種是考學究，一種是考秀才。學究者，「學究一經」。報名投考時，選定考公羊春秋或毛詩或其他。選定一經，就考這一經，叫「學究一經」。唐朝人考經書，上下文中間缺一行或缺幾個字，要你填出來；這種考試只是注重記憶背誦。記憶背誦是應該要的，但不應該爲著記憶背誦而忽略思想，思想是重要的。今天我們的風氣要講思想，而我們做學問卻又不看重思想，至少我們的考試絕不看重思想。一切考試，進大學這樣考，博士學位也一樣考，不管你裏面的思想。今天我們說是要思想，心裏認爲「學究」要不得，但大家今天就是在學「學究」。你學歷史系，你學究歷史，文學、哲學都不管；你在歷史系學宋史，你學究宋史，漢、唐、明、清都不管；宋史裏你研究政治制度，那麼你學究宋代政治，宋朝經濟、社會、文化、教育都不管。找一個題目，二十萬、三十萬字寫一篇論文，還不是等同「學究一經」嗎？

王荊公就是看不起這種學究，他的意思是要拿學究變成秀才。秀才是考聰明，要能通。王荊公定了三經新義，人家只要讀三經新義來考就行了，這不是把秀才都變成學究了嗎？諸位且莫自己看不起自己，你們中間有秀才，但你現在硬要做學究，就沒有辦法。也不是你自己要做，現在的制度、社會風氣，只許做學究，這叫「專門」。專門還不就是「學究一經」嗎？專講材料找參考書，甚麼都不通。王荊公自己晚年也後悔，可是王荊公的理論是對的，考試不要考文學，應該考經學；經學要考大義，不要考記誦；這都是對的。

四

我現在只講宋明理學沒有興起以前的宋朝。我先舉歐陽修、劉公是、王荊公、司馬溫公幾個人講，都是對經學有關係的人。現在我有一個大問題，爲甚麼到宋朝人會有這樣一套新風氣、新學問來？這是個要思想的問題。我下邊講的話是空疏的，你們或許認爲講學問要實事求是，要拿證據來。其實那能件件事都可以拿證據來？譬如王荊公要坐講，說皇帝該站著聽，這事和證據不相干的。科學精神講究拿證據，然而人生不都是科學的。胡適之說要「大膽假設，小心求證」。我從沒有大膽假設過，我喜歡司馬溫公、王荊公、歐陽文忠公、劉公是先生，我講他們，他們是活活潑潑的人，我並無假設，也不需要求證。可是胡先生講的話我都逐條小心去求證。他說中國舊文學死了，我拿詩經再來讀，「昔我往矣，楊柳依依，今我來斯，雨雪霏霏」，這容易懂，並沒有死，這種情景就像在眼前，怎麼說是死了呢？他說：中國皇帝都是專制的，我拿歷史上皇帝一個個看，像宋神宗，如說宋神宗是專制，我倒很佩服，宋神宗都聽王荊公的話。他說：崔東壁是中國偉大的史學家，我讀了許多中國史書，我覺得中國的大史學家不是崔東壁，應該是司馬遷、歐陽修、司馬光。崔東壁疑古辨僞，比宋朝人差得遠了。胡先生崇拜佩服崔東壁，看不起宋朝人。其實崔東壁就是學的宋朝人。我們今天的學術界，他們懂得欣賞清朝人中間能學宋朝的人，但一提到宋朝人，他們反而不懂了。我是讀多了中國書，讀來讀去，才會欣賞到宋朝這幾個人。皇清經解、續經解，我至少讀過十之六七，我看清朝人的書，沒有宋朝人一句話這樣的扼要，這樣的新鮮、這樣的活潑。

前期宋學中的經學講到這裏，下面要講理學家的經學。宋朝理學家的經學一路貫下，直到清朝末年。我們做學問，如能通過「時風」這一關，你自己會覺得非常痛快，好像一下子自己心開了。你們將來做學問要懂得有這樣一個境界，要能進入這樣一個境界，那麼別人懂我也好，不懂我也好；知道我也好，不知道我也好，「人不知而不慍」，自己覺得很開心。學問是要和「生命」合在一起的；如與功利合在一起，一輩子不會得意的。我們要懂得從「性情」出發來做學問。學問就是你的生命，你再有甚麼可求的呢？吃飯穿衣不是你的生命；至於名利，其實隔得更遠了。你們如果看重功利，我勸你們賺幾個錢享受生活，做一個平平常常、庸庸碌碌的人，對社會沒有大害的。最好不要讀書，讀得半通不通，隨便說話，對社會的影響就大了。

因爲我今天在報上看見有人寫文章說，在美國的中國學者，在那裏討論胡先生「大膽假設，小心求證」這兩句話，認爲是顚撲不破的。此人覺得還差一點，他在下面再加兩句，八個字變十六個字。別人說這樣更好了。我今天看見這段新聞，所以又偶然提到胡先生這兩句話來講。

我做學問沒有「大膽假設」過，也沒有「小心求證」過。做學問不是這回事。倘使眞能大膽假設，小心求證的，都是第二級、第三級以下的學問。歐陽修說，他這樣半夜三更用功，是怕後來人要笑他。這句話是大膽假設，若要小心求證，怎麼求法呢？歐陽修今天能靈魂出世來看我們在這裏是不是笑他嗎？高的學問不在這種地方。然而這句話可以盛行，說是科學思想。你們進的是文學院，不是理學院；講的也是中國文史哲學，不是科學。其實我們今天又有那幾個眞有科學精神呢？我自認有科學精神。在甚麼地方見？科學家一輩子在試驗室，我一輩子在書房。至少這一點，我有科學精神。我不是學科學的，沒有科學方法，但是科學精神我崇拜。這些做社會上名人的，一天到晚忙，能在書房的日子有多少？我今天講到歐陽修晚年說的幾句話。是我年輕時讀的筆記，始終留在我腦子裏。

第二十一講

今天接著上次講。我們可以說宋朝的經學顯然是一種新經學，與從前人講經學已經不同了。現在有一個問題。爲甚麼宋朝人能開出一種新的經學來？這個問題，可說是一凌空的問題，歷史上沒有這話。我們要講這問題，需要加上自己一種推斷，或者說是一種見識。你們學歷史，自然會碰到這樣的問題。漢武帝爲甚麼要表彰五經？我已經講出很多當時情形。任何一個時代，一定會發生這種歷史上的凌空問題。在今天來講，有一個最大的問題，倘使中國文化有價值，爲甚麼中國弄到今天這樣呢？我們這一百年來的歷史，特別是這六十幾年來的歷史，走成今天這條路，在我們腦子裏，就成了一個問題。

其實這個問題倒是容易解決。簡單一句話，倘使希臘文化有意義有價值，爲甚麼希臘亡了呢？倘使羅馬文化有意義有價值，爲甚麼羅馬亡了呢？希臘亡了，羅馬亡了，爲甚麼今天歐洲人還是推尊希臘、羅馬呢？我們要學歐洲，現在變成我們也來推尊希臘、羅馬。可見原來的問題，未必有一定的答案;可知文化與一時的歷史,中間是要分開的。

倘使我們真要研究中國怎麼會變成這樣,就應該從中國歷史,特別是中國近代史,從道光以後講到今天。爲甚麼今天中國吃這樣大的虧?這個責任是要我們近代的中國人負,不能叫古代的中國人來負,這很簡單的。

歷史上是有這種凌空的問題。今天要講宋朝人爲甚麼能開創新的經學,既與漢朝人的經學不同,又與魏晉南北朝、隋唐人的經學不同。我前面已經講過,中國的近代史應從宋代開始。爲甚麼宋朝開創了近代中國?這也是個大問題。不過這個問題要在歷史裏講,今天我是從學術史、經學史的立場來講宋朝人的經學,爲甚麼能開創一番與從前不同的新經學?我們要講這個問題,又要從頭講起。

中國的學術思想從戰國開始。戰國以前並非無學術無思想,然而戰國是一個大變動。這個思想之變要從孔子講起。這是一個大變動,只兩句話可以講完,前面都講過的。諸位不要嫌我的話重複,你們要懂得一句話可以一處用,可以十處用,意義有不同。漢朝人的學問漢書藝文志分成「六藝略」、「諸子略」,一個是「王官之學」,一個是「百家之言」,這是漢朝初年中國學術的分野。開始拿王官之學傳到民間變百家之言,孔子是第一人。孔子讀古代的書,「述而不作,信而好古」。他講古代,而拿古代的學問傳到民間來。

第二人是墨子，墨子講的學問思想與孔子大不同，可是他也根據古代。先秦學者只有孔、墨兩家是根據古代講到現代，學問傳到民間去。以後的諸子百家則並不像孔子、墨子這樣，如道家、法家、名家、陰陽家、農家、縱橫家等各家，我們讀他們的書，都不見有一個傳統，都不見他是從舊的歷史裏翻出新的來，這一點倒是與希臘人的學問有點相像。所以我們在民國早期特別喜歡講先秦諸子，可以不讀很多書。講老子，只要看老子；講莊子，只要看莊子；講法家，只要看韓非子；講名家，只要看惠施、公孫龍。先秦是這樣子的。

秦朝人起來焚書坑儒，反對以古非今，結果是不講古學只講今學，不講古代學問只講近代。秦亡，漢朝起來，覺得沒有一個傳統不好，總應該有個依據。依據甚麼呢？一切沒有根了。可是漢朝人不肯依據秦朝，於是反回去就有漢武帝表彰五經來了。這已在前面詳細分析過。當時人的心理，漢朝人說孔子「爲漢制法」，認爲孔子已幫漢朝定了治國平天下的大經大法。這就叫「經學」。

我們又得講到「六藝略」「諸子略」。漢武帝表彰五經，罷黜百家，諸子沒有了。漢朝人沒有了諸子，只剩一個儒家，只剩六經；連儒家都不看重，看重的是六經。所以漢朝人的天下，是經學的天下。漢武帝以後治國平天下，根據五經，此外學問沒有了。漢書藝文志中諸子略不要了，而在漢朝以後學問中間慢慢地首先分出史學來。經學就是史學。漢朝人推尊經學，就是要知道從前的歷史。太史公司馬遷史記在漢書藝文志裏放在六藝略孔子春秋的下面，太史公自己也說他學孔子春秋，可見那時並無獨立的史學，史學就是經學。可是慢慢地史學成立了，等於我們一棵樹大幹長出了新枝來。特別到東漢以後，班固有漢書，荀悅有漢紀，以後歷史書不斷地出來。我們只要看三國志，陳壽是三國時蜀人，他在西晉初寫三國志，在他以前已有幾十家在講三國時的歷史，陳壽寫得尤簡要；又過了百餘年，裴松之注三國志，他拿這些人寫的歷史都注進了三國志。現在這些書多半都失傳了，可是我們只要根據裴松之的注就可知當時的史學之興盛。倘使我們再看下邊隋書經籍志，歷史書又不知有多少。到魏晉南北朝，經學以外有史學了。

至於文學呢？古代的人沒有獨立的文學。孔子、莊子、孟子等，他們不是要寫篇文章。就是屈原，滿心忠君愛國，不得意來寫離騷，他並不是要做個文學家。諸位或說古代早有文學，古詩三百首就是文學。可是古代人的觀念裏不當他是文學。「文學」兩字獨立的觀念沒有的。到漢朝時有賦了，有辭賦家言。我們現在人的觀念說那是文學。詩經下面有楚辭，楚辭下面有漢賦，講文學史的人都這樣講的。這是我們今天沒有真懂歷史才這樣講。說詩經三百首是文學，屈原學詩經三百首作楚辭，司馬相如等人又學屈原作漢賦；這不是當時歷史的真相。

講歷史要懂得講到凌空去，研究古代，只知古代，不知近代，這才是學歷史的人最大的聰明。學漢朝歷史，漢朝以後都不知道，知道的也要放在一旁。你們能有這個本領嗎？今天的人學任何一種學問都無法忘掉近代，而真做學問有一個秘訣，你要能親身跑進那個時代去，不要只拿自己放在旁邊。所以做學問最可寶貴的就是你們年輕人，因還未進社會，一路進中學進大學，腦子裏只有做學問，此外甚麼都不知道，這樣始能讀書做學問。可是今天時代風氣變了，今天的小孩子外邊的事都知道，每個大學生的腦子裏充滿了現代社會種種花樣，腦子裏有百分之七十、八十的花樣，只用百分之二十、三十來讀從前人的書，自然有隔膜。

漢朝人作賦怎麼來的？章實齋文史通義講得最明白。這雖沒有證據的，可是他講得通。章實齋是聰明的，他說：漢朝人的賦是跟著戰國縱橫家言的游說之辭來的。我認爲他這話實在講得萬分高明。但倘使你不讀戰國策，不讀文選中漢朝人的賦，他的話無法懂。你要讀了戰國策，讀了文選，才懂得章實齋的話講得好。我今天講經學，也是不得不講，你們沒有讀過經學的書，我的話其實還是空的，還可能隔一百年沒有人懂的。不過我講了這話，若你能照這話去讀書，就容易懂了。我在我的秦漢史一書裏，講到漢朝初年的學問，漢賦也講在裏面，特別發揮章實齋這個意見。我可以告訴諸位，我學歷史有許多聰明是欣賞章實齋而來的，他能從無問題中間發生問題。其實章實齋歷史書讀得並不多，他對於文學史的這一觀點，一百年來寫中國文學史的沒有一個懂得引用到章實齋。爲甚麼不引用到章實齋？從前人已講了，他的話有毛病。毛病在那裏？這個問題今天我們且不講。

現在我講的是觀念問題。照我講法，文學觀念的獨立從甚麼時候開始？古代人的文學獨立觀念要到三國建安曹氏父子開始。有甚麼證據？有一個證據，就是魏文帝典論論文，他說文章是「經國之大業，不朽之盛事」。他是第一個講文學可以「不朽」的，這就是文學觀念的獨立。那個時候才有五言詩，慢慢有七言詩，有文選，而這是一個開始。當然天下事沒有突然而來的，魏武帝曹操、魏文帝曹丕也受了影響，不會是突然而來的。所以東漢書特別有文苑傳；西漢書裏只有儒林傳，沒有文苑傳的。東漢人已經懂得文學要慢慢地獨立，可是真的覺醒獨立是要到建安。這是我講文學史的最大觀點。至此經學以外，又有了史學、文學。而從魏晉南北朝特別到隋唐，文學升到天上去了，大家第一要做文學家。

至於子學呢？漢武帝表彰五經，罷黜百家，大家不講諸子學了。到了東漢，政府地位在人們的心目中降下去了，所以大家看不起太學博士，而要民間來講經學，就是古文學。東漢就有人不講孔子，而來講其他諸子。於是有王充論衡，他就是近於古代諸子學的復興。王充論衡的下面就有所謂「晚漢三君」。但是還不能說子學已經復興，只可說子學在那個時候已經有復興的端倪，大家不純粹講儒學。下面到了魏晉南北朝，老莊特別興盛起來。王弼注老子，郭象注莊子，就是老莊之學再興。佛教跑進中國來，我們拿佛教當作一種宗教來講。但是另換一句話講，佛教也是一套思想，等於中國從前學問中間一派子學。南北朝到隋唐，中國思想界儒家以外，有道家、有佛家，三家並立。特別是到了唐朝，佛家居第一位，道家與孔子儒家居第二、第三位，恐怕老子的地位還在孔子之上。這就是子學。老莊、佛家的子學盛了，他們的思想比較出世，不看重現實社會人生，他們是一種出世主義，於是史學在這個時代要衰了，所以唐朝人的史學是衰的，唐朝人寫歷史、講歷史的人沒有幾個。……⑬……

簡言之，唐朝社會有經、史、子、集四種學問，而最看重則是佛學、文學，即是經、史、子、集四部中看重子學、文學，而比較看輕經學、史學。我們也可以說，唐朝這個時代的學術風氣，其實與現代社會倒是相近的。一般人講思想、講文學，整個社會講史學的人很少。今天我們的史學只是大學中一門功課，不是真的從頭到尾講天下興亡的史學。經學要講傳統，這更沒有人講了。「輕薄」這兩個字的反面是「厚重」。我們不從人品講，改從做學問的工夫講，做文學只要用輕工夫，薄薄的，你看一本書就夠了。倘使你們今天真有志於新文學，只要讀一兩個人的書，或是天天看報紙副刊，也學投稿，也會寫了。這不是只要用輕輕薄薄的工夫就夠了嗎？可是你專用功在可以輕輕薄薄的學問上，你的一切觀念會受到影響，也影響到你這個人。你們倘使要

⑬　編者案：此處有部分內容失錄。

研究經學、史學，要多讀書，工夫要用得厚重。

這「輕薄」二字是唐朝人講的，叫做「進士輕薄」。凡是考進士的人，都是輕薄的。爲甚麼？他用功簡單，這「輕薄」兩字，可以從人性格上看。我講這兩字是講作學問的工夫上來看。譬如你要學平劇，那要厚重一點，你非學十年不可；若你要學現在電視裏的歌唱做明星，學三個月就可以登臺了。一個厚重，一個輕薄，這很簡單的事。倘使我們全都空疏輕薄，怎麼來支持這整個的中國呢？那時一個中國比現在一個歐洲還大，可是到晚唐已壞得不成樣了。下面接著是五代十國，天下大亂，黑暗極了。中國五代十國就等於西洋史上的中古時期。然後宋朝人得了天下怎麼辦呢？

二

宋朝人出來第一個大敵就是遼國。遼國在宋朝之前就立國了，他已經占據了中國土地，宋朝人無可奈何。宋朝怎麼維持呢？當時的人不像漢朝，漢朝得了天下是一個大一統的政府，怎麼肯去學一個幾十年就亡國，並且是被漢朝所亡的秦朝？漢武帝是這樣子的心理。宋朝人的心理，是下面該怎麼辦？

宋朝發明了印刷術，書籍流通得廣了，所以宋朝人出來作學問，文學、史學、子學、經學四種可一同作。漢朝人出來做學問，只作經學。爲甚麼?漢朝人年輕時在家裏先讀孝經，再讀論語、爾雅，就讀這三個書;進了太學讀五經，你可以挑選一經;漢朝人再不會讀了五經，還去讀老子、莊子。漢朝人是鄉村裏出來的人，他們的學問就叫做「樸」，叫做「專家」，講師法。學易經、學尚書，博士官老師是那一個，就照他的話作學問。西漢人是鄉村子弟的純樸本色，漢朝人之可愛就在這一點上。東漢差一點，但還好。魏晉南北朝的人就遠不如漢朝人了。爲甚麼?因爲他們都是門第子弟，累代公卿大夫家裏出來的，華而不樸。這種情況從魏晉南北朝到唐朝都一樣的。

現在宋朝人出來，門第早垮了。晚唐以後，便沒有門第，變成都從鄉村來。宋朝人之可愛，就在近於漢朝人。所以中國人的學問就只有漢學、宋學，都是從平地起來的。魏晉南北朝到隋唐，是門第社會。宋朝起來，他的學問那裏來?還是接着唐朝一路下來研究文學，研究禪學，是跟著晚唐五代空疏輕薄這條路上來的。可是他們覺得這樣不對，爲甚麼?現在宋朝開國雖是個大一統，其實是已經缺了一個角，宋朝人該怎麼辦?這要宋朝的讀書人自己覺悟。你們仔細讀我的國史大綱，只有宋朝人有一種自覺，宋朝人已經學了文學、史學，學了老莊佛教的子學，他們也還要來講經學，當然和漢朝人講經學不同了。這是做學問的來路不同，漢朝人是鄉村子弟來專讀經學;宋朝人不然，他們是經、史、子、集一同讀了。今天我們要再來講經學，怎麼能再學漢朝人。時代不同了，尚書、易經和今天的時代有什麼關係？詩經有什麼關係？孔子春秋怎麼講？儀禮十七篇，與現代社會生活全不相干，怎麼講？

至此我要更進一層告訴諸位，中國人的學問是不分的。現在我講有經學、史學、子學、文學，而中國人做學問則是經、史、子、集匯通著來做的，這是一向下來都這樣的。中國人的書分經、史、子、集，中國人做學問，則不分經、史、子、集的。這是中國人與外國人做學問開始一個大不同之點。西方學問是分的，譬如希臘文學家是文學家，哲學家是哲學家，科學家是科學家，他分家的，直到今天都是分的。中國人不分的。記得我從前到美國去，曾在哈佛大學做過一次講演，我就是講中國人做學問與西方人做學問不同，當時即舉歐陽修爲例。我說歐陽修經、史、子、集四套學問，他一個人都有。你們今天要學歐陽修，你是學史學的，你不懂歐陽修這個人，又怎麼能懂得他的新唐書、新五代史。歐陽修做學問有個背景的，背景是甚麼？就是他這個人。他寫的雖是一部歷史，他這個人卻不僅是一個史學家。可是今天我們硬是要用西洋觀念來看。譬如別人說我是史學家，我實在不情願有這個名義，我不是專研究史學的。近來又有人說我，到晚年又研究理學了。我很喜歡文學，我年輕時是專研究文學開始的。我也喜歡諸子百家，經、史、子、集，我是照中國人做學問的辦法來做學問的。諸位今天進的學校是外國化了，大學課程全照外國大學，所以我們今天要提倡孔子怎麼提倡法？歷史系講孔子史學，哲學系講孔子思想，文學系就根本不讀論語。其實照我說，論語是最好的中國短篇散文。照今天我們學校的課程，照你們進學校的志願，根本接不上中國學問。現在我們的文學是走上了西洋人的路，不要讀很多書，只要寫，寫到後來他有了技巧，寫的書暢銷成名，他就是文學家了。至於哲學家呢？比較多看一點書，但他也只要有他一套思想就行。可是史學家卻麻煩了，他們要看很多書。西方做學問是分的。實際上今天的我們，時代和宋朝相近，社會和宋朝相近，我們喜歡要講「新」，要「創造」，和宋朝人的腦子一樣；而我們卻偏看不起宋朝人，說宋朝人的學問空疏。做學問便要先問，你研究的是史學呢，還是文學呢，還是哲學呢？今天人不懂宋朝人的學問，是經、史、子、集匯通的。

王荊公也是經學、文學、子學都通的。他不做宰相了，晚年住在南京鐘山，用功佛經。蘇東坡也是經、史、子、集無一不通。那時講學問是開門講的，所以宋朝人的學問可以開門。漢朝人講學問是關門講的，所以他們的學問是關門的。這兩種經學的不同，一是關門的，一是開著門的。諸位或說今天我們也開門，要講中國的，還要講西洋的。中國近代是有中西都通的人，像嚴又陵，他西洋書可以挑幾家來翻譯。他選的每一家都是大權威，每一部書都是代表作，這不簡單。社會學翻譯史賓塞的；政治學翻譯法國孟德斯鳩的；邏輯翻譯穆勒的；進化論他不翻達爾文的，翻赫胥黎的天演論。經濟學翻譯亞丹斯密的原富。嚴復的文章也寫得好。他到外國懂得挑書，他學的是海軍，在中國學海軍，到了英國還是學海軍。所以我告訴諸位，對於我們國家民族，我是十分之十的樂觀，孔子說：「焉知來者之不如今也？」中國將來自會有人才出來。難的是要改革一般人的觀念，一般人的風氣。這只能慢慢地來。

我講到宋朝人的做學問，是從經、史、子、集四部來講經學的，不像漢朝人作學問，是從經學講經學的，慢慢分出史學、文學，慢慢走出新的子學。宋朝人得天獨厚，他們那時四部學問都擺開在那裏了。……⑭……

三

我開始講過，漢朝人講經學特別重要的在「通經致用」。漢武帝表彰五經就是要通經、要致用。用在那裏？用在治國平天下的政治上。我們讀漢朝歷史，這許多大學者最可愛的一點，就是他們從鄉村出來進到學校，始終不脫鄉村本色，做人很樸。讀了大學，回到地方上去做吏，將來可以升到政府做郎。郎官出去，可以做大官，升到宰相。漢朝從宣帝以後，每一個宰相都是太學

⑭ 編者案：此處有部分內容失錄。

生，這一點是中國歷史上偉大的地方。大學教授在大學教書，學生將來做官，可以做到二千石，做到九卿三公，世界上任何一個時代、一個國家無法比的。

孫中山先生的三民主義有這樣一個想像，選舉要經過考試，考試出來的人才有被選舉的資格。總統不能隨便派個人做行政院長，先要經過國家考試。怎麼考法？孫中山先生沒有講到。現在我們研究三民主義的人，應該先去研究歷史上的考試制度，這才叫「三民主義學術化」。

漢朝人要通經致用，我們講漢朝人的經學，要看他們怎麼樣通經致用，要仔細讀兩漢書。到了魏晉南北朝、隋唐，已不再是通經致用，治國平天下只要「通史致用」。漢朝人不肯學秦朝，唐朝就要學漢朝，這就要講史學了，唐太宗得了天下，學周天子封諸侯，他要封建功臣，但他下面的羣臣反對；他們自有一套理論。漢朝人封建失敗了，晉朝人封建失敗了，今天怎麼再能封建？照中國歷史不能再封建，這是通史致用。

唐朝有一偉大的史學家，就是杜佑，他寫了一部通典，是講歷史，不是講經學。照一部周禮能治天下嗎？與其照一部周禮，不如照一部杜佑通典。要懂中國歷史上的治亂興亡，至少要研究政治；研究政治，要懂制度；研究制度，第一部偉大的書是杜佑通典。唐朝怎麼能這樣？要詳細去讀杜佑通典，研究唐朝和魏晉南北朝不同在那裏，唐朝和漢朝不同在那裏，唐朝各種制度怎麼來的？都不是從經學來，都是從史學來。所以史學要代經學而起了。

那麼我們做人呢？漢朝人是從鄉村來的，魏晉以下都是生在門第大家。門第怎麼保？要講禮。所以南朝經學只講一個禮。連和尚都講禮，和尚要教大家怎麼維持大家庭。魏晉南北朝人講孝講禮，若不講這一套，門第怎麼維持？這也是通經致用。杜佑通典中，禮有一百卷。後來因爲門第沒有了，以後的人對這一百卷便不大注意，然而除此以外，從前人也還都讀的。我們後世正因沒有門第，所以對於當時講禮的詳情便不甚瞭解了。又如「家訓」，魏晉南北朝有顏氏家訓，這也與維持門第有關。這也是通經致用。

可是宋朝不同了，宋朝讀書人多了，通經致用講到做人上來了。特別專愛講做人，這是他們和漢朝人之不同。

……………………⓯……………………

唐朝人大部分雖不做和尚，但都像個和尚，腦子裏的人生觀是佛教的一套。宋朝人則要從和尚寺裏奪回主持權，要重新領導社會怎麼做人。歐陽修取號叫「六一居士」，蘇東坡取號叫「東坡居士」，他們不作和尚，反對做和尚，而他們的別號還是用「居士」兩個字。從這一點上，可以想像到了宋朝佛教的力量還是很大，大到你自己都沒法明白，受了時代的影響而不自知。

⓯ 編者案：此處有部分內容失錄。

我們再回講上去。唐朝最反對佛教的莫過於韓昌黎，那時只有和尚稱「師」，讀書人沒有做先生的，直到今天和尚也還都稱師。這從什麼時候開始？從鄭玄以後，魏晉南北朝大門第都在家裏讀書，看不起先生了。……⑯……諸位切莫看輕了門第，譬如王羲之寫字，王徽之也寫字，王家子孫都寫字，父親、叔父、哥哥就是先生，不需再找先生。一直到唐朝，沒有先生。韓愈要做先生，寫師說，被人罵。有人去請柳宗元做先生，柳宗元在答韋中立論師道書一文說韓愈「自以爲蜀之日」，蜀地多雨少日，日出則羣犬吠日；所以他不敢爲人師。你們要知道，當時唐朝人的觀念，配得上做先生的就是和尚。韓昌黎最反對和尚，可是和尚請韓昌黎寫文章，他在文章裏對於和尚還是稱「師」。你不稱師稱他什麼？生在一個時代，洗刷不清這一個時代給你的影響。今天我舉韓昌黎、歐陽修、蘇東坡的例子，可想而知佛教在當時中國影響之大。結果下面還是反過來了。你們能在歷史裏讀到這種，至少可以增你們的勇氣，至少保留你們一個希望。縱使你的時代不能這樣，你的下一代仍可以這樣。你們對於中國文化、中國民族有沒有信心，有沒有希望呢？沒有信心，沒有希望，這就不必

⑯ 編者案：此處有部分內容失錄。

講了。我們總要有希望，那麼我們可以在這個希望裏各盡自己一份力量。

宋朝人要通經致用，但和漢朝人的通經致用不同。宋朝人從自己做人開始，他們的經學自然與從前不同。講宋朝人的經學，要從人的觀念、人的心理與社會的風氣兩面講，這是你們讀宋史看不見的。學歷史要懂得運用自己的眼光，一方面要深入到歷史的裏面去，一方面你的眼光要能在歷史的上面，要能看到文字以外的。你們要訓練這種讀書方法，不然宋朝從宋太祖、太宗、真宗一路讀到仁宗、英宗、神宗，看不出什麼來。一篇篇的本紀，一篇篇的傳，看了半天，天地大變了，你們卻沒有看出來。

四

我講宋朝是從宋仁宗、從歐陽修講起，天下太平已經七十年了。我是分兩層講的，一是理學家起來以前的宋學，一是理學家興起以後的宋學。理學家未起以前的宋學已經講完了，今天只是發揮這批宋學家爲什麼能夠這樣。現在接下去要講理學家興起以後的宋學。我不是來講理學，是講理學家興起以後的經學。這門課我只能說是幫你們開一個門，你們理學不知道，宋學不知道，經學不知道，怎麼來聽我講呢？你們若有志，可以照我的話去讀書，不要認爲聽了課就懂經學了。

中國人的學問可以說是博大融通的，經、史、子、集要匯在一起。你們只知道司馬溫公是個史學家，寫了一部資治通鑑，可是司馬溫公不只是史學，然而他表現出來的可以是史學。一個人一輩子只能寫幾本書，只能在一方面表現，他所知不止這許多，他這個人比他寫的書要偉大。我們研究中國學問，定要懂得這一點。他所表現的是完全針對著這個時代講話。譬如說我講經學，不是研究經學，是講現在這個時代對經學該持怎麼樣一種看法。我像是在這裏專唱反調。我寫國史大綱，每一句話的背後都是現代的人對歷史的講法。我是完全針對現代，我的問題都在現代上。

現在我舉另一問題來講。清朝初年顧亭林說：

古今安得別有所謂理學者？經學即理學也。

我讀顧亭林的日知錄至少讀過了三遍，第一次在我鄉村家裏，那時年輕沒有書房，也沒有書桌，在弄堂口拿一張凳子坐著讀。我記得清清楚楚，從頭到尾讀一遍。懂不懂呢？我想大概不懂的多，懂的很少。不過那時我相信曾國藩的話，他說：「書要從頭到尾讀。」我從第一句讀到最後一句。曾國藩又說：「大家讀的書我們應該讀。」其實那時大家並不都讀日知錄，可是從來的讀書人都讀日知錄的，我怎麼能不讀呢？第二次是我已到北京大學去教書，寫近三百年學術史，寫到顧亭林的一章，當然要再看日知錄。這次記不得是不是從頭到尾讀了。

藉此我又要告訴你們一句話，你們將來大部分的出路是教書。你們不要拿教書當職業，教書是你自己做學問，同其他職業不同。別的職業是犧牲了我，來爲別人。如去當個銀行會計，幫銀行算帳，算完回家才是你的自由。你們倘使有志於學，那麼教書就是長進你自己的學問。我直到今天，上課之前，没有不準備的。我的學問那裏來？從十八歲開始教書，教到今年第六十四年，我的學問是教書教出來的。因爲要教書，我自己讀書。有許多是講課時講出來的，也有許多是講課以後再去翻書得來的。所以你們要懂得「教學相長」，將來出去教書，對你自己有大好處。你們不懂教學相長，只說教書是職業，只爲拿幾個錢解決生活，那是白教。我在北京大學開講「近三百年學術史」一課，並不是近三百年學術史已事先爛熟於胸中。我也不過知道一個大綱，臨時教課臨時準備的。不教這門課，近三百年學術史一書也不一定寫得出來。

我第三次讀顧亭林日知錄是到了民國二十六年，逃難到湖南衡陽，住在南嶽半山上，每禮拜到南嶽市圖書館借書。因爲我最喜歡宋、元、明這個時代，只借商務出版的四庫全書未刊本，專看宋、元、明三朝的集子，讀完了再借顧亭林日知錄，從頭到尾又讀一遍。覺得自己當年寫近三百年學術史時，對日知錄没有這樣明白。再拿我自己的近三百年學術史顧亭林的一章來看，雖没有不妥處，只是如果再寫，可以寫得更好，最近我寫朱子學的流衍，講到顧亭林，我再讀他的日知錄，就特別注意他「經學即理學也」這句話。於是我寫了一篇顧亭林學述，講顧亭林的學問，才真明白顧亭林「經學即理學也」怎麼講的。我對顧亭林的書至少讀過三遍，才正式明白他這句話，我的近三百年學術史裏，究竟是講得籠統了。但是今天我一路講下來，我覺得我現在講的話，又不是我寫顧亭林學述這篇文章裏的話了，又再引申來講了。所以我給你們上一堂課，我自己覺得總是很高興，我是全副精神放在裏面的。或許不教這個課，不會去注意到這個問題。下面我要講到理學，而這門課主要是講經學，顧亭林這句「經學即理學」的話，我有一個更好的講法了。

孔子說：「焉知來者之不如今也？」韓昌黎也說：「弟子不必不如師，師不必賢於弟子。」所以我總說，我的講堂裏只要有一個聽我課的將來能比我高，我得到的報酬就很大了。爲國家爲民族能造就一個人才，了不得的。此外的人，聽我一句兩句，能對他發生影響，這是小影響；能出一個大師，這是大影響；大影響、小影響，都有影響。曾國藩曾說：一個人做學問，天分最多佔十分之三，工夫要占十分之七。曾國藩至少自己用過工夫，才能說出這話。他是考上進士後才正式讀書的，可是他下半段的生活都在軍隊裏，沒有一天安寧，但他畢竟也做成了學問。

讀書要得法，至少我是讀中國書得了法。第一，不像你們限定學史學就讀史學，這點我佔了便宜。我沒有進大學，不受這個影響。第二：我只要聽到一部有名的書我就讀一部。最有名的書，不超過五十部，或許四十部，也可能是三十部。我一年讀一部，讀三十年，中國第一流的幾十部大書都讀過了。所以你們如懂得「教學相長」四個字，將來出去教書就不怕了。我教了十年小學，也教了十年中學，我的學問就在這二十年裏紮下了。我一禮拜上三十六小時課。我不當學生是小孩子，我講這句，我自己去讀這句。今年教今年讀，明年再教明年再讀。慢慢學問進步了，有一種力量督促你、壓迫你。現在你們只要學問，沒有自由，將來你們要教課，那麼對你們讀書是一個最好的鞭策了。

宋朝理學開山第一人是周濂溪。他的著作只有周子通書一本，共分四十章，一共四千字左右。讀這薄薄四千字一部書，要有本領。五經最難讀的，字數都是最少的。周子通書等於論語。我讀論語最喜歡的一句是「子曰：『後生可畏，焉知來者之不如今也？』」最獲益的一句是「子曰：『不患無位，患所以立。不患莫己知，求爲可知也。』」我在小學、中學能安安頓頓教書二十年，是受了孔子這兩句話的影響。我在鄉村小學裏教書，自認爲學問很好了，但誰來理你？在中學教書，慢慢有人知道我，我要問自己能拿什麼讓人家知道呢？今天你們知道我，來旁聽我課，我也要想能拿點什麼學問教給你們？你們讀孔子論語能讀到一輩子受用嗎？現在的人，有不得一點學問，一旦有一點便趕快要拿出來，就希望讓人家知道，這樣子怎麼能成大器呢？

周子通書本來叫易通書，後來的人把「易」字拿掉，就叫「通書」，是講易經的。顧亭林講「經學即理學也」，我反過來講「理學即經學也」。周子是在那裏講經學，而講的是易經。他有一太極圖說，附在易通書裏。易通書不完全講易經，但主要是在講易經。我可以告訴你們另一句話，這話我在上學期曾經提過，清初萬斯大說：「非通諸經，不能通一經。」周濂溪易通書裏講到很多不是易經的話，他就是通了羣經來通一經，這與漢朝人做學問大不同了。他不專講易經，這就叫「創造」。漢朝人博士之學是一種章句之學；古文學家雖不講章句，像鄭康成這裏找先生，那裏找先生，一切匯通起來，他來注經，他還是一章一句在那裏注，注還是章句。章句之學一句一句的講，一字一字的講，一章一章的講，這是宋朝人看不起的，他們要匯通得其大意。沒有人爲經學來做章句，除卻一個人，就是王荊公三經新義。你們今天嚮往的就是要自出己見來講易經思想，不要一章一句照易經上來做注，這就是創造，周濂溪就是如此。

周子通書四千字直傳到今天。我想一個大學問家，一輩子只寫四千字的人，恐怕是少之又少。朱夫子寫多少書？光是文集、語類兩百幾十卷，還有其他的書。對於朱子，後人還有爭論，周濂溪則比較没有爭論。對於周濂溪的太極圖說還有爭論，周濂溪的通書則没有人批評。這不得了，只有四千字。你們倘使有興趣，先拿這四千字去讀一遍，下一堂再來聽我講。倘使我講的恰恰是你們喜歡的，你心裏不知有多開心，你從此作學問就上了路，你就有了自信。倘使我講的出乎你的心外，然而入乎你的心中，你覺得不錯，你學問也進步了。所以你們聽我講，肯回去看書，這是一個作學問的大方法，不是科學方法，是做學問的方法。倘使我還没有講，你們先去看書，這是更高的方法。你們作學問第一要有自信，第二要能虛心。如果又不虛心，又不自信，我不知道你們怎麼做學問，怎麼跟先生，這樣對自己學問不會有進步的。

第二十一講

一

我們要講到後期宋學，也就是理學家時代的經學。我的講法主要根據顧亭林「經學即理學也」這句話來講。理學家時代的經學第一個講周濂溪。他一生只有周子通書一部書，這書照理應叫易通書，主要是講易經。一共有四十章，今天我舉幾章來講。第十章志學：

聖希天、賢希聖、士希賢。伊尹、顏淵，大賢也。伊尹耻其君不爲堯舜，一夫不得其所，若撻於市；顏淵「不遷怒，不貳過」，「三月不違仁。」志伊尹之所志，學顏子之所學，過則聖，及則賢，不及則亦不失於令名。

「聖希天、賢希聖、士希賢」這三句話直傳到今天，傳誦了近一千年。今天有人的名字叫「希聖」，有人叫「希賢」。你們讀書要懂得讀書外之意，「士」下面還有農、工、商普通一般人。你們要懂得在這種地方用思想，至少讀中國書，講中國道理，要懂中國讀書人怎麼讀法的。

現在我來補充他這話。我們一個普通人，只要暖衣足食，不饑不寒，生男育女這就夠了。禽獸也要吃飽傳代，這些不在我們講的「志學」之內。原始人五十萬年、一百萬年到今天，大家有東西吃，傳宗接代，不然怎會有我們呢？這樣一想，才知我們今天要做學問，若僅爲謀職業、謀衣食，沒有意思。要有「志」，應該以「士」自居，不能以普通人自居。要立志學做賢人，否則你爲什麼一定要進大學要做學問呢？管子牧民篇講過，「倉廩實則知禮節，衣食足則知榮辱。」我們做學問，是要讓一般人有得吃有得穿，不是爲自己謀吃謀穿。所以士要希賢，賢要希聖，聖才希天，一級一級地努力向上。這種地方可以看出中國文化與西方文化大不同的所在。中國人分等級的。西洋人小孩生下就要受宗教的洗禮，直接上帝，就變成「人希天」了。中西雙方不同，所以宗教在中國是難成的。

周濂溪舉出伊尹、顏淵兩個大賢。伊尹處在那個時代，上面的政治領袖不能做到堯舜，他以爲恥；下面只要有一個人沒有吃、沒有穿，就像有人在大街上打了他兩耳光般，他受不了。此意從那裏來？從孟子來。顏淵不遷怒，不貳過。普通人生氣，生這事的氣會轉到另一事上，生這人的氣會轉到另一人身上，這叫「遷怒」。人總有過失，同一過失犯了再犯，叫「貳過」。論語孔子說只有顏淵能「不遷怒，不貳過，三月不違仁。」這需要很大的修養工夫。每個士立的志要像伊尹，做學問要像顏淵。伊尹的志是向外的，顏淵的學是向內的。學問做在人的心上，志則立在整個國家社會、世界人類。「志伊尹之所志，學顏子之所學」這兩句話，也是傳誦到今天。從前的讀書人，不一定讀理學家的書，可是普遍知道這兩句話是周濂溪講的。所謂「立言不朽」，這是我們國家民族寶貴的傳統文化。今天一般的大學生知道這兩句話的恐怕很少，知道這話是誰說的更少了。

孟子曰：「伊尹，聖之任者也。」要能恪負責任。其實宋朝就有這樣的人。范仲淹爲秀才時，以天下爲己任，「先天下之憂而憂，後天下之樂而樂」，這就是伊尹之所志，所以後來人認爲宋學第一個開山的人是范仲淹。學顏淵之所學，則要講到胡安定了。一個是政治家，一個是教育家。胡安定後來到太學做老師，出個題目「顏子所好何學論」，叫大家作文章。當時一年輕學生就是程伊川，他寫了一文很得胡安定的賞識，胡安定就請程伊川做助教。「好學」二字，出典在論語，魯哀公問孔子：你的學生中間誰最「好學」？孔子說：只有顏淵可算好學。他已死，現在沒有人了。程伊川這篇文章，直傳到今天。

一部論語，一部孟子，周濂溪挑出顏淵、伊尹兩個人。實際上在周濂溪稍前不到三十年，就有一顏淵，一伊尹，就是胡安定與范仲淹。可見一個社會文化的進步，不是一天的事。百年樹人，前面有了胡安定、范仲淹，後面才出周濂溪。我想周濂溪講「志伊尹之所志，學顏子之所學」，他的腦子裏就有胡安定與范仲淹。

「過則聖，及則賢，不及則亦不失於令名。」這話不容易懂。我們學伊尹、學顏淵，學過了頭就是聖人了，要下多少工夫去學呢？從顏淵進一步就可以做孔子，但是孔子與顏淵的差別在那裏呢？我們要下多少工夫才能瞭解呢？這只能知道有這樣一個境界，不必立刻要懂，事實上也無法立刻懂。在社會上甚或在歷史上，能有幾個顏淵，幾個伊尹？我們學到伊尹、顏淵就是賢人，學不到顏淵、伊尹，可以學做一「士」，也不失於令名。譬如諸葛亮，他淡泊明志，高臥隆中，有一點像顏淵；他鞠躬盡瘁，死而後已，又有一點像伊尹。諸葛亮雖不能與顏淵比，不能與伊尹比，但他也不失為一大賢。

　　這一條七十五個字，留傳千古，直傳到今天，我們做學問，只要學周濂溪這一條就行了。一部論語，他挑出一個顏子；一部孟子，他挑出一個伊尹，寫這樣短短七十五個字一篇文章。他這樣讀書，可以說漢朝人、唐朝人都不懂這樣貫通來讀書的。而這些話都是論語、孟子所沒有講的話。「聖希天、賢希聖、士希賢」，沒有人講過；「志伊尹之所志，學顏子之所學」，也沒有人這樣講過。但是我們要知道，周子通書是講易經的，易經以外……………………⓱

周濂溪「尋顏子、仲尼樂處，所樂何事」這兩句話也傳了近一千年了。他告訴程明道、程伊

⓱ 編者案：此處有部分內容失錄，當包括續舉周子通書數條之講解。

川兩個青年，你們去尋孔顏樂處。甚麼是孔顏樂處呢？這見於論語。孔子說：「飯疏食，飲水，曲肱而枕之，樂亦在其中矣。」孔子不是說快樂在吃粗米飯，喝白水。孔子是說雖只有粗米飯吃，一點水喝，他也可以快樂的，生活環境不能決定一切。孔子講顏淵：「一簞食，一瓢飲，在陋巷，人不堪其憂，回也不改其樂。」顏淵快樂的不是在這一盒子食物，一瓢水，住貧民窟；不過在這種生活條件下，顏淵一樣可以快樂。論語裏孔子自己說他快樂，說顏子能不改其樂，沒有說他們快樂的是甚麼。周濂溪對二程說，你們要懂得去尋孔顏的快樂是甚麼？今天我們都承認人生要有快樂，再隔一千年的人也要快樂，可是人生的快樂應該在那裏？這是一個值得思考的問題。

魏晉南北朝到隋唐五代，人生沒有甚麼快樂。你要快樂，到和尚寺、道士廟去尋快樂，聽和尚道士講道。做了皇帝、做了宰相，他也覺得不快樂。所以唐朝皇帝也好，宰相也好，一到休沐日就要去拜訪和尚，就是這個道理，他們實也要尋找人生快樂。現在周濂溪說：我們做人也有快樂。他指點二程兄弟，二程當天晚上在月光下一路開開心心的回家，程明道曾說：「自再見周茂叔後，吟風弄月以歸，有『吾與點也』之意。」他們的快樂，就如同孔子說「吾與點也」之意一樣的快樂。「吾與點也」出典也在論語。進一步的意思我不講了。

光是「尋孔顏樂處」這一句話就了不得。我們做學問應該怎麼做呢？「志伊尹之所志，學顏子之所學」，做學問的最高標準是甚麼？我們至少可學他快樂，他們怎麼樣快樂的？諸位如能懂得這樣做學問，一部論語被你讀活了，讀通了。漢朝人不會這樣講，唐朝人也不會這樣講。漢朝人樸，唐朝人信了和尚、道士的一套，覺得人生沒有意思了；至於不做和尚，有了錢，「腰纏十萬貫，騎鶴上揚州」，去找尋他的快樂了。這種是普通人追求的快樂。宋朝人有孔子、有顏淵，何必要「腰纏十萬貫，騎鶴上揚州」呢？你是一個「士」，應該學「賢」，賢應學「聖」。這個道理和普通人不必講，普通人有吃有穿，有人替你負責任還不好嗎？這儘夠了。可是你要做伊尹，那麼應該怎麼做？要懂得先學顏淵這種生活才行。這個道理，越講越深，我們就講到這裏。

周濂溪寫了這部通書，又附了一個太極圖，及一段文章太極圖說兩百多字，也是近一千年傳到今天。周濂溪的通書向來沒有人批評，不僅程朱不批評，陸王也不批評。但他的太極圖說，程明道、程伊川一輩子沒有提過，並且他倆也不稱周濂溪爲先生，他倆年輕時與周濂溪見過兩次面，談過兩次話而已。但明道、伊川走上學問的路，是因這兩次談話。

宋元學案裏引到清朝初年黃梨洲的弟弟黃晦木寫的一篇文章圖學辯惑，講周濂溪的太極圖說是得自五代道士陳摶的圖，是講養生的，應從下往上講；現在周濂溪拿來從上往下講，變成他的太極圖說了。黃晦木有憑有據，於是變成定論，周濂溪太極圖說是抄道家長生的說法。

這個講法其實是不通的。爲甚麼不通？道士的圖是這樣講上去的，周濂溪現在卻這樣講下來。道士講的是養生，濂溪講的是宇宙論、人生論，兩人講法不同。我們要批評，應該根據太極圖說的內容，不能說他的圖是抄別人的，這完全是不相干的兩件事。圖是抄的，圖裏的說法不是抄的，是周濂溪自己的講法。圖雖是一個，你可以這樣講，我可以那樣講，應問講法通不通。這種批評只是「考據之學」。這種考據有用沒有用？也是有用的。我們知道黃晦木的考據，才知道周濂溪這個圖是原來有的，是道家講養生的。但是要講「義理之學」，該問周濂溪這樣講法對不對？這是另一個問題了。到了清朝以後，就只講考據，不管義理，可見清朝人的淺薄簡單。講到這裏，我們應問周濂溪的學問那裏來的？他怎麼會抄來這個圖呢？

周濂溪是湖南人，他的家鄉有條溪叫濂溪，他做過幾任地方官，如今日的知縣官，曾到過四川、廣東等諸省，晚年到江西隱居在廬山。廬山因此有條溪，命名濂溪。周濂溪有一個詩文集，只有幾首詩、幾篇文章。或許你們讀過他的愛蓮說。他的詩裏講到陳摶。他的學問起初從陳摶得來。陳摶是五代到宋朝初年的人，是一道士，隱居在華山，到今天華山還有陳摶的古蹟。這人能講易經。周濂溪在鎮江拜訪過一個大和尚名壽涯。有人講周濂溪的學問出之於方外。後來有人又說：宋朝人的理學都是從佛教、道教裏來的。這種話都似是而非。自從唐朝到五代，講學問的只有和尚、道士。你們要問怎麼出歐陽修、王荆公、蘇東坡這許多人？他們是學韓愈。王荆公從韓愈還要學孟子，這條路是從文學的路往上去的。韓愈講儒家道統，說：

堯以是傳之舜，舜以是傳之禹……孔子傳之孟軻，軻之死，不得其傳焉。

言下之意，就是傳給我韓愈。王荊公又進一步，他不想學韓愈，直接孟子。換句話講，王荊公不如歐陽修。歐陽修從韓愈學進去，他崇拜韓愈。王荊公也從韓愈學進去，他卻說志不在韓愈。我們照後來理學家的修養來講，王荊公的性情不如歐陽修。

周濂溪不喜歡文學，他勸人不要做文學家，在他通書裏另有一篇第二十八章文辭，說：

文所以載道也，文辭藝也，道德實也。不知務道德而第以文辭爲能者，藝焉而已。

他看不起做文章，因此他不走文學的路。宋朝人開始走上做學問的路，是從文學開始。那時要闢佛、闢老，就是韓愈一條路。周濂溪不走文學這條路，然而他能從這裏面跨出來，講他的一套。他雖然從方外之學來，然而他能跳出方外之學。所以我們如果說周濂溪是一種道家言，或是一種佛家言，這是不通的。我們最多只能這樣說，他講的是儒家，而他接觸到的是道家、佛家。至於他怎麼能從方外的路轉而走上儒家這條路？這可惜我們無法講了，因爲他的資料很少，他沒有做大官，也沒有很多朋友。在周子全書裏有一條筆記說：王荊公與周濂溪相遇，暢談連日夜，王荊公退而精思至忘寢食。周濂溪學問深，王荊公並不能明白他的意思。

高深的義理不容易懂，但從平常的事情可以慢慢進一步懂得義理的高深所在。周濂溪在湖南郴縣做縣令，李初平在做郡太守，等於今日的省主席。李初平很看重周濂溪，所以不當他下屬對待。李初平知道周濂溪有學問，自己也想讀書。周濂溪說你年齡已大，不要讀書，我給你講好了。講了兩年，李初平也懂了。可見周濂溪已自成一套學問。怎麼知道？只看這段故事，就知道了。所以我們一個人要有先生，要有朋友，先生、朋友可以幫我們長進學問。並且最好有這樣一個環境。今天這些都没有了。那裏去找先生、去找朋友？你只好要自己能讀書。

從周濂溪這段故事，我們可以想像到周濂溪這個人。我們看他寫的東西，一點不覺得他用過力，這是他高明的地方。周濂溪這人很可欣賞，你讀朱子的書，一讀就知道朱子拼命一輩子用力的；讀周濂溪的書，卻不覺得他用力。譬如程明道、程伊川兄弟，伊川是一輩子用力的，哥哥程明道看不出他用力在那裏。程明道還比較容易看，周濂溪則更難看出了。周濂溪的通書與太極圖說都是講易經的，而兼通到論語、孟子。「經學即理學也」，周濂溪的理學就是從經學裏來的，不過他的經學和從前人的經學不同了。

二

理學家第二人要講到邵康節。周濂溪、邵康節同是研究易經的，兩人都比較屬於隱退的人，歐陽修、司馬光、王安石、蘇東坡都是朝廷上的政治人物，周、邵則都不是的。邵康節是河南人，在黄河北岸一個風景極好的地方叫百源山，邵康節就住在百源山。他是個孝子，對父親非常孝順。他讀書勤苦，所謂「冬不爐，夏不扇，日不再食，夜不就席者有年」。陳摶第四傳弟子李挺之已在朝廷做官，聽說康節是孝子，就去拜訪他。挺之問康節：你這樣好學篤志，情況怎麼樣？康節回答：「簡册之外，未有適也。」他的心除書本外，没有去處。挺之對康節說：「君知物理之學嗎？」又一天，挺之又對康節說：「不有性命之學乎！」這種話，從秦朝末年、漢初一路到宋朝，才懂得說簡册之外要通物理，物理之上要通性命。什麼是「物理之學」？道士就講物理之學，長生修練。中國人的水銀練丹方法傳到西方去，就是西方人的科學，化學物理。物理之學上面有「性命之學」，又歸到儒家了。孔子、孟子就講性命。我不知道陳摶的學問怎麼樣，然而陳摶的四傳弟子李挺之，光看他這幾句話，我覺得他的見解已很高。簡册之外，要通物理，就是「自然」；物理之外，要通性命，就是「人文」，文化人文學。邵康節也是一個了不得的人物，於是邵康節拜李挺之爲師。我們光是讀讀從前人的故事，就覺得其味無窮了。

邵康節事李挺之極爲禮貌，史稱「雖野店，飯必襴，坐必拜」。師生在外一小店同吃飯，康節一定要先生坐了，他拜過才吃飯。中國人這種對先生的禮貌，在儒家失傳了，在和尚、道士中尚有之。我上堂已講過，只有和尚稱師。找先生不容易。禪宗是你跑去，他一棒子打下，或以口喝就叫「棒喝」。道士不這樣，如你去跟道士學太極拳，他不隨便教你，要點香燭拜師才教。拜了師，你是學生，打你也好，罵你也好，你對先生要服從。邵康節是一個最曠達的人，然而他拜老師，卻是這樣子的。後來他到洛陽與明道、伊川在一起。他通數學，他的數學什麼都能算；康節要傳給明道、伊川兄弟，程明道說：我們怎麼能學呢？第一，至少要二十年功夫。第二，康節對先生這樣禮貌，我們不能對他如此。所以二程沒有學，康節的數學便斷了，沒有人能懂，這也是我們學術史裏千古一憾事。

那時中央政府在開封，文物薈萃之區則在洛陽。做官人退下來，無有不到洛陽的。洛陽是士大夫住家的地方，洛陽牡丹自古出名，後來遼、金、元、明、清八百年的都城在北平，賞牡丹轉到北平去了，那是每年一件大事，起初則是在洛陽。一天，商州令章惇和邵康節見面。章惇是王荆公手下一得意的人，是朝廷大官，章惇高談闊論，目中無人，對康節不知敬重。兩人談到洛陽的牡丹花，康節說你是洛陽人，應該懂得牡丹花品的高下。看見根撥而知高下者爲第一等懂得牡丹的人，看見枝葉而懂得牡丹高下的是第二等人，等見了花的蓓蕾才知牡丹高下的這是第三等人了。章惇默然，没有話講了。我想邵康節的言外之意你們都懂，花尚且分等，有上下品之別，人没有高下之别嗎？後來章惇知道邵康節的學問，想要跟他學數學。康節說可以，你須先十年不做官，我再教你。邵康節不肯教他。

邵康節的故事都有趣味，我很喜歡他。邵康節容易懂，周濂溪不容易懂。當然邵康節有的學問我們根本不懂，如他講的數學。邵康節死了，有張峪述行略曰：

先生治易、書、詩、春秋之學，窮意言象數之蘊，明皇帝王霸之運，著書十餘萬言，研精極思三十年，觀天地之消長。

康節學的是易經、詩經、尚書、春秋，還是經學。他能「窮意言象數之蘊」，做學問能懂得文章背後的言外之意，有的話書中沒有直講出來，有此意而沒講出，易繫辭傳所謂：「書不盡言，言不盡意」，他能懂得書中不盡言之意。易經是用符號來表達，就是個「象」，而同時有個「數」。我們看了六十四卦還懂得象，象背後的數，今天更不懂了。邵康節的學問能「窮意言象數之蘊」，他用到社會可以「明皇帝王霸之道」，全部歷史文化的演變，都在邵康節皇極經世一書中。我覺得張峪上面這幾句話講邵康節的學問，講得很高了。而邵康節的學問從什麼地方來的？從易經、尚書、詩經、春秋來。易經講象數，尚書、詩經、春秋講的就是皇帝王霸之學。

程伊川的大弟子楊龜山講邵康節說：

皇極之書皆孔子所未言者，然其論古今治亂成敗之變，若合符節，故不敢略之；恨未得其門而入耳。

楊龜山說邵康節皇極經世書中的話與歷史的變化就像一張合同，兩面合起來一點不錯，所以這些話雖然孔子沒有講過，他也不敢忽略，只可惜跑不進邵康節的門。古代的人真可愛，楊龜山是一代大師，他是福建人，他去洛陽跟程伊川，是賣田賣地傾家蕩產去的。從洛陽回去時，程伊川說：「吾道南矣。」楊龜山讀了邵康節的書說：「我不敢忽略他，可惜我跑不進他的門。」他這樣稱讚邵康節，到今天我們只因他這句話，更看重邵康節；同時也欣賞到楊龜山本人。

我們拿上面引的兩條文章合在一起看，邵康節做學問是用功易經、詩經、尚書、春秋，而他講的話都是孔子沒有講的。邵康節的學問清清楚楚是李挺之教的，李挺之的先生一代一代名字都很清楚，是自陳摶傳下來的。但是陳摶沒有講過皇帝王霸之學。我們從這一點可以說，宋朝理學家做學問還是從經學做的，不過他接受著外邊新思想，有和尚的、道士的。因爲從南北朝一路到隋唐五代就是這一套新思想，理學家接受過來；但他把新思想化了，變成他們自己的，這個境界就高了。今天的中國人也化了，一到外國去留學，覺得外國的都好，中國的都不好，丟棄了自己的一切去隨從別人。其實你們要學外國也可以，學美國，你就專講美國，還不致有毛病；可你偏不講美國，卻來講中國，就要出大毛病了。今天的中國人批評宋學，說宋人的學問是方外來的；試問你們的學問還不是外國來的，怎麼宋人的沒有價值，你們的就有價值了呢？現代學術界這種話，講多了，會把我們都變成第一等的蠢人，不懂怎麼用思想了。我們要講思想，在這種地方不能辨不清是非高下。

邵康節這個人的豁達大度，我們不用講了，可以說沒有人不喜歡學邵康節的。他在洛陽住的地方取名安樂窩；他沒有做官，常乘一輛小車子出遊。你們不要以爲宋明理學家就是所謂「道學先生」，叫人拘束。我想將來中國學問還是可以傳的，爲什麼？因爲外國人還有能懂中國的。我曾向你們講到美國哥倫比亞大學副校長，他研究中國宋明學問的；他說：他要告訴美國人，中國宋明理學家的心胸是開朗的。我想他這話應該對中國人講，今天中國人的聰明都窒塞的，今天的社會把人才都戕喪掉了。你們要反中國文化，其實你們反的是我們的青年，讓他們沒有前途。青年如有前途，中國文化是打不倒的。我相信中國人慢慢又會走上老路的。

三

第三人要講的是張橫渠，他也是講易經的。張橫渠是陝西人，從長安往西再過去有個小鎮叫橫渠鎮，他是這鎮上的人。范仲淹被派帶兵出關抵抗敵人，那年張橫渠十八歲，有志武事，寫了一長文呈給范仲淹，建議怎樣打敵人。范仲淹看了他的呈文，知道張橫渠將來有用，不是當小兵的人，對他說：「儒者自有名教可樂。」我今天希望你們要做個士，不要做一普通人，士與普通人是個「名」，名是要「教」的，「士希賢」，你應做個賢人。「儒者自有名教可樂」，范仲淹說你怎麼年輕輕就來講軍事呢？於是送一本中庸給張橫渠。宋朝開始就有人在講中庸，周濂溪、二程都講中庸。張橫渠受到這個影響，自此以後用功讀書。他也讀了易經。他是二程的表叔輩，到洛陽時學問已經成了，在洛陽講易經，去聽講的人很多。後來見到二程兄弟，做了朋友。他就對來學易經的人說，你們不要再來聽我講，這裏有比我更高明的人。他指的便是二程夫子。

可見張橫渠的學問還是從中庸、易經來。我不過要講出一點，就是「經學即理學也」。理學家的學問都從經學來的。

⋯⋯⋯⋯⋯⋯⋯⋯⋯⋯⋯⋯⋯⋯⋯⋯⋯⋯⋯⋯⋯⋯⋯⋯⋯⋯⋯⋯⋯⋯⋯⋯⋯⋯⋯⋯⋯⋯ ⓲ ⋯⋯⋯⋯⋯⋯⋯⋯⋯⋯⋯⋯⋯⋯⋯⋯⋯⋯⋯⋯⋯⋯⋯⋯⋯⋯⋯⋯⋯⋯⋯⋯⋯⋯⋯

我下面還要講到二程。你們或只當他們是「道學先生」。其實他們年輕時，或許比今天諸位還要活躍。張橫渠得到一部中庸，從此一轉轉進了學問裏去。程明道、程伊川聽了周濂溪一句話，覺得做學問有了一條路。他們十五、六歲還未見周濂溪以前，那時的一套生活便大不相同。明道喜歡騎馬，到山裏放矢，就如今天看的美國西部電影，聽了周濂溪一講，他變了，從此轉進做學問的路上來。

中國從前出過一個周濂溪，今天理應還可以再出個周濂溪；從前出過一個張橫渠，今天還可以出個張橫渠。什麼人來做？要你們有其志才肯學。孔子說：「焉知來者之不如今也？」我對中國文化始終抱一無窮希望，就因我崇拜孔子講的這句話。中國人這套思想，自有一極高明的境界。你們現在學外國要講「進步」，從前沒有電燈、汽車，現在有了，「物質」可以進步的，至

⓲ 編者案：此處部分內容失錄。

於「人」呢？周濂溪並不比孔子進步。所以我們要能學，對老一輩的我們要懂，對年輕一輩的我們該相信他們或許比我們更好。兩千五百年來中國人崇拜孔子，一千年來中國人崇拜周濂溪，到今天你們怎能看不起他們呢？你們要講民主，這就是民主。歷史上大家佩服的，你怎能不佩服？他們的書你看不懂，所以你要學。

我已經講了周濂溪、邵康節，下面要講張橫渠、二程。講他們五個人的什麼？是講他們這個「人」，講他們開始怎麼做學問。他們都從經學裏來的，就是所謂「經學即理學也」。這種經學，我現在給它取一名字，稱之曰「新經學」。因爲他們講經學與從前人不同，講詩經、講尚書、講易經、講春秋，宋朝人是開了新的天地。所以要知道漢朝人怎麼講經學的，其實還不如知道宋朝人更重要。而不幸我們腦子裏只懂得漢、宋之分，認爲漢朝人都是訓詁考據了不起，宋朝人都是空疏之學。你們要知道，讀一部清朝人講易經的書容易讀，要讀周濂溪、邵康節、張橫渠的易經才難讀呢！

第二十二講

一

我們上堂講到張橫渠，他做學問也是研究易經、中庸。張橫渠年輕時范仲淹送他一本中庸，他開始用功讀書。後來在洛陽講易經見到二程，他即告訴聽講人說：你們不用來聽了，這裏有比我講得更好的人，你們去聽二程的。光是這樣的故事，就見得當時所謂學者的「心胸」是怎麼一回事。

二程也非常看重橫渠。橫渠有一部著名的書叫正蒙。「正蒙」這兩個字，典出易經。但是二程對他的正蒙並不道好。正蒙裏附有兩篇文章，一篇叫東銘，一篇叫西銘，二程特別稱讚西銘，曾說西銘的說法孟子都没有講到。宋朝人推尊孟子，而二程推尊西銘，說孟子所没有講到。所以尹和靖到小程門下去讀書，在他門下半年，小程才交付大學、西銘兩部書讀，大學薄薄的一篇，西銘只有兩三百字。今天你們倘使能講一番思想、一番理論，連孟子都没講到，還了得嗎？今天你們就是要講從前人没有講到的，這個志太大了。你們認為中國人做學問都講守舊，思想定於一尊；今天新時代了，不要講傳統，只要新。宋朝也是新時代，遠離戰國已經超過一千年了。中國人並不反對新，特別是宋朝人。爲甚麼你們想學宋朝人，又看不起宋朝人呢？我想只有一句話可以解釋：今天的人無知，不讀書。

朱子一生，對於宋朝人的文章一字字作解注的有兩本書，一是周濂溪的太極圖說，一是張橫渠的西銘。朱子也看重這兩本書，我們可以看出當時的風氣，也像你們今天一樣，喜歡批評。對於張橫渠一輩子最用功的大著作正蒙，二程批評說有不對的地方；對他的西銘，卻說連孟子都沒有講到。程明道說：我自己也有這個意思，而沒有橫渠這樣的筆力，寫不出來。橫渠叫人不要來聽他講易經，有比他講得更好的人。尹和靖到伊川門上讀書，隔半年才讀到大學、西銘兩書。可見我們要批評，不能只批評別人的壞處，也該批評別人的好處，要能批評到我不如他處，這也是批評。

張橫渠還喜歡講禮。他是陝西長安附近的人，他這一派學問一路傳下來直到清末，稱作「關學」，長安關中的一套學問。因爲長安與外邊的交通差，所以關學可以一路保存下來，但是現在也沒有了。橫渠研究禮，於是他買了一塊地，一切照著中國講的禮來做。我所講宋朝人的「通經致用」，不僅是在政治上，譬如漢朝王莽、劉歆，北朝的蘇綽，宋朝王荊公，他們拿周禮來推行於天下；而張橫渠不能在政治上推行，他希望實現周禮講的一套生活。他有幾個學生是同村子裏的人，他們根據周禮來劃田，自己耕種。這也是通經致用。所以我講漢朝人通經致用是用之於政治；宋朝人通經致用是用之於自己個人，用之於鄉村、社會、家庭。

張橫渠也是一個我很喜歡的人，他說：我們晚上睡覺是不得已，疲倦了不得不睡。倘使能不睡，不是可以一天到晚、一晚到天亮的用功讀書了。這種人的堅毅，所謂堅苦卓絕，真令人欽佩。橫渠在寫正蒙時，到處都放著筆，在浴室臥室都放筆，一想到甚麼，立刻寫下，怕等會兒忘掉了。

你們讀從前人的書，先要像我講的一點一點從這種小地方去想，不是憑空想。你該回過頭來先拿自己想想，會使你得益的。思想要從這種地方去運用。

宋元學案裏有一條有關張橫渠的：

謂范巽之：「吾輩不及古人，病源何在？」巽之請問。先生曰：「此非難悟。設此語者蓋欲學者存意之不忘，庶游心浸熟，有一日脫然如大寐之得醒耳。」

張橫渠問他的學生，今人不及古人，原因何在？這句話恐怕今天的人聽不進去了，今天的中國人不肯承認不及古人。可是如果說不及外國人，誰也不敢說比外國人高。橫渠的學生不會回答，請先生指教。橫渠說：這很簡單，你先要問自己有沒有一個要學、好學的「意」。有這個意，把它存在你心裏不要忘掉，做學問只有這一個方法，沒有別的方法。你們說要學科學方法，那麼你不必到外國去，那一個科學家不是一天到晚在實驗室裏的？我曾在報上看見報導，外國的天文學家，晚上到天文臺去觀察天文，一個人拿著望遠鏡看一整晚，看到天亮，十年、二十年，忽然一天，發現了甚麼，便成名了。你要知道，全世界的天文學家每天晚上拿著望遠鏡上天文臺去觀察的有多少？偶然碰巧有一天一個人才有發現。這就叫「科學方法」，「拿證據來」。你再去看，不是證據拿給你了？你們現在一開口就說要科學方法，任何一種科學，都只有一個方法，這個方法就是要你花一輩子時間在實驗室裏。發明電燈，只是最簡單的事，但試驗過上千次。原則明白了，要試驗，這樣不對，那樣不對。最後成功了，大家卻覺得很簡單。有一個科學小故事，有人要把鷄蛋竪立在桌子上，你竪不起，他也竪不起，有位先生拿起蛋把蛋殼敲破一點，竪起來了。原來是這樣竪的，講明白了，一無價值。

張橫渠說要做學問很簡單，你只要「存意之不忘」，在你心裏記好這件事。你天天爲這件事用心，等到「游心浸熟」，你的心不能死用，要像在水裏游泳般在學問上慢慢游熟。這個「游」字不容易講明白，你們自己去做，慢慢會懂，不做怎麼懂呢？你拿部張橫渠的正蒙或是西銘來讀，讀一遍不懂，你「存意不忘」。明天再讀，再不懂，後天再讀。讀到你的心慢慢被它引動。你要學游泳，你不下水還有甚麼別的辦法呢？上課講得再清楚，你不自己跳進水裏，怎麼講都不明白。你只有浸入水中，自己慢慢試著去游，直到你的心能漸漸活動到熟了。心怎麼「熟」呢？

講不明白的。一壺水燒開總要等幾分鐘，你要讀一本一千年前的書，總得要花些時間。其實讀現代人的書一樣要花時間。要「存意之不忘，庶游心浸熟」，做學問要做到你自己在學問中能慢慢把心游熟了，那麼到有一天突然全部擺脫了，如大夢中一下子醒過來，多麼開心。這一天是那一天，誰也不能幫你寫包票，你要有一種冒險的精神。宋元學案中這幾句話雖然簡短，但趣味高深。

我們今天都像在做白日夢，有一天能突然醒回來，有多開心。我加「突然」二字，因為每一次我上課就希望你們能突然擺脫掉你們腦子裏裝滿的一些你們常說的「現在是工商社會，原子時代，外國人的思想新、進步、講求科學方法」等等時髦觀念。要脫掉這些觀念真不容易。我們做學問如不能做到「脫然如大寐之得醒」，今天當然不如古代，怎麼能同古人比。這都是自己真下過工夫的人教學生的話。

我又要講一件題外感慨的事。我有一個朋友，是讀西洋書教宗教的，最近喜歡讀中國書，幾乎讀了我每一本書。他去拜訪他的一位朋友，這人是學術界有名的人，今天在臺灣算是研究理學的。我的朋友問這位先生，看過某人的朱子新學案嗎？這位先生說：這書沒有講到六經。我的朋友把這話來告訴我。我的朱子新學案一共五冊，第四冊全冊純粹講經學，講朱子的經學，分易學、詩學、書學、春秋學、禮學、四書學、論解經、朱子與二程解經相異共八個大題目。除了第四册，還有別册中朱子講考據學、校勘學、辨僞等，我書的目錄上列得清清楚楚。這位先生根本沒有看過我的書，信口胡說。此人在學術界地位不低，像這樣的人，怎麼能做學問呢？今天我們學術界沒有人肯虛心稱道別人一句，可以自己不看書，任意胡說。這種學風怎麼能與我今天講的從前人的學風相比？你們自己決不要上及古人，這是你們無此志。倘使你們有此志，爲什麼我們不及古人，病源在那裏呢？孟子說：「非不能也，是不爲也。」這就沒有辦法了。

張橫渠堅苦卓絕的用功讀書，確實不容易做得到。其實周濂溪、二程子、甚至於前期宋學歐陽修、王荆公等，沒有一個人是一曝十寒的。現在人讀書，今天拿本書翻翻，明天便不看了。從前人讀書比我們多下了十倍、百倍工夫，除非上帝生我們比從前人聰明十倍、百倍，否則怎麼能比古人？你們要學宋學，至少周濂溪、張橫渠、邵康節、二程、朱子的書都要讀，宋元學案要讀，我的書也要讀。你們肯花兩年工夫，恐怕還沒有跑進殿堂。要懂得做學問有苦，然而也有甘，不先有這番苦，怎麼來這番甘呢？跑進門花兩年吃了苦，可是你可嚐二十年甘味、四十年甘味，不吃虧的。尋孔顏樂處，他們的快樂在那裏呢？這些題外話不能多講。

二

現在講到二程。我已經講過，他們兄弟在十幾歲時，與周濂溪見過兩次面，開了他們兩人做學問的路。伊川寫明道先生行狀曰：

自十五、六時，聞汝南周茂叔論學，遂厭科舉之習，慨然有求道之志。泛濫於諸家，出入於老釋者幾十年，返求諸六經而後得之。

二程夫子沒有承認周濂溪是他們的先生，所以稱他「茂叔」。後來講學術思想史的人則說周濂溪開出二程。重要的一點，是他們聞周茂叔論學後，「遂厭科舉之習」，對於當時的功名出身，心裏覺得沒有意思了；「慨然有求道之志」，他們才懂得做學問要求道。「慨然」兩字怎麼講？倘使這句話拿掉了「慨然」二字，讀起來就沒有情味了。有些話，意思講不盡。所以真要做學問，這種地方要能懂得用心。

二程兄弟慨然有了求道之志，於是乎泛濫於諸家，出入於老釋，自己去用心了。倘使我們拿張橫渠的話來講，二程可說是「存意不忘」。周濂溪叫他們尋孔顏樂處，他們去尋了，泛濫於諸家，像一條水泛濫沒有軌道的，一會兒這樣，一會兒那樣，出入於老釋，去尋找人生大道。要知從魏晉南北朝、隋唐五代開始，那時只有老子、釋迦在講人生大道，於是他們就到那裏去尋。沒有尋到，於是反而求之六經，而後得之。二程兄弟用功了十年，才懂得反歸儒家尋求人生大道。做學問要有一條路的。

周、邵、張、程都是宋學中後期的理學家。早期的宋學家走的路與後期宋學家走的路不同。

我們又要回到上面講歐陽修、司馬光、王荊公、蘇東坡、李泰伯等這許多人，他們當時最重要的是學文章。歐陽修第一個提倡學韓愈文。韓愈答李翊書說：

始者非三代、兩漢之書不敢觀，非聖人之志不敢存。處若忘，行若遺，儼乎其若思，茫乎其若迷。當其取於心而注於手也，惟陳言之務去。

原道篇說：

堯以是傳之舜，舜以是傳之禹，禹以是傳之湯，湯以是傳之文武周公，文武周公傳之孔子，孔子傳之孟軻，軻之死，不得其傳焉。……由周公而上，上而爲君，故其事行；由周公而下，下而爲臣，故其說長。

韓愈教人非兩漢三代之書不讀，又以道傳之孟子而止。歐陽修年輕時得韓愈書，心慕之，有意學古文，對科舉考試覺得沒有意思，但只能等考上科舉再來用功古文。要做古文，應該怎麼寫？敍述一件事，我寫一篇，你寫一篇，他寫一篇，拿來比，看那個人寫得好。這叫科學方法，不簡單的。最聰明的人，他纔懂得做最笨的工夫。早期宋學家都欽慕韓愈，從文學入門；韓愈倡導古文而能接上孔孟、五經。

周濂溪勸人不要學文章，認爲學文章浪費，玩物喪志。程明道教學生也教他們不要用心文學，曾說：

> 學者先學文，鮮有能至道；至如博觀泛濫，亦自爲害。

所以他們最不主張作文章，要走另一條路。前期宋學走文學的路，容易入門，可是文學入門總是淺的；周濂溪、程明道理學家不從文學入門，這條路迂回曲折，是深的。今天倘使中國要復興文化，可以有兩條路：一條是講文學，讀文讀詩，自己寫，容易上路。另一條直接走義理的路，泛濫於諸家，出入於老釋。明道用了十年工夫，回頭再在六經裏用功，道理就在這裏面。理學家講政治問題、經濟問題、法律問題等一切治國平天下之道，但事先要講一套做人之道，先得像像樣樣做個人才行。這一套道理講得更好，是漢朝人、唐朝人所不會講的。程明道的學問雖是自己得來的，不過得到周濂溪啟蒙。其實周濂溪、邵康節、張橫渠、程明道、程伊川都是一路的，他們不是從文學進門，所以與早期宋儒有不同。將來要到朱子，才把文學與義理兩條路合起來。

現在我舉幾條程伊川的話來講。伊川說：

> 古之學者，先由經以識義理。蓋始學時，盡是傳授。後之學者，卻須先識義理，方始看得經。蓋不得傳授之意云耳。如易繫辭，所以解易。今人須看了易，方始看繫辭。

伊川說，從前人是先讀了經書，才懂得義理，是先生傳給學生。現在則要先懂義理才能去讀經。這個義理怎麼懂的呢？我想程伊川的意思是，不能走從經學來懂義理的老路，而是要懂了義理回過頭來讀經學。義理怎麼懂呢？伊川語錄說：

解義理若一面靠書策，何由得居之安、資之深？不惟自失，兼以誤人。

「居之安、資之深」見於孟子。我們在一個地方住下，要能住得安安頓頓，住在別人家或住旅館，都不能久住，居之不安的。我們做學問要能做到入了門有個地方安下來。「居之安」了，還要「資之深」。資本是拿來用的，有了本錢要懂如何運用。用有深用、有淺用，一切的用都一樣，有深有淺；做學問要講人生的道理，更有深淺之不同。「居之安、資之深」，這六個字，孟子解說得很透徹。他說：

君子深造之以道，欲其自得之也。自得之，則居之安。居之安，則資之深。資之深，則取之左右逢其源。故君子欲其自得之也。

可知做學問的道理專靠書本是無法居之安、資之深的。所謂「一面靠書冊」，「一面」兩字就是指偏於一面，專靠書本。這樣做學問，不惟自失，並且還會誤人。我們講義理、講思想，不能全靠書本，只有一個辦法，自己下工夫；真下了工夫，有了自得，則可左右逢源，運用自如。所以去跟二程的人，他先要你做學問的路走對。這些去跟他的人，年齡都在中年以上。謝上蔡去跟程明道時，程明道只是一個窮地方的小官，上蔡當時學問已很好。明道起初以客禮相待，上蔡說：我不是來做客，是來做學生的。於是以學生待之。上蔡住在明道家大門旁一門房，天雨漏水，夏熱冬冷，明道不問，上蔡居之安然。隔了些時，他恍然一下子明白了。於是明道才對他講道。這工夫是你自己悟出來的，不是書本上得來的。所以進二程之門的，要隔了半年才教你讀書。現在的人批評道學先生是不近情理的，我認為他們是深入人情。你要懂義理，不能專靠書本，重要在你自己心裏明白得來。

我再舉張橫渠說做學問的一條來講：

學貴心悟，守舊無功。

這兩句話為甚麼我剛才講張橫渠的時候不講，而留到現在才來講呢？你們已聽了謝上蔡到二程門下去做學生的故事，再聽張橫渠這兩句話，自然會懂得程伊川為甚麼要等學生來了半年才給大學、西銘看。上蔡初住到二程家，並沒有真明白先生的意思。住了幾個月，他悟了，從此走上做學問的路，懂得讀書了。從前讀過的書，論語、孟子、詩經、尚書等，都有用了。你們讀宋明理學家的話，能會通起來當然更好；不能會通，懂一條有一條的用，懂了這條自會懂別一條，可以受用一輩子。重要工夫就在這個「悟」字。悟要從自己心裏明白。

宋朝理學家講「悟」是學的禪宗，唐朝做和尚就講要「自悟」。我講一個小故事。有個和尚到山上向祖師學佛，天晚了，和尚要回去，走出門一看，一片漆黑。他走回去向祖師借個燈籠照路。祖師點亮燈籠交給和尚，送和尚到大門口，忽然一口把燈籠吹熄了。和尚立刻懂了，難道沒有燈籠照路，我就不能走路了嗎？和尚悟了。你要學佛，道理說得完嗎？你走出寺門，黑暗中跌跤，你要能自己爬起來。

我在中學讀書時，自覺我的毛病在做人沒有決斷，我要訓練自己的決斷。每天早上一起來，我要決定一件事，這件事當天非做不可。那時我在南京讀中學，正放寒假，我計劃先到常州母校看老同學，再回無錫老家。早上我決定在母校玩一天，但不住學校。我去到母校，老同學見面，大家談談講講。吃過晚飯，同學不放我走，宿舍有空鋪，堅留我住。我一定要走，吵吵鬧鬧，談談講講，拖到宿舍要熄燈，我堅持非走不可。同學只好送我走。我從火車下來，帶了行李直接到學校的。晚上外邊下大雨，行李不能帶走，留在學校門房，待第二天再取。天漆黑，借了一盞燈籠、一把傘，走出學校大門，面對一條溪，溪上有座小橋，過橋是一片大曠場。我走過橋沒有多遠，燈籠熄了，一片漆黑，傘也不能撐了。我想：要走到街上還很遠，回轉學校還可以敲門。我又想：早上已作了決斷不住學校，絕不能再回頭。這條路地下又是石頭、又是泥，天上又是風、又是雨；在黑夜中，一隻鞋也走掉了。我爬過曠場，跑到街上找一小旅店，一身衣服濕透。我寫一條子，請旅店派人送到一位家住城裏的同學處，請他帶一套乾淨衣服來旅店，我脫淨濕衣，擁被而待。這一夜的經過，我一生都不能忘。從此除非我不下決心，如下了決心，不搖不惑，堅持到底。我這念頭怎麼來的？我看三國演義，曹操說袁紹不能決斷。我自己想，我也不能決斷。於是我決定要訓練自己，每天決斷一件事。我覺得這是照理學家的精神。

理學家講道理，是講做人的道理；還有一個道理是治國、平天下的道理。漢朝人主要講的是治國、平天下的道理，宋朝人則要從修身、齊家講起，不是靠書本的，所謂「守舊無功」。論語、孟子等幾本書，你儘讀書上講的有甚麼用？這叫守舊。你讀了論語、孟子，要能從你自己的生命裏翻出新的來，所謂「學貴心悟」，才真有用。或許你們覺得張橫渠「學貴心悟，守舊無功」兩句話，同自己心情正合。但你們要懂得自悟了還得要再去讀書，不是說你悟了就完了，你們要懂得把張橫渠的兩句話與前面程伊川講的兩條配合起來講才行。

我今天和諸位講的理學，都從當時理學家的生活上、生命上具體的事說。你們不要批評，你們能不能照他們的話學到一句、兩句，你們能不能真有自悟？我悟了，悟的甚麼？「人要有決心甚麼都不怕」，這句話你也懂，但你懂是假懂，我懂是真懂。我讀中學時那一晚的經過，深刻地留在心上，一切事情在你自己一個「決心」。生活要靠自己，不是靠書本的。書本上講這杯茶怎麼好喝，隨便怎麼講，不及你自己喝一口明白得透徹。中國的理學家與西方的哲學家不相同，可是和禪宗相近。剛才我已講過禪宗祖師吹熄燈籠讓和尚悟了的故事。我回想到我自己，就喜歡看這種書，喜歡照這樣子來做人。

程伊川又講：

學者多蔽於解釋注疏，不須用功深。

我們講過了漢朝人下來的經學叫「章句之學」，後來雖不是章句，其實等於還是章句之學。到了唐朝人的五經正義，學經學依然是一字一句講。伊川說：「學者多蔽於解釋注疏」，爲甚麼這樣呢？「不須用功深」，因爲這樣讀書省力。這書背得出，這字怎講那字怎講，看注疏便明白了，不要下深功夫。伊川又有一條說：

今僧家讀一卷經便要一卷經中道理受用。儒者讀書，卻只閒讀了，都無用處。

伊川說和尚讀一卷經，這一卷經的道理他可以受用。儒者讀書只是閒讀，今天沒事拿本書翻翻，明天沒事換本書翻翻，一點用處都沒有。諸位想想讀書有甚麼用呢？你們今天讀書是拿來換東西的，讀書換學分，學分換文憑，文憑換職業。有了職業，拿的錢多就是人格高，生活理想；拿的錢少就是人格低，生活不理想。其實不僅是現在這樣，從前人考科舉就是這樣。考上科舉，可以有官做；做了官若自己還要讀書，沒有一條路。現在理學家教人讀書要自己用，即我講的「通經致用」。可是今天大家不管這個了。諸位當問，你們來聽我的課有甚麼用？其實理學家這種話是合情合理的。

三

程明道死得早，程伊川壽命長，他一輩子有一部大著作叫易傳，也是講易經的。周濂溪講易經寫易通書，四十條，不到四千字。張橫渠講易經寫正蒙，也是一條條的，字數較多了。程伊川寫的易傳卻不同了，他拿易經一字一字從頭講到尾，六十四卦三百八十四爻逐條講。這是他一生最用功的一部書。到他年老，書已寫好，沒有拿出來給人看。學生問伊川爲甚麼不給他們看？伊川說：我自量精力未衰，還希望學問再有進步，可以修改。到他生病，才拿出來給學生看。

宋朝人都喜歡研究易經，我也要研究易經。我最欣賞程伊川這書，他從第一卦講到最後一卦。照今天的話來講，他是拿文化史、社會史來講全部易經。這是一部通歷史、哲學、文化史、學術思想史、社會史、經濟史等，都包括在內的書。但是到朱子出來，朱子說這書有問題。朱子是最佩服程子的。我們現在講「程朱」。宋朝人做學問才見得每一個人的個性，每一個人的思想之自由獨立的地位。每個人都能批評別人。朱子認爲伊川的易傳好是好，但不是講的易經，易經當時那裏有可能懂得以後的所謂文化史、學術思想史、社會史、經濟史之類的。這種書你們讀一遍比讀馬克思的書有意思得多。馬克思只講經濟，從奴隸社會到封建社會；封建社會到資本主義社會，他只講經濟觀一點，沒有講其他。你不能拿一點來講全體的人生。經濟境況有不同，人生不是限定於經濟情況上。所以馬克思稱「唯物史觀」，認爲經濟決定一切，這個思想淺薄得很。我認爲經濟不能決定一切，你們認爲經濟能決定人生一切嗎？外國人比較看重經濟，中國人不是這樣的。

程伊川不僅寫了易傳一書，他本來想寫一部五經，後來沒有寫。這些我們現在不講了。我今天零零碎碎講了這許多，只想講明一句話，就是：「理學家還是從經學來的。」可是，照程伊川自己的話，他不是讀了經學才懂得義理；而是他已經懂得義理，一看經學書，覺得對。那麼我們要問：程伊川怎麼懂得這許多義理的？他是拿實際的人生來體驗人生，這是一條最高明的道路。所以我們要能「鞭辟近裏」，這鞭子不是打在皮肉上，要打進你心；這叫「吃緊爲人」，最重要的是怎麼做人。今天的人討厭道學先生的，就是這句話。認爲「我自己不會做人嗎，爲甚麼要學你呀？」他本無求道之志，此外不必談了。你要吃緊爲人，做人該怎麼做？你先要有「志」再來讀書，不必讀高深的。

我今天對諸位講的都是入門的話，就從這幾句話慢慢可以進入高深。下一堂要講朱子的經學。我寫了朱子新學案一書，有五册，你們有了一條路，自己會去看，不必從頭到尾，懂一點是一點。一下子讀得太多，就像一頓吃得過飽，反而要生胃病不消化，第二頓不想吃了。我現在一堂堂講的，都是極簡單可以引人進門上路的，就看你們有志無志了。講來講去最後一句話，你們要「立志」。諸位或說這句話聽厭了，不要聽了，那麼你既無志，下面也不用講，還有甚麼新鮮巧妙的辦法呢？最新鮮、最巧妙、最有價值的是你自己。先生沒有用的，你自己才是你真正的主人。你自己不要讀，沒有辦法：你自己要怎麼做，誰也阻擋不住你。我想和尚也好，道士也好，宋明理學家也好，都是講的這同一道理。

我曾講到美國哥倫比亞大學的副校長，他喜歡研究中國思想。他說中國人也有「個人主義」，這些理學家都是個人主義的。他說他要同外國人去講，其實我們中國人應該請他來講講。我們中國人認爲中國人不講自由的，中國的家庭、父母、子女、兄弟、姊妹、學校師長、社會組織，只講道德，人永遠不能自由。這位美國先生卻說中國人講個人主義。他說的個人主義就是在宋、元、明三朝的理學中間看出。所以諸位放心好了，再等三十年、五十年，等到外國人來宣揚中國學問了，還怕中國人不跟著走嗎？一定會有這一天的。諸位記住我的話，再過五十年，你們還不到八十歲，看看我的話靈不靈，對不對。不要看今天、明天，天天有變。要看遠、看大，把近者、小者丟掉。你們如能真懂得這句話來做學問，也就夠了。

孔子講的話到現在已經兩千五百年還存在，我可以告訴你們，再隔兩千五百年一樣會存在。能講孔孟之學的，就是宋明理學家。這個課現在只講理學與經學，這許多理學家都研究經學的。

第二十三講

一

上面講理學家周濂溪、邵康節、張橫渠、二程，他們都用功經學，可見顧亭林講「經學即理學也」確有道理。不過經學應該再分成幾個部分來講。

第一：經學的解釋，就是注解。因爲經學中有的早在孔子之前已有了，如易經便是孔子以前的書。到漢朝人出來講經學，第一個問題就要解釋這個字怎麼講，這個句子怎麼講？沒有解釋，我們怎麼懂呢？這是經學的注解。這個工夫漢朝人本沒有做錯，任何一種書經過一個時期以後，就要加以一番解釋，才能使大家都懂。如講子學，也要解釋的，老子這句怎麼講，莊子這句怎麼講？一樣的。如講史記，這個地名在那裏，這個官名是甚麼？都要有注解的。

第二：經學的應用。我們學一種學問，要有一種用的。任何學問都一樣。死書要懂活用。這書是從前的，時代過了，可是我們今天還是可以拿它來用。怎麼用？漢朝人所謂「通經致用」，這番工夫建立了漢朝以後中國一切政治上重大的建設。詳細情形要讀歷史才能懂得。可是讀歷史不能不通經學，不然你不知道這些政治措施怎麼來的。

經學有注解，漢朝人講章句，直到了東漢末有了鄭玄等人的注解，大家差不多全會講了。經學有應用，漢朝是中國新成立的統一政府，漢朝人講通經致用，從前中國是封建時代，現在是大一統的士人政府，這個規模定了下來。魏晉南北朝、隋唐只要根據漢朝人的制度，不要再根據古代經典了。所以到了漢朝以後，經學的通經致用或許反而不如史學了。倘使今天的中國人懂得我們的政治還要不失自己的歷史文化傳統，應該要學歷史，不能完全抄襲外國人，這就是「通史致用」。六經皆史，「通史致用」就等於「通經致用」。所以唐朝以後中國的政治制度不必根據經學了，從經學中已經產生了史學。將來的爭論是要照漢，還是要照唐呢？問題變了，新的思想來了，那就是魏晉南北朝以後的老莊之學、佛學，個人修養，乃至於人生觀、世界觀、宇宙觀，這種大問題了。

第三：經學的發明。到了宋朝人，又得要重找辦法了。這個辦法不能在唐朝找，不能在漢朝找，要到古人身上去重找。所以像二程、像張橫渠，皆所謂「返之六經」，還要回到六經上去。這種是甚麼？不是注解，也不是漢朝「通經致用」之用，到此時是個人立身處世之用。不能用老莊了，不能用佛學了，宋朝人回過頭來還要用自己傳統文化中的孔孟儒家。這時候講經學，重要的變成是「發明」。要發明一個新的見解出來，這個見解非漢朝人所知道的。清朝人不懂這個道理，硬是說宋朝人距離孔子遠，漢朝人距離孔子近，漢朝人的話才對，這種見解淺薄得很。

漢朝時老莊思想衰了，佛教還沒有來，漢朝人思想沒有問題，個人修養、家庭、社會，沒有大問題，問題在上層的政府。政府變了，從前是封建時代，現在是郡縣統一，不同了。這是漢朝人的大問題。到了宋朝人，他們的處境是怎麼來對付老莊，怎麼來對付佛教。結果在六經裏找出辦法來了。這些孔子講過沒有？孔子沒有講過。諸位今天說，我們是工商社會、原子時代，那麼我們和宋朝人一樣，又是一個新時代來了，我們怎麼做中國人呢？你們說，我們現在不能做中國人，要做美國人。這是不可能的，你生是一中國人，又生活在中國社會，怎麼做美國人呢？現在有許多中國人到美國去，先申請永久居留權，再申請入美國籍。能不能每一家中國人都去美國呢？美國只有這樣大，不能讓中國人全部去，我們只能做一個工商社會、原子時代的中國人。你們說，我們不能做從前時代的中國人。這話是對的，但你們不能說你不要做中國人。

宋朝人不能學漢朝，不能學唐朝，時代變了，他們反求之於六經，要在六經中間再發明，這不是「創造」，創造是本來沒有的，新創一個；「發明」是原有的，你不知道，現在發現了。宋朝人是在中國舊傳統的文化裏發明新的意義。我們舉個例。譬如周濂溪的太極圖說和易通書，他講易經，漢朝人不這樣講，唐朝人也不這樣講，孔子、孟子都沒有這樣講，易經上也沒這樣講；這是周濂溪的發明。張橫渠寫正蒙根據易經，他不在講易經。他的學問真好，怎麼來的？我年輕時很喜歡讀程伊川的易傳。你們要讀易經，與其照王弼的注來讀易經，不如照程伊川的易傳，要比王弼的好讀得多而有趣，因爲他年代在後。你們倘使真要做學問，將來寫一本書會比程伊川的還好。爲甚麼？後來的人會講，這是工商社會、原子時代人寫的。王弼以後有程頤，將來還該再有人，就怕你們無志於此。將來或許有人能做，對國家民族的學術文化貢獻會甚大。不是要你們守舊，一字一句守舊，張橫渠就不守舊，他是悟來的。可是這樣講學問，還是有一點偏。光發揮新的，這裏還有一點偏。北宋過去，到南宋，出來一個朱子。

二

我們普通說，朱子集南宋理學之大成。實際上他做學問與周濂溪、邵康節、張橫渠、程明道、程伊川方法不同了。程明道死了，程伊川幫他寫一行狀說：

孟軻死，聖人之學不傳。學不傳，千載無眞儒，先生於千四百年後之一人而已。

…………⑲

⑲　編者案：此處有較長部分內容失錄。

你不研究漢朝，不研究魏晉南北朝、不研究唐朝、不研究宋朝初年，要懂得理學家，還是不行。你要反對人家一句話，不容易的；要信服人家一句話，同樣的不容易。我們要從理學家翻上去，還要從孔孟以下接得下。做這個工作的是朱子。他最佩服周濂溪、張橫渠、邵康節、二程，上面從孔子、孟子接下來。至於程伊川說孟子死，聖學不傳，千四百年來明道一人而已。朱子也贊成，認為孟子以後可以接程明道。

我上面已經講過，經學中間要分幾部分。第一：注解，就是章句之學，一句一句講。第二：致用，就是政治問題、社會問題、家庭問題、個人修養問題，自己拿來用。第三：發明，就是講新的思想、新的義理。可是諸位要知道，新的是從舊的裏來的。你們千萬不要認為有新的，趕快把舊的丟掉。今天的你是新，昨天的你卻不這樣的；進了大學的你是新，中學的你卻不一樣；進了中學的你是新，小學的你也不這樣；你無法換一個新生命，你只能從舊的生命中間產生新生命。

朱子的偉大在那裏呢？他佩服二程，因為他父親是學二程之學的，他的先生也是學二程之學的。但是他的心胸很大。二程有很多學生，朱子要聽聽他們怎麼說。同一個先生，怎麼這個學生講的和那個學生講的不同呢？二程有朋友，張橫渠、邵康節，怎麼他們之間又不同？二程年輕時從過周濂溪，怎麼他們又和周濂溪不同？並且大程與小程之間又有不同。他要研究這些疑問。你們該從這種地方用心，找出問題，那麼就走上做學問的路了。

周濂溪、張橫渠、程明道、程伊川所講的這套學問，從前沒有人講過，他們來開創。到了朱子是守成了。他深一步來研究，他的研究包括宋朝理學以前的許多人，一路研究上去直到唐朝。從宋朝研究到上面，這就叫「考據」。朱子是講思想義理的，可是他也講考據。

三

我們舉一個例來講。朱子佩服程伊川，伊川一生只注一部書，就是易傳。朱子看了程伊川的易傳，自己再來寫一部易本義。程伊川活到七十多歲，一輩子的工夫就在這本書，伊川有中庸解一書，到他臨死要把這書燒了。他說他已有易傳，何必求多呢。從前人做學問，一個字一個字要計較的。我今天講這話是要證明程伊川對他這部易傳的看重。也有的人一輩子用了功到死全部燒掉，這是中國文化精神的另一面。不僅古人，近代朱九江也把他的書一起燒光，他是康有爲的先生，康有爲是被朱先生趕出來的。康有爲起初講學還照朱九江，後來反過來講今文學派了。這種我們不多講。我不過要告訴你們，中國文化有這樣一套，學者不肯多講話的。

程伊川對自己的易傳這樣看重，朱子對程伊川這樣看重，而朱子卻來另寫一易本義，甚麼道理？朱子說易經應該要分著看，一是看伏羲的易經；一是看文王的易經，還兼周公；第三是看孔子的易經，就是易傳；第四是看程伊川的易傳，應該分別看。換一句話，理學家講經學是一種「發明」。從孔子裏面發明出程伊川自己的講法。凡是懂宋儒之學的都這樣的。我寫完朱子新學案，這幾年我想寫一部「研朱餘瀋」⑳，講朱子以後研究朱子的人，元、明、清舉了十幾人，他們一個人有一個講法的；沒有自己一個講法，不成朱子下邊一個人物。今天我講朱子，也和從前人的講法不相同。我並不是說，諸位將來要講朱子就一定要根據我的朱子新學案；你就是根據這部書，也是講你自己的意見。中國人四千年來就懂得不要守舊，孟子的講法與孔子有不同。論語有孔子說齊桓公、說晉文公、說管仲；孟子說：「仲尼之徒，無道桓文之事者。」孟子說：「以齊王，猶反手也」，齊國可以王天下；孔子論語裏沒有講王天下的，孔子要尊王。照這樣講法，孟子與孔子不同的意見有多少呢？難道宋朝理學家們不讀論語、孟子，不懂得論語、孟子嗎？

諸位說中國人守舊，現在我講經學史，經學最守舊了。我從漢朝、魏晉南北朝、隋唐、五代一路講下來，講到宋朝經學分前後期，理學未起前與理學起來後，現在講到南宋朱子，下面要講元、明、清，直到民國。我讀有關的書，才知道今天講中國學術思想文化守舊的，都是不讀書的人，沒有根據史實而信口胡言。可是這種無稽之談可以流傳到全社會，大家相信，可以不必讀

⑳ 編者案：「研朱餘瀋」未成專書刊行，各篇已分別編入中國學術思想史論叢㈥㈦㈧三冊。

書。我講不過他們。諸位聽我話，回去規規矩矩讀書，至少讀二十年到一輩子。吃了苦，你們覺得上當了。可是我告訴你們，再隔三十年、五十年，三百年、五百年，或許我的書還存在。朱子曾講過：時代變了，舊時代的東西反而存在了。諸位相信不相信呢？孔子說：「人不知而不慍，不亦君子乎！」在今天這個時代，不必要別人知道你。

諸位說現在是資本主義工商社會時代，是原子時代，那麼你們在這個時代要做一個甚麼樣的人呢？我想我們已命定了是中國人。倘使要在這個時代做中國人，應該懂一點歷史。中國人有個標準的，不讀中國書，謾罵中國的，絕不算是中國人，將來的中國人包括你們的子子孫孫，要不承認的。我們要做一個像樣的中國人，或是一個不像樣的中國人，這是我們自己的事情；我們要一個安樂的中國，還是要一個苦難的中國，也是我們自己的事情。現在時代變了，兩次世界大戰結束，舊時代過去了，外國人不敢管。這點你們要深深的瞭解啊！

第二次世界大戰時，我逃難到昆明，西南聯大的教授出了一本雜誌，名「戰國策」。他們說今天的時代是相當於戰國時代，這一仗打下來，世界各國慢慢變成兩個，東方是美國，西方是蘇維埃，將來兩國會合併成一個；這有如中國從前的戰國時代，東方有齊，西方有秦，後來兩國合併成一個。我當時寫了一篇文章，我說：這一次戰爭結束下來，世界不是「由分而合」，而是「由合而分」。從前的殖民地將來都要復興，那裏會只剩一美國或一蘇維埃呢？你們要把我的話與「戰國策」合看。他們的說法是根據留學生在國外的看法，說將來的世界不是蘇維埃就是美國的天下。今天我們頭腦還是同樣想法，世界會是自由世界呢，還是共產世界呢？我告訴你們，世界不再專是一個自由世界或一個共產世界。「亡國滅種」這個觀念，今天連共產黨都不敢有。從前歐洲人還了得，真是要亡你國家、滅你種的。日本人來打中國，爲甚麼？是要亡你國家，是要滅你的種。現在時代過了，沒有這回事了。所以我們儘可自己計劃我們中國將來怎麼辦。你們不懂世界，只懂今天是工商社會、原子時代，你們不懂得今天是第二次世界大戰以後帝國主義崩潰的時代。現在帝國主義沒有了，世界變了，你想請求做他的殖民地他都不要。倘使我們今天的中國人能接受這個觀念，中國下面的希望大得很，可以從容來計劃。

我們臺灣怎麼樣呢？臺灣是中國人的，將來要歸併給中國大陸，還是此地仍是中華民國？這是我們中國人自己的事。可是要獨立成爲臺灣國，則是另一件事了。今天有人要獨立，可以不做中國人，中國從前的都不要了。你做中國人有三千年、四千年的生命，你做臺灣人，你的生命只從今天開始，只是世界上一個嬰孩，不能獨立於天地之間。做一個中國人，或做一個臺灣人，在人中間的價值是不相等的。

我這篇文章直到今天三十多年，我說的話已應驗了。世界不能只看明天，看得近看不準，我們要能看得遠。一百年之內我的話不會錯，至於下面具體怎麼變，我也不知道。

我們中國人最懂得時間觀念，諸位腦子裏卻老是以爲中國人守舊頑固。其實孟子學孔子，孟子並没有全照孔子；朱子學程子，朱子並没有全照程子。朱子講易經要分四部分：伏羲之易，周公、文王之易、孔子之易、程伊川之易。當然中間還有王弼之易，要跟著時代變的。世界上講學術思想，只有中國人有這個觀念，西方人不懂的。何以不懂？他們的本源是帝國主義，做人也一樣的，所以他們要爭個人自由。中國人早已自由的。民國以來只有孫中山先生懂，他說中國人自由太多，不是太少。一個真能有見解人講的話，一般人不容易懂的，這就叫「知難行易」。你們爭取自由，這叫「行」，很容易；你若不懂得「自由」兩字，又怎樣去爭取呢？你們今天都在爭取自由，向父母、向學校、向師長、向社會，不需人教，人人都會爭取。可是應該爭取什麼自由，應該怎麼樣去爭取？這就難講了。倘使我們真懂得孫中山說的「自由已太多」，就不必爭取了。你們今天做學問也要自由，學西洋人的一套。譬如西方有康德，下面來黑格爾，再講康德、黑格爾便叫「新康德主義」、「新黑格爾主義」，西洋人好「分」。美國人講「代溝」，這是現在你們要強調的，認爲你們是工商社會、原子時代的人，與父母時代不同，有代溝。中國人比西洋人多懂得時間觀念，中國人說孔子「聖之時者也」。朱子說易經有伏羲、文王、孔子、伊川四種易，我們要求「通」，要在易經裏會其通。其他學問也都是這樣。這叫什麼？中國人現在的名辭就叫「傳統」，中國人所謂「大統」。其實中國，春秋與戰國不同，戰國與秦漢不同，秦漢與魏晉南北朝不同，魏晉南北朝與隋唐不同，隋唐與宋朝不同，以後一路下來不同的，但自古到今始終是中國。中國人最善應變，我是根據歷史來講，確是這樣的。講到經學史，宋朝人也是與從前人不同了，變了。

照朱子易經說法，程伊川的易經不能代表孔子、文王、伏羲，這是他的一家之言，是他的發明。朱子要來講易經原來意思怎麼樣，所以他寫易本義，這叫「客觀」，也是「考據」。至於伊川易傳是講他自己的意思，這也並不錯。這種地方諸位要懂得，中國人的學術思想所以能傳承四千年到今天的道理。朱子以後人講的不是朱子話了，然而他是從朱子裏面來的。中國人這一套，要多讀中國書然後才懂得。今天的中國人看不起從前人，覺得古書難讀就不讀，認爲這樣可以提高自己地位。但是有些書一定要讀的，不讀中國書而這樣空講，不容易懂得的。你們講的科學方法、科學精神是客觀，難道「考據」不是嗎？歐陽修寫詩本義，詩經本來怎麼講的；朱子學歐陽修來寫易本義，這是個大考據。至於書的內容，我不能細講了，你們自己要去讀書。諸位就算不去讀，我今天這許多話對你們一樣有用。

四

另有一點，從鄭康成起易經的編排就錯了，從前不是這樣編排的。這又要講到「校勘之學」

了，也可以叫「版本之學」。程伊川根本不知道這點，是朱子講的。朱子是根據他的朋友呂東萊。呂東萊的學問不及朱子，他們是好朋友。現在的人，認爲清朝人才是講究校勘、訓詁、考據之學的。不知宋朝人呂東萊、朱子考據的易經確確鑿鑿，後代再也不能違反他們的說法。元朝以後中國人的考試，易經要考兩部，一部程伊川的易傳，一部朱子的易本義，而易本義的編排與易傳不同的，經歸經，傳歸傳，十翼和六十四卦三百八十四爻的卦、爻辭都是分開的。後來書店刻書，把兩部書合刊在一起照了程伊川的編次，朱子原來的本子又失傳了。所以我們今天讀的易經，一般通行的只是程伊川的本子，並非朱子本子的原貌。其實朱子的本子後來也還存在，這種問題我們不多講了。總之，今天你們坊間買一本易經來看，多半只是通行本的編排。即使你不買程伊川的，而買朱子的易本義，一般也是照著程伊川的排法；朱子原來的排法不這樣的。你們聽我這樣一講，或許認爲朱子的易經遠在伊川之上了，其實也並不能這樣說的。朱子自己就崇拜程伊川的學問。

五

程伊川在他的易傳序裏有一句話，說：

體用一元，顯微無間。

伊川説一部易經就是講的「體用一元，顯微無間」這八個字。這句話是後來大家最佩服的。每一樣東西有個「體」，有體就發生「用」。譬如説電是個「體」，發生光就是「用」。刀之利是體，刀之利可以切東西是用；體我們看不見的，我們所看見的就是用。又如你們今天能來聽我講，或是你們一天的工作，這都是你生命發揮出來的用，至於你的生命是看不見的，所看見的是你的生命之用。那麼生命是「微」，是個看不見的「體」；生命的作用是「顯」，是看得見的「用」。這是一純哲學的問題，哲學上講宇宙論、人生論。到了宋朝，大家講「體用」了，今天西方哲學也講「本體論」，講到體用的觀念。

「體用」兩字怎麼來的？這兩字最早見在何書，大家不知道。記得我在北京大學教書時，哲學系湯用彤先生有個學生寫一哲學論文，要尋「體用」二字最早出處。我那時與湯先生日常在一起，我們兩人在北京北海公園喝茶，談呀！想呀！沒有找到出處。直到最近這幾年我才知道「體用」兩字最先出現在參同契這本書裏。這本書是東漢末年講易經的。這兩字是從易經裏來的。我怎麼會突然注意到這個書呢？因爲大陸最近印顧亭林的集子，顧亭林有一封寫給李二曲的信，向來顧亭林的集子裏沒有的，在李二曲的集子裏保留了。大陸這次把這信補進了顧亭林的集子。你們不要認爲大陸只有共產主義，共產主義是在政治上層，社會還有讀書人在。我告訴你們中國文化不會斷種的。我看到顧亭林集子中這封信的説法，才知道「體用」兩字明白出在參同契上。

我們只知道朱子用功讀參同契。現在的人批評朱子，說參同契是老莊思想，道士思想，朱子是講聖賢之學的，怎麼去注參同契呢？易經只有兩種，一是「道士易」，一是「方士易」。漢朝人是方士易，後來隋唐是道士易。周濂溪的太極圖是在道藏裏抄來的，是道士易。朱子講易經是根據周濂溪、邵康節講，也是道士易。並且朱子特別注了參同契，參同契也是道家的。他沒有用自己的名字，把「朱熹」兩字的語音一轉，改名「鄒訢」，自署「空同道士鄒訢」作爲筆名來注參同契。我們可說朱子是一個興趣廣博，讀書很多的人。

我們講到「體用一元」，知道程伊川也讀過參同契。現在的人罵理學家頑固守舊空疏，不知理學家讀的書比今天的人廣博百倍不止。「體用」兩字，孔子沒有講過，孟子、荀子也沒有講過，連董仲舒直到鄭康成都沒有講過；而後來「體用」兩字，變成道家也講，佛家也講，儒家便不能不講了。有如「自由」二字，從前沒有人講，自由二字是有的，不大多見。現在一般讀書人要反傳統，開口就是「自由」二字，少不了的。這是時代不同了。

程伊川講易經，「體」與「用」是一個源，要在思想上從宇宙論、人生論、本體論、形而上學組成一個體統，有體發生了用。如有電發生光，有了生命發生作用。這個講法又可以反過來講，沒有作用，又怎知道他有生命呢？不發光怎麼知道有電呢？凡是講出來的都是用，就是「顯」，顯出來你才知道。「微」是你不知道的，「顯」與「微」這兩樣沒有一個「間」，就是一個。中國人的哲學思想光是講「體用一元，顯微無間」這兩句話，怎麼能叫「唯心論」？怎麼能叫「唯物論」？現在又或叫「心物合一論」，這些都是跟著外國人來講的名辭。若是跟著西方人觀點，你們看見「體用一元，顯微無間」兩句話就不懂了。「心」與「物」還不能講著「體」與「用」，並不貼合。

所謂「體用一元，顯微無間」，在易經八八六十四卦三百八十四爻中，原來並無這句話。程伊川說一部易經就是講的這八個字。他的學生也跟著他這樣講。到了朱子，當時就有人講，是不是可以讀了這八個字就不必去讀易經了呢？現在人罵宋儒之學「空疏」。其實宋朝人也說，不讀六十四卦三百八十四爻，怎麼懂得「體用一元，顯微無間」呢？你要讀了易經，才懂得這兩句話；不是叫你讀了這兩句話，不要去讀易經。可是今日我想換一句話講，我們是工商社會、原子時代了，沒有功夫讀這許多書，那麼易經不必讀，就讀這八個字夠了。倘若要照清朝人的讀法來讀易經，那就麻煩大了。程伊川給你一句話，你可以不必去讀易經。其實你讀周濂溪的太極圖說，易經裏的精義也就懂了。

朱子一面是尊重採取程伊川講的「體用一元，顯微無間」，而一面他說原來易經不是講形上學最高真理的。那麼原來易經是講什麼呢？朱子說：易經原是拿來占卜的。等於我們求籤起課，易經裏的文章都是爲求籤起課占卜用的，講易經要照易經講。我隨便舉一例。屯卦六二爻辭裏有一句說：「女子貞不字，十年乃字」。「貞」是占卜意。女子出嫁先去占卜問什麼時候生子，倘使女人去占卦碰到這個爻，她要過了十年才能生孩子。易經裏十條文章九條是這種。當然朱子解釋這句話和我現在這樣講不同，但是易經的卦爻辭原來是用來占卜的，等於是這樣的情形。朱子說講易經要照易經講，他還嫌自己不能照原先理想，全部避開引申的義理不講，而只照「本義」來講。所以他自己對易本義一書，還不十分滿意。

朱子的易本義最簡單，最容易讀。我覺得清朝人寫了許多有關易經的書，未必比朱子寫得高明。講思想義理，程伊川的易傳當然是一部好書。朱子說這是程伊川之易，不是孔子之易，並不貶損他的價值。朱子一面說伊川講的不是孔子講的，一面說孔子講了伊川又另講一套；這是提高伊川易傳的價值，還是貶損易傳的價值呢？孔子講的也不是文王、周公講的。光是朱子講易經的頭腦就了不得。你們能懂得朱子講的並不是程伊川講的，也不是孔子講的，能懂這一點就好了。你不能隨便說這是一種道士易，一無價值。

今天有人又換了講法，說是要學孔子，就要讀易經，不是讀論語。這只有一個辦法，要你自己真能讀書，把工夫放進去，你才懂得那個話對、那個話不對。現在是什麼人都可以隨便講話，今天我們既然講科學方法、要講專家，那麼物理學家不要來講生物學，生物學家不要去講礦物學。易經是個經學上的問題，不是學了西洋哲學就能講易經的；不是研究天文學、數學、物理學就能講易經的；易經有易經的講法。可是中國人又不要「專」而要「通」，所以今日學西洋哲學的也來講易經，其實是並沒有真照了西洋道理。「體用一元，顯微無間」這兩句話不僅講易經，全部經書都可以講。這樣說不容易明白的，你們要到讀理學家的書時才懂得這種話是到了另一個天地了。你的腦筋要靈活，你才進得去。怎樣才能靈活呢？先要能「虛心」，心裏沒有什麼，自能讀這書心在這書，讀那書心在那書，有如換了一個天地。如果你心裏先有一成見，讀書心不在焉，腦子裏老是有一套聽來的所謂現代人的見解，那麼你讀古書自然格格不相入，也就不能讀了。

六

朱子另有一部講詩經的詩集傳。諸位倘使不能學經學，我想還是應該讀詩經，這書是經學裏的文學書，中國最古的文學。讀詩經只要讀朱子的詩集傳就行了，千萬不要去讀五經正義、十三經注疏裏的毛鄭詩經。至少可說鄭康成是東漢時人，朱子是南宋時人，朱子距我們只有八百年，鄭康成距我們一千幾百年，我們當然該讀朱子的。倘使今天再有一個像鄭康成、像朱子這樣的人，他來重注一部詩經，我當然勸諸位讀他的。我們不得已而思其次。今天還只能讀朱子的詩集傳。這種地方外國人比我們高明，我十幾歲時讀過一部西洋通史，等我到了五十歲左右再讀當時最流行的一部西洋通史，這中間已經有了二十幾部通史，越編越進步。今天中國學術界比不上，中國實在沒有幾本像樣的文學史。

朱子與周濂溪、張橫渠這許多人有一個很大的不同，朱子喜歡文學。…………㉑

朱子的詩集傳注得很好，你們一定該去讀讀，即使三百首詩不會全讀，能讀一百首便很好了。你能讀三千年以前的中國古文學一百首，還不好嗎？或許不是一下子能都讀得懂，總要花點工夫。倘使你們五經不能通讀，我勸你們讀一種詩經。不能全讀，讀三分之一。若連三分之一都沒有興趣，那麼你們聽我一年的課也白聽了。你們總要懂得去嘗嘗味道。縱使你不懂詩的本文，朱子的注總會懂。朱子作的兩部經注，他自己得意的是這部詩集傳，而後來人嚴厲批評的也就是這部書。今天經我一講，講到文學，或與你們腦子裏認爲的道學先生大不同。諸位要知道做學問應抱一種好奇的心理，你們聽到經學，又聽到理學家，忽然聽我今天講到朱子詩集傳這樣一回事，你回去便拿書來看看，這總應該。倘諸位這樣一試，你就能上路了。

㉑ 編者案：此處有甚長部分內容失錄。

第二十四講

一

我們今天繼續講朱子的詩集傳。詩經是中國經書中間第一部有價值的。孔子、孟子都講詩書，論語、孟子裏引詩、書的話，詩經多而尚書少。孔子又教他的學生學詩學禮，可見詩經重要還在尚書之上。詩經是很重要的。

漢朝人講詩經，今文博士分齊詩、魯詩、韓詩三家。齊詩是齊國人講的，魯詩是魯國人講的，韓詩是北方一姓韓人講的。另有一家姓毛的講詩經，稱毛詩，起得後不立博士，是爲古文經學。到了鄭康成，根據毛詩來注詩經，所以叫作「毛傳鄭箋」。以後到了魏晉南北朝，別的經南方與北方講的不同，只有詩經，都講毛公、鄭康成的，我們就叫毛詩。固然鄭康成的毛詩也採用了齊、魯、韓三家詩，不過總是以毛詩爲主，到了孔穎達五經正義就是根據鄭康成的。所以今天講詩經都稱毛詩，因爲毛詩一家獨行。毛詩最重要在有傳，毛傳是說明每一首詩是甚麼時候作的，講的是甚麼？大家可以根據這個傳來講詩經。

毛公有大毛公、小毛公之別。毛傳究竟是那個毛公作，甚麼時候作？這種我們都不詳講。朱子不信毛傳，同時鄭樵也不信毛傳。朱子開始是信毛傳的，但到後來不信了。從前人講詩經，毛傳怎麼說，他們也怎麼講；到了朱子的詩集傳，不照毛公、鄭玄一家的傳箋，所以朱子的書稱「集傳」，其實也等於是「本義」。這首詩究竟原來是講些甚麼呢？得要根據詩經來講詩經，不要根據毛傳來講詩經。於是乎朱子說：某首詩原來是「男女淫奔之詩也」，諸如此類。在詩經裏三百首詩就有二十四首是男女淫奔之詩。

這個理論可以說是驚心動魄的，或者說是驚天動地的。詩經是古人的經典，怎麼說裏面的內容是寫男女淫奔呢？這是一個大翻案的文章。今天大家喜歡做翻案文章，其實我們今天經學已不能翻案了，我們不要讀經學，不要講孔子、不要講朱子，怎麼來翻案呢？翻案是人家這樣講，我那樣講。究竟經學不對在那裏？孔子不對在那裏？朱子不對在那裏？中國文化不對在那裏？你們要能講；不能講，怎麼叫「翻案」呢？舊文學不好在那裏？你們要能講，不能只說舊文學是死文學了。又或說現在是工商社會、原子時代，以爲用這句話可以推翻一切；其實一切並沒有被推翻。要作翻案文章，朱子詩集傳是最重大的翻案文章。朱子講的話，可以說是從古以來沒有人講的話，是開天闢地來講這話。朱子的學生崇拜先生，當然信先生；但是沒過多少時候，就有人起來反對了。你們要在內容上能找出證據，自己創造出一套說法來，才能反對。

朱子死了，有人起來反對他，特別是詩經方面。元朝馬端臨距離朱子不到一百年，馬端臨父親是宋朝的宰相。到元朝，他不出仕，在家寫他的大著作文獻通考。在文獻通考裏，經籍門詩經下面有反對朱子的話。他等於是在孔子儒家傳統上來反朱子。不是反朱子的一切學問，只反對朱子講詩經的這一個見解。他詳細舉了好多例，你們可以去看看。特別重要的一例，就是春秋時代，在孔子以前，晉國韓宣子來到鄭國。鄭國幾個卿大夫，在一個外交場合中，每人賦詩一首。所謂「賦詩」就等於今天我們講的唱詩，他可以叫旁邊的唱詩人來唱。這是古代中國的文化，後代没有了。在孔子以前，距今大概兩千七、八百年前的時候，列國的外交有甚麼意見，點一首詩，你唱這首詩，他唱那首詩。當時鄭國是小國，晉國是霸主。唱了以後，這位晉國大臣非常稱道，說：「鄭國多賢大夫。」你們倘使讀左傳，左傳裏像此之類外交賦詩的事很多，這一次是大集會的賦詩，甚麼人賦甚麼詩，在左傳裏都記載了下來。而這許多詩，朱子都說是「男女淫奔之詩」。馬端臨說：兩個國家卿大夫外交，怎麼會唱幾首男女淫奔之詩呢？可證朱子胡說。這個證據算得堅强了。我想朱子不至於這樣胡說。孔子死了，墨子出來批評孔子，孔子無法再辯駁；朱子講的話，馬端臨出來反對，朱子也死了，無法再來辯駁；那麼一定要有人來代替他辯駁。孔子下面，孟子出來代替孔子駁墨子；所以也要有人來代表朱子駁馬端臨，朱子的話才能再存在。今天我來代朱子講幾句話，來答辯馬端臨的批評。

二

三百首詩經分風、雅、頌三種體裁，雅又分大雅小雅兩種，那麼也可說詩經分四種體裁。在宋朝時，有一很有名的小故事。蘇東坡出使遼國，遼國人一聽中國派一位大文學家來，他們商議等蘇東坡到，要請他對副對聯，上聯用「三光日月星」，等蘇東坡來要他對下聯。事情已流傳開了，蘇東坡到遼國知道這事，派副使先去會面，教副使以「四詩風雅頌」應對。這個下聯實在對得太好了，遼國人聽了副使的下聯，大吃一驚。隔一天與蘇東坡見了面，遼國人請蘇東坡重對一聯。其實蘇東坡早準備好了第二下聯，於是對以「四德元亨利」。在易經上有「元亨利貞」四德，大家知道的。遼國人一聽，怎麼四德只有三德呢？蘇東坡說，今天是兩國友好的外交場合，「貞」字是宋朝皇帝的名字，禮應避諱。遼國人真是出乎意外，但是不便駁他，只好說請你再對一句。恰好這時天氣變，一陣風雨來，太陽也沒有了。蘇東坡就以「一陣雷風雨」對遼國的「三光日月星」，遼國人佩服極了。蘇東坡這一次出使，可以抵得一百萬大軍在疆場上打勝仗。

蘇東坡這個「一陣雷風雨」對「三光日月星」，平仄都對得好，只是「光」字對「陣」字比較差一點。這種叫「絶對」，不能對的，他卻能連對三個。這個故事只不過是我今天講到詩經風、雅、頌，偶然記起。我年輕時讀了這種小故事，對現代人隨便罵舊文學已死，心裏總覺得有些不甘心。做對聯也是文學，現在這四副對聯一講，你們都懂的，也覺得有趣味，你們能不能再對一聯？我想從古以來有了這個故事以後，聰明人也不會再來對了。蘇東坡真是了不起。倘使我開一門課，專講蘇東坡的故事，我想我可以講一年。所以到今天大家還會紀念到蘇東坡。

詩經分成風、雅、頌，怎麼叫風，怎麼叫雅，怎麼叫頌？朱子的解注解得最清楚明白了。「頌」是在宗廟裏祭祀用的，皇帝在廟裏祭祖宗時唱的詩，詩中文字與別的詩不同，要莊嚴肅穆，唱法也不同，只許有人聲不許有器聲。一唱三嘆，怎麼嘆法？譬如「關關雎鳩」，一個人唱，唱到第四字「鳩」字時，大家一同唱，胡琴弦子跟著響起。接下再唱「在河之洲」，又是一個人先唱，唱到「洲」字其他人跟著嘆。「嘆」不是嘆氣，是照第一人唱第四字，再配上一些音樂，聲音非常莊嚴肅穆的，這是「頌」。是用在宗廟裏祭祖宗的。

至於雅呢？「雅」是用在朝廷上，接待賓客的。譬如說周朝人新年要祭祖，那麼……㉒……

譬如今天我們總統去世了，各國外交使節到中國來，我們新總統請他們在中山樓喝杯茶。古代請諸侯吃飯是在宗廟；中國人的文化，接待賓客吃飯，一定旁邊有人唱歌，唱的歌叫做「雅」。

㉒ 編者案：此處有部分內容失錄。

我再舉一例。國家要出兵去打仗，政府送軍隊遠征，要請吃一頓飯，這叫「禮治」。中國人的這種政治，西洋人怎麼懂？他們沒有這一套政治制度的。現代人不讀中國書，又怎麼能懂呢？他們只會說這是封建時代，不知道封建時代軍隊出去遠征，皇帝親自請吃飯，吃飯的時候有音樂、有唱詩，唱甚麼呢？有人作首詩，勉勵軍人出去打勝仗，保衛國家疆土。打完仗凱旋回來，皇帝再接待一次，再請吃頓飯，慰勞他們，再作一首詩在吃飯時唱。這種詩都在現在的詩經裏。你們讀了這種詩，回想想古代中國，那個時候孔子還沒有出生。這是周公時代，無怪孔子晚上老做夢夢到周公。所以中國會出孔子這樣的人物，因爲中國早有周公。這就叫「歷史」，就叫「文化傳統」。現代人要打倒舊文化，打不倒的，我有信心。萬一中國將來再出一個秦始皇，把書一起燒光，恐怕也不要緊的，因爲中國書在外國圖書館都有。安知沒有外國人來讀中國書呢？我相信一定會有。我上次和你們講過哥倫比亞大學副校長研究宋明理學的，昨天收到他來信，他寫的書已出版寄來了。昨天有兩個美國人來，一男一女，他們研究中國學術思想，男的研究王船山哲學，女的研究現代中國思想。他們發的問題，我想至少不會比你們差，他們看的書也不少。我相信將來即使中國亡了，中國文化還會流傳下去。至少將來中國文化不傳在中國，還會傳在世界人類中。

詩經裏的詩，大多是朝廷派人作的。出征勉勵他們，凱旋慰勞他們。這種書實在是偉大。我現在舉一首詩經裏的舊文學，你們試看看究竟是死了沒有？

昔我往矣，楊柳依依。今我來思，雨雪霏霏。

世說新語中，有一條筆記，寫東晉時，有幾個人在一起談天，有一人忽發問：「詩經三百首，最喜歡那幾句？」這問題滿有趣味的。有一人舉出了這四句詩，他便是當時鼎鼎大名的謝玄。「矣」「思」兩字是語辭，「矣」字用得多，可知道它是「啊」的意思。「思」字少用，古人這個字怎麼讀、怎麼解，我們現在不確知。大體兩字是助語辭。從前我去時，楊柳已發條，正是春天最好時候。這「依依」兩字真用得好，中國人作詩，喜歡用楊柳，尤其是在分別時。楊柳枝條是軟的，風一吹，飄拂在人身旁，好像依依不捨的樣子。倘使將來你們能回到大陸，看看中國的楊柳樹，再來讀三千年前中國人的這首詩，真像在你眼前一樣。今天我回來時哦，雨中夾著雪，緜密不斷。「霏霏」白話文裏沒有的，中國的文化在文言文裏，就是講話也一定要學文言文。你們要知道，這幾句詩是周天子慰勞出征軍人回來，請他們喝酒時唱的詩。周天子代表出征軍人講他們的心情，來慰勞他們。你們出征時是春天，現在回來已經冬天了，在外遠征已一年。出征時天氣這樣好，可是非離家不可；回來應該高興了，恰恰又碰到雨雪紛紛的壞天氣，我心裏對你們真感不安。這種詩真是深入人心，這是皇帝慰勞出征軍人回國時在宴會上唱的。這像是「奴隸社會」嗎？一個主人能對奴隸這樣，何所謂主人，何所謂奴隸呢？世說新語裏有許多筆記，都是小故事，我看到這一條，又去拿詩經這首詩再讀一遍，覺得真好。東晉這故事直到今天仍留在我腦子裏。

這首詩到今天已三千年了，這故事也已經有一千多年了，我覺得這詩、這故事真好。倘使你們不相信舊文學是死了，你們該去讀讀詩經。中國人之偉大，中國人文化之高，吃飯喝酒能唱這幾句詩，天下太平了。中國人的治天下，有中國人一套道理的，這個道理多麼偉大。這種詩都在詩經小雅裏，是在朝廷上唱的。這詩不一定是周公作的，周公定了這個禮，軍隊出征要送行，軍隊回來要接風，請他們大家吃一頓，吃的時候要唱首詩。這些三千年前的詩，直傳到今天。今天我們沒有中國文化了，這種詩進不到我們內心去。

小雅是用在朝廷上的，可是周朝人已經慢慢不行了。諸位或說這樣好的文化怎麼會不行呢？其實不能拿這種話來批評中國文化。中國文化固有衰有亂，但至少今天還有個中國。希臘、羅馬不是衰不是亂，而是亡了，你們何以還佩服希臘、羅馬文化呢？你們說因為今天的歐洲人佩服他們。那麼今天的歐洲人也不行了，而你還是佩服，只因為美國人是從英、法文化來的。至於中國人的呢？你們卻可以一切置之不理。倘使如此，就沒有話好講了。你們可以拿中國這種詩去與西洋文學希臘荷馬史詩比一比，他們的好還是我們的好？就這四句詩，便可深入人心。朝廷上慰勞遠征軍人，不直說你們出去一年，你們辛苦了，這樣沒有意思。他深一層講，不用「你們」，用

「我」，他說：從前我們出征時，楊柳依依，一個「春」字拿掉了。今天我們回來，雨雪霏霏，一個「冬」字拿掉了。春、夏、秋、冬一年的時間也不必講了。倘使你們真能讀舊文學，對今天的新文學會覺得不入眼。你們都有一顆心，你們自己應回去想想。你們這一代不想，還有下一代人要想，中國舊文學終還要復活的。至於白話新文學呢？不知道要等到甚麼時候真能出一個「新文學家」來，白話文真寫得好，現在我們還不知道。總之，我在中學、大學的教科書上看見的這許多白話文，總覺得不能使我佩服。這些雖是題外話，對你們很重要。

到了周幽王、周厲王時，周朝已經衰了。大雅唱的詩都是頌揚政府的，小雅唱的詩就有諷刺政府的話了。朱子講詩經，他都說明這首是「美」，這首是「刺」。

風是地方文學，就是今天講的民間文學，是在民間唱的歌。政府採去，所謂「採風問俗」。一個政府要懂得社會民間的風俗，派了採詩官到民間來聽民衆唱的歌，寫回到朝廷去，朝廷從這種地方可以知道民隱。詩經有十五國風，一國一個風調，各地不相同的。秦國陝西人唱的歌，與晉國山西人唱的歌不同。各國民情風俗不同，因此各國日常唱的調子都不同。最好的是二南，周南、召南；最不好的是鄭衛，鄭風、衛風。剛才講的晉國韓宣子到鄭國，鄭國大夫賦的詩，就是鄭國人自己的風。朱子說這些詩都是男女淫奔之詩。朱子是就詩論詩，照著詩講這是男女戀愛的詩。朱子有朱子的道理，他不是隨便講的。雅頌裏沒有這種的。風裏面也只是幾國的風有這種詩，詩的內容不同，唱來也不同。

論語有一段記載：

顏淵問爲邦。子曰：「行夏之時，乘殷之輅，服周之冕，樂則韶舞，放鄭聲，遠佞人。鄭聲淫，佞人殆。」

孔子的學生都學詩的，孔子告訴顏淵「鄭聲淫」。「淫」是過份的意思。譬如下雨太多叫「淫雨」，休息娛樂太久叫「淫逸」。怎麼叫「鄭聲淫」呢？我們已講過，中國古代唱詩，主要的是要人聲，不要器聲，器聲太多這就「淫」了。

倘使照中國古代的講法，其實中國人的京戲已經「淫」了，聲音太多，唱一句要拉一段過門，唱一句裏面一個字要好幾個聲音，這樣豈不是聲音已經過了分？換句話講，是器聲超過人聲了。唱崑曲不這樣的，一個字一個字的唱，沒有過門的，沒有一個字唱好幾聲的唱法。又如彈詞，傳說這還在崑曲前就有的；後來到清朝中期，又有所謂灘簧。彈詞是一人拿了三弦來唱，唱完一句，彈一彈；再唱一句，再彈一彈，我們等於聽他講話。不過多數人喜歡聽京劇，不喜歡聽崑曲；喜歡聽崑曲，不喜歡聽彈詞。倘使照孔子的道理講，最好是唱彈詞，簡單，大家都聽得懂。描聲描色的變成崑曲，許多人聽不懂，要看曲子；京戲更費力了。現在則省力了，戲臺上唱的詞，另用燈光打出來，讓大家知道是唱的甚麼。這種音樂上的大問題，究竟將來新音樂應該怎樣，有種種學問要認真研究。

朱子的意思，這首詩原來的意義是一樁男女戀愛的民間故事，不像在宗廟朝廷上唱的，不會「淫」，不會過份。朱子的話也有道理。朱子這樣講，可是馬端臨還是要反對，何以兩國的卿大夫外交可以唱這種男女淫奔的民間歌曲呢？這也有一個道理可以講。

三

詩經有風、雅、頌三體，另有賦、比、興三體，合起來稱「六義」。風、雅、頌是講在那裏使用的，用在宗廟，用在朝廷、用在閨房。所謂「房中之樂」，譬如結婚不應該唱用在宗廟的歌，也不能唱用在朝廷的歌，就是唱二南：「關關雎鳩，在河之洲，窈窕淑女，君子好逑。」這是結婚唱的，這是在周南這個地採來的歌。講歌的使用場合，有風、雅、頌之別；講歌的寫法，則又有賦、比、興之不同。

「賦」是直述其事，直直白白地陳述這件事情。「比」是不講這件而講那件，不說東邊而說西邊，實際上是講這件、是講東邊。「興」是我要講東邊，先從西邊講起，再講到東邊。賦、比、興是這樣分的。男女戀愛，是天地間一件極自然的事情，民間確有男女戀愛的，可是我們有了文學，不妨用「比」的辦法，而不用賦，如今天所說的「譬喻」或說「影射」。我舉一個例。

詩經以後中國第二部文學是屈原離騷。屈原忠君愛國，楚懷王聽了讒言不信任他，他心裏有一番憂愁，就寫了離騷。「騷」者，愁也，心裏不安。「離騷」有兩個說法：一說「離」猶「遭」，「騷」是「憂」，意謂遭憂而作此辭；一說「離」字就作「牢」字解，離騷就是「牢愁」，猶今諺所謂「牢騷」。屈原愁懷王不相信他，不聽他話，而寫離騷。他不能說，你怎麼不聽我話，國家要亡了，我是忠心對你的。這叫做白話，他不能和楚王這樣講。一部離騷只有四個字——「美人香草」。屈原譬喻他自己是個美人，是枝香草。你們拿文字看，男女戀愛；拿內容看，忠君愛國。忠君愛國不好直講，不文的。所以孔子說：「不學詩，無以言」，話要講得委婉曲折，你講的是自己的忠君愛國，讓楚懷王再相信你。反反復復講來講去四個字，只是「美人香草」。這不是「賦」，這是「興」是「比」。

朱子到晚年，宋朝皇帝不信他了，總算沒有被貶出去，他就注一部楚辭。現在我們讀詩經都讀朱子的注，讀楚辭也都讀朱子的注。當然你們也可以說，他這裏注錯了，或是那一句也注錯了，可是還沒有人比得過他的。

我再舉一首後來的唐詩爲例。

洞房昨夜停紅燭，待曉堂前拜舅姑；妝罷低聲問夫婿，畫眉深淺入時無？

照這首詩二十八個字看，明明白白是寫一個新嫁娘一段閨房中的韻事。實際上不是的，因爲這首詩的題目是「近試上張水部」，「水部」是個官名，他的題目注明上呈張水部，就是唐朝的大詩人張籍。寫詩的人是個考科舉的舉子朱慶餘。唐朝人考試，舉子在考以前要拿他平常的詩文送給朝廷上有名的大臣，請他看看這樣的詩是否有資格錄取。這個人看了以後，他可以同別人說，今年來的考生中間有某人詩作得好。主考官聽見了，這人即可取上。這不是作弊，這叫「輿論」。張籍是韓愈的好朋友，詩名滿天下。倘使這考生寫封信給張籍說：「請你看看我的詩文，能不能幫我說兩句好話。」這就一文不值了，這叫白話文，不能這樣講的。「不學詩，無以言」，那該怎麼講法呢？作首詩，自比爲新娘，明天要考了，問問你我的詩文行不行？其實不是問，而想要請他幫忙講講話。中國人的文化真高明，高明在中國人的做人要有修養的，講句話也要有修養的。倘使馬端臨懂了文學，他也不會批評朱子了。這是文學中的「比興」，不僅屈原這樣，到唐朝人還懂這樣的。今天倘使東方文化盛行於世界，外交也學東方人的文化情趣，那麼美國派兩位議員到韓國、到南越，請他們喝酒，請他聽一段京戲，譬如唱一齣蘇三起解，蘇三與王金龍當時海誓山盟，同甘苦，同生死，現在王金龍做官了，蘇三在監牢裏，沒有一句怨言。美國議員聽了蘇三起解回去，應該發發良心幫忙韓國、越南。現在越南人講：從前美國總統尼克森、國務卿季辛吉，都曾有信給我們，說要幫我們的忙；現在美國人不肯幫忙了，我們要拿信公開。美國人不怕，你要公開你去公開。諸位去拿左傳來讀讀，我想晉國的韓宣子到鄭國，鄭國大夫賦的幾首詩，就等於請他聽蘇三起解。人與人之間，有了一層文學夾在裏邊，維持感情，不會直接發生衝突，這是中國人文化之高明處。所以朱子這話還是有道理的，馬端臨駁不了朱子的。馬端臨是個經學家，不是一文學家。所以我們真做學問，不可缺一面的。朱子在理學家中最偉大之處，就是他通文學。

四

我已經講過周濂溪勸人不要費心在文學上。我們真要一輩子只做一個文學家，也有毛病。大程子勸人不要先去研究文學，要學做聖賢，「志伊尹之所志，學顏淵之所學」。倘使你太喜歡文學了，會「玩物喪志」的。這話對不對呢？這話也對。可是一位傑出的學者像朱子，他對文學這樣高明，他並沒有玩物喪志。朱子對文學有三本大著作：一是注詩經，一是注楚辭，一是注韓昌黎集。

理學家中，並不是只有朱子一人通文學，而有極高的文學表現的。在朱子以前有邵康節，他有一部詩集叫伊川擊壤集。伊川是他住的地方，他住在洛陽，洛陽外邊就有一條水叫伊水。擊壤是中國第一首古詩，是古代老農在工作中唱的歌：「日出而作，日入而息。」康節自比老農夫擊壤而歌，後來的人叫康節的伊川擊壤集爲「理學詩」，是理學家的詩。朱子的詩高了，你看不出他是個理學家了。朱子的詩，不學宋人，也不學唐人，而學魏晉南北朝的文選。唐詩、宋詩、選體詩，中間有不同的。下面到了明朝，理學家中出了第三個會作詩的人陳白沙，他專學邵康節作詩。第四個人是王陽明，也能作詩，文章也好。下面我還挑了兩人，一個是明朝末年的高景逸，一個是清朝初年的陸桴亭。那年我們中華民國被迫退出聯合國，我的心裏很不開心，不能夠做太嚴肅的工作，就選抄了一部理學六家的詩選，也是藉以忘憂。這本書已出版，名理學六家詩鈔。諸位倘使喜歡文學，要從文學裏來講理學，可以讀讀這本宋、明、清三朝理學家六家的詩鈔。你們縱使不研究理學，而只喜歡文學，也可拿來，讀讀唱唱。天地大自然，對我們的日常人生貢獻很大。像這種「洞房昨夜停紅燭，待曉堂前拜舅姑」，詩無疑是好的，可是對我們日常人生修養並無很大的關係。而這理學六家的詩，有許多都對我們日常修養有極大的貢獻。我舉朱子一首詩爲例：

半畝方塘一鑑開，天光雲影共徘徊；問渠那得清如許？爲有源頭活水來。

朱子年輕時在外做一小官，辦公地方有個半畝大的小水塘，水清如鏡，照進天光雲影。朱子在這水塘邊散步，好像與天光雲影一同在散步。這種詩讀了，想想我們如能感受到這種境界，多麼開心。朱子問：你怎麼能這樣的清？其實是他自己心裏在想池塘的水怎麼這樣子清？原來這水有活水源頭。這首詩就是「比」，就是「興」，同時是「賦」；字面講是賦，實際上是比。朱子不是講池塘，是在講他自己的心。我們的心要像活水能照得見一切多好。心如像死水一團混濁的，外邊甚麼都照不見，還要發臭。我請問，你們的心有沒有源頭活水呢？

拿心比鏡子，莊子早已先用。禪宗也拿心比鏡子，這個鏡子要時時勤拂拭，不擦鏡子就有塵土，不乾淨就不光明了。朱子卻不這樣講，池塘的水要有源頭、要有活水來，那裏需要時時勤拂拭呢？我們只讀這一首詩，一生的修養就可在這一首詩上了。我們的聰明、學業、知識、思想，一切的做人道理，要自己心裏明白。心裏怎麼明白？要像這個水有一個源頭。你們要問問自己的源頭在那裏？如果你們的源只是在美國，我勸你們好好讀英文，最好到美國去，這個源太遠了。倘使你們拿朱夫子這首詩讀通了，你們有聰明自會悟出人生之道來。不只是這一首詩，今天高興可以讀一首，明天高興可以再讀一首，這首懂了會懂那首。我們讀理學家的詩，我們的日常人生修養、人生境界，應懂得從文學裏來講。中國古人教人，都當你是聰明人來教。今天我們自己四千年歷史不知，要學外國，外國也是幾千年歷史一路下來的。我相信將來總有一天中國人會覺悟，再回過頭來。

五

朱子經學寫了兩部書：一是易本義，一是詩集傳。朱子自己滿意的是詩集傳，對易本義他說自己還不完全滿意。爲甚麼呢？他說：「易爲卜筮之書」，卜筮專問吉凶，不是講道理的。照朱子這個說法，易經是卜筮的，並沒有講甚麼道理。道理不在易經的八八六十四卦裏，而在外邊。因原是卜筮所用，那麼講易經最重要的要講易經中的「象」與「數」。王弼易經不講象數，程伊川易經也不講象數的。周濂溪的太極圖說講到動靜，就是「象」；邵康節則是講「數」。朱子是接周濂溪講象這條路來的。而講到最後，朱子還是夾雜著很多義理在裏邊，朱子自己還不滿意。所以朱子說易經要分別伏羲之易，文王周公之易，孔子之易，還有程伊川之易，以及其他人講的易。

今天我們看重科學，拿天文學來講易；我們學了哲學，拿相對論來講易，都未嘗不可以講。但是你們去讀易經，讀不出天文學的，讀不出相對論的，宋朝人早告訴我們了，你要有了學問再去讀易經；易經裏不告訴你學問的。今天臺灣又在風行要講易經了。爲甚麼？新鮮啊！可以講天文學、數學、相對論、原子、電子、核子等等，但是如果你不去學科學、哲學，只讀易經，不可能懂天文、數學、哲學等等。兩者可以講得通，爲甚麼講得通？因爲都是講的符號，講的數字。

諸位要懂得，今天西方人的科學，第一門就是數學，數學不懂，甚麼都不要談，其他都是第二、第三步。造一個原子彈、造一個太空船，要直接發射到月球去，怎麼造法？就在家拿數學算，不通數學不能做的。數學可以通各項科學。至於「象」是要講圖案符號，一個符號包括的可以比字包括的多。其實中國字裏包括的已比西洋字包括的多。英文字數只有愈來愈多，有一個新思想、新產品，就要造一個新字。中國人可以就拿這些原有字都應付過去了。譬如發明了電話，用一個「電」字，一個「話」字，併起來就變「電話」了。電燈、電影、電報等，以至今天有了電腦，都一樣，不要另造新字，只把已有的字併起來就成新名詞了。中國人的聰明是在外國人之上，西方人發明一件新東西，要造一新名詞，造到後來我們人怕要負擔不起，腦子記不得了，所以外國人看重專家。中國人不需用心在造新字上，中國人的心可以用在別處去。易經八八六十四個卦的符號，還遠超過了文字，可以包括一切的意義。所以十七世紀時歐洲教士萊布尼茲一看見中國的易經只要用幾個符號便甚麼都包括在裏面，他見所未見，他認爲是世界上第一部大書。現在中國有人就拿萊布尼茲的話爲證，說要學孔子思想就要讀易經，不知這又弄錯了。

朱子講的經學，另開一個天地。他說易經是卜筮之書，詩經裏有男女淫奔之詩。朱子講的話，到現在八百年了，信的人也有，不信的人還很多。所以清朝人不講朱子的詩經，要講鄭康成的。今天我們中國人也討厭清朝人這一套，要創造，要翻新，而更討厭的是朱子。這叫甚麼?這叫「無知」。

我開始已講，我們這個時代近於宋朝的時代，我們不像漢唐，也不像明清。中國最弱時代是宋朝，又窮又弱，外有遼金，將來跑進蒙古人，但是宋朝了不起，爲甚麼?宋朝文化一路到今天。西方羅馬亡了，下面沒有了，黑暗時代來了；今天起來的是現代國家了，不是從前的羅馬。宋朝人能旋乾轉坤；唐末五代的黑暗時代過去，另開了一個新天地，這是偉大的。

六

下面我還要講到朱子講尚書、春秋、禮，看朱子對經學的大貢獻在那裏。你們聽完以後，才知道宋朝人的學問同漢朝人大不相同。不僅經學，其他的也一樣。我勸你們別的書可以不讀，詩經總要讀；易經可以不讀。讀詩經，應讀朱子的詩集傳。朱子不一定每一個字都對，大概可以得到十分之七，後來的人努力講到今天，沒有能超過朱子講的。我的想法是這樣。倘使你們不能讀詩經，我勸你們讀我的理學六家詩鈔；不能讀六家，讀一家也可以；一家不能全讀，讀幾首也可以。你們若要問六家詩鈔讀那一家呢？這個要問你自己，你喜歡那家就讀那家。不讀你不知道自己喜歡不喜歡。我只要問你肯讀不肯讀？若你肯讀，那麼我告訴你，讀你所喜歡的；我再告訴你，讀你懂得的；懂了，你就喜歡了。怎麼樣能懂？我再告訴你，讀一遍不懂，再讀第二遍；不懂十分之十，懂得十分之七也好；不懂十分之七，懂十分之五也好；隔兩天就會懂十分之六七；再隔幾天會懂得十分之十了。這個路很簡單，跑路只能一步一步跑，不能兩步三步跳，「千里之行，始於足下」。

周濂溪、程明道叫我們不要太在文學上用心，其實周濂溪、程明道的文學都不錯。程明道寫過一首詩：

雲淡風輕近午天，望花隨柳過前川，旁人不識予心樂，將謂偷閒學少年。

他作的詩都很好，不過他們的心在文學上用得不深；朱子則不然，他對文學真是心用得很深。我們問朱子怎樣對文學這樣用心而不妨礙他的理學呢？我們只能尊重他，喜歡他，不必學他，學不像的。能學他一點就好了，你們能懂得「尊重古人」四個字就好了。不要認爲我們生在這個時代，總比古人要進步。今天我們大家看不起古人，不知道古人是挑選出來的。朱子到今天八百年來，至少中國第一等的聰明人佩服朱子的就不少。你們不要怕時代，時代一下就過去了，學問是不朽之盛業，不會過去的，要你們自己拿心放到這裏面去。我所教你們的，是最簡單的初步。你們聽我講，去讀一部詩經，豈不是最簡單的嗎？肯讀不肯讀，在你；讀了有好處沒有好處，也在你。端看你怎麼讀法。

第二十五講

一

今天接講朱子的經學。易經、詩經兩經，朱子自己寫了書，尚書沒有寫。詩經毛傳有毛公序，尚書一篇一篇也有序，朱子說這序是不可信的。詩經是鄭康成的注，毛傳鄭箋，朱子反對的。尚書是孔安國的傳，朱子說是後來人假造的。那麼十三經注疏裏的孔安國傳照朱子說是靠不住的。尚書重要的在有「今文」「古文」之分，普通我們稱伏生尚書、孔安國尚書。伏生尚書後來叫今文尚書，孔安國尚書叫古文尚書。

爲甚麼伏生尚書叫今文尚書？因爲秦朝焚書，尚書在內。秦朝有一博士伏生把尚書拿回家藏在壁裏，漢文帝時搜集民間古書，知道伏生有藏書。伏生已老，朝廷派晁錯到伏生家學尚書。伏生的尚書只有二十八篇。伏生已九十多歲，他是山東人，講話難懂，伏生便派他女兒代父親教晁錯，伏生的二十八篇尚書，就交晁錯帶回政府。以後到漢武帝立尚書博士，就是這二十八篇，這部尚書叫做今文尚書。

漢景帝時，魯恭王壞孔子宅，在壁裏發現一部尚書，不知甚麼人藏入，於是歸孔氏子孫孔安國所有。這部書比伏生尚書多出了十幾篇，這書叫孔安國尚書，於是尚書有了兩部，一部伏生尚書二十八篇，立了博士，稱今文尚書；一部孔安國尚書，多十幾篇，沒有立博士。到劉歆時，皇家圖書館裏有孔安國尚書，因此劉歆主張有幾部書都應該立博士，其中一部就是孔安國尚書。後來因今文尚書博士都反對，沒有立成，於是孔安國尚書流傳在民間，這書又稱古文尚書。

現在普通講法，今文尚書中的古體字都翻成當時通行的字體了，而古文尚書還是照著原來的古體字。這是一個講法，但是沒有證據的。我的講法，前面已經講過了，我認為立博士的稱今文尚書，不立博士的稱古文尚書；其他各經都一樣，立博士的稱「今文」，不立博士的稱「古文」，並不是字體不同。倘使照字體不同來分別，那麼毛詩的字都應該是古體字，別人不認識的；左傳的字也應該是古體字，別人不認識的；實際上沒有這回事。所以直到王國維都是照老講法；只有我這一個講法，可以說是新講法。我這新講法，寫在我的兩漢經學今古文平議一書中，諸位可以參考。

現在我們知道一共有兩部尚書：一部是孔安國的古文尚書，一部是伏生的今文尚書。到了東漢末年，天下大亂，當時藏書不容易，孔安國古文尚書遺失不見了。到了東晉，忽然有人說在某處得到一部古文尚書獻到政府，政府拿來加進到今文尚書一起，篇章也有分析增多，於是尚書一共五十幾篇。此後一路傳下，大家只叫尚書，也不管古文尚書、今文尚書的分別了。

朱子說孔安國的傳是假造的，不僅孔安國傳，連孔安國尚書，就是古文尚書也靠不住。朱子為甚麼這樣講？我們已經講過朱子通文學，他拿文字來讀，今文尚書的文章都是艱澀的，古文尚書的文章都是平易的，容易讀。為甚麼伏生尚書二十八篇都難讀，而魯恭王壞孔壁發現的孔安國古文尚書反而都是平易的呢？有人說，伏生尚書傳給鼂錯時，伏生女兒在旁當助教，或許是她弄錯了。朱子說不是的，因為凡是伏生尚書裏的話，從前戰國時論語、孟子、荀子其他書引到尚書的都一樣。可見不是伏生女兒說錯了。倘使說伏生尚書是背熟在腦子裏，那麼背熟的為甚麼只是難的，容易的為甚麼反而背不出呢？可見這裏有問題。朱子是第一個發現古文尚書與今文尚書中間有問題的人。這一問題，可說是啟端於朱子，直要到明朝末年清朝初年，才有人出來證明他的話。研究這問題最出名的是閻若璩百詩，他寫了一本書尚書古文疏證。「疏證」就是「辨明」，這兩字不能隨便用的。這書靠不住，有問題，要辨偽才叫疏證；至若不懂的講到你懂，這不叫疏證。這兩字現在的人多已不懂。閻百詩是清朝人，從此以後這一個案子就算定論了。直到今天為止，可以說沒有人再來做翻案文章。

我告訴諸位，成了定論的，我們可以不再去管。我們做學問，第一：要虛心，在我前面已不知有多少讀書做學問的人，這點先要明白。第二：要明白我不是最聰明的，我前面讀書做學問的人，比我聰明的多得很。從古以來都這樣講尚書，要到閻若璩翻案寫尚書古文疏證，他才講明白古文尚書是假的。朱子雖已先講古文尚書是假的，但他沒有寫書，所以後來政府考試，還是今文尚書、古文尚書同考。即到清朝，雖有閻百詩出來反對，但直到清朝末年，考試還是一樣今文尚書、古文尚書一同考的。但在學術界，他的講法則已成了定論。

成了定論的事，照理不必再講，所以我不勸你們去讀尚書古文疏證。這個問題從此不必再討論，大家意見一樣的。然而與閻百詩同時，有毛奇齡西河，他寫古文尚書冤詞一書，一條一條駁閻百詩的話，他說古文尚書並不假，是被冤枉的。但是大家最後還是認定閻百詩講的對，毛西河講錯了。因此諸位做學問要知道，已經成了定論的，不要再去翻案，翻不過來的。這個定論到今天只有兩百多不到三百年，三百年來讀書人有多少，大家已確定一致的意見，你翻不過來的。可是倘使你要做學問，你該去讀讀這種書，可以長你的聰明。他究竟是如何把古文尚書說是假的，可以使人無法辯無法駁。所以從前人未成定論的，我們可以用功；從前人早成定論的，我們也同樣可以用功。做學問的人，可以去看，舊事重提，溫故而知新，你看著自會懂得怎麼讀書了。

朱子是理學家講經學的，其實朱子講的經學，可以說就等於近代的新文化運動他們所提倡的「疑古辨僞」。古人講的話他要懷疑；錯的，他要來辨。清朝人的風氣最講疑古辨僞，閻百詩是其中一個，其實閻百詩的話是跟著朱子來的。宋人中鄭樵又是一個，鄭樵是辨詩經的。其實鄭樵辨詩經還沒有朱子辨得透徹。真講疑古辨僞新文化運動，誰是第一人？朱子是第一人。不過到後來民初的新文化運動過了分，如說大禹是條蟲，試問你怎麼知道？這沒理由可講，也拿不出證據。那麼講了幾年，沒有人再這樣講，「古史辨」這個風氣也就過去了。

朱子以前當然已經有了講疑古辨僞，上面講的像歐陽修、劉公是都有這種工夫，而朱子講得更徹底。朱子沒有工夫注尚書，他叫一個學生蔡沈照他意思做尚書注。因爲朱子講尚書，一大部分是講歷史，另一大部分是講天文、曆法、數學、地理、其他的名物，以這些來通義理，那麼一定要一個通各方面學問的人。蔡沈的父親是朱子的老朋友，懂天文、曆法、考古等各方面的學問，所以朱子就叫蔡沈來做尚書集傳。書中第一篇一定注一句話，如第一篇堯典注：「今文古文皆有」，這是說今文尚書有這篇，古文尚書也有這篇，這就是伏生尚書。倘使注明：「今文無古文有」，這是說古文尚書有這篇，伏生尚書無這篇，這就是僞古文尚書，靠不住的。可以說蔡沈在每一題目下注這樣一句話，是先生教他的，以後有大貢獻的，這是告訴我們兩個本子的不同。以後到清朝有人來做翻案文章，但是已經隔了四百多年，……

……[23]……

[23] 編者案：此處有部分內容失錄。

宋以後五經讀本，易經是朱子的易本義；詩經是朱子的詩集傳；尚書是蔡沈的書集傳。當然蔡沈不能全明白到朱子的意思，中間問題雖然很多，可是現在沒有人討論到這個問題。譬如蔡沈講錯了，錯在那裏？照朱子應該怎樣講？這種都是另外事情。因爲到了清朝，凡是宋朝人講的經學一筆抹殺，不去管了。今天我們反過來，說宋朝人有的講得很對，或者很重要，可是並不是說宋朝人一點都沒有錯。我們也可以看了清朝人的書來駁他，也可以不根據清朝人的書，另外找一個證據來駁他。這些問題我們暫且不去管。總之，也可以說朱子對尚書的貢獻，或者還在易經、詩經之上，因爲第一個講到古文尚書靠不住的便是他。

朱子語類說：

> 大抵尚書有不必解者，有須著意解者。不必解者，如仲虺之誥、太甲諸篇，只是熟讀，義理自分明，何俟於解？如洪範則須著意解。如典、謨諸篇辭稍雅奥，亦須略解。若如盤庚諸篇，已難解，而康誥之屬則已不可解矣。

朱子的意思，是尚書難讀，我們要幫尚書來做個解注，解注可以分四種：一種是不必解的，你只要讀熟，義理自明。又一種是需著意解，要當件事情認認真真來解的。第三種有略需解者，只要大略簡單講一下就可以。第四種是不可解者，無法講的。

你們要知道，古人中間，尤其是做學問的人，尤其是做學問而變成衆矢之的，大家集中要來對付他的人，諸位不能隨便看待。中國古代有一個是孔子，大家集中對他，捧他的人當然有，像孟子、荀子，可是反對他的人也真不少。墨子、揚朱、莊子、老子等等，凡是思想家沒有一個不反對他，別人没有資格被反對。魏晉南北朝、隋唐五代講佛教、講老子，於是有人要問：孔子什麼地方不好？

孔子以後，第二個遭受到各方面人集中反對的，就是朱子。直到清末民初，直到今天。當然也有人捧他。像孔子、朱子這樣的人物，我們學術史、思想史裏難得碰到一個兩個。他們講的話，我們總應該認真一句一句的讀。譬如朱子講讀尚書的方法。實際不僅尚書，一切書都一樣。譬如論語，有的你一讀就明白；有的你要十分用心來講；有的你簡單講幾句就夠了；有的無法講的，如論語鄉黨篇就難講了。一切學問，也可說每本書，包括古人的書，近代人的書，凡是有價值的都是一樣的。那麼你們讀書，有的可以一直讀下去的，這種就是「不必解」的；有的要仔細讀的，讀了再讀的，這是要「著意解」的；有的看兩三遍明白了，這是「略需解」的；有的你置之不論好了，這是你「無法解」的。

民國以來，能規規矩矩讀書的人可以說極少了。王國維可算是個認真規矩讀書的，他說尚書要全體講是講不通的。今天我們要從頭到尾一字一字講，是很不容易的。現在我們文化復興運動要把古書都用白話文翻譯，每一書指派一人做白話翻譯。且問我們自己都不全懂，怎麼翻白話呢？一部尚書不容易懂，一部左傳也不容易懂。這個道理，從前人知道，現在人反而不知道了。

譬如左傳上有一句話：

沐則心覆，心覆則圖反。

「沐」是沐髮，洗頭髮；「浴」是洗身體，洗澡。洗頭髮在臉盆洗，你的心要這樣覆過來。洗澡在浴盆，不能叫沐盆，沐盆是臉盆。這是極普通的常識，沐浴沐浴，一洗頭，一洗身，在浴盆洗身不必心覆。今天復興文化運動把左傳翻白話文，那位先生翻成「你到浴缸洗澡，你的心翻過來了」。從前的書裏文言文解注解得明明白白，不知他爲甚麼白話文注解要這樣寫。迷信白話，不知有的白話注不出。現在這種書不知印了多少？我不看這種書的，是怎麼知道的呢？是別人看了告訴我的，只告訴我這一句，舉此一例，你們可以知道今天講經學真是千頭萬緒。你們最好不要講經學，倘使要講經學，那麼朱子的話你們要記得。將來倘使你們到學校去教書，至少要懂得有的話不必講，有的話簡單一講就過去了，有的話要反反復復詳細地講，有的可以置之不論。你們懂得這點就好了。光是這四句話，你們就可以受用不盡。可見古人像朱子之類，隨便講一句話，中間意義無窮的。他講尚書只有幾條文章，到後來就可以根據這個大作翻案文章了。朱子教我們讀尚書，許多方法真是講得好，他説：

尚書中盤庚、五誥之類，實是難曉。若要添減字硬説將去，儘得，然只是穿鑿，終恐無益耳。

又說：

且讀正文。書中易曉處，直易曉；其不可曉處，且闕之。

朱子說：尚書中間有的文章實在難講。倘使你硬要講通，添一字或減一字也勉可講通，但只是穿鑿，沒有益處的。又說：讀尚書，你讀你容易懂的，不容易懂的暫且放在一旁。其實讀其他的書也一樣可以用這個方法。

二

我們已經講過了朱子講易經、詩經、尚書，現在要講到朱子講春秋。朱子對春秋又是另一講法。他自己說，他的父親喜歡讀左傳，每天晚上至少要讀一卷左傳再睡覺。從前的讀書人都一樣的，至少都有恆。朱子還沒有進學校時，跟在父親旁邊，左傳有些處他也背得出來。到後來朱子自己讀書了，懂得問春秋大義，孔子春秋究竟講些甚麼呢？朱子曾說：

聖經惟論、孟文詞平易，而切於日用，讀之疑少而益多。若易、春秋則尤爲隱奧而難知者，是以平日畏之而不敢輕讀也。

朱子說最容易讀的是論語、孟子，最難讀的是易經、春秋這兩部書，所以平常怕它，不敢隨便地讀。書有難讀的，有容易讀的。朱子告訴他的朋友，就是蔡沈的父親蔡季通，說：我們已經到了晚年，年齡大了，應該懂得休養精神，不要讀春秋，春秋不容易看的。

春秋裏講褒貶，孔子怎樣褒、怎樣貶，在春秋裏一句一字講，很費力。朱子說後漢書五行志的注裏引到一個故事，說漢朝末年有人挖掘范明友的墳墓，挖出一個活人來。古代人死，有以人殉葬的風俗。范明友是霍光的女婿，墳裏被挖出的人是范明友的家人，所以霍光家的事他知道得很多，如廢昌邑王等，政治上的大事情他都知道；他所講的，同漢書上記載的相同。朱子說：你們現在講春秋，這樣講，那樣講，萬一有一天有人在孔子墳裏也挖掘出一活的家人來，他所講的同你們講法不一樣，你們怎麼辦？這實在有趣味，這就是今天你們講的科學方法。胡適之說：「拿證據來！」朱子在宋朝就講過這話了，他還舉出個活證據。我們從這事可以想像朱子的人。

我講這種故事，要你們知道，朱子不是你們想像的道學先生，只知講身心性命、仁義道德，不是這回事。朱子是一個「通人」。你們今天只懂工商社會、原子時代，舊書不讀，不懂從前封建時代；只懂美國，不懂中國；只學史學，不學經學；你們怎能做個通人呢？

你們學史學，也不會去看後漢書五行志。現在人認爲這種故事不科學，認爲是迷信。我今天講這樣一個故事，可以證明一個學者心胸之活潑廣大。我們只要根據朱子這件故事，就可以想像到朱子不贊成這樣講春秋。那麼春秋能不能講呢？朱子說：春秋容易講，講什麼呢？講春秋裏一件件事情，你只要照事情講事情好了，不必去講褒貶。要講褒貶也可以，朱子說：

春秋大旨，其可見者，誅亂臣，討賊子；內中國，外夷狄；貴王賤霸而已。

春秋就是這幾句話。你若要拿春秋一字一字講出大理論來，怎麼講法？

春秋裏一年的開頭寫「春王正月」，或「春王二月」或「春王三月」，沒有開頭寫「夏王四月」，只寫春天。公羊春秋講這叫「通三統」。因爲夏朝的曆法和周朝差兩個月，商朝和周朝差一個月。夏朝的正月是周朝的三月，商朝的正月是周朝的二月；周朝的正月是夏朝的十一月，商朝的十二月。古代有三個曆法，公羊春秋說春王正月、王二月、王三月就是夏統、商統、周統。歷史上講古代政治，不能專照周朝一個系統，要三個系統。沒有萬世一姓的王權，周朝亡了，來秦朝；秦朝不到二十年，來漢朝；漢朝近四百年也要亡的；那麼來魏晉，千古無一姓之王權，要換的。這是一極偉大的理論。不過從前夏、商、周一個朝代有幾百年，後來少的也有幾十年，我們人在那個時代過得安頓。今天這個時代的世界不然了，中國人這套觀念外國人不懂得的。希臘、羅馬沒有什麼「朝」，現在英國、法國也沒有。我們只知道有路易十四、路易十五、路易十六，等於我們康熙皇帝、雍正皇帝、乾隆皇帝。他們講一個一個皇帝，一個皇帝要變個花樣。現代美國人起來，一個總統變個花樣。總統最多連一任，所以八年非變不可。我們生在現在的時代，今天不知道明天，十年就要一大變，這樣的人生其實是很苦痛的。所以中國人對時間觀念與西洋人大不同，我們中國人懂得作長久之計，深謀遠慮。我們的打算絕不只顧眼前，中國人歷史上、思想上一切傳下來的，都是要傳子傳孫的。今天這個時代不這樣了，大家要爭取時間，怕來不及。今天十個人中，八個人不爲一輩子打算的，甚至十個人全都不爲一輩子打算的。你要爭取眼前，就得犧牲將來，這樣我們人活著就沒有趣味了。

中國人講朝代，要「通三統」，要三個朝代相通，那就是一切朝代相通了，就是要整部歷史，用幾千年的眼光來看，這是中國人的歷史哲學，西方人不懂得這種歷史哲學的。所以今天世界上只有一個中國到現在四千年，只有一個中國幅員這樣廣大，人口有這樣衆多，世界上沒有第二個國家可以與中國相比。譬如大英帝國只有三個島，然而到今天還不能統一。這是因爲西方人腦子裏沒有長治久安的觀念。

孔子有沒有講過「通三統」？公羊家說孔子講過。孔子在那裏講的？春秋上寫「春王正月、春王二月、春王三月」就是「通三統」。對不對呢？這樣講別人實在不容易懂。此意孔子在論語裏曾經講過的。論語爲政篇：

> 子張問：「十世可知也？」子曰：「殷因於夏禮，所損益可知也。周因於殷禮，所損益可知也。其或繼周者，雖百世可知也。」

孔子說的有夏朝、商朝、周朝，不只三朝，下邊一朝一朝，百世可知。論語裏講得很明白，我認爲孔子早就有不可能萬世一統的觀念。你們說孔子時是封建時代，這種思想是超出時代的。孔子說：「如有用我者，吾其爲東周乎！」孔子不照西周了，東周有東周辦法。這樣講，豈不明白？至於爲什麼要講「春王正月、王二月、王三月」？程伊川曾說：

> 事在二月，則書王二月，在三月則書王三月；無事則書時，書首月。

春秋裏如魯桓公元年：「春王正月，公即位。」因正月有桓公即位一事，所以標出「王正月」，下面二月、三月再有事，可以接下去寫。如今年正月無事，二月有事，於是春秋裏寫「春王二月」，你一讀就知正月無事，從二月講起。如二月無事，三月有事，寫「春王三月」。如正月、二月、三月都沒有事，於是寫：「春王正月。夏四月。」就是告訴你，今年春天三個月無事本不必寫，怕人誤會記載有所脫漏，所以補寫上一個空的「春王正月」一句。春秋兩百四十年，春王正月、王二月、王三月三條，盡皆如此，沒有一條錯。我覺得程伊川的話講得對。從此我不輕相信清朝人的話。但是清朝人的書我還是讀的。……………………㉔……………………

別人佩服我的劉向歆父子年譜，因大家都講今文學，結果我的文章一出來，大家不能再講，

㉔ 編者案：此處有部分內容失錄。

這個案子結束，以後這個問題不必討論了，只好都照了我的講法，還有什麼話講？其實不然，從前閻百詩寫了尚書古文疏證一書，大家都知道古文尚書是假的了；我寫了劉向歆父子年譜，到現在大家還不知道康有爲講今文學講錯，還是在那裏引經據典講，慢慢地康有爲的講法又要復活，就變成我的講法又要死去了。這有什麼辦法？這幾天的天氣風雨一陣又一陣，要看到太陽是難得的。我不敢自誇我的劉向歆父子年譜是得意的著作，但在民國以來六十年裏，是出過太陽的，他們都講錯了。可是一會兒雲來了，太陽又在那裏？

講春秋通三統並不錯，但是公羊家以「王二月」「王三月」謂存夏、存殷，這個講法，遠不及程伊川的講得好。可見清朝人講經學講不過宋朝人，這不是一個很好的證據嗎？照朱子的講法，只要講一件件事情好了，不必咬文嚼字來講孔子的意思。所以照朱子意思，要讀春秋還是讀左傳好，左傳裏事情清清楚楚。褒貶的大道理是有的，就是前面講的「誅亂臣，討賊子；內中國，外夷狄；貴王賤霸」，至於零碎深細的，可以不必講。讀事情就是讀歷史，既然要讀歷史，爲什麼只讀左傳而不往下讀呢？所以朱夫子也勸人讀資治通鑑，通鑑是講後來的歷史，從春秋直到五代，宋朝人不能不懂五代。你們聽了，或許很贊成讀現代史，但現代史不能只是中華民國幾十年的歷史。古代太麻煩，我們或可以不講了，可是秦朝以後到清朝總應該講講。

朱子認爲我們要讀春秋不如讀左傳，左傳是講事情，公羊、穀梁傳事情都不講，要講義理。

大的義理就是剛才講的「誅亂臣，討賊子；內中國，外夷狄；貴王賤霸」，春秋裏的大道理都在裏邊。倘使要講公羊傳，它最重要的卻只是「通三統」，我已經舉出程伊川的話，不能照何休公羊春秋的講法。清朝人因爲不看宋朝人的書，不知道宋朝人早講過了所以才有下面公羊春秋今文學家起來，才有漢學、宋學的辯論。我寫國學概論、劉向歆父子年譜兩書，對這些問題早已講過。我在國學概論裏講到清代公羊家，特別把大程夫子的話抄在裏面。講易經，我講孔子沒有作十翼。至於詩經、尚書這兩書，還是次一層的。大的問題在我國學概論一書中都講了。寫國學概論時，我還在中學裏教書，那時的中學生也能聽。當然將來他們進了大學，聽到別的講法，或許認爲我講錯了，或許忘記了我講的，可是我自己很覺安慰，凡是我在小學、中學教過的學生，進了大學，他們會來告訴我，在大學聽到某先生怎麼講，講法與我的不同，他們認爲我講的對，某先生錯了。還有不是我的學生來對我說，他在學校和我的學生同一宿舍，常聽我的學生說我教小學時和學生住一起，晚上講些什麼。所以他雖不是我學生，也等於是我的學生。然而這有什麼用呢？現在的人不讀我的國學概論、劉向歆父子年譜，沒有辦法的。你們來上我的課，只聽我講，卻不讀我的書，等於白講。我並不是要你們讀宋學反對漢學，我是要解釋漢學、宋學並不像你們這樣想法，認爲漢學是講考據，用的科學方法；宋學講義理，是主觀；這是不對的。

三

朱子教人讀資治通鑑，可是朱子對資治通鑑又有不同意見。譬如通鑑寫某年某月「諸葛亮入寇」，朱子看了生氣。這事要講到中國歷史上「正統」的問題。通鑑認爲東漢下來就是魏，正統應是魏，諸葛亮六出祁山，帶軍隊去打魏國，就成「入寇」。陳壽三國志不稱魏書，不以魏爲正統，分成魏、蜀、吳三國。朱子或許認爲劉備姓劉，是漢室子孫，正統應該是劉備的蜀漢，不應是魏國。今天我們要打倒傳統，這個問題好像不應該講了。近百年來中國人心裏有個根深柢固的觀念，凡是外國人不講的，就沒有價值。外國人沒有什麼正統的，中國人怎麼講正統呢？現在外國人也講正統了，他們中國化了，最近聯合國請中華民國退出，請中華人民共和國加入，承認這個政府，不承認那個政府，這還不是講正統嗎？又如我們寫文章，在臺灣我們稱「蔣總裁」、「蔣總統」，不能稱「毛主席」，我們不在他的政權之下，兩政府處於敵對，不能稱毛澤東是主席的。直到今天，我們應知道正統的問題繼續存在。又如近代史蔡松坡在雲南起來領兵打袁世凱，怎麼講法呢？我們不承認洪憲皇帝，只能說蔡松坡雲南「起義」，不能說蔡松坡雲南「造反」。又如我寫國史大綱寫到洪楊，我稱「洪楊之亂」。當時政府反對，說這叫「太平天國」。太平天國是他的名稱，洪楊起事只是一暫局，不久又翻過來，仍是清朝，他們是「作亂」，不能稱太平天國。最後政府同意我照原稿出版。現在大陸中共的歷史又是另一寫法了，從陳勝、吳廣到張角、張寶、黃巢、李自成、張獻忠、洪秀全、楊秀清，都叫「農民革命」。原來秦朝、漢朝、唐朝等各朝史都被改寫了。這就是爭的正統問題。我告訴你們，歷史上的正統是推不翻的，有了「正統」的觀念，說法就不同了。魏是正統，諸葛亮就變成「入寇」。究竟應該蜀是正統呢，還是應該魏是正統？這個問題是第二步。第一步政府要先定個正統，那麼司馬溫公與朱子意見不同。在宋學家中，到了周、張、程、朱，他們比較上看不起司馬溫公。實際上司馬溫公倒是個道學先生，他講歷史，拿曹操做正統；他做經筵講官，自己要站著講，皇帝坐著聽。下面的理學家反而喜歡王荊公。講春秋，王荊公說春秋是「斷爛朝報」；現在朱子講春秋也等於王荊公的講法，可以不要讀春秋。在司馬溫公的資治通鑑上，朱子要加一個「綱」，就等於左傳上邊加上春秋經。可是這個工作朱子沒有做完，現在的綱目不是朱子寫的。有關的詳細情形，我已在我的朱子新學案裏討論到，今天不需多講。

倘使照朱子講春秋的話，清朝道光、咸豐、同治以下的今文學都講錯了，可以一筆勾消。與其講古代史，不如講後代史。左傳應該讀，更應該讀通鑑。那麼可以讀左傳同通鑑，不必去讀春秋了。春秋難讀，我們只要在春秋裏知道事情好了。這種見解之高，清朝人沒有這種見解的。一部經有一部經的讀法，清朝人沒有這種見解的，宋朝人卻有這種見解。

四

我們講了詩經、易經、尚書、春秋四經，下面要講到「禮」。禮是一件大事情，但古代的禮今天行不通了。這種話你們或者也會講，封建社會的禮現在行不通了。其實朱子從前早就講過，從前人早就懂得的。朱子說禮應是全國性的，要政府下個命令大家遵行。西方人有個宗教，主持了社會禮俗。西方人不能沒有宗教。西方各個國家不同；不僅各國不同，即如美國各州的法律也各有不同。如要離婚，這州不許，改到那州去；各州立法各有不同的。可是無論離婚、結婚、喪事、喜事，全歐洲、美洲一樣，都照教會的規定。下面教會慢慢衰了；就不知西方社會將來怎麼辦？這樣將會沒有一個大家共同遵行的習俗。

中國周公制禮作樂，後來歷史上每個朝代也有制禮作樂，譬如叔孫通制朝儀。這是中國人的辦法，直到以後，每一朝有每一朝各種的禮樂。外國人的禮是教堂的，中國人的禮是朝廷的。朝廷不制禮作樂，我們老百姓怎辦呢？魏晉南北朝到隋唐有門第之禮，門第大家族沒有一套禮，幾百年的門第怎麼能傳下來？到了宋朝是平民社會。門第社會沒有了，怎麼辦呢？於是自己家有個家禮，不是政府定的禮。司馬溫公有個家禮。程伊川有個家禮，朱子也有個家禮，他們是根據歷來的禮俗自定，結婚喪祭有一套禮，傳之子孫。現在我們則變成國無國禮，家無家禮。外國人有個宗教儀式，全體照宗教；中國人又不照宗教，又沒有自己的一套，連婚喪之禮都沒有了，盡隨你自己辦。

朱子一方面用功於私人家庭的禮，一方面希望以他的話作爲參考，將來能定一個全國的大禮。朱子用功於禮，他拿從古到他時，社會家庭各種生活上的禮編了一部書，這也是「通經致用」。清朝人那裏有這樣大的工夫來做這一工作。朱子的一生，我們都能清楚知道。全世界沒有一個國家的學者，你可以逐年詳詳細細講他的一生，只有中國，第一個孔子，從頭到尾，現在我還能講；我已寫在我的孔子傳裏。第二個朱子，我寫了朱子新學案五大本，詳詳細細講朱子。換句話說，朱子沒有一天白活，都有成績的。

第二十六講

一

中國文化中最大的就是禮，周公制禮；論語也講禮。諸位講哲學，應該講周公、孔子的仁；講史學，應該講周公、孔子之禮。上從政治，下到社會，每一個人的日常生活都有禮。

但是禮要跟著時代變的，孔子論語早就講過這意思。從秦漢以下直到南宋，社會上有禮，政府同樣有禮，可是這禮已與古人之禮不同了。朱子能把握到這一點，希望政府來制禮作樂。但這要有條件的。所以當時有一班人就講家禮，講家庭日常生活的私禮，像司馬溫公、程伊川直到朱子都有家禮的著作。對於整個政治的禮，朱子也注意到。中國古代有所謂「三禮」，即是儀禮、周禮、小戴禮記。到了朱子拿這三部書合編起來，簡單說就叫「禮書」，講禮的一部書。以儀禮爲經，以周禮、小戴禮爲傳，編在一起，書名就叫儀禮經傳通解。這部書我們要分著幾點講。

第一：儀禮只有十七篇，從來就認爲是部難讀的書，唐朝韓昌黎就說儀禮難讀。現在朱子來編儀禮經傳通解，這裏就有一個大毛病。因爲經後來人的研究，儀禮不是一部孔子以前的禮書。

孔子以前的禮，早已失傳了。儀禮是一部戰國人的書，是孔子以後的書。當然有很多證據，現在我們不講了。但是朱子沒注意到這種地方。我們講朱子疑古辨僞，他知道詩經、毛詩序靠不住；他知道古文尚書靠不住，但是他不知道易經十翼不是孔子作的；朱子以前歐陽修已經講過，但是朱子沒有採用這個講法。對於儀禮，朱子也不知道這書是靠不住的。

我告訴你們，歷史上任何一個大學者，古代乃至於將來後代，最偉大的第一等的學者，也不會完全沒有錯的地方。一個人的知識聰明，他所注意到的地方太廣大了，總有疏忽的地方。我們後來的人，應該補他的缺點，並不能因他有一點錯的地方，我們就因此而看不起他。近代中國人的學風，最大的毛病，就是批評人家一點小錯誤，就要打倒這個人。這都是一種無知不懂學問的人的作風。

朱子儀禮經傳通解用儀禮作經，大原則就錯了。儀禮是孔子以後的書，這個我們暫時不講了。第二，朱夫子喜歡作大的編書計劃，就是要集體來做一個研究工作。朱子有兩部大書，一部是通鑑綱目。朱子說我們讀尚書，尚書是部歷史，那麼尚書以後的歷史我們也要注意；我們讀孔子春秋，春秋是部歷史，那麼春秋以後的歷史我們也要注意；所以朱子特別看重通鑑。但是通鑑的歷史有問題，譬如我上一堂講的「諸葛亮入寇」之類。朱子要編一個綱目，拿資治通鑑作目，上面作個綱。這個工作朱子開了頭，交學生來做。詳細情形，可以參考我的朱子新學案。

儀禮經傳通解這部書最重要的是編書的體例。編這部書的有朱子的朋友，有朱子的學生，也是一種集體的合作。這是朱子晚年一個大著作。到朱子死，還沒有全部完成。這工作以後很少有人能繼承。有許多工作需要集體來做的，不必一個人做。抗戰勝利後，中共執掌政權前，我曾計劃要編一部中國歷史，分八個、十個部門，至少要有十個、八個合適的人來幫我的忙。可是沒有這個條件，第一，沒有學生，有好學生他要生活。第二，我自己也要生活。沒有一個政府或者是大的學術團體來經濟支援，這工作就無法做了。

朱子寫了儀禮經傳通解，到朱子以後研究中國歷史，就應該研究中國歷史裏所謂的「禮」。不是周公、孔子之禮，是周公、孔子以後隨時有的禮。到了清朝，秦蕙田編了一部大書，叫五禮通考，這部書其實就是跟著朱子的「禮書」來編的。怎麼叫「五禮」？中國古人的禮，分成吉、凶、軍、賓、嘉五種。今天人的觀念，一切要講「組織」。中國人的觀念，不看重「組織」兩字，中國人看重「禮」。譬如今天你們到這裏來上課，要甚麼組織呢？講了「組織」，就要爭「自由」；沒有組織，你爭甚麼自由呢？你們可以儘量自由，但是儘量自由了，這個講堂怎麼維持秩序呢？大家要守一個「禮」。守了禮，自不需組織，這是很簡單的事。

今天的中國人一面學西洋人要講自由，一面又學西洋人要講組織。其實西洋人就因爲這兩樣在那裏衝突。政治要組織的，軍隊也要組織的，在這個組織之下的人就感覺不自由。譬如工廠，要組織的，那麼你在這工廠作工，總希望能得到一些個人自由，不能拿全部時間賣給工廠。我去年上課曾告訴你們有一本書，名自由與組織，是近代英國大哲學家羅素寫的，他講美國社會中許多事實。照我們中國人的眼光看，西洋人的社會没有「禮」的，禮只在教堂。譬如結婚、生子、人死，他們也有禮，禮都在教堂。但是宗教只講日常生活，此外的他不管。耶穌是管上帝的事情，人死以後的事他管，至於社會的事情則由皇帝管。耶穌出生在猶太，上面有羅馬統治，那是一個被奴役的社會。耶穌腦子裏也根本没有想到政治，所以說「凱撒的事由凱撒去管」。直到今天，西方社會就是這樣，上帝管宗教，凱撒管政治。下面西方歷史上有政教衝突、宗教自由、建立國教等等一切問題。中國歷史上没有這種問題，雙方不同的。像資本主義，像工廠組織法等，這許多怎麼來的呢？是在没有「禮」的中間，產生出來的。馬克思的共產主義，就是資本主義的反動。英國人怎麼能拿資本主義、帝國主義統治全世界？他有工廠、有產品，工廠裏有種種組織法。於是下面就鬧出共產主義。共產主義有兩方面；急進的，就是共產黨；緩進的、和平的，就是工會罷工。大家說：今天的世界，一邊是共產世界，一邊是自由世界。不知道自由世界工人要自由，但是資本家肯給你自由嗎？那麼就要組織，要有工會幫大家說話，團結起來罷工要求加薪。試問自由世界那個國家不承認工會？

中國人的立國與西方人的立國不同。西方人有資本主義，中國没有資本主義；西方人有帝國主義，中國人没有帝國主義。中國人講禮，西方人只有一部分的禮，就是宗教，個人出生從小孩到結婚到死都有禮。至於今天中國呢？舊的一套禮，已經被打倒了。

從前中國人的禮分成五種。譬如最近大總統去世，新總統上任，應該有吉禮、凶禮。然而今天我們没有了。在電視裏，我只看見新總統宣誓就職，大概一分鐘，説是照憲法就任總統了。這是一個國家元首的上任。大總統去世，凶禮我們倒有，但是這禮不是中國原有的，凶禮中最重要的竟是牧師追思會講話。我們的總統死了，占時間最長、講話最多的，是一個牧師。這是西方人的禮。中國現在是一個無禮之邦了。老總統死，新總統就職，我們舉凶禮、吉禮這兩個例，可見中國今天這兩項事都没有一套中國自己的禮。漢高祖出來做了皇帝，叫叔孫通定禮。你們去讀中國歷史，每一朝代總有知識分子被政府派來定禮。一切照禮，漢朝有漢朝的禮，唐朝有唐朝的禮，宋朝有宋朝的禮，但是没有看見中華民國的禮。我們學歷史的人，應該來學，否則就是不懂自己的文化傳統。

軍禮是軍中之禮，賓禮是外交禮。中國從古以來外交有一套禮的。嘉禮是一般社會上的禮，譬如結婚，婚禮不在吉禮內而在嘉禮中。今天「嘉禮」兩字社會上還用，可是意思卻已不懂。今天中國人結婚没有禮了。我再舉一例，學校開學要有一「開學典禮」的，現在也多取消了。現在學校校長不能教訓學生作一番訓話，學生不要聽，校長也無話可講。學生畢業，是個大典禮，現在也變了，學生代表要講話，校長只是報告一些事務。師生之間，也沒有禮的。那麼從前是怎麼樣的呢？你們去看書，每個時代各有不同，有變的。譬如皇帝要讀書，你們去看嘉禮，王荊公做過皇帝的先生，司馬溫公也做過，一個要先生坐學生站，一個要學生坐先生站。無論如何，都有一個禮。今天我們這個國家是個無禮的國家了，幸而中國還接受到一點西洋人的禮，譬如「追思禮拜」，這也是個禮。至於人死以後進殯儀館，大家鞠躬就這樣完了。那麼家呢？父親、母親過世了，我們有沒有一個禮呢？沒有了，就只在殯儀館，一完甚麼都完了。那麼還要家做甚麼的？父親、母親死了，不是請客人到殯儀館鞠個躬就完的，你自己對父親、母親有沒有一個禮的？譬如清明掃墓、過年祭祖等。像五禮通考這裏面大部分的材料是社會史，還有政治史；政治史、社會史放在一起叫做「禮」。中國立國精神就在這裏面。現在我們這些都不懂。這書也很少有人去翻，驟然拿來看，或許你們覺得這些是天地以外的事情，我們接不上氣了。

自從秦蕙田寫了五禮通考，後來又有江永寫了一書，叫禮書綱目。朱子的儀禮經傳通解就叫「禮書」，江永的書叫禮書綱目，也分綱，也分目。江永是一個最崇拜朱子的人，他一生的大著作便是寫了這本禮學綱目。到了清朝末年，黃以周也寫了一部書，叫禮書通故，「通故」是要通通從前舊的。這部書是他一個人寫的，也是一部大著作。從朱子寫了儀禮經傳通解，到五禮通考，到禮書綱目，到禮書通故。清朝到咸豐、同治以下，清朝末年的中國人思想變了，知道不能專照乾隆、嘉慶時這般人講經學，那樣一點用都沒有。前期人只知道鄭康成，後來則要講鄭康成、朱子兩個人。講經學固然要講鄭康成，但是也應該要講朱子。黄以周就是如此，所以他寫禮書通故。到了中華民國以後，既不講鄭康成，也不講朱子，只要講西洋人一套，中國人的一套完全沒有了。我們總希望有人能來研究儀禮經傳通解，研究五禮通考，研究禮書綱目，研究禮書通故。不能全部研究，能不能研究一部分？譬如婚姻之禮，從前人的婚姻怎麼樣，今天我們的婚禮應該怎麼樣？這種責任不是每個時代都有人可擔當的，要隔一個時代來一曠世大儒才能負起這個責任。今天那裏去找曠世大儒呢？所以我們今天只能這樣講，等有心人聽到，肯照這樣努力用功，這就有希望了。

朱子講經學，也是「通經致用」，他要把經學拿到今天來用，要用到整個社會上來。至少他的「禮書」有這樣一種精神。我們也可以說，在經學裏有一極大的問題，就是「禮」。譬如經學裏講文學，今天有人講的；經學裏講史學，今天有人講的；經學裏講哲學，今天有人講的，經學裏講社會學，實即是經學裏講的禮。西方沒有與我們中國相同的禮學，找不到一恰切相對應的英文字可以翻，所以只好用英文拼音來翻中國的「禮」字，論語孔子講的「仁」「禮」兩字，剛才我講一個是哲學，一個是史學，可是這兩個字英文裏也都沒有恰切的字可以翻，因爲他們沒有像中國這樣的兩套觀念。西方思想中間沒有中國人之所謂「仁」，日常生活中間沒有中國人之所謂

「禮」。但是我們要講到朱子對經學上的貢獻，還不在我們上面講的易經、詩經、尚書、春秋、禮上，朱子更大的貢獻不在這幾部經學上面。

二

中國從孔子以後到戰國時代，這一支叫做「儒」，稱「儒家」，並不等於「經學」，這我已經講了許多遍。孔子傳下來的是「儒家」，並沒傳下什麼「經學」。在儒家中間當然會講到古代的經，但並無所謂「經學」這一套。倘使有人專門研究詩經、或尚書、或春秋、或禮，這種在儒家中間，可以說是次一等的人，他是專門講一本書，這種人在儒家中間並不太受看重。例如孔子春秋有公羊春秋及穀梁春秋，照春秋的考據講，在戰國時代是否有公羊或穀梁其人呢？我們暫且不論，就算有這兩個人，這兩人在儒家中間也不算被看重的人。到戰國末年秦朝，乃至於漢初，講尚書的伏生，講詩經的魯申公，這種人是個「經生」，最多我們也只能說他是個「儒」。他是個「一經之士」，講一部經的，並不是所謂的大儒、通儒。你們要懂得「儒生」同「經生」有不同。古代的學術，戰國下來孟子是個大儒，荀子是個大儒，他們不會不讀經，但是你不能叫他們是經生或是經學先生。伏生是個經生，申公是個經生，他們不能不算儒，但是你不能叫他是個大儒，他們不能同孟、荀相比。

漢朝之後，儒沒有了，傳下來的是經，一部一部零零碎碎的。去年講漢朝經學時我們已經講過了，那個經是那個人傳下來的。這裏面有沒有儒呢？我們後來人一般的講法，董仲舒是個儒。董仲舒也講經，特別講公羊春秋，然而董仲舒通五經。譬如講「性」，孟子講性善，荀子講性惡，董仲舒也講性，可是他不講性善、也不講性惡，他講性可善可惡，有善有惡；他是另一個講法了。申公、伏生是專經之儒，不是通儒，不是大儒。漢朝人到後來有了太學，就只講經學了。我們怎麼知道呢？看漢書藝文志就知道。漢書藝文志第一個是六藝略，易經、尚書、詩經、春秋，一部一部經，一個一個人；史記、漢書儒林傳裏，都是經生，似乎漢朝人拿經學當成儒家了。儒家中間有經學，可是不能說經學等同儒家，經學只是儒家的一部分。這個道理，漢朝人也懂；不僅漢朝，漢朝以後的人也懂。譬如講中國思想史或中國學術史，我們要在漢朝找兩個儒家，後來人舉的第一個是董仲舒，第二個是王莽時候的揚雄，他不是一個經學家，而是一個儒家。這一個分別，我們一定要弄清楚。

此後經學家不斷，儒家難得產生。我們現在照宋朝人講法，第一個董仲舒，第二個揚雄，第三個隋朝時作中說的王通，第四個唐朝韓愈，再接到宋朝，這稱「儒」。韓愈不能算是經學家。韓愈不是不讀經，他講那一經呢？王通也不是不讀經，但他也不是一個經學家。我們一定要在中國的學術史裏分別出這二者，要講清楚，一個是「經學」，一個是「儒家」。儒家中間有經學，經學也算是儒家，但是兩者要有分別的。不是今天由我來提出這個分別，至少我們是照宋朝人講法。

宋朝人在中國思想史裏有一極大的貢獻，我上面已經講過，宋朝人的觀念變了。他們顯然有一點與從前人不同的，就是宋朝人看重講儒家了。戰國時候不講，戰國以後他們只舉幾個人，董仲舒、揚雄、王通、韓愈這些是儒家。他們不是在那裏講某部經一代一代甚麼人傳甚麼人，也不是照十四博士講經。東漢經學大師鄭玄是經學裏最大的大師，但是宋朝人不講鄭玄的。不僅是理學家，理學家以前的宋儒如歐陽修、王荊公這輩人，他們也不講鄭玄的。他們是不是不讀經呢？他們都讀經的，我已經講過歐陽修、王荊公怎麼讀經的；他們是在儒家中間來讀經學。至於漢朝以後的經學是怎麼樣的呢？那是在經學中間來通儒家。這兩者是不同的。最大的不同的在那裏呢？我舉一個最大的不同，就在論語上。

論語是從古到今大家都讀的書，在漢書藝文志裏，論語是屬「小學」。小學裏有三部書：一是孝經、一是論語、一是爾雅。進大學以前，初等小學讀孝經，高等小學讀論語，一定要帶一部字典就是爾雅。進了大學，你選一經，或易經、或春秋、或其他經。至於孔子的地位呢？現在人講今文學、古文學都講錯的。關於今文學、古文學該怎麼講，我已經對你們詳細講過。立學官的是今文學，不立學官的是古文學。爲什麼這個立學官、那個不立學官？歷史上有根據的。清人廖平寫今古學考一書，作了一張今古學宗旨不同表，完全講得不對。我舉一個例，譬如該表第一條他說：「今文學是以孔子爲主的，古文學是以周公爲主的。」這完全不對。經學是以經學爲主，經學沒有以孔子爲主的。周公是來著經的，孔子是來修經的。經學中只有一部春秋是孔子作的。至少他們看孔子的重要是在孔子傳下五經，而不是在論語。論語當時是小學生讀的書。

六藝略下面是諸子略。皇家圖書館書的分類第一類是經學，第二類才是諸子百家。諸子百家裏第一家是儒家，儒家中間有子思、曾子、孟子、荀子。儒家在漢朝人的學問中，是第二等的。儒家、墨家、道家、法家、陰陽家等是一類的。你正式進大學，讀的是經學，博士教你的是五經。漢朝人沒有把論語放在儒家第一位，而把它擺在經學的小學教科書裏。

其次我們講到孟子。那時不是稱「孔孟」。今天我們常孔孟連稱，那時孟子還不能比孔子。照漢朝人講法，孔子在經學裏，孟子在百家中。漢武帝時罷黜百家，表彰五經，孔子受表彰了，孟子則在百家內與老子、莊子同等，也被罷黜。要到東漢末年，與鄭玄同時，有趙岐來注孟子。趙岐只是一平常人，他忽然來注孟子，他的書也不被大家看重。直要到韓愈來寫原道篇，說：

堯以是傳之舜，舜以是傳之禹，禹以是傳之湯，湯以是傳之文、武、周公，文、武、周公傳之孔子，孔子傳之孟軻，軻之死，不得其傳焉。

自此孟子在學術史上才開始有地位。韓愈以前，從來沒有人這樣講法，所以韓愈偉大。韓愈到現在一千多年，孔子、孟子已連在一起講了，我們習焉不察，不當回事。至於荀子呢？漢朝人也不講荀子的。荀子是百家。什麼人才來講荀子？也是韓愈。他說：

孟子醇乎醇者也，荀子大醇而小疵。

韓愈說孟子是個「醇儒」，荀子大處雖醇，而有小毛病。韓愈沒有講到許慎、鄭玄。他講經學，對每一經都有批評；你們試去讀他的進學解，他對一經一經都有所批評。韓愈是一儒家，不是一經學家。不過宋朝人後來說韓愈是個「文人」，不夠得稱「儒家」。這是宋朝人立的地位更高了。今天我從學術史的立場來講，仍要說韓愈是個了不起的人物。

韓愈爲什麼要講孟子呢？他自比孟子。孟子闢揚墨，他來闢佛。唐朝社會上沒有人敢來闢佛教，只有韓愈。你們不信，可以拿新、舊唐書、唐文粹、全唐詩仔細去讀，那個人是反對佛教的？這種都是學術上的大問題。今天這種都不談的，因爲外國人沒有佛教，不注意這些，於是中國也不注意，也就不成問題。我認爲在中國歷史上的大問題，臺灣幾十年來學歷史的人，大家都不注意，不知道史學講點什麼？今天只想找一段別人没看見的材料，就成了你的新發現。舊的問題呢？都不成問題了。韓愈是一闢佛的人。他的朋友柳宗元相信佛教，他最親近的學生李翺也信佛，他的上司裴度也信佛，韓愈的圈子裏只有他一人是闢佛的。他要找一個古人，找到孟子。孟子闢揚墨，他現在闢佛，所以自比孟子，並說：「軻之死不得其傳」云云，以此自任。

到了宋朝，慢慢看不起韓愈這種講法。王荊公說他不想做韓愈，要做孟子。可知王荊公看孟子，與韓愈看孟子已不同。王荊公是從正面看，看得深了，他認爲孟子是傳孔子之道的。我上面已對你們講過，至少韓愈下來他們講一個「道統」，堯、舜、禹、湯、文、武、周公、孔子、孟子；孟子以後呢？韓愈說「軻之死不得其傳」，宋朝人舉出董仲舒、楊雄、王通這幾個人，也不能說不得其傳。宋朝人的儒家傳統是這樣的。

我在前面特地告訴過你們，劉公是的七經小傳，其中一經就是論語，他把論語放進經裏去了。這是一件大事。不要講東漢時代的十四博士，直到唐朝時的五經正義，也還沒有論語，論語不算「經」的。不算「經」就是比「經」次一等的書。雖然那時論語不稱爲「小學」了，但仍不得立爲經。到了宋朝這個觀念就大變了。論語變成經了，像劉公是的七經小傳即是。並且經學的講法再不是易經從什麼人到什麼人，尚書從什麼人到什麼人，不這樣講了；而是講堯、舜、禹、湯、文、武、周公、孔子、孟子、董、揚、王、韓到宋朝。這樣講是一個「儒學」傳統，不是「經學」傳統。

你們總認爲中國人一切是守舊的，但如我以上所講這些，難道不是一個大革命嗎？從漢朝一路到唐朝是經學的傳統，現在變成儒學傳統了，開創了一個新的天地。特別是王荊公第一個主張把孟子送進孔廟，他的貢獻是很大的。

三

我們再講到理學家，再講到朱夫子。朱夫子在經學上的貢獻，就是他在五經之上加上四書。到現在八百年，你們只聽見講「四書五經」認爲中國一向看重這些，不知把四書放在五經之上，這是開天闢地學術思想裏的大革命。

怎麼叫「四書」？有一部論語，這不成問題。宋朝人把儒學放在經學之上，其實韓愈已有儒學在經學之上的意味，更前面王通、揚雄也已有這意味，甚至也可說從董仲舒開始就有這意味。至於孟子呢？從王荆公才高抬他從祀孔廟，也可說前期宋學已極看重孟子，後期宋學即理學家更看重孟子。另外還有大學、中庸兩書。其實大學、中庸不是兩部書，而是小戴禮記裏的兩篇文章。古人有經、有傳、有記，小戴禮記是個「記」，不是「經」。譬如公羊、穀梁是傳，大戴禮、小戴禮是記；經的下面有傳有記。所以漢朝人講的經學，太學裏講的經學，是講的儀禮。經學裏邊也還附帶有小戴、大戴寫的「記」。我常講一切學問是民主的，經過一段長時期以後，大家看重小戴禮超過於大戴禮，並且超過於儀禮。

小戴禮記既被後人看重在儀禮之上，成爲經書，變成「三禮」之一，而大學、中庸兩文是在小戴禮記中。至少大學、中庸地位應在孟子之上，或許還在論語之上，因爲小戴禮是經學，而論語只是小學。你們倘使仔細去研究，從魏晉南北朝起，已經看重中庸，因爲中庸的話與佛教有關係。到唐朝李翱也看重中庸。宋朝人也已經看重大學，把大學拿來單印，這去讀宋朝初年的種種歷史便可知。又如張橫渠上書范仲淹，仲淹送他一本中庸，可見中庸也已經從小戴禮記裏抽出來單印了。簡言之，大學、中庸本來已經從小戴禮記裏抽出來單印，可見已被大家看重了。這是在前期的宋學已經如此。二程夫子也看重這兩書，我們已經講過，尹和靖去跟伊川讀書，半年後才給兩本書讀，一是大學，一是張橫渠的西銘，可見二程也看重大學、中庸。在二程的手裏，已經變成大學、中庸、論語、孟子四者都看重了。到了朱子，拿這四個書併起來，稱之曰「四書」。

朱子一生學了孔子一句話，「述而不作」。從前人講什麼，他也講什麼。他在從前人的經學中間，有關易經寫了一本易本義；有關詩經，寫了一本詩集傳；有關春秋，寫了一本通鑑綱目；有關儀禮，寫了一本儀禮經傳通解。他一輩子的工夫，主要則用在四書上。四書分集注、章句兩種，論語集注、孟子集注；大學章句、中庸章句。普通稱四書集注。「章句」與「集注」有什麼不同？這無法詳講，只能講一大概。

宋朝人偉大在那裏？他並不特別看重古人，而是拿今人與古人同等的看重。譬如朱夫子，他看重周濂溪、張橫渠同古人一樣。你們要知道這種是歷史上開天闢地的新思想，所以朱子一輩子不但注古人的書，還注近人的書。他注了太極圖說及西銘。

為什麼今天我們稱「程朱」呢？固然也可以稱周、張、程、朱北宋五大儒，而普通我們是拿程朱放在一起，單稱程朱，而不把周濂溪、張橫渠加進去。又如稱「程朱」「陸王」為什麼？一句極普通的話，背後總有一個意義，一個道理。因為朱子一生最大貢獻是注四書，四書的注是朱子千辛萬苦得來的，有的句子改了再改，改了三次、四次。而朱子注四書是跟程子來的。周濂溪寫通書，加一太極圖說，主要講易經；裏面固然講的有論語、有孟子，可是易經不能直接儒家傳統，不能拿它來教人。張橫渠的西銘，二程稱讚它可和孟子相比，然而不能拿它加在孟子下面。朱子認為太極圖說與西銘兩部近代人的書固然重要，但最重要的要有一個傳統，要講儒家思想，要講孔子，至少要在論語以外加上孟子、大學、中庸，一共四部書。朱子以後八百年，直到清朝末年，大家讀四書，至於五經呢？讀了四書才讀五經，五經至少可以馬虎一點。此後國家考試只考四書，五經雖考，不作標準的；錄取與否全在四書，四書變成一部中國人人必讀之書。從什麼時候開始？從朱子開始。朱子這個觀念從那裏來的？從程子來的。朱子做的這個工作有如史記上說的「拔趙幟，立漢赤幟」，朱子拿漢朝人的五經拔下來，重插上的旗是四書了。漢學、宋學倘使有分別，最大的分別在那裏？就是在拿四書代替了五經。

清朝人說漢朝人講五經講得對，宋朝人講得不對，為什麼？清朝人說因為漢朝人離孔子近，宋朝人距孔子遠，我們當然要聽與孔子近的人。但是最近孔子的是孔子自己，你們為什麼不照論語講呢？孟子與孔子近，大學、中庸是戰國人的，都與孔子近，你們爲什麼不照孟子、大學、中庸來講呢？清朝人從伏生、魯申公講到鄭玄，與孔子的年代隔得太遠了。宋朝人要講四書，這才是對。清朝人的話一經批評，都不通的。而我們今天只知道清朝人，因爲清朝人近我們，我們還知道幾個人；明朝以上，我們全不懂了。倘使眞能懂得這一點，今天要來復興中國文化，要講孔子之道，應該讀四書，最簡單了，可不必再來提倡讀五經。朱子就說五經不好讀，朱子也不敢拿五經一部一部注，他說尚書不好注，春秋無法講，易經是卜筮之書，他把五經的地位看得不頂高，而特別看重四書。

四

四書怎麼讀法？朱夫子教我們第一部讀大學。爲什麼？因爲大學有三綱領、八條目，綱目舉得最清楚。三綱領暫不講，就講「格物、致知、誠意、正心、修身、齊家、治國、平天下」八條目。修身、齊家、治國、平天下這樣一氣貫通講，論語、孟子裏没有的；而在修、齊、治、平之上，還有誠意、正心，向内心的功夫。所以一個讀書人一進學校，就先要叫你讀大學；讀了大學，你可懂得一個人做學問的大概。你們今天大學畢業，進到研究所，恐怕心裏從來没有想到治國、平天下，認爲這些和你没有關係的。你們只想寫篇論文，取得博士學位。所以到今天，大學一書還應該讓大家讀。不是每個人讀了大學都懂治國、平天下，十個人中可能有一個，或者一百人中才能有一個。從前小孩子都讀大學，「修身、齊家、治國、平天下」是大家的口頭禪，那個人敢打倒？今天中國的一切沒有分辨的餘地，都敢打倒，今天沒有人再來講治國、平天下，人的心變了。大學裏有誠意、有正心，有向內心的工夫，所以宋朝人要看重大學，直從內心做到整個天下，就是這八個條目。大學是領你入門的書，讀了大學以後，讀論語，讀孟子，中庸是最後讀的。

中庸難讀，爲什麼？中庸是戰國晚年的書，中庸裏有陰陽家、有道家的思想。魏晉南北朝、唐朝人看重中庸，因爲中庸能與佛教相通。能與佛經、老莊相通或許更不易得，可是不讀論語、孟子而只讀中庸是不對的，應該讀通了論語、孟子，再來讀中庸。朱子告訴我們，論語、孟子沒有讀通不要去讀中庸。這是中國人做學問之道。外國人不這樣，他們要講哲學思想，或許中庸裏有更多哲學思想。中庸、易傳……㉕

讀四書照規矩先讀大學，二讀論語，三讀孟子，第四讀中庸，這樣讀沒有毛病。從來講論

㉕ 編者案：此處有部分內容失錄

語、孟子的人不少，朱子以前、以後直到清朝的人，沒有人比朱子講得好。固然你們要找朱子的錯處還是找得到的，可是我們拿從古到今講論語、孟子的書來比較，朱子講的實在可說前無古人，後無來者。將來有沒有人會比朱子講得更好，我們不知道。倘使以後有人能比朱子講得更好，我想有個條件，就是那人得一輩子工夫用在論語上。這事很難的，要等到天下太平，中國人都看重中國文化了，才有可能；今天不是這個時候。

朱子拿四書放在五經之前，可以說是朱子最大的貢獻。清朝人反朱子最主要的一人是戴東原。他寫了孟子字義疏證一書，批評朱子講孟子講錯了。戴東原不懂中國學術史，他不知道漢朝人根本不看重孟子，宋朝人以前沒有人講孟子。韓愈講孟子，只是因爲孟子闢揚墨，他要闢佛老，故講了幾句話。真講孟子的是宋朝人。戴東原講孟子，其實就是照著朱子的話來講的。至於戴東原批評朱子講錯了，事實上也無法推翻朱子而自己另來推尊孟子，大的地方朱子是對的。此外再進一步的，可以不必講了。

我們做學問一定要能超出於自己的圈圈。你們的圈子有兩個：一個是民國以來六十年；擴大而言，另一圈就是乾嘉以來兩百年；再往前你們便不知道。其實乾嘉以來你們也只是聽來的，你們腦子裏認定理學家是空疏的、迂腐的，是道學先生，總之是在學術上沒有地位的。這些話你們是「道聽塗說」聽來的，要找出誰說的這些話？找不到這個人，誰也不負責任，然而你們可以用這些沒有證據道聽塗說的話，高談闊論批評兩千年來的中國。我們近幾十年來的中國學術界，變成今天這樣一個局面。你們今天批評中國人，要有一個自信，將來你的子孫都會照你的話。你如果沒有這個自信，怎麼批評法？我相信再經過一段時期，中國人還要回到中國人這條老路的，時間則不能確知，也許二十年、三十年，也許五十年、一百年。因爲我讀從前人的書，知道他們一輩子用功在學問上；我再看看今天的人，沒有決心一輩子要在學問上努力的；你怎麼能打倒他呢？你們是靠這個時代，時代很快就過去了，下個時代就不是這樣的時代了。

我今天講的話都有來歷的，我並沒有講書的內容，內容一時無法講。我說朱子一輩子最用功的是四書，你們不信可以去查。我說朱子以前沒有講四書的，朱子以後都講四書了，你們不信也可以去查。今天我們要尊孔子，孔孟學會要提倡讀五經，我並不是反對五經，事實擺在那裏，爲什麼不先讀四書呢？讀四書爲什麼不先讀論語呢？

我自幼讀書先讀論語，直到今天，論語是我常常要翻看的書。我一輩子讀書還沒有像對論語這樣用功的書。我講孔子，至少不會講得太遠，我不從易經講，不從尚書講，不從詩經講，也不從春秋講，我從論語講。你們或說不對，論語只是孔子平常的話，孔子的哲學思想在易傳裏。試問「哲學」兩字那裏來的？中國從來不說孔子是個哲學家。要講哲學思想，這是外國觀念。孔子是個「聖人」，孔子的道德在那裏？在論語。能先認清這點就好了。你們來講孔子不這樣的，定說要研究孔子的哲學思想，這樣的題目就不對了。

我們講宋朝經學，到此可劃一段落。下面要講元、明、清的經學，但仍是跟著朱子的這條路，四書在五經之上了。

第二十七講

一

今天講元代的經學。我們要懂得，學術史或思想史一定有其「傳統性」，同時又有「變異性」。每一時代學術思想都有變，這一時代同上一時代，或同下一時代，一定有不同；但是同一國家、同一民族在同一歷史、同一文化裏，任何一種學術思想必有他的傳統性。有如每一個人，一定有兒童期、青少年期、中年期、晚年期的變異；但是他這個人有一個傳統，不能變到不是這個人，變成另一人，這人生就一無價值了。

我們要研究中國的學術思想，所謂中國文化精神，一定要對中國學術思想的傳統性在那裏？中國學術思想各時期不同的時代背景是怎樣的？要有所瞭解。尤其是經學，世界其他國家、其他民族沒有所謂經學，只有中國有經學。中國經學是甚麼一回事？我們這一門課就是要講中國經學的傳統性，也就是中國學術思想的特殊之點。

經學也是學術中間一部分。我曾開過「中國史學名著」一課，從中國開始有史學講到近代的史學，各時代有不同。我舉了一部書做證明。在座沒有聽過我講的人可以拿我中國史學名著一書仔細去讀一遍。中國史學有中國的「傳統性」。你們不瞭解這一點，以為史學就是史學，那麼你們一讀西洋歷史就糊塗了。我們不能不承認自己的民族、自己的歷史有一個傳統；否認了民族歷史的傳統性，所謂民族精神就沒有了。

現在我所講的是中國經學、中國史學，或者說是中國的思想哲學，其實即使講中國文學也一樣，總先要把握住中國學術思想中的傳統性。不能說從今以後中國的文學就走上了西洋文學的路，這是一個大錯誤的觀念。我們要認識中國文學幾千年來的變化，要從各時代不同的變化背後去認識文學共同的「傳統性」，然後我們才懂得今天以後如何來提倡「新文學」。時代變了，文學也要變，這一時代的文學同上一時代的文學絕對會不同的，如果完全一樣就沒有價值了。可是我們要有一個中心點，要發揚中國人的傳統性。

我們今天的社會，倘使一位中國學者能講一部莎士比亞的戲劇，大家根本不懂莎士比亞，可是崇拜他、看重他，就因為他研究外國的莎士比亞。倘使一位中國學者來研究一部杜甫的詩，大家可以置之不理，認為平常，甚至於還看不起他。這種話我每一次上堂一定要講到。我要喚醒你們的注意，中國社會再這樣下去，將來不可能存在的。中國人不要中國了，中國民族這樣大，佔了全世界五分之一的人口，我們用甚麼辦法來維持這麼龐大的中國民族呢？我們一定要有後起的學術界。根據這個道理，可以來講中國史學史、中國思想史、中國經學史、文學史，乃至於中國經濟思想史、法律思想史等。講一切學術，不要忘記我們有個「傳統」，而這個傳統不是一成不變的，每個時代有它的不同。這需要各方面的學者大家肯貢獻出自己一生的精力、一生的聰明智慧來從事於這項學術工作，建立這一基礎；那麼將來還有中國文化，還有中國人；不然就算有中國這個國家存在，其實不能算是一獨立國家，只是一個政治單位的存在，有幾個人在行政職位上而已。現在我們的政治理論已經都照外國了，因此未來的工作是非常艱巨的，要自己國內有個學術界、思想界，有一批可以代表國家民族的知識分子。沒有人才，此外一切都不必講。

今天我們講經學，遠的講來至少周公時候已經有經學了，像詩經、尚書，雖然當時並沒有經學的名，但已經有其實了。還有禮，有易經，有春秋。孔子以前已經有了春秋，不是到孔子才有春秋的。所以遠的講，經學至少在中國已有三千年了。我們前面已講過，戰國以前中國已有這幾種書，但沒有「經學」這個名稱。漢朝以後，正式有經學了，經過西漢、東漢、魏晉南北朝、隋唐、宋朝，我們已經一個一個時代都講過了。我所以一定要提出來重講，是要你們懂得，聽了我現在講的，要回過上面看看各時代經學的不同；然而各時代中間，有一個「傳統性」。你們先要懂得這一點，才能懂得經學。其他一切學問都一樣。你們聽了經學，可以去研究文學，可以去研究各種學術領域，一樣的方法。

二

南宋朱子已經講完了，下面要講元朝，可是講到這裏就有大問題了。照現在一般情形來看，今天的中國已經很少人知道中國歷史，特別不懂的是元朝歷史。在中國史學中元朝史與其他朝代不同的。爲什麼元朝歷史特別呢？最簡單地說，中國歷史上，全中國被異民族統治，元朝是第一次。魏晉南北朝時代，南朝是中國的，只北朝一部分被異族統治。全部中國在異族統治下，只有元朝、清朝兩個時代。這一點顯然是一大不同。

元朝蒙古人統治中國，而中國文化沒有中斷。講中國學術思想史，我今天特別要提出元朝的經學，似乎很少有人覺得元朝經學中有可研究的題目。元朝人的思想、哲學，元朝人的史學、文學，當然都是可以研究的題目。元朝人的經學也沒有斷。今天我們要講的就是要講元代的經學。學術思想史不能切掉一段的，切掉了一段下邊接不上上邊的。元朝是異族統治，而元朝社會中國文化繼續流傳。照這樣說來，中國人全心一意不承認自己，只崇拜外國，僅限於中華民國以來至今六十幾年的一段時期。這一段我們也要懂。民國以來也是中國歷史裏面一個極特別的時代，和元朝人統治中國很有相似處。

元朝蒙古人統治中國可怕的在那裏呢？因爲蒙古人没有進中國來以前，已經統治了全世界三分之一以上的疆域，不像以後清朝的滿洲人，在進中國來以前只是一個小部落，滿洲人統治中國，是他們加進到我們中國來了；蒙古人不然，他們當時有四大汗國，亞洲等於全是他的，直到歐洲東部一帶。世界上沒有第二個民族像蒙古人有這樣大的武功統治世界的。中國只是蒙古王朝統治疆域中的一部分，他的基礎還在外蒙古，所以蒙古人統治中國心理上與從前南北朝時的匈奴人、鮮卑人不同，也與將來的清朝滿洲人不同。匈奴人、鮮卑人及滿洲人跑進中國來，他們背後不再有另一個本土的存在；而蒙古人跑進中國，他們還有本土在外蒙古。這一點我們一定要明白。

另一點，我們也要把上層政治與下層社會分開看。當然社會受政治統治，但是蒙古人所統治的是上層政治，社會仍是中國社會。蒙古人到中國來以前，中國已經不是一個統一的國家，南方中國是南宋，北方中國已經是金人統治了。蒙古人先滅金國，再滅南宋。我們今天不是講歷史，詳細的不講。今天講經學、講理學，講到朱子，朱子是中國歷史上繼孔子以後第二個集大成的大師；可是北方金國的中國人根本不知道，因爲彼此已是兩個國家、兩個政府。從前張橫渠、二程的理學是在北方的，然而金國人一來，他們的影響早已沒有了。朱子是在南方的，金國人不知道，蒙古人當然更不知道。換句話講，當時北方的中國人，並不知道南方有一個朱子。這與從前南北朝時又有不同。

第一個把南方的程朱之學傳到北方去的是趙復。宋元學案趙復傳說：

趙復，字仁甫，德安人。元師伐宋。屠德安。姚樞在軍前。凡儒、道、釋、醫、卜占一藝者，活之以歸，先生在其中。姚樞與之言，奇之，而先生不欲生，月夜赴水自沈。樞覺而追之，方行積尸間，見有解髮脫履呼天而泣者，則先生也，亟挽之出。至燕，以所學教授學子，從者百餘人。當是時，南北不通，程朱之書不及於北，自先生而發之。樞與楊惟中建太極書院，立周子祠，以二程、張、楊、游、朱六君子配食，選取遺書八千餘卷，請先生講授其中。

趙復是南方湖北人，當時人稱「江漢先生」。蒙古軍隊打到南方，趙復被俘。那時蒙古軍中已有中國人，因蒙古人是先平北方金國，再打南宋。當時北方人姚樞在蒙古軍中，儘力挽救南方儒、道、釋、醫、卜等各行各業的人，趙復亦在其中。但是趙復不願做俘虜，趁月夜想投水自殺。姚樞知道了，又在死尸堆中追趕勸止，把趙復帶回北京。趙復是學程朱之學的，自此中國南方的理學才傳到北方。姚樞又建立太極書院，設周濂溪的祠堂，以二程、張橫渠、二程門人楊時、游酢及朱子六人配享，請趙復在書院中講學。自此北方學者開始讀程朱理學家的書。趙復活到八九十歲，從沒做過元朝的官。後來蒙古人也請中國人教蒙古子弟，程朱之學不僅流傳到北方，也受北方人的看重。最出名的一人叫許衡，教蒙古子弟學中國學問。但是後來的中國人看不起許衡，因爲許衡做了蒙古人的官。

三

更重要的一點，元朝推行考試制度。蒙古人到中國來，以政治目的把社會上的人分成四等：第一等蒙古人，第二等「色目人」；蒙古人打中國有一助手，是西域的回人，稱「色目人」。第三等北方中國人，第四等才是南方中國人。可是另一方面，他們講學問卻是講的第四等南方中國人的程朱之學。學校不僅教程朱之學，當然也教孔孟之學。設立學校不僅教中國人，連蒙古子弟、西域回人子弟也在內。學校制度以外，又來推行考試制度。

我們要講經學，脫離不了要講學校，要講科舉考試。漢武帝表彰五經，先立學校，再加上考試。國立太學的講習，乃至於一切考試，對於提倡經學有大關係。不僅兩漢這樣，中國後來也一樣。唐朝有學校、有科舉考試，不過唐朝的學校有名無實，後來唐朝人只看重考試，不看重學校。唐朝的考試分明經、進士兩種，明經就是考經學，經學的考法是用「帖經」的方式，等於今天的填充法，只要記誦背熟書就行，唐朝人都看不起。進士要考詩賦，要有才華，所以唐朝人看重進士出身，不看重考明經。但是專講文學，「進士輕薄」，不講人品，不講道德，光是做做詩，「一爲文人，便不足道」，也爲中國人看不起。中國人看得起的文人像杜甫，乃詩之聖。中國傳統文學到底看重甚麼？中國人拿唐詩分成幾個等級，爲甚麼杜工部第一？爲甚麼李太白與杜工部齊名？爲甚麼白樂天大家看重？我們拿唐朝人對詩人分的等級來作番研究，才能懂得中國文學是怎麼回事。中國人的傳統文學自有一個觀點的。今天這個觀點不看重了，因爲西洋人沒有這個觀點。今天我們抓不到一個傳統正確的觀點所在，研究中國文學怎麼研究呢？今天要寫中國文學史怎麼寫呢？我們所以講文學一定要講詩經，要講楚辭，爲甚麼？中國文學的「傳統性」是從詩經、楚辭來的。

唐朝到了後來變成專講文學，大家看不起。到了宋朝，變化大了。社會上都看重考進士，不看重考明經。宋朝便取消明經，專考進士。而實際上，宋朝人的進士不是唐朝人的進士，內容不同了。唐朝人進士考文學，宋朝人進士不是考詩賦，而是要考經學。經學不是考「帖經」，不是要你背誦，而是要考你寫篇文章，講講經學背後的義理，這叫「墨義」。這是王荊公的主張。這一制度直傳到清朝末年。主張在論語下面加進孟子的也是王荊公。你們要知道，王荊公有很大的見解，在中國學術史上有他的地位。那麼像王荊公這樣的人，怎麼會行新政完全失敗了呢？這就成了問題。不能因爲王荊公新政失敗，就說他是個小人。倘使拿王荊公與司馬溫公比，我更喜歡王荊公，覺得他還在司馬溫公之上。然而爲甚麼當時認爲王荊公不對，司馬溫公對？這是政治立場。政治立場、學術立場應該分開來看的。梁啟超寫中國六大政治家一書，寫到王荊公，凡是反對王荊公的都是小人，司馬光便成了小人之尤。梁啟超主張變法，凡是變法的都是好的，所以王荊公是好的。梁啟超這種說法簡直太過分了，所以今天中國學術風氣就是受這種影響來的。

中國的考試制度實在很值得研究。從前考作詩，讀書沒有限止；現在考經學，得規定一致的考試標準。唐朝人的標準是五經正義，宋朝王荊公的標準是三經新義。唐朝是「正義」，王荊公要「新義」。宋朝人有很多見解都和我們今天相近，要「新」。考試定了標準，大家只要讀三經新義就可以考進士科，那麼變成大家不讀書了。學五言、七言作首詩，讀書是沒有範圍的。如果讀書不多，怎麼能「下筆如有神」呢？現在考進士只要熟讀三經新義，背誦三經新義的章句，不必研究春秋，不必讀史記、漢書，就能考取進士。到後來王荊公自己也後悔了，他說：

欲變學究爲秀才，不謂變秀才爲學究也。

王荊公想要改革考試制度。明經科可以學究一經，畫定一小圈子，就在這小圈子裏做學問，這叫「學究」。中國人傳統觀念最看不起學究。進士科可以選傑出人才，稱「秀才」。王荊公定三經新義，原意想把學究變成傑出人才，不料這個制度反而拿本來可以做秀才的人都變成學究了。唐朝人考試規定五經正義，宋朝人考試規定三經新義，這都是錯的。但是王荊公雖在政治上失敗了，而三經新義還是保留下來。爲甚麼？蔡京出來，下面新舊黨爭，新黨得勝，所以三經新義仍爲考試的標準。

到了南宋，朱子對經學有很大的的貢獻。他也看重王荆公三經新義，可是朱子說考試最好不要考經義。考經義原要考你懂得多少聖人義理，現在考生不解經義，專誦前面上榜考取人的卷子來應試，這種考法使人無聖人之意，並把人心術都考壞了。所以朱子說與其這樣考，不如考詩賦，考生還可以照自己的聰明發揮個人的思想見解。

四

考試制度是中國從漢朝起直到清朝的一項重要制度，但考試內容發生了很多問題。到了元朝，元朝人學中國人設書院及考試制度。換言之，元朝開放政權，中國人考取也得做官。可是那時的中國知識分子不肯做蒙古人的官。趙復是第一個宣揚儒家思想的，他不參與政治，只在書院講學。中國書院蓬勃在理學家時代，宋、元、明三朝中，而元朝書院最盛，全國都有書院。繼馬端臨文獻通考之後，有兩部續文獻通考，一部是清朝乾隆時人編的，一部是明朝人王圻編的。王圻編的這部續文獻通考裏，對元朝人書院資料載錄得很詳細。全國各地那裏有甚麼書院，每一書院從甚麼時候開始，有那位著名學者，都有記載。元朝一朝是書院講學最盛的時代，元朝知識分子都在書院裏講學。這是第一點。

第二點，元朝人的科舉考試不同於唐朝、宋朝。元朝人考五經、四書，五經以外加上四書。

四書是朱子講的，而形成一個制度採用來考試的則是元朝人。考四書，用朱子一家之言；考五經，也差不多：易經用朱子易本義，尚書用朱子學生蔡沈的書集傳，詩經用朱子詩集傳，春秋選了朱子同時人胡安國的春秋傳，禮記則無書可用，才選了鄭康成的。這真是一個天下之大變。元朝人的考試制度完全照了宋朝人。五經中兩經是朱子的，一經是朱子學生，一經是朱子同時人；四書則全部是朱子的。考試先考四書，四書是主要的，五經是次要的。這樣元朝人談學問等於完全照理學家、照朱子的意見。你們一聽我這樣講，覺得元朝人真不錯。其實不然。

要知研究歷史，瞭解真相是很不容易的。元朝的考試制度是學了中國傳統，可是他錄取的人分四類：蒙古人第一，「色目人」第二，北方中國人第三，南方中國人第四。他的社會分階級，考試也分階級。所以第一等的中國人不去應考；第二等的偶然去應考，考取也不做官，還是到書院講學。最近我看見一篇論文，作者說：大家講元朝政治不好，其實元朝政治很好。他舉出幾點證明：一、尊重儒學。二、推行科舉制度。三、允許各地興辦書院。他認爲元朝文化很高。這完全看錯了。書院雖多，透不到政治；考試制度，透不到社會。元朝人只學到中國傳統的一部分而已，不能學像漢、唐、宋，上層政治與下層社會文化配合。不懂這個道理的人，反過來會說元朝人好得很。

我再講一點。元朝書院最盛，元朝的知識分子都在書院講學，講宋朝人的理學，照理社會應該很好，結果社會也不好。社會怎麼不好？我舉個例。元朝不到一百年，全中國造反了，下層社會都起來造反，可見不好。社會爲甚麼不好？因爲政治不好。政治爲甚麼不好？因爲蒙古人、色目人當政。中國知識分子不參加政治，參加的是極少數，你們在元史上可以查得出。相對的有多少蒙古人、色目人，但是能讀中國書、寫中國文章的又有多少？這些我們不詳講了。

元朝人的社會分成三個圈：第一個圈，政治，是蒙古人、色目人才能進入的。第二個圈，是知識分子講學。第三個圈，才是一般社會民衆。這裏發生了大問題。知識分子不能儘空口講，應要參加實際政治，坐而言要能起而行。大學三綱領：「在明明德，在新民，在止於至善。」止於至善不講，明明德講義理，明明德要新民，讀書人不做官便不能新民。要講儒家道理，就要過問政治。而元朝這輩讀書人，上面不參加政治，下面不接近民衆。不是不接近，他不參加政治怎麼接近呢？只是接近一輩知識分子，到人家教人讀讀書。

書院裏講的甚麼？書院裏不能講政治問題，不能講民族主義，不能講不合作。這是造反，書院焉能存在？蒙古人可以任你不做官，任由你在鄉村講學，可是有個限制，不能講政治。不講政治就不講民生，民生主要和政治連起來的。不講民生怎麼講義理之學呢？中國儒家的義理之學，不能上不談政治，下不談民生；這是中國人的傳統精神。大學講修身、齊家、治國、平天下，元朝的儒家或者做到「齊家」爲止，有夫婦，有父母，有子女，「治國、平天下」他不談了。然而義理之學不能獨立在家國天下之外的，這樣講義理其實變成一種空講。

五

我們講過經學有幾大類。第一類：通經致用，漢朝人拿經學來治國。唐朝人雖非拿經學治國，實際只要照漢朝人制度，就等於照經學治國了。第二類：訓詁考據。例如大禹怎樣治水的？這一句應該怎樣講的？像此之類訓詁考據可以通經致用。第三類：義理之學。到宋朝人覺得這樣不夠，還要知道經學裏的道理怎麼比做和尚、道士更好？這就是義理之學，要求義理的發揮了。到了元朝，社會早已都講朱子，儒家似乎有很高的地位，可是做和尚、做道士的比宋朝還要多。元朝讀書人不到政府做事，不講通經致用，而漢、唐流傳下來許多經解之書尚需訓詁考據，元朝人的經學就做到書本上去，反正這種是講不完的，就如清初顏習齋所謂的「字上加字，紙上添紙」。這輩讀書人在鄉間做個書院山長，他們不是無所用心，只是工作都做到這上面去了。可惜這個問題今天不能詳講。你們倘使有興趣，可以去看朱彝尊的經義考。這書收在四庫全書裏，中華書局四部備要裏也有。朱彝尊也是清朝初年人，很博學，他所讀到的經義多是元朝、明朝人的，書中詳詳細細有記載。

元史裏有藝文志，清朝錢竹汀曾作補元史藝文志。我一向認為他補得不夠，想找人來重補。

元朝人的著作傳到今天的還不少。我曾找了一個老學生來作，他做了一部分，沒有做完。我總希望將來有人再來補錢竹汀的補元史藝文志，可以看看元朝人寫了多少講經學的書。清初還有一部納蘭性德編的通志堂經解，這部書或許知道的人很少，我們現在只知道皇清經解、續皇清經解。通志堂經解收元朝、明朝人的經學成績，還有宋朝人的。換句話說，你們要懂得清朝人的經學，應讀皇清經解；要懂得理學家的經學，那麼要讀通志堂經解。其中元朝人的書很多，一部一部來看，有的元朝人確比清朝人講得好。這許多現在都不研究了。因爲現代人反宋學，認爲宋學空洞沒有內容，這許多書具在，你們可以自己去研究。

我簡單的講，元朝天下造反了，可見元朝政治不好才使社會不安，社會不安才使大家起來造反。造反的人都屬下層社會，有的一個字都不識的。可是元朝人的造反，與歷史上任何時代不同，他們看重讀書人，硬要把讀書人拉進去。諸位讀歷史，東漢末年時黃巾之亂，並不拉讀書人；唐朝時黃巢之亂，也不拉讀書人；明朝末年李自成、張獻忠之亂，都不拉讀書人。你詳細去看，元朝任何一個造反的人，都拚命拉讀書人，因爲元朝社會看重讀書人，全國各地有書院。元朝人看重讀書人，有一班出得起錢的人到書院去讀書，另有一班人窮得過不了的便來造反。怎麼弄到這樣？因爲政治不好。我們現在普通說元朝末年的革命是「民族革命」，其實這句話不對的。因爲一切的元朝讀書人都不贊成革命，認爲是下層社會造反；也有的加入反元，只爲急求大局太平，平了造反以後怎麼樣？他才可以在山林鄉村講學。

我寫過一篇讀明初開國諸臣詩文集㉖，我讀明朝開國這許多文人的集子，沒有一個贊成明太祖革命的。你們都知道劉伯溫，大家說到劉伯溫是未卜先知，他知道明太祖要做皇帝了，所以去跟明太祖。這真是胡說。實際上明太祖派人拿一張聘書、一把劍，要劉伯溫自己選。你肯來接聘書，送你去京城；不肯來，給你一把劍自決。劉伯溫是在這樣的壓迫下才去的。凡是在明太祖朝廷上的人，做官只做幾天，便找個藉口趕快走。你們應該仔細讀我這篇文章。我詳細舉出一部一部詩文集來說，他們並不贊成明太祖來打天下，所以元末明初的革命不好說是「民族革命」。下層民衆或是民族革命，而中層的知識分子並不是民族革命，他們並不情願參加，而是不得已的。

我們這樣一講，可知元朝的儒生與中國歷史上傳統的儒生不同。他們處身於政治之外，在社會上講學，講的不關政治，不關民生。爲甚麼造成這樣？因爲上層是異族政權。換句話說，元朝的讀書人不自由的，上面有一個高壓的政權，他們的講學是逃避政治現實，只講一部分的學，這種講學講的是甚麼？是講的「故紙堆中」之學。中國歷史上有沒有和元朝人一樣講學的呢？有，就是下面的清朝。清朝也是異族政權。清朝比元朝好得多了，清朝有二百幾十年，元朝不到一百

㉖ 編者案：此文收中國學術思想史論叢（六）。

年，但是都是異族政權。一般書生在高壓政權之下來講經學，當然會有變態的。

中國歷史上經學的變態有兩個時期：一個是元朝，一個是清朝。關於元朝，我已經分析得很明白了。你們明白了這一點，下邊可以接下去講明朝。明朝人看不起元朝，那麼明朝人怎麼講呢？要到你們也明白了明朝人，那麼再講清朝的。再要講到今天的中國，爲甚麼讀書人變成今天這種頭腦呢？你們要懂得六十年來的現代史。我們生在這個時代，生在今天的中國，中華民族就是我們的父母。但我們竟可不知道我們中華民族是一個怎樣的民族，我們今天在中華民族中究竟是做如何一種人？我們什麼都不知道，就準備這樣一路過下去了。是否應該有人來做學問呢？我總說我所說的話像在招募「義勇軍」，中國人看重「義」，我的話你們聽了認爲對，你們是否肯來做學問呢？你們應該自己好好去問自己。

任何一套學問，要懂前面，也要懂後面，同時也要通旁邊。我所講的只是元朝經學一個大概的背景。至於元朝經學的內容，這要諸位自己去看書。

第二十八講

一

我們講的「學術思想」主要有三項內容：一儒學，一經學，一理學。這三項都相通，然而不能相混，其間仍有不同。我們這門課雖是講經學，但要懂得理學與儒學。譬如講儒家孔子、孟子、荀子等一路下來，並不同於講經學，中間大有不同。這些話前面我已經講過了。凡是我講過的話，非得一再提出來講，就爲加强你們的注意。譬如漢武帝表彰五經，這是表彰「經學」，不是表彰「儒學」。我根據漢書藝文志講。經學是在六藝略，儒學是在諸子略。漢武帝表彰五經，當時論語只是一部小學書、孟子、荀子都是諸子略裏的書，這個顯然是大不同的。書上的話，你們都可以自己去讀；只是要懂得兩者不同在那裏？這就難講了，這就是我們用工夫的地方。史記儒林傳裏講的都是經學家，那麼不是和我的講法又不同嗎？那麼是史記對呢？還是漢書藝文志、劉歆七略對呢？儒學與經學究竟有沒有不同呢？這裏就發生了問題。你們聽了我講的話，知道這裏有問題，要再去讀書才會懂得。

現在我再簡單講。我們應該分成兩種來看，一種是經學中間有儒學，一種是儒學中間有經學，這兩者是不同的。漢朝人只可以說有經學，沒有儒學。但是經學裏也就有儒學。除掉經學以外，漢朝人不懂另有所謂儒學，所以太史公儒林傳就是講的經學家，並不錯的。那麼甚麼是儒學中間有經學呢？孔子是儒學中第一人，孔子論語也講尚書、也講詩經，孔子自己作春秋，儒學中間並不是沒有經學。照這樣去讀孟子、荀子，或讀先秦其他儒家言，中間都有經學，這就是我所講的儒學中間有經學。漢朝有甚麼人可以算是儒學中講經學的？只有董仲舒。他是講經學的，但不能稱董仲舒是一經學家。漢朝以後大家看重董仲舒，認爲他是一個大儒。董仲舒之後有揚雄，也受人推尊。揚雄講經學，也講論語，後人如司馬溫公等看重揚雄甚至在孟子之上。隋有王通著中說，擬論語又續六經，他也只能說是儒家而講經學。唐朝韓愈自比孟子，韓愈也通經學，他的進學解一文，對每部經書雖只是極簡短的批評，但批評得很深很切。董、揚、王、韓講的經學，可說是儒學中的經學；學儒學的人自然都會涉及經學。所以到了宋朝初朝，理學家以前的宋儒，就看重董仲舒、揚雄、王通、韓愈這幾人。

倘使我們換一面，講到經學中間有儒學，如漢初伏生，研究尚書的；魯申公，研究詩經的；我們總不能說伏生、申公不是儒家，但是他們只能在史記儒林傳裏做個儒，至於董仲舒、揚子雲則不入儒林傳的，兩者並不相同。你們要知道讀書要能愈讀愈進，才能懂得像伏生、申公這些人也可以稱他是儒家。然而他們是經學中的儒家。倘使我們懂了這一點，就可以再進一步，懂得從漢朝一路下來到唐朝都是「經學中間的儒家」；宋朝、元朝下來才變成是「儒學中間的經學」，兩者不同的。不僅是理學家，前期宋學如胡安定、孫泰山、范仲淹、歐陽修、王荆公、蘇東坡、司馬溫公、劉原父，這許多人也是儒家，但是他們也都研究經學。宋朝以下才是儒家來講經學；漢朝開始直到唐朝，是拿經學來講儒家。所謂「漢學」與「宋學」的分別，就可以在這點上來分。

這雖然是我空洞的幾句話，可是如果你們不明白從先秦、兩漢、隋唐到兩宋全部學術史，這個道理便不容易懂。你們聽了我這話，可以重新再來研究學術史，看前後不同在那裏。要細講的話一時講不盡，這只能說是一個極粗淺的講法，要你們自己去讀書，沒有可以不讀書的學問。你們千萬不要認爲只要上課聽聽就可以懂了。你們若要做不讀書的學問，或者連課都不必上也是有辦法的；不過不是我現在講的這一套，就看你們自己的志向了。

現在要講到理學。普通的說法，一講到經學，似乎以爲宋朝人不如漢朝人，因爲漢朝人一輩子在講經學，宋朝人則否。但是從儒學講，我認爲漢、唐人學孔子、孟子、荀子並不如宋、元、明人深透。理學與儒學更接近，與經學比較遠。或者可以說，理學更看重儒學，要超過經學。這話怎麼講呢？例如宋朝人重要的是讀論語、孟子，比讀五經更重要，這就是他們接近儒學。又如漢朝伏生、申公他們，雖讀過論語、孟子，不過他們看重的是讀經。宋朝人當然也讀經的，可是他們更看重的是讀儒家言，不在經的。論語、孟子本不在經書之列，宋朝以後論語、孟子才被放進經裏。這些話在前面講朱子時我已詳細講到。但是到清朝又不是這樣看法。譬如你們來聽我這門課，我指定的參考書是皮錫瑞的經學歷史、經學通論。皮錫瑞是清朝末年人，他一輩子研究經學，是一經學專家。他不講論語、孟子，他講的是五經，四書他不管的。如把皮錫瑞在學術中間來分，雖不能説他不是個儒家，但是他是從經學來講儒家的；可以説他是近於漢、唐人講法，不講宋朝人的一套。有甚麼證據？你們去翻翻他的經學通論，論語不在內的。我爲甚麼忽然講到皮錫瑞呢？因爲今天要講明朝了。

明朝特別有兩部書，一部五經大全，一部四書大全。但在皮錫瑞的經學歷史裏，只講五經大全，不講四書大全的。從清朝末年到現在近一百年來，讀經學歷史的人，我想沒有幾人懂得皮錫瑞講明朝爲甚麼只講五經大全不講四書大全呢？要知道這裏面有大學問。十三經注疏裏有論語，也有孟子，要講經學爲甚麼不講論語、孟子呢？皮錫瑞的經學只講五經，不講十三經，這就是他只講漢朝，不講宋朝。你們今天或許聽人講到「漢學」「宋學」，但是漢學、宋學你們不知道在那裏分。我今天所講的漢學、宋學的分法，至少在這一百年來沒有人懂得的，我自信我沒有講錯。根據我這個講法，就有一條大道可以來批評清朝人講的漢學、宋學。這個問題我們現在暫擱在一旁，現在先講理學。

二

講到理學，可以說宋朝人的理學比漢朝人的經學更近於儒學。儒學是講孔子，宋朝人沒有一個不講論語的。漢朝時，論語只是小學讀本，到大學不讀論語的。等於今天你們在學校讀過幾本中國書，你們若真想做個學者，恐怕要到外國留學讀外國書，回國來還是講中國學問、中國思想、中國文化，這是近代中國人講中國學問的情況，這和從前大不同。譬如從前章太炎、康有爲、梁啟超他們不識英文，講中國文化、中國學術思想；這兩種情況顯然有分別。我們要懂得每一種學問的分別在那裏。你們今天不讀康有爲、章太炎、梁啟超的書，不會覺得不安；倘使不懂外國學問，你心理上就感到膽怯，覺得自己差了一級。正如一個宋朝學者，不讀論語他心裏膽怯的；一個漢朝學者，論語是初級讀本，到大學他讀五經了，心理上就不相同的。所以我說宋、元、明的學問是比漢、唐更接近儒家。

倘使我們要講「中國儒家史」，當然要講孔子、孟子、荀子，要講兩漢，要講隋唐，要講宋、元、明，要講清朝，各代都有儒學。然而兩千五百年來雖都講孔子，各時代講法卻有大不同。其中有個極大的不同之處，則在一看重講五經，一看重講四書。例如宋朝人不是不講經學，元朝人也不是不講經學，可是他們講的經學是儒學中間的經學。而明朝人則不講經學的。我們總說宋、元、明三朝是講理學的，或簡化說宋明是講理學的，其實這三朝講理學就有不同。不同在那裏？宋朝與明朝不同，元朝則比較接近宋朝，明朝可說是另外一種。換句話說，明朝人等於可以不讀書的。講四書比較省力，只要肯用心，一年工夫論語、孟子、大學、中庸都可以讀完，讀五經就困難了。明朝人則只讀四書，五經不讀了。

……27……

朱子講理學、講經學，他的經學講得深又廣。當時反對朱子的是陸象山。陸象山自述他的學問是：

因讀孟子書而自得之於心也。

他只說要讀孟子，沒有說要讀論語。你們要注意他的言外之意，要懂得這個「而」字的意思。陸象山說他是讀了孟子的書而自己得到的。孟子的話只是一個觸機，重要的在他能「自得之於心」，所以陸象山的學問又叫「自得之學」。其實陸象山還有一句話：

堯舜曾讀何書來？若某則不識一個字，亦須還我堂堂地做個人。

27 編者案：此處有部分內容失錄。

照象山這話，孟子的書也不一定非讀不可，一字不識也可以自得之。你們要懂得把陸象山這兩句話併起來講。可以說陸象山不教人讀書的。朱子不同，他教人要讀這書、要讀那書，還要一字一字的讀。陸象山批評朱子這樣做學問是「支離」。書這麼多，怎麼讀得完，愈讀愈使人支離開去。陸象山曾想問朱子一句話，被他的哥哥勸阻住沒有問，可是從來人都知道陸象山當時要問朱子的那句話是「堯舜曾讀何書來？」堯舜的時代沒有書可讀，可是中國人一向認爲堯舜是古代的大聖人，孟子說：「人皆可以爲堯舜。」孟子認爲人人可以做到堯舜，但是沒有詳說怎樣才可以做到堯舜。陸象山讀了孟子的書，他懂得了這個道理，所以他說自己是讀孟子書而自得之。

我們要注意，孟子只說「人皆可以爲堯舜」，並沒有說「人皆可以爲孔子」。孟子盛讚孔子，曾引有若的話說：「自生民以來，未有盛於孔子也。」自己則又說：「乃所願，則學孔子也。」孟子一生只想學孔子。孔子也是中國人一向認爲的大聖人，但孔子與堯舜之間顯然有大不同。論語首篇第一句就是「子曰：學而時習之」。學而要時習，「學」與「時習」是不同的，中間這一「而」字的力量很大。現在有人拿論語翻成英文，用「and」來翻「而」字，意思完全不對了。你們今天來上課這是學，你們明天會拿今天寫的筆記再看看嗎？會根據今天課堂講的再去找相關的書自己來讀嗎？或許在考試前會，等這門課學分拿到了，恐怕不會再看了。甚麼人肯「學而時習」的？宋朝有朱子，至少朱子對論語是一輩子在學而時習。陸象山沒有提到論語，論語裏沒有「自得」兩字，孟子裏有。孟子叫我們自得，孔子沒有叫我們自得，孔子叫我們要學要時習。

朱子的學生聽了陸象山的話，覺得與自己先生講的不同。陸象山的學生聽了朱子的話，也覺得與自己先生的話不同。究竟那位先生講得對？於是兩邊的學生引起了大爭論。並不是朱子與陸象山爭辯。是朱陸兩家的學生之間引起了大問題。其中有關的情節，在我的朱子新學案一書中已詳細講到，你們可以自己去參考。朱子曾舉出中庸中「尊德性而道問學」這句話作解。他說做學問有兩方面，一面是「尊德性」，一面是「道問學」。陸象山是在「尊德性」一面下的工夫多，德性天生的，所以孟子講人皆可以爲堯舜，陸象山有了孟子爲觸機而自得之，他認爲不識一字也能做人。朱子認爲自己是在「道問學」這方面用的工夫多，是走的「問」與「學」的一條路。朱子認爲做學問應兼顧兩方面，他要學生不要爭辯，應該取彼之長補己之短。朱子這話講得很和平。

其實照論語孔子的話來講，尊德性、道問學兩道可以相合的。論語第一句就是「子曰：學而時習之。」似乎只講道問學。孔子有沒有講「尊德性」呢？孔子講過的，論語有「子曰：十室之邑，必有忠信如丘者焉，不如丘之好學也。」忠信就是德性。孔子認爲人在德性方面差不多的，十家的小邑，其中必有像他一般資質忠信的人。可是別人爲甚麼不如孔子呢？孔子說：他們不能像我般「好學」呀！朱子至少是近於論語的，尊德性了還要道問學。陸象山最多是近於孟子。後來的人說朱子與象山是「千古不可無之異同」，一個講尊德性，一個講道問學。「朱陸異同」自南宋以來成了學術思想史上一大公案。我想只要拿論語來講，「忠信」「好學」兩道歸於一，沒有異同的。朱子偏於「道問學」，「道」是動詞，是走「問」與「學」的路，做學問要學要問。尊德性也要學要問才懂得尊。所以說兩道可歸於一，沒有異同。

三

朱子死後，元朝人跑進中國來，此後中國講朱子的人多，講象山的人很少。朱子教人做學問要一本一本書、一句一字仔細的讀。元朝人有很多講經學的書，今天不能詳細講了。上一次我曾告訴你們，我希望有人來補錢竹汀的補元史藝文志，要重寫一個更詳細的元朝藝文志。你們至少應該看看朱彝尊的經義考，這書錢竹汀看過的。書裏記載元朝人的經學著作很不少。我也講過，元朝末年，一般人看不起民間革命，這一點是從前人不知道或是不注意的事。二十多年前，我在臺北講演，頭部受傷到臺中養病，在臺中師範學校圖書館借閱古人筆記，突然看見幾條有關元朝末年書生不肯做明太祖、張士誠、方國珍他們的官，這是我以前沒有注意的。看見這幾條筆記我立刻寫下來，準備再去查書。病愈離開臺中，這張紙丟掉了。後來我花了一段極長的時間，拿元末明初人流傳下來的文集、詩集，從頭到尾讀，寫了一篇大文章，題目是讀明初開國諸臣詩文集，就是講元朝末年人，他們實際上並無一個「民族革命」的觀念。我的這篇文章已收在中國學術思想論叢第六册中，你們若有時間應看看。

明朝人得了天下以後，當然不肯照元朝人的，他們要推翻元朝人的一切。可是有一樣沒有推翻，就是科舉制度。我們已講過漢、唐、宋、元怎麼考試的。明朝人仍要考試，而考試制度是跟著元朝的。元朝考試重要的是第一場考四書，四書已經決定取捨。第二場是考五經，因爲從前都考五經，其實五經已不重要。明朝人就學元朝人的科舉考試，先考四書，再考五經。元朝人考的是宋朝人的經學，不是唐朝人的經學，五經正義不在內了。古代考試規定有一標準讀本，唐朝是五經正義，宋朝是王荊公的三經新義，元朝人沒有規定，明朝人定的則是五經大全、四書大全，這是在明成祖永樂皇帝時規定的，考科舉就只要讀這兩部書，這兩部書經過清朝人的研究，都是抄襲元朝人的。從五經正義到五經大全，相隔約八百年；從五經大全到今天，又隔了約五百年。中國有四千年的歷史，不易研究。美國史只有兩百年，連上面最早歐洲移民算起只有四百年，相當中國史的十分之一。今天的中國人講中國史沒有人從頭到尾講，切斷著你研究唐史，他研究元史，我研究明史，這樣還勉強應付。現在要研究明朝這一段的經學，你們怎麼研究法呢？這要研究明朝歷史了。

明朝開國，明太祖請了許多讀書人，像劉伯溫、宋濂之類。劉伯溫怎麼請來的？明太祖派劉伯溫的朋友，拿了一張聘書和一把劍去見劉伯溫，叫他挑一樣，接聘書或是自殺。劉伯溫不得已到了朝廷。民間的傳說，說劉伯溫有一天在杭州西湖喝茶，遙看金陵有王者之氣，所以去投明太祖。這是民間胡說，不可信的。我是研究歷史的，我讀了劉伯溫的文集，書上的記載與民間的傳說不一樣的。你們研究歷史，不要認爲從前人的詩集、文集與歷史無關，可以不管。這樣固然可以輕鬆了一大半，可是這樣研究歷史是不夠的。

明初大家不肯到明太祖那裏去，明太祖只得想出一個辦法來，請他們來修元史。你們都知道滿洲人跑進中國，中國讀書人不肯投降，不做滿洲人的官，於是滿洲人說：我不是請你們來做官，是請你們來修明史。你們心裏紀念明朝，總不能不來吧！這事我們都知道，但不知道這不是清朝人想出的新花樣，其實明太祖早就這樣做了。明太祖請這些讀書人幫忙修這部元史。有許多人便因此來修元史。元史修好，大家也就走了。也有的沒有等元史修完，就先走了。

我們研究史學，倘使定一個大題目，研究「歷代開國考」，這方面可以研究的題目真不少。譬如漢朝怎麼開國的，漢高祖手下有幾個讀書人，怎麼一回事？可以詳細寫一篇文章。東漢怎麼開頭的？東漢和西漢不同在那裏？漢光武是個太學生，跟他的一幫人都是從前的同學，漢光武手下都是書生。漢高祖自己不讀書的，他手下讀書人只有幾個，位子很低。漢朝讀書人提升起來，要到漢武帝時代，西漢初都是老粗。西漢和東漢開國就不同。三國時代，魏曹操用人很了不起，只要有一技之長，有能力的人他都用。袁紹手下有一陳琳，文筆極好。袁紹與曹操是死對頭，陳琳曾幫袁紹寫一信給曹操，數其罪狀，此文至今仍在。後來袁紹失敗，陳琳被曹操所擒。曹操稱讚陳琳文章寫得真好，但說你不該罵我的祖宗，太過分了。後來陳琳爲曹操所用。當時全中國的人才，十分之七在曹操手下，十分之二在東吳，不到十分之一在四川，四川主要只是一個諸葛亮。你們照這樣一路看下去，到唐太宗有十八學士，這十八學士怎麼來的？歷史上可以一個一個調查。隋朝末年人才很多，唐朝末年沒有人才，所以宋太祖起來可憐得很，沒有人。宋太祖、宋太宗用一個趙普，趙普以半部論語幫宋太祖得天下，還有半部論語要幫宋太祖治天下。趙普讀過論語，在當時已經了不得。諸位不要忘了，唐朝以前小學讀論語，到了大學則要讀五經，你們研究宋太祖手下的羣臣，都可查得出來歷。中國歷史與西洋史不同，他們以前沒有歷史，所以要去找材料；中國歷史上都已經寫在那裏，要寫文章查資料並不困難，你們只是不去研究罷了。

到了元朝，元朝怎麼用中國人？這是另外一個問題。到了明朝，明朝要用的這許多人，這個不肯來，那個來了就走，詳細情形可以研究。元朝末年以來，天下人才很多，怎麼知道？只要讀明史，明史裏都有詳細記載。明朝末年也有人才。爲甚麼唐朝末年沒有人呢？宋朝初起時這樣子貧弱呢？可見唐朝的文化有了問題，大家做做詩，看重辭章之學；不然做和尚，崇信佛教；所以人才不行了。元朝社會有很多讀書人，有什麼證據？全中國各處有書院，到處是讀書人。但是元朝的讀書人都不情願做官，他們不做明太祖的官。倘使一個朝代，到了大家都不想做官，實也不錯。

明太祖也是中國歷史上一個了不得的皇帝。他年輕時是一個小和尚，做苦工，一字不識。天下大亂，他起來造反，人家當然看不起他。他在軍隊裏出生入死，就在軍隊裏讀書。到了晚年，明太祖自己能讀書能寫文章了。你們只知道曾國藩，他的學問在軍隊裏做出來的，一天到晚打仗，他也做成了學問。明太祖沒有學問，但他懂得各人的學問高下異同。明太祖後來賞識了方孝孺，方孝孺當時還年輕，明太祖要把他留給繼位的孫子用，希望方孝孺將來能幫惠帝治國平天下。明成祖是太祖的兒子，從北方攻陷南京，惠帝出亡，不知所終。明成祖自己要做皇帝，命方孝孺替他寫詔書。方孝孺不寫，被殺，並滅方孝孺十族。朝廷這樣一來，下面的政治更不行了。明朝的知識分子，一開始就與政府不合作。從明太祖到明成祖三朝，在政府做官的人，讀書的有幾個？讀的什麼書？做些什麼學問？在歷史上都可以查。到了明成祖要來定五經大全、四書大全怎麼定法？元朝人留下了很多書，於是乎就抄襲元朝人的。

四

在中國歷史上最無文化建設的是明朝。每個時代不同，我們學歷史，要懂得每一個時代的不同之處，才能懂得這個時代的歷史。諸位今天若只選定一段來研究，上不管、下不管，中間切一段，怎麼研究法？無法研究的。你要研究元朝歷史，你要懂得上面宋朝；宋朝不能全懂，至少要懂南宋。下面要懂明朝；明朝不能全懂，至少要懂明朝初年。不能兩頭都不管，元朝史怎麼研究呢？總之研究歷史，不能切斷來研究。

明朝編的五經大全、四書大全都是抄襲元朝人的著作。這在皮錫瑞的經學歷史一書中已有說明。不過他只講了五經大全，那一經抄甚麼書；至於四書大全，皮錫瑞卻不管的。這種問題太細了，我今天不能詳細講。總之，明朝人的功名考試一定要根據五經大全、四書大全兩書來考，而這兩書則是抄元朝人的。明朝人心裏不佩服元朝人，所以他們不認爲這兩書有什麼價值。

我們要知道蒙古人到中國來，宋朝末年讀書人不肯出來做元朝的官，這種人照中國人一般的看法是第一等人，大家佩服他。怎麼知道？從父親教兒子，以及朋友之間的講話可以看出。這種風氣幾百年留傳下來的。元朝不做官有兩種：一種是元朝初年，生爲宋人不肯做元朝官；一種是元朝末年，他雖出生在元朝，也不肯出來做官，因爲時代風氣不做官是第一等人，就如劉伯溫之類。那麼爲什麼有人要參加明朝人的軍隊幫忙平天下呢？因爲天下平了可以回去安安頓頓讀書，不是爲做官，所以我們要注意一個時代有一個時代的風氣。據我的看法，從我出生到現在八十年來，拿過去的歷史來比，我認爲中國歷史上這樣黑暗的時代也並不多。大概唐朝末年或許和我們這八十年差不多，出來的人不像樣了。當然我們可以批評元朝末年的人沒有「民族觀」。然而我們要懂得他們腦子裏的觀念，他們認爲天下沒有比講學更重要的事。他不要搞政治，不要做官。他們認爲出來做官的都是二、三等以下的人。

我們研究明朝歷史，要研究明朝初年開國諸臣，有一個先決條件，我們要先懂得元朝、宋朝、唐朝、漢朝，那麼可以有個比較。根據我的看法，元末明初至少有一個淡於政治不做官的時代風氣，這是了不得的。明代朝廷要想改變這個風氣，非要他們做官不可，那麼勉强他們出來做官，就要有爭論，於是朝廷有許多做得過分的地方，也正是由於這樣的緣故。

明朝讀書人有兩種心理：第一種心理看不起做官人，第二種心理看不起科舉考試。因爲不想做官，當然看不起考試。朱子的學問講四書、講五經，科舉考試就考四書、五經，所以明朝人不喜歡朱子，明朝人認爲朱子這套學問是爲做官的。元朝人研究四書、五經，一字一句讀書做學問，近於朱子道問學的路。元朝也有儒家，覺得這樣太偏了，譬如吳澄，他是一個最佩服朱子的人，但後來他也兼主陸象山之說。你們倘使能懂了這一點，再來看明朝人的理學。

五

我們看明儒學案，明朝正式的理學家都在鄉村，與宋朝人大不同。宋朝范仲淹、胡安定以天下爲己任。范仲淹爲秀才時「先天下之憂而憂，後天下之樂而樂」。明朝人不這樣的。明朝讀書人在家裏耕田，才真像一個學者。元朝社會到處有書院，明朝沒有許多書院，大家可以去考試。但是真正的學者，他不肯去考試。明朝將來出來一個大思想家，就是王陽明，他講學問與陸象山相近。王陽明講「致良知」，大學只講「致知」，沒有講「致良知」。大學說：「致知在格物。」我們怎麼知道?要格了物才知道。王陽明講「格物」，他說：譬如孝，父親就是一物；你有良知，見父自然知孝，你只要把你良知拿出來直直落落去孝，就是「格物」。王陽明這樣講，是照陸象山的講法。見父自然知孝，這叫「自得之」。人人有「良知」，良知就是自得。他這樣講，一部大學反過來講了，變成「格物在致知」了，兩句話講法不同的。講經學要照字句上講，不能不管字句來自由發揮。講經學，王陽明這句話就講不通，此外不必說。明朝人不看重讀書，怎麼會有經學呢?王學起來，全部學問都是講王學。可是王學已到明朝的中晚期，王學以前還有理學，我們在這門課不是專講理學，今天便不多講。

明朝人不講經學，不照書本上字句原來的講法，他只要講思想哲學。這和我們現在的學術風氣很相近，大家都會講孔子思想、孟子思想，在論語上拿句話，來講你的一套思想，至於論語上這句話本來怎麼講法，可以不管。今天講的學問就是叫「陸王之學」。不過現在哲學是再進一層，只要講外國人的，更不必引論語、孟子了，就照你自己這樣講。四十年前我在寫近三百年學術史時早已經講過了，下邊的中國人是走「陸王之學」的路。諸位或者自己並不懂，其實你們在學校上課做學問似是照程朱，但做學問大的理想卻是走陸王的路。

王陽明只說朱子講錯了。王學發展到後來出來像李卓吾之類，他認爲連孔子都講錯了。錯在那裏呢？與他不同就是錯。李卓吾寫的書自稱「焚書」，應該燒掉，不意竟會受人看重。我曾與你們講過美國哥倫比亞大學副校長，他是研究中國理學的，他對李卓吾很佩服。他佩服李卓吾思想獨立，有創造，外國人沒有像李卓吾講得這樣痛快的，所以這位美國人佩服李卓吾。但是中國人有中國人對學問的看法，黃梨洲在明儒學案裏講到李卓吾就只有幾句話，沒有舉他的書。在明末，當時思想解放到這種地步，真是搞得一塌糊塗。大家可以不讀書了，還有甚麼經學，還有甚麼權威呢？其實陸象山講「自得」，李卓吾也就是講「自得」。陽明之學傳到了李卓吾的時候，實在傳不下去了。我們講任何一種學問，要能講得下去。王學到後來自由解放得過了頭，講不下去，還有什麼學問可言呢？

六

我們做一種學問，不能一條綫做，一定要兩條綫、三條綫做。譬如講經學，不能不講學校和考試。漢武帝設太學，立五經博士，一年舉行一次考試，考取的可以獲得一差事，這是所謂利祿之途。太學中教書先生就是博士，一人只講一經，所以稱「專經博士」。由專經之學再進一步，譬如春秋分三家，公羊傳、穀梁傳立了博士，左傳不立博士，學生進入太學，只讀公羊或讀穀梁。漢朝是這樣。唐朝也一樣，學究一經。宋朝還是這樣，宋朝人後來有三經新義。或讀周禮、或讀書經、或讀詩經。到了元朝以後，重要是考四書，考試都有一個範圍，照這範圍去預備應付就行了。至於說要講孔子、孟子，要講程朱、陸王，這是不同的；這種學問叫做「通學」，通學是自由的，你自己去摸索。學校考試這種學問叫「專家之學」，是專門的，規定的。今天我們的大學制度學美國人的，課程是專門的專家之學，但是我們做學問應懂得要「通」才行。專門之學照西洋人的講法，叫「課程」，限定你學多少門課程；照中國人講法叫「利祿」，只爲應付考試取得資格的。任何一位學者，也不是這樣學出學問來的。我比你們幸運的一點，是我沒有進過大學，所以沒有受過課程的束縛，我高興拿本書看，譬如拿本論語看，有好的哲學，又有好的文學及史學，所以我腦子裏沒有一個嚴格的哲學、文學、史學的分別。至少我做學問是尚「通」不尚專，是講「興趣」而不講功利。這是因爲我與你們學習環境不同。你們要懂得不能束縛於學校制度、考試制度之下。

明朝從永樂皇帝定下五經大全、四書大全爲科舉考試的規範，而考試的文章也有一定的寫法，這就是後來所謂的「八股」。今天你們的論文也有一定的寫法，可以叫做「洋八股」。有一位美國哈佛大學的教授，到香港新亞書院研究所講演。他說：「錢先生寫文章的方式，只能他寫，連我都不能學他這樣寫法。你們應該加注。」現在的風氣一篇文章字數不多，下邊的注一大排；這是學校考學位的寫法，也是八股。譬如我是先生，今天出個題目叫你們寫文章，我要知道你究竟看了多少書。現在的師生關係和從前的不同，先生沒有工夫和你詳細談論，只要翻翻你的論文，可以知道你看過甚麼書。不是只給先生一個人看，還有兩、三位審查的先生都要看。這種寫文章的方法，是方便看的人，這個看的人是考你、審查你論文的人，而不是方便將來讀你書的人。這叫八股。

曾經有一美國年輕人來看我，他要研究康有爲，看過不少書。我問他看過公羊春秋、漢書藝文志及董仲舒的春秋繁露沒有？他都沒看過。他看過的是甚麼書呢？凡是講康有爲的書他都看過。外國人的精神是可佩服的，他在臺灣、在大陸任何小書鋪出的書，他都找到，有的作者姓名我都不知道，書名也沒見過。我告訴他，要研究康有爲不應該研究康有爲以下講康有爲的，應該研究康有爲本身以及他以上的。那麼這個美國人他無法研究了，他從此不來了。你們今天研究學問都是像這美國青年一樣的。外國學問可以這樣研究，因爲外國沒有學問來講學問，沒有歷史來講歷史，譬如羅馬帝國衰亡史是第一部，之前沒有詳詳細細的記載，經過幾百年，後來人拿找到的零碎材料再放進去，可成一本新書，看出花了工夫。中國學問不能這樣做的。一部史記兩千年，你要研究這一段上古史，你先要讀通史記，不能管甚麼人研究史記，怎麼研究史記。你若從下面研究，到現在研究史記的書數也數不完，你的上古史怎麼研究法？今天我們中國學術界需要出一位真能做學問的人，來爲中國的大學、中國的研究所，定出怎麼考試的方法。你不能向外國人抄來。外國學問和中國學問不同，外國人做學問也和中國人做學問不同。今天我們沒有人肯花這種工夫；就是有人做了這種工夫，也怕沒有人肯相信。今天的中國人只要外國人怎樣，就照外國人怎樣。我們中國人能不能易風移俗，自己來一套中國人做學問的方法呢？我想至少再隔三十年，要等到你們五十、六十，看你們如何拿出本領來。現在絕對不可能的。那麼中國人今天該怎麼做學問呢？我們該詳細講講這個問題。

宋儒中我非常佩服歐陽修，他年輕時拿到韓愈的文集，他懂得沒有用的，一定要先應付政府的考試，取得了功名，才能再來研究韓愈的文章。到後來歐陽修做了主考官，他提倡古文，改革了考試的標準，於是「易風移俗」了，對此下的學術思想有極大的貢獻。我不知道我們這一班中，將來是否也能出一位移風易俗的人才？做學問「聰明」是一件事，「志氣」是另一件事。今年我開這一門課，深一層的學問我都不講，你們聽我課，只能說第一步聽個方法。做學問要有個方法，不能只是這樣一條綫的。第二步你們才懂得做學問要有個志氣。現在你們上學，被國家的功令、學校考試所限定；你們研究學問，要等出了大學以後才有自由可言。這個問題就是有關功令八股的問題。

明朝人有八股，元朝沒有。元朝考試只有幾次，並且第一等人才不去考的，他們鼓勵第二等人去參加政府考試，自己不去。到了明朝風氣大改，社會沒有像從前那樣的讀書人，只有考科舉的，所以明朝人的學問是「空疏」，不讀書的。可是我們卻不能說元朝人空疏，因爲元朝人寫了不少書。有關明朝的詳情下一堂再繼續講。你們懂得了元朝與明朝的不同，再看元朝學案、明朝學案，也可懂得其間的不同，以及明朝人講學術思想爲甚麼這樣子，這些都可以慢慢懂了。

譬如明儒學案中第一位學者吳康齋，就是居鄉種田，不脫元朝人的一套。明朝初起，做官人歸做官人，讀書人沒有了。元朝末年以後沒有了讀書人，後來才再慢慢出來。但讀書人看不起政府，不出來做官；這與唐朝初年大不同，同漢朝、宋朝也不同。明朝人是受到元朝人的影響。這種情況你們不容易懂得的，做學問得慢慢地來。我舉一個例。譬如我老是住在這個郊區，家裏能有多少書？我當然只得講陸王之學。有個故宮博物院在附近，故宮有豐富的藏書，許我天天去看書，我尚可講講朱子。你們如果只講陸王之學，何必一定要進大學，可以「自得之」，這是另外一套了。你們可以看他們的生活，也可以瞭解他們講的這一套學問。

今天所講最重要的是講「儒學」、「經學」、「理學」三者間的分別，以及「專門之學」與

「通學」兩者間的分別。而中間又是併起來的。你們懂得了這一點，才懂得你們今天做的都是專門之學，是功名利祿之學；不是做的通學，不是做的真正的中國人所謂的「儒學」。其實西方人也一樣，每年大學畢業、研究所畢業，有多少人？將來成了人才，能在著名大學做教授，他講另外一套，不是從前他做碩士博士論文這一套。所以你們來讀書，要懂得自己負了一個很大的責任。我不勸你們讀經學史，也不勸你們讀宋明理學等等，只希望你們做一個像樣的中國知識分子，可以為下邊的社會找條出路。不必定要著書立說成個專家，只要你腦子裏想的、嘴裏講的、親身做的，能幫中國此下社會開一條路。能學這一點，做到這一點就夠了。

第二十九講

一

明朝差不多有三百年，中國統一的朝代，漢、唐、宋、明都差不多有相當長的國祚。明朝的政權可以與唐朝相比，並且向外開發曾到南洋；明朝人也比歐洲人早到非洲。所以明朝的武功很强，也很富庶。最盛時期是在萬曆年間。現在中國大陸能看見的偉大建築，大都是明朝的。唐以後就是明，宋朝貧弱不能比。但是講到學術思想，明朝最不行了。如說經學，明朝沒有經學的，整個明朝只有一部經書，值得後來人稱道的，就是明朝中葉梅鷟的尚書考異。這部書是講古文尚書是一部僞書。

漢朝十四博士的尚書只是今文的，而漢朝人的古文尚書大約在東漢末年遺失了。到東晉梅賾獻僞古文尚書二十五篇，以後這部尚書與今文尚書併在一起。直到南宋，朱子懷疑這部古文尚書靠不住，朱子也只講了幾句話；當然此下還有別人懷疑。經過了元朝到明朝中期，才有人正式寫書來講古文尚書是假的，要到清朝，才成爲定論。光是拿這部僞古文尚書來說，在中國流行了不止一千年，才成定論，沒有人能反對了。這部古文尚書雖是僞書，可是還值得讀的，但也並不容易讀。說到明朝經學，只有梅鷟這部尚書考異，舉不出第二部書了。

倘使你們要研究清朝以前的經學，或具體說宋、元、明三朝的經學，其實只有宋元兩朝有經學，明朝輪不到。重要之點，我已經說過了。此外你們可以看清朝初年朱彜尊的經義考，這是一部大書，凡是講經學的書，一部一部書名及序都記載在內。我們看了這部書，就知道宋、元、明三朝有多少講經學的書，以及如何講法的一個大概情形。再詳細的情形，你們可以看馬端臨的文獻通考及後來編的續文獻通考。而宋、元、明三朝的經學書，更詳細應讀通志堂經解。這部經解把這三朝經學的書都刻在一起，這是清初一滿洲人納蘭性德所刊印的。這部書有許多地方講得比清朝人編的皇清經解及續皇清經解更好。我們研究經學的，只懂得要讀皇清經解、續經解；然而現在這兩部書恐怕大家也已經不會讀，更不知應該讀通志堂經解了。

明朝人不僅沒有經學，文學也不如元朝。我們只知道元朝人能作曲，所謂唐詩、元曲。其實唐朝人有詩，宋朝人也有詩，不過加了詞；元朝人也有詩詞，不過加了曲。唐宋有文章，元朝人的文章也不錯，明朝人文章就不行了。明朝人不學唐宋八家，作文章要學先秦，秦漢其實沒有太多好文章。中國的文化實在太偉大了。唐朝人詩好，文章也好，但唐朝古文寫得好的也僅有韓昌黎、柳宗元、李習之三個人。要到宋朝起來，文章真好。你們去讀唐文粹、宋文鑑、元文類，可以比較。宋朝、元朝人的文章比唐人文章好。唐朝僅是詩好，然而到了唐朝晚年，社會只有作詩的人，國家也就亡在這上面了。明朝還不如唐朝。中國人的標準真難講，富與强中國人看不起，你們不要只看見今天西方人這樣的富强，我們應懂得用另一標準來看。譬如今天美國人的學問，科學不講，若以文學院的學問來講，那裏能與以前的歐洲人比？以前的歐洲人又那裏能與中國古人比？這種我們都該仔細來研究；「東西文化比較」也是個大題目。專拿中國歷史來講，明朝人的學術爲什麼這樣不行？這是一個極應重視研究的問題。我今天最簡單的講一個原因，就是壞在明朝人的考試制度。

二

明朝考試，要考四書、五經，規定照五經大全、四書大全，這兩部書都是抄元朝人的，這點大家知道。這有如唐朝考經學，政府規定要照五經正義，於是大家看不起五經正義。因此唐朝人考試大家不看重考明經科，只看重考進士科；進士則考詩賦文選。到宋朝人出來，取消明經，只考進士，而進士只考經義。王荊公定了三經新義，宋朝人反對，也看不起三經新義，元朝雖定有考試制度，但並不看重，舉行的次數不多；一大部分元朝人不去考試，不要做官。到明朝，學元朝人的考試制度，考四書、五經，而定了四書大全、五經大全兩書，並學元朝規定考試寫文章的格式。例如元朝人考尚書，用蔡沈的書集傳，根據尚書的傳，怎樣寫文章？於是先選出標準的文章來彙編，立爲定格，好讓大家有個準則來取法，從前上榜考生所作的文章，叫做「程文」；後來也有由考官擬作的範文，就把已上榜考生所作的別稱爲「墨卷」。當然程文也不是從明朝開始才有，但因爲明朝只考經義來取士，加上程文格式的拘束，就更不出人才了。

明太祖時，曾召集了許多儒生來彙選編成書傳會選一書。這部書主要是糾正蔡沈書集傳的錯誤的，一共糾舉了六十六條。明太祖時的儒生，都是元朝時代的人，顧亭林日知錄中書傳會選一條中說：

> 蓋宋元以來，諸儒之規模猶在，而其爲此書者皆自幼爲務本之學，非繇「八股」發身之人，故所著之書雖不及先儒，而尚有功於後學。至永樂中修尚書大全，不惟刪去異說，並音釋亦不存矣。愚嘗謂自宋之末造以至有明之初年，經術人材於斯爲盛。自八股行而古學棄，大全出而經說亡，十族誅，而臣節變。洪武、永樂之間，亦世道升降之一會矣！

諸位要知道讀書不容易的。你們現在是拿讀小說、讀報章雜誌的態度來讀書，讀一輩子書也沒有大用的。譬如顧亭林這句話「宋元以來諸儒之規模猶在」，你們覺得一看就懂得，顧亭林是講宋朝、元朝之士的規模猶在。不知道這句話吃緊的是說明朝人遠不及宋朝、元朝人。顧亭林是明末清初人，他說書傳會選這部書還有宋朝人、元朝人的規模，那麼言外之意就是明朝人不像樣了。

你們一看這句話，就應該懂得去研究了。現在你們讀書沒有心得的，爲甚麼？太粗心。不僅程度不好，習慣也不好，因爲你們只習慣讀白話文。讀文言文要你背，一字一字要講解。倘使你們在中學有幾年讀文言文的習慣，進到大學你就能養成一個讀書的好習慣。讀慣白話文，容易粗心，讀書也沒有心得的。

顧亭林又說，這些在明太祖時編書傳會選的人，他們從小就做一種「務本之學」。你們要知道中國人做學問與西方人不同的，譬如我小孩時讀書先讀大學、中庸、論語、孟子，要背熟，到今天對我還有用，這就叫做「務本」。西方人教小孩是小孩的，教大人是大人的，各有各的一套，這是他們的教育理論。然而教兒童童話，大了一無用處。現在我們中國人樣樣學西方人，小學所教的，到進了中學便沒有用了。今天小孩進學校，既然都不讀大學、中庸、論語、孟子，我們何妨改變一個辦法，教小孩讀唐詩。譬如：「牀前明月光，疑是地上霜；舉頭望明月，低頭思故鄉。」又如：「春眠不覺曉，處處聞啼鳥；夜來風雨聲，花落知多少？」像這一類的唐詩，怎麼能說是死文學呢？一個小學生只要不太笨，稍一解說，他讀了自會懂。從小能讀唐詩，將來對文學自易領悟。

我最近在報上看見一個消息，我們中國著名的小提琴家馬思聰，他想要拿中國詩譜進他的曲裏去。他選的材料有幾個原則：第一，要人人能懂的詩。第二，要重情感的詩，不要重理智的詩。第三，要押韻的詩歌。中國從前凡是詩歌一定唱的，唐詩、宋詞、元曲都唱的，中國的文學與音樂本是合一的，中國的純文學都可以放進音樂。西方人不這樣的，他們的文學音樂是分的。現在人都要講新文學，這條路是開了一個方便之門，每個人都可以做文學家，這種文學能傳多久呢？今天是個斲喪人才的時代，中國再難出文學家了。中國人的文學有三千年，而今天的中國竟變成爲最不懂得文學的民族，因爲這條「務本之學」的路關了。要知道務本之學是讀書爲學的基礎，就如埋在地裏的根本，將來它會開花結果的，隔了三十年、五十年都有用的。尤其是感情的教育，人人能懂，小孩也能懂。教小孩子讀詩、讀文學，從小培養他對天地自然、人羣萬物有一種深情厚意，中國文化能傳延幾千年，重要的就在培養人生的真情。今天我們講感情，不能只懂男女戀愛，只關心個人名利。小孩子若對月懂得思鄉，對園裏落花關心，那麼對自己父母兄姊怎會不關心呢？我們中國人講孝講悌，一個無情的人又怎會孝會悌呢？我們中國人那一天還能回到這條「自幼爲務本之學」的路？那就不知道了。

顧亭林說這些編書傳會選的人，「皆自幼爲務本之學，非繇八股發身之人」。可見明朝人都是八股出身的。「八股」另有一個名稱叫「時文」，時文的反面叫「古文」。所謂古文者，不是專指古代人的文章，是指古人這樣作，現在也這樣作，將來還是這樣作，這叫古文。古文的反面是時文，「時文」是這個時代這樣的，換句話說，下個時代就不這樣了。這個時代只有多少年？

中國人是看重古文的。八股時文是出身用的，明朝人推行八股文在中國已經有六百餘年的歷史了。我們中國人至今尚沒有一部好的文學史，因爲對舊文學都不懂了，這部文學史要寫得好就不容易。中國文學史不能缺掉「八股文」，但現在你們都不知道什麼叫八股文？要講中國文學史總該有人肯下功夫來寫一個八股文的研究，這是在中國文學歷史發展過程中存在的一個問題，不能去掉不理，八股有好有壞。今天你們做碩士、博士論文，選的題目都與將來無實際關係的；凡是有問題的，你們都不看重，不當題目。你們做論文都只是爲出身用，還不是八股嗎？不過今天我們要叫「洋八股」。在顧亭林日知錄裏講八股文，從明朝直到清朝，他詳細講到。今天我們不能詳細討論這個問題，你們有興趣可以去看日知錄。

顧亭林對書傳會選這部書，光是講我上面所引的這幾句話都是很了不起、很切要的話。今天大家也不讀日知錄，更不知顧亭林這幾句話裏的意義。做學問要懂得做「務本之學」，至少你們今天做的學問明天要有用。學問要有生命，如一株樹、一棵草，要有根有本，才有生命。今天我們的教育沒有生命的，清朝末年我在小學裏讀國文教科書，都是中國歷史上所謂有名的寓言和故事，例如戰國策上的寓言鷸蚌相爭，又或如孔融讓梨之類，讀了一輩子有用。小學生時讀的許多歷史故事與寓言，到長大了再多讀書，知道這個寓言見在那本書上，那個故事見在這本書上，好像碰到了老朋友般，於是越讀越有趣。小孩時讀的書，大了還有用，這與西洋人教育理論看重童話大不相同。他們的小學教育，長大了一無用的，只犧牲了兒童年輕時的聰明與精神。現在我們的教育都學西方，一段一段都是一種短命的教育，小學教的到中學不要用了；中學教的到大學不要用了；今天大學的教育，到出去做事也一無用處了。你們今天來聽我這門課，若只爲拿兩學分，這門課還有什麼意思？你們已經養成了心裏上的習慣，學習只爲一時之用。這就如美國教育家杜威所說，一切真理就等於一張支票，要能到銀行去兑現。這種是資本社會做生意人的觀念。中國人不這樣講，中國人要講一個道理，道理兑起錢來，永遠兑不完的。

顧亭林又說：「自八股行而古學棄，大全出而經說亡。」文章有時文，有古文；學問也有「時學」，有「古學」。大家考試只要八股文，八股一行，古學就廢了。五經大全、四書大全出來，從此不會講經學了。所以顧亭林又說：

故愚以爲八股之害等於焚書，而敗壞人材，有甚於咸陽之郊。

大家只知道秦始皇焚書，顧亭林說明朝八股文的害處比秦始皇焚書還要過之。我們現在看見「八股」兩個字，不知八股是什麼一回事，今天那一個人再來寫八股文？這種才是死文學，應該要反對的。至於詩經、楚辭中國古詩詞文學，並沒有死，不應該反對的。

明朝人是不是大家做八股呢？也不是。明朝人自己就看不起八股文。明朝學術走錯一條路，王陽明出來，跟著上面的理學來講思想，不要讀書。王陽明最早的兩個大弟子王龍溪、錢緒山，他們不考科舉的。明朝講學問的人，他們本來就反對科舉，他們不要從事政治活動，不要政府出身，他們只是向一般社會宣揚哲學思想，於是發行「講會」，每年冬天到處去講演。講些甚麼呢？他們講的這套學問，就是不識一字也可以堂堂地做個人，不讀書也可以做聖人。所以我說王學是一種「社會教育」。倘使今天從純粹的哲學上講，或許這套學問有價值。但是站在整個國家、整個社會、整個民族的立場，不能只剩一批不讀書的聖人，這是不行的。這可見明朝讀書人自己不贊成政府這一套，看不起科舉，同時又加上陽明思想的盛行。我們也可以說，陽明思想是當時一個過偏的反動思想，於是就變成明朝人的學問是空疏的。到了明朝末年，不得不要大變了。

三

第一個出來變的時候，明朝還没有亡，無錫顧憲成、高攀龍東林學派起來提倡，「講理學不能不講政治」。這句話怎麼來的？因為大家不講政治了。他們主張講學問的人一定要講政治，讀書人不講政治，誰來講政治呢？大家不講政治從甚麼時候起的？從王學。你們看王陽明豈不是在政治上立大功的，怎説王學不講政治呢？這是只見一面，没有見兩面。王陽明一輩子没有到中央政府去，到晚年他憂讒畏譏，他的學生有浙中學派、有泰州學派，都不講政治，只做社會活動的。到東林學派出來，要講政治。大家已經痛定思痛，於是再來提倡讀書，要講經史實學，於是再來讀書。讀書運動已經到明朝末年了。

明朝亡在什麼地方？亡在大家不讀書。一方面大家的學問都做在八股文上，另一方面講心講性，端茶童子也是聖人，滿街都是聖人，講的只是這種理論。所以要有經史實學的提倡。明末清初經史實學的提倡，一個特別重要的代表人物是顧亭林，他最重要的代表著作是日知錄。在顧亭林日知錄以前，先有困學紀聞一書，這書是元朝初年王應麟作的，他是南宋末年的一位學者。南宋亡，王應麟年齡已大，在家著書立說，寫困學紀聞一書。做了亡國之人，他不情願出來做官才寫這部書，「困而學之」，這是一部筆記。

中國人從前的著作，一種是經學，五經之外就有講經的書。一種是史學，如太史公史記，其實是原本於經學。一種是子學，著書立說，一家之言，譬如莊子、荀子這許多。一種是文學，文集、詩集，譬如像韓愈、歐陽修之類的集子。經、史、子、集四種以外，到了宋明理學家出來，就有語錄，不著書不立說，日常講話由學生記下來，就是宋元學案、明儒學案裏的語錄。再有一種是筆記。從前也有筆記，但是講學問的筆記最標準而高深的就是困學紀聞，第二部就是日知錄。這兩部書你們都應該讀。

我們今天應該要提倡一種寫筆記的風氣。一番大學問，一番大理論，只用簡單幾句話一條筆記表達，不必一定要寫本書。譬如我剛才講到書傳會選這部書，在顧亭林日知錄裏寫這條筆記只有三百多字，多有價值啊！現在我們可以拿這一條筆記寫成一篇幾萬字的論文。今天中國學術界有一個風氣，幾乎寫畢業論文沒有十萬字以下的，看論文的先生只看論文的厚薄，還要看你有多少小注，沒有一兩百條注不容易通過。審查論文只講份量，不講內容。這是在折磨你們的聰明，折磨你們的智慧，這篇論文寫完，你變成一個無用之人了。怎麼會呢？你的習慣養成了，此後你作學問只會這樣做。那個人定出來的規則，寫論文要這樣做？沒人知道，可是今天已成了風氣，都這樣了。你們在這種時代，自己要懂得做學問的責任。國家要這種論文做什麼用呢？

困學紀聞並不難讀，因爲清朝有多位大學者幫這書做了注。現在你們買本困學紀聞，都有各家的注。這書牽涉很廣，你們讀了可以懂得很多。如一部易經、一部尚書，他講的各條都是他的心得。顧亭林的日知錄，就是學的王應麟困學紀聞。後來接續還有學這兩書寫筆記的人。中國後代著作，第一流的不是一本一本著作，而是一條一條筆記。今天不行了，爲甚麼？科學發達了，印書很省力，一條筆記沒處刊登，書鋪希望字數多好排印，可以多賺錢。一萬、兩萬字不成一本書，這是物質文明之累。但筆記是中國學術上一個了不得的成就。元朝王應麟第一，清朝顧亭林第二，他們都是在亡國之後在家寫書，這種筆記的著作是從前所沒有的。

四

現在我們講顧亭林是清朝三百年學術的開山。我且插講一個故事。有位蔣百里先生，他是民國時代我很佩服的人，是一軍人，可是學問很好，很聰明。他寫了一書，講西方的文藝復興，請他的先生梁啟超寫篇序。梁任公是近代人物中一位大人物，下筆不能自休，竟寫成清代學術概論一書。現在我們講清代學術思想，一般就根據梁啟超的清代學術概論來講。梁任公舉出兩人作為清朝學術開山的代表，一是顧亭林，一是閻百詩。諸位當知，著書立說不能因興味來了，下筆不能自休，就寫成一本書的，這不是我們做學問著書立說的標準態度。顧亭林寫日知錄，他一年工夫不過寫幾條，或許今年比去年反而少幾條，因為有的不要刪去了。這樣才是寫書，寫書人要負責任的。梁任公的清代學術概論只花了幾天就寫成一本書，你們讀他這本書三天可以讀完，再翻第二遍沒有甚麼意思了。他這樣寫的，你就這樣讀；從前人寫書不這樣的，所以你也不能這樣讀的。現在我們只會讀清代學術概論，而不會讀日知錄了。

清代學術概論第一大問題，梁任公說清代是中國的「文藝復興」。我已經對你們說過，倘使要在中國找一個文藝復興，應該是宋朝人，講不到清朝人。下面我們要講清朝，還會講到這個問題，現在且不多講。

清代學術概論第二個大問題，是他舉出顧亭林、閻百詩兩個學術開山的代表人物。當時人盛行寫筆記，閻百詩有潛丘劄記，他說：

不通古今，至明之作時文者而極。

「時文」就是指八股文。閻百詩說做學問不通古、不通今，到明朝人寫八股時文的到了極點。時文是明朝開始的，你們看這句話，閻百詩並沒有反元朝人，可見他完全跟著顧亭林，只是反明學。我們再反過來講到顧亭林一條極有名的學術名言，所謂：「經學即理學也，古今安得別有所謂理學者？」顧亭林文集卷三與施愚山書曾說：

理學之名，自宋人始有之。古之所謂理學者，經學也。

我寫中國近三百年學術史便引用了他這句話，可是講得不清楚。近三百年學術史是民國二十年在北平寫的，到現在隔了四十多年。最近我又寫了一篇顧亭林學述，再講「經學即理學也」這句話，我算是講清楚了。經學就是理學，要讀經學才有理學，捨掉經學沒有理學了。粗看這話好像只要講經學不要講理學，顧亭林是處在反理學的態度。這樣說最多講對了一半，因爲顧亭林日知錄裏講得很詳細，宋朝、元朝都有經學，所以那個時候也有理學。明朝人没有經學了，有甚麼理學呢？不講經學的理學，只有明朝，王學不能叫理學。顧亭林是這樣的意思。他是反王學，不是反理學。顧亭林最佩服朱子，又佩服到元朝人，他寫的日知錄就是學的困學紀聞。我剛才舉的例，顧亭林寫書傳會選一條，他說那時候的人都是「自幼爲務本之學」，這是講的元朝人；「八股發身之人」，這才講的明朝人。我們一般人講學問，始終不懂得元朝和明朝有這樣一個大分別。可是又有人弄錯了，以爲元朝人不錯。元朝的政治比清朝壞得多，元朝讀書人不到朝廷做官，在社會上講學。元朝人政治是不行的，學問是流傳的。明朝人是反過來了，政治重歸中國人，而學問則走錯了路。

梁啟超不僅看錯了顧亭林，也看錯了閻百詩。他始終有個「漢學」「宋學」的成見，認爲清朝人是反宋學的。從甚麼人開始？他認爲從顧亭林、閻百詩開始。可是我的講法與梁啟超不同，我認爲清朝初年人並不反宋學，像甚麼人？像顧亭林、閻百詩，他們反的是明學，不是宋學。閻百詩第一個佩服的也是朱子，他寫了四書釋地一書，四書裏的義理朱子已講得很詳細了，但是有些地名，朱子沒有講到，有人不知道，閻百詩來講講。譬如說：「子路宿於石門」，石門是個甚麼地方？你先要知道石門這個地方在那裏，才考得出子路甚麼時候經過這個地方。這個關係也滿大的。

我還要再抄兩條閻百詩潛丘劄記裏的話來解說：

三百年文章學問不能直追配唐、宋及元者，八股時文害之也。

三百年是指明朝，八股時文明朝才有。閻百詩說明朝的文章學問不能與唐、宋、元相比，是八股時文害的。那麼他和顧亭林的意見是一樣的。潛丘劄記另一條說：

三百年文章學問不能遠追漢、唐及宋、元者，其故蓋有三焉：一壞於洪武十七年甲子定制，以八股時文取士，其失也陋。……

照閻百詩這一條的講法，漢朝、唐朝、宋朝、元朝文章學問差不多，明朝壞了。倘使梁啟超讀過日知錄，讀過潛丘劄記，那麼便應知道清朝人的學術不能叫「文藝復興」。梁啟超是怎麼講法呢？他認爲漢朝以後就沒有學問了，要到了清朝人才來恢復漢學，所以叫文藝復興。希臘人一過去，宗教來了；要等教堂裏的教士再重翻到希臘人的書，古學才復興，所以西方人稱文藝復興。梁任公的腦子裏只是漢學、宋學，所以他說清朝是中國的文藝復興。他舉顧亭林、閻百詩爲例，而顧、閻兩人就是講宋學的，並且講到元朝，怎麼能叫清朝人的學問是文藝復興呢？再進一步講，顧亭林、閻百詩講漢學，也講宋學；即是講考據之學，同時還講義理。我們只能說明末清初這個時代的人是「漢宋兼採」，清朝末年再講漢宋兼採，只有中間一段大約一百年的時間是只講漢學排斥宋學的。

我到下一堂課要詳細講清朝初年的經學是漢宋兼採的，又講考據，又講義理。也有不講義理，像閻百詩的四書釋地一書，他是一種謙虛，也是一種尊重，朱子講四書義理已很完備了，不必再講了；朱子所沒有講的，他來補充幾條。我今天要寫孔子傳，要知道子路甚麼時候過石門，看了閻百詩的書就推得出來。考據之學不是沒有用的，可是今天我們中國學術界，還有一些要講義理之學、要講哲學思想的人，認爲考據之學一無價值。這是不正確的觀念。考據之學有他的價值，但是不能把考據之學提高到太過份的地位。現在要講「科學方法」，要「拿證據來」，這個考據之學就走到末路，義理之學轉而有價值了。但是義理之學也不能講到你不用讀書的。像陽明之學的義理，到後來豈不也走到末路，講不下去了？

我告訴諸位，學問是很難講的，非要你們真能用自己的聰明，還得要積著三十年、五十年的工夫，不然的話最好不要隨便談學問。倘使你們將來出去教書，最好照書本上一字一句講，不要講出書本以外，這樣你們的爲害還少。倘使你們自己隨便添一句、添兩句，這叫「繆種流傳」，永遠改不過來的。你們今天已經吃了這個虧，再要拿這個虧給後來的青年，那麼要到那一年中國學術才能翻起身來呢？

五

我下一堂要講清朝初年順治、康熙、雍正三朝的經學，與乾隆、嘉慶經學不同。清初三朝沒有所謂漢宋之別。既無漢宋之別，也就沒有所謂漢朝以後中國學問亡了，清朝人出來漢學復興一說。將漢朝人比成古代的希臘是大不通的。如果我們一定要在中國學術史裏找文藝復興，那麼應該是宋朝。爲甚麼？我上面已經詳細講過了。

諸位聽我的課，聽了上邊，要聽下邊；聽了下邊，不要忘了上邊。你們若把上邊模模糊糊忘了，那麼下邊聽又將覺得不對。我上邊這樣講，講到這裏是證明上邊的講法。我在近三百年學術史一書裏曾把顧亭林和閻百詩分著講，這是細一步的講法。現在我把他兩人合著講，還要講其他幾個人，要講清朝初年的經學，要講通志堂經解裏的經學及理學家的經學，不講考據家的經學。理學家也講考據的，我們不能只講考據而不講義理。這是我的一個講課宗旨。

第三十一講

上一堂我們已經講到清朝初年的經學，講到梁任公的清代學術概論。講清代經學最簡單的一本參考書就是梁任公的清代學術概論，可是這本書有問題。第一，梁任公認爲清朝人的考據經學就是中國歷史上的文藝復興，這話就已大錯。中國史與西洋史並不是走同一條綫的，兩個民族在兩個地域發展出來的歷史不會相同的。西洋人有宗教，中國並無宗教；西洋人有中古時期，中國並無像西洋歷史上的中古時期。西洋的中古時期，統一政府沒有了，整個社會變成了封建社會，黑暗時期來臨，下面才有所謂文藝復興。中國沒有西方式的黑暗時期，不應該亦有一個文藝復興。西方羅馬帝國覆亡以後，沒有國家了，直到文藝復興以後，才有現代國家的興起，產生出英、法、荷、比、西、葡等國家，從前他們沒有這種國家的，所以稱爲「現代國家」。中國怎麼能有所謂現代國家呢？中國一路下來有個中國的，可是現代人都希望中國能變成一個現代國家，這豈不荒唐到萬分嗎？怎麼變法呢？你們總讀過西洋史，西洋從前有沒有英國、法國的？現代國家英國、法國甚麼時候開始的？西洋的中古時期是中國唐朝還是宋朝呢？雙方絕不相同。中國的唐朝接漢朝來的，宋朝接唐朝來的，有一個像樣的統一政府。中國的歷史一路接下來，西方的歷史是切斷的。照這樣的情形來講，中國史上不應該有文藝復興。不得已，如果一定要講中國學術思想史裏有一點近於西方思想史的文藝復興，這只能勉强的比附，說是宋朝還差不多。因爲唐朝到了晚期只有佛教、道教，其他就是一般文學，舊的學問中斷了，其實沒有全斷，只像是斷了。到宋朝出來，接著上邊漢朝、唐朝一路下來，於是儒學復興。梁任公認爲清朝是中國的文藝復興，這個觀念就錯了。我們根據這一點，可以說現代中國做學問吃的甚麼虧呢？就是吃的民國以來六十年學術思想的誤導。可是平心而論，梁任公還是我們六十年來比較上最能讀中國書的一個人。

近代中國和西方一接觸，有一個情況和以前中國不同。第一，現在是科學時代來了，光是印書，現在方便得很。我小孩時看印書，一個一個字在木板上刻出來，一本書幾個工人刻半年；現在印刷機很快，可以大量印。第二，社會風氣不同了。從前的讀書人看重學校，看重先生，有一個軌道的。現在的讀書人要講自由思想，他看重自己遠超過看重先生；先生的話不過聽聽而已。進一步講，今天可說沒有先生了，今天只有課程。你們進學校，念那一系，選那幾門課，你們不得自己選先生的。從前是不遠千里去從一個先生，今天則是進學校選課程，兩者不相同。你們聽我課，一星期兩點鐘，此外完全不相干的。從前說師生關系或許比父子還親切，父子不過是日常生活在一起，先生是一輩子跟著的；今天那裏有從前這樣的先生呢？學校也變了，從前書院講學，是一個先生在那裏講，所以每一個學者，他跟那個先生都有來歷的；今天你們的履歷，是那一年進學校，那一年畢業，甚麼學校出身。今天只有校友會，再也沒有聽說我們是跟某先生的。無怪乎每一青年要看重自己，比從前看重先生不同了，一個課程，這位先生講的與那位先生講的可以天東地西絕不相同，那麼只能靠學生自己的聰明了。進大學的人這樣多，大多只不過是爲了一張文憑而已。今天不需進大學也可做學問，報章、雜誌，書店、圖書館都能做學問。今天的學術縱使不說是通俗化，至少已經是羣衆化了。大家可以做學問，比從前來得寬大，是進步還是退步？這是個大問題。這個今天我們不講。

我小孩時情形不同，於今雖然只隔六、七十年，但那時沒有很多書，更沒有很多報章雜誌。在鄉村裏要找幾本書、幾張報章雜誌是很不容易的事，現在則省力了。那麼我們要學西方人，因爲他們在這一段走在我們之前，然而這並不是西方文化比我們進步。譬如你們學歷史，那能立刻去讀二十五史。有人可以，這是極少數。爲一般人講，無法自己讀二十五史，讀了也不懂。西方人就有如通史一類的書。兩三千年的歷史，從頭到尾一本書上寫出，讀了你可以略知漢朝怎樣，唐朝怎樣，然後可以再去讀二十五史。中國人今天比西方人希望大的在那裏呢？你們讀了一部中國通史，可以再去翻二十五史；西洋人不如我們的在那裏呢？他們讀了西洋通史，上面没有相當於中國的二十五史可看，他們的古代希臘史、羅馬史，都是近代兩百年來的人寫的。我在清朝光緒進中學就讀西洋通史，讀本是英文本子，當時西洋人教歷史就用這本子。可是隔幾年，他們就換新書了。幾十年後我再讀美國人寫的西洋通史，比我學生時讀的進步太多了。我曾問過朋友，據說前後累積至少已有二十部西洋通史了。但是這不是一個史學家寫歷史，這是寫教科書。他把各方面的材料每一時代各種變化併起來，隔幾年有人換個寫法。我們中國就没有這一類的書，一下子就接不上去。

譬如說，我要講中國從古到今的學術思想，没有這樣一本書，這可以說是我們中國比西方社會落後了。在現代社會講起來，中國没有適應現代社會的書本刊物。你們如進國外的大學，先生一定會指定參考書。現在我講「經學大要」這門課，要我指定一本參考書很困難。我雖然說你們可以看皮錫瑞的經學歷史，我們知道皮錫瑞一輩子研究經學的，可是我所講的和他的說法全不相同。但是也只有這一部比較可以看的，然而這部書實在有問題，他的觀點不對。爲什麼不對？他寫經學史，卻没有一個整體中國學術思想史的認識。他認爲只有他那個時候的「今文經學」是最高明的，這就大錯了。康有爲就是受這個影響的，康有爲就不懂中國的學術史。接下來是梁任公，梁任公了不得，他寫清代學術概論裏就講：「我先生講的話我並不信。」康有爲講到後來咸豐、同治時所謂的今文學派，梁任公不相信。但是梁任公不是一個純粹的學者，不是從年輕時一路不間斷地用功讀書，經過二十年、三十年才寫他的清代學術概論。梁任公當然有他的聰明，也有他的成績，然而他是一輩子在從事政治活動。政治活動失敗了，逃到日本，在日本辦報寫文章。他主編的刊物，文章一半是他一個人寫的，要按期出版，他的全部時間是花在所謂「啟蒙運動」上，把我們整個社會的人當做蒙童，當做小孩，他來開荒教小孩。中國從清朝末年、民國初年直到今天，都像在教小孩，做啟蒙運動。小孩固然需要好先生教的，但是自己沒有真學問，怎麼教人呢？於是以訛傳訛，與學術思想全無關係的瞎話，流傳學術界，到今天中國沒有一部真正像樣的學術史。

譬如中國通史。我教中國通史七年，以前我讀的書不算，教通史七年工夫寫成國史大綱這本書，現在大家不讀了，因為難讀，大家讀不懂了。我的國史大綱到現在已幾十年，有沒有一本比我的通史更好一點的？看了我的書再求改進，理應更省力了。這些年光是臺灣出版的中國通史已不少，今天我敢於說一句，還沒有看見一部比我的通史更好的。我上一堂又提到中國文學史，其實寫文學史的不知有多少。其他如中國史學史、中國理學史等等這一類的書，今天都沒有理想的。這不容易寫，要一輩子做學問的人才能寫，要像皮錫瑞寫經學歷史這樣的人。怎麼知道他一輩子做學問呢？可以看他的著作，他是一輩子在用功經學的人，所以我今天還敢於介紹給你們。

天下沒有一個聰明的人可以不讀書而寫書，而這部書可以來啟蒙運動做大師的；西洋文化裏也沒有這種人；中國人、西洋人差不多一樣的。孔子自己說：「十有五而志於學，三十而立，四十而不惑，五十而知天命，六十而耳順，七十而從心所欲不逾矩。」從十五歲到七十歲，他的學問一步一步在那裏進步。諸位怎麼做學問，我不知道。倘使你們喜歡外國人，也一樣的。我從前很喜歡康德，喜歡他甚麼？他一輩子沒有出小城；他只到學校上課，下課回家，一輩子教書，寫他三部哲學。這樣的人，我們可以信託他，即使他的聰明不大，他是一輩子在用功的。

我們今天沒有學術界了，你只要膽大寫了書，總有書鋪幫你出版，也沒有人來批評你，無好無壞的。但是學術性的書仍然少，大家忙，沒有工夫來寫。倘使今天以後我們三十年能不斷地出這一類的書，你寫一本，他參考了你的，再另寫一本，如有公平評論，只會後來居上。因爲我花了五年工夫寫這本書，你看我這本作參考，再花五年工夫，當然你的比我好。這是說寫教科書，與專門的著作不同。中國因爲缺少這一類的書，所以梁任公講清代就是中國的文藝復興，這句話深入大家的腦子裏，傳到今天大家這樣講，沒有第二個講法。可是梁任公究竟在年輕時用過功，他有聰明，他是康有爲最欣賞的學生，康有爲叫梁任公與陳千秋兩學生幫忙寫新學僞經考，那時梁任公不滿二十歲。二十年後梁任公寫了清代學術概論一書，明年他懊悔了，講清初學術不能只講顧亭林、閻百詩；說他們是考據學的開山，但清初不完全是考據學。梁任公在清華大學研究所教書，這是當時中國唯一的一個研究所，只有梁任公與王國維兩位教授。梁任公教課，寫成中國近三百年學術史一部講義。他講清初不僅有顧亭林，還有黃梨洲、王船山、李二曲、陸桴亭等人，講思想的，講理學的，就是補正他清代學術概論一書的缺失。

二

梁任公近三百年學術史有貢獻沒有？也沒有甚麼貢獻。他這書可以說真是一種啟蒙的，給年輕不是真做學問的人讀，也容易懂，讀了知道某人寫過甚麼書，怎麼講的，可以得一點常識。他不是研究來的，所以真要研究學問，不能照他的話，他書裏毛病太多。我從前講過梁任公對學術界有一極大的害處，他教青年們藉著寫來讀書。你膽大敢寫，定個題目。一路翻書一路寫。這個風氣影響相當大，一般青年便拿寫書來讀書。這是在大陸時，今天沒有這個風氣了。這樣子不能成學問，書也不能傳之久遠。

梁任公寫近三百年學術史前面清朝初年的一段，讀了至少你得一印象，清朝初的人並不講漢學，大部分人講宋學，他們講的是朱子、陽明，至少他告訴你這一點是不錯的。下面要寫到乾隆、嘉慶以後專門講經學，梁任公的知識便不夠。這人講尚書，那人講詩經，這人講春秋，這人講易經，這部書與那部書不同在那裏？好在那裏，差在那裏？他無法講了。這還不如皮錫瑞，皮錫瑞是讀過這許多書再寫書的，梁任公是要拿寫書來讀書，來不及了。所以他第一步寫了許多清朝初年的思想家，第二步便無法寫，只能列舉了許多清朝人講經學的材料。這樣寫法不能算是學術史的，無頭無尾，没有一個體統。梁任公死，這部講義早留傳出去，書店已經印出書來，社會上大家要讀。梁家以未定稿爲由，向法院申請禁示發行，可是這本書私下仍在發售。

我到北京去教書，是在梁任公死後。我任教北京大學，每年開三門課，兩門必修，一門選修課可由我自由開課。我要開「近三百年學術史」，有人以爲我或許照梁任公的講義來講。我決定自寫講義，引起學術界的注意。梁任公的書才出版兩年，大家要看看我寫的與他的有甚麼不同。我寫好講義送到學校去印，課還未上，我自己還没有看見講義，就有人打電話來與我討論講義上某一問題。朋友告訴我，北京大學講義室找外快，校外人也可到講義室訂購講義。校外許多人已先買了我這份講義，他們讀了相互討論，發生興趣，打電話來與我討論。我今天老在這裏批評六十年來的中國學術界，今天的臺灣絕對和以前在大陸時不同的。譬如我上這門「經學大要」的課，照例我應先寫一講義，現在我也懶，用錄音，講完請人把錄音稿寫出，我再來改。倘使我像在北京大學這樣，先寫講義，臺北這許多大學會到文化學院來要份講義嗎？現在這種情形絕對没有了。至少從這一點來講，在大陸時的學術界，尤其在民國二十六年以前的中國學術界，還是像樣的。倘使中國没有對日戰爭，没有共產黨，北平學術界能照這樣的情形安安頓頓，或許中國學術界到今天就像個樣了。這是誰也不知道的事。現在臺灣地方太小，而大陸今天更不可說，不知要等到那一天了。

我寫的中國近三百年學術史與梁任公的完全不同。我是先在雜誌上看過了他的講義，所以要再寫一本。當時來聽課的學生，他們大家有一本梁任公的書，上課之前他先看梁任公的書，下課以後再看他的書，大家要比較兩人講法究竟不同在那裏，他們有一種研究的興趣。除了學生，還有許多旁聽的人，那時候學術氣氛是像樣的。北平的大學生假期多不回家，四川、福建等遠地學生回趟家要花很多錢。當時學校可以住，要用功則有圖書館，加以北平到處可玩，生活便宜，所以外地學生大概一讀四年，等到畢業才回家。東安市場書攤上有各大學的講義出售，沒空去聽的課，可以在書攤上買本講義來讀。看完的講義或書，可以打個折扣跟書攤另換一本。所以一個窮學生，一年不必花很多錢，可以看許多書。那時雖沒有私家汽車，沒有高樓大廈，然而只講學生的生活，北平的學生如在天堂。今天的臺灣物質生活上進步太多了，可是能有這種學習環境嗎？所以物質文明發展得太高，對我們生活只有害處，沒有好處的。我今天因爲講到梁任公的書，才引起我的感慨。梁任公的清代學術概論及近三百年學術史還是值得一讀的，它是一種啟蒙運動，讀起來也很省力。

三

今天我要接下去講清初的經學，我講兩個清朝初年經學史上的人物，介紹兩部我特別喜歡的經書給你們。

一是胡東樵，他的年齡大概與閻百詩差不多。尚書裏有篇禹貢，胡東樵拿禹貢寫了禹貢錐指一書。「錐指」二字出典在莊子。禹貢這篇文章根本是假的，不僅古文尚書是假的，今文尚書也不可靠的，這我在年前開「中國史學名著」一課時已先講過，又在這門課前面也講過。尚書中堯典、禹貢之類都是假的，是戰國末年人的書。民國以來，學術上至少有一點是進步了，大家懂辨僞。古人的話不一定都對，有錯的，有假造的。在民國二十六年以前，這確實受康有爲的影響懂得辨僞，然而康有爲新學僞經考疑古辨僞又過了份。當然過了份是不行，但不過份的我們應該要接受。譬如朱子疑尚書、疑毛詩的序，就是疑古辨僞，於是需要考據。這個考據考了幾百年，到清朝才拿出全部證據來，這種考據是應該要的。現在我們又不懂了，以爲今天要提倡中國文化，「五四運動」是反中國文化的，那麼疑古辨僞就是要不得。這都是憑空胡講，提倡中國文化不在這種地方。

講到疑古辨僞，孔子的學生子貢早講過，論語上有：

子貢曰：「紂之不善，不如是之甚也。是以君子惡居下流，天下之惡皆歸焉。」

子貢說商紂並沒有這樣壞。孟子也說：

盡信書，則不如無書。

這話說得很明白了。可見孔孟時代就疑古辨僞的。我可以借孟子這句話來講，你們「盡信西洋則不如沒有西洋」。西洋人當然有比中國好的地方，但要說西洋樣樣都好，還不如沒有西洋更好，不能這樣盲從的。今天我們要反其道而行，要提倡中國文化而反對考據學，這實在要不得。

今天我要講胡東樵禹貢錐指這本書。禹貢是講中國古代地理，九州山水如何。而胡東樵的書特別重要的是講黃河之災。洪水爲患，夏禹治水，重要的就是治這條黃河。黃河後來不斷地有水災。禹貢錐指最精采的一段，就是講黃河，講春秋戰國、秦漢、魏晉南北朝、隋唐、宋元直講到明，一次次的黃河水災種種情形。我年輕時讀到這本書，真像是一個人到了另一個天地去了。我們做學問縱不講求真理，至少要有一點好奇心。一本出名的書，書裏講點什麼？總應該看看。真要做學問，不能把圈子劃得太小，眼睛太近視，那樣是做不出學問的。現在你們最看重的是參考書，只問這書有沒有參考價值，如果沒有參考價值，你們便不理。你們應該看看從前人怎麼寫書的，我可以告訴你們，讀禹貢錐指這樣一本書，可以長進自己的心胸境界、學問聰明，知道做學問有這種偉大的一面，到你自己將來寫文章，不論你寫什麼題目，你腦子裏有幾本像樣的書，對你有大幫助。

從前住在北平，這個人是開心的，因爲可以碰到的朋友多，青年多，可以無所不談。因爲我常要講到黃河，有個朋友對我説，他在德國見到一位有名的地質學家，這位先生在家中一大房間裏做了一個沙盤，照中國黃河流域的地圖做的，一天到晚研究黃河怎麼會發生水災。記得當時我曾用「靜態」兩字來説明。我對朋友説這位地質學家研究錯了，在沙盤上觀察中國的地形圖是一種靜態的研究，研究不出結果的，一定要從動態方面來研究。要知道中國黃河兩千年來兩岸的一切變化，不讀中國書怎麼知道呢？黃河水災的問題，是中國歷史上一個大問題，禹貢錐指這部書，把二十五史中講到黃河水災的，都集在一起，這不過是書中一段文章而已，真是偉大。

你們或許要問，胡東樵講的是經學還是史學呢？我認爲偉大的是在他講的不只是經學，超出經學之外去了。從前人做學問，他是個經學家，研究尚書，尚書研究到禹貢，然而他的研究超出了他的經學範圍，至少這一點，值得我們佩服。我勸諸位倘使要研究歷史的，要能懂得超出歷史，史學以外要能懂點經學，懂點文學，不要死在史學上。照你們今天這樣讀書，圈子劃得太小，學史學不管文學、不管思想，又分唐史、宋史等等，切斷來研究，你們這個虧真是吃得太大了。你們把自己捆了起來，現在人變成被這樣捆著倒覺得滿舒服，一放開反而不知怎麼辦了。試試借本禹貢錐指來讀，這一篇可以讓你知道，當時學經學是這樣的。

胡東樵還作有一本書，是易圖明辨，本來不準備講的，現在順便也可一提。易經有八八六十四卦三百八十四爻，所謂周易，原有這部書，而沒有圖的。我舉兩個圖來講，周濂溪的易通書裏有太極圖；邵康節有先天圖、後天圖、還有其他的圖。朱子在易本義、易學啟蒙裏就都採用了。周濂溪縱不算是程明道、程伊川的先生，至少也是前輩，而二程兄弟也很看重周濂溪，可是他們絕對不提「太極圖」三字，到二程年紀大自己講學問，也絕對不講太極圖。邵康節與二程同住在一個城裏，常來往，邵康節一生講易經，可是二程和他談到數學，卻絕不談到易經。二程謹嚴，講易經只這樣講，不那樣講；朱子的興趣大，與二程不同。朱子既看重周濂溪的太極圖，又看重邵康節的先天圖，但是朱子注易經不用周濂溪、邵康節的話，也不照程伊川的傳，朱子自有朱子的見解，他說：「易爲卜筮之書。」倘使我們不能學朱子，還是學程夫子比較好一點，程夫子不許講太極圖、先天圖。朱子興趣廣泛，博學而又能明辨，他注的易本義簡單乾淨，比程伊川的還要簡潔，這就難學了。你們要做學問，不是只看本書而已，要能求其通。

後來從元朝到明朝，講易圖的人很多；到了清朝初年，胡東樵寫易圖明辨，明明白白地辨易經的圖都是後起的，不是易經原來有的，太極圖、先天圖也在內。我很尊重朱子，但並不是認爲朱子講的每一句話都對。朱子有朱子的道理。而胡東樵這本易圖明辨了不得，一掃而空，他不是講易經。你們要聽清楚，胡東樵的禹貢錐指不是只講禹貢，也講中國歷史上黃河水災的沿革，當然也講到禹貢；他的易圖明辨也不是講易經，他是說易經裏一切圖都是後起的。你們要詳細知道有些甚麼圖，可以去看他的書。從此以後中國講易經的人再不講這一套了。

照理今天這個問題已可不必再講，可是今天在臺灣講易經的又要講這些圖了。從前人早成定論的事，今天還要反過來，那麼你讀懂他這書沒有？你能駁他的話嗎？易經不是講這一套的，現在又有人在講天文、數學、醫學都從易經裏來的，又說易經裏講「相對論」等。易經真是一部奇怪的書，這是中國人的聰明，就是八八六十四卦三百八十四爻不講，還有後來人畫出這許多圖，外國人對這書著迷了，說這是中國一部最了不得的大書，是世界上最大的發明。不過我告訴你們，要先有了學問然後去讀易經，也可以講得頭頭是道；千萬不要上他的當，去讀易經來研究天文學，怎麼研究呢？你從易經去研究醫學，怎麼研究呢？要研究醫學，你先要進醫學院，醫學院畢業了，再去看易經還可以；你不懂天文學、醫學、數學、光讀易經來研究這些怎麼行，還是不讀的好。

有位先生曾特地來告訴我，他去星加坡碰到一位先生學天文學的，喜歡研究易經，在一大學做圖書館主任，空閒時讀易經，把易經與天文學配起來。起初甚麼不懂，隔了幾年，他想通了一條路，寫了一本書。我的朋友從星加坡帶回一本，說要送給我看，到今天我還沒有看見。可是孔孟學會寄來的刊物上有這人一篇文章，我翻一翻。天文學上有二十八星宿，有一個叫做「心」。

這位先生説他在易經經文裏找出六句講到「心」字的，他把每一個都和天文學配合。這個工夫是用得大，照他説孔子思想從周易來，中國一切學問都從易經來，孔孟學會得到他這篇文章，認爲不得了的大學問。真照這位先生説法，那麼要讀天文學、醫學、數學的人，不必進大學、去留學，只要讀易經好了，行得通嗎？我不主張這樣復興中國文化，我認爲這樣來復興中國文化是危險得很的，所以我今天再提到易圖明辨一書。這書拿八八六十四卦以外一切後來附加進去的東西，一起甩掉，他從頭到尾交出了證據。只能説今天的人沒有讀過易圖明辨，才有這種錯誤的説法。我特別佩服胡東樵的禹貢錐指，對於易圖明辨沒有仔細研究，可是我受他這書的影響，一切附會到易經上去的，我都看不起。

四

我再講一人顧棟高，這是我同鄉無錫人，在私塾學校教書的。他去教書不計較待遇，但有個條件，主人要供給寫書的稿紙。他寫了一部春秋大事表，我年輕時讀到這書，才懂得史學之偉大。這部書不是講春秋，不是講左傳，講的是當時兩百四十年的大事年表，講的是歷史，講一部春秋史，我一讀這書，才懂得可以拿一部兩百四十年的左傳貫穿起來重組織。左傳裏魯隱公元年、二年、三年，魯哀公元年、二年、三年……一年一年春、夏、秋、冬這樣寫下去，我們普通就照次序讀下去。顧棟高能拿這部書拆散了，重來編成一個當時的大事年表。這個書之偉大在這年表有各式各樣，不只是一種表。他不是講經學，他在那裏講春秋史。

今天我們講春秋史的人，或許有人懂得參考左傳，但不懂得參考春秋大事表。這書收在皇清經解續編裏。要做學問至少先要懂得一點目錄書，現在大學裏開這課的已很少，並且也難有人懂。要研究春秋時代的歷史，要知道有些甚麼書？這書去那裏找？需要懂得目錄學。近代我們的學風不對，大家不看重「通學」，都講專家之學，學史學的，對經學不管的，不會指導學生來讀到這書。你們若有興趣拿春秋大事表翻一遍，倘使學他寫一個「唐代大事表」、「宋代大事表」，可以找出不少題目來研究。我沒有進過大學，我的腦子裏沒有經學、史學嚴格分別的觀念，聽見某人說甚麼書，我看一遍，我能通史學就是讀了顧棟高、胡東樵兩位先生的書，我才懂得這個史學天地之偉大。自己直接拿史書來讀史記、漢書、後漢書、三國志，二十五史讀完了，也不容易理解到這種境界。胡東樵一篇文章拿歷代黃河的一切變化放在一起，我才懂得史學之偉大；顧棟高一部左傳拆開了重組織，做出許多年表來，死書變成活用。你們只要會讀這兩本書，就會讀別的書，就會自己懂得用了。這是給我們一個榜樣，做學問要有先生，但先生不必是在你面前的人，古人也可以做你先生的。倘使你們不好學，講經學、講史學、講文學，都是假的。

五

下面要講到乾、嘉以後的經學，這是大不相同了。剛才講的兩部書禹貢錐指及春秋大事表，不是經學是史學。我已告訴你們，朱子教人不要讀春秋，要讀資治通鑑；不要讀尚書，尚書下面也有講歷史的書。經學與史學應該相通的，中國的學術思想是從經學進步到有史學的。那麼今天何必定要來講經學而不講史學呢？你們儘可研究現代史，研究到今天，爲甚麼硬要研究尚書、春秋呢？你們研究社會學，可以研究今天的社會，不必定要研究儀禮。像此之類，甚麼人懂？宋朝人懂，清朝初年人懂，乾嘉以後的人便不懂，他們硬來，硬把尚書歸尚書，與尚書不相干的他不管；把左傳歸左傳，與左傳不相干的他也不管。這就變成經學專家之學了。

我想做學問是跟著時代的，在清朝初年這個時代，天下大亂以後，出了閻百詩講古文尚書，出了胡東樵講禹貢，出了顧棟高講左傳，講春秋大事，還有其他人我不多舉了。何以明朝不出人的，要到清朝才出人呢？我講過明朝近三百年沒有一部像樣的經學書，怎麼到清朝人才有呢？因明朝人講「良知」之學，講不識一字也可以做聖人，可以不必讀書。所以提倡學問，不能領我們走錯一條路，一旦走錯一條路，讀書人的聰明才智沒有地方用了。八股固然是一個錯誤，但清朝人也考八股的，他們考試以後依然有來用功的；明朝人考試以後在家裏「致良知」。所以陸王之學在哲學上最高總不如程朱之學，程朱能開條讀書的路，有讀書種子在裏面。我年輕時喜歡講陸王之學，簡單、直接、痛快，我在鄉村小學教書，教得很開心，爲甚麼？幸而靠陸象山、王陽明之學，我想不識一字也可以堂堂做個人，現在我認識了這許多字，還不能堂堂做個人嗎？可是到年齡慢慢大起來，尤其看到今天這個社會，大家不讀書了，怎麼辦？我才逐漸感覺到程朱的道理是顛撲不破的。

其實在清初已有人講漢學了，我姑舉一人陳啟源。他有毛詩稽古編，他講毛傳鄭箋，一條一條來批駁朱子的詩集傳，說他和毛亨的講法不同，講得不對。那麼詩經究竟那個講得對，那個講得不對；應該這樣講，或不能這樣子講？到了乾嘉以後，都變成一個人做學問的派頭，盛行起來。何以如此？我們可以舉一點講，最重要的就是「文字獄」。清朝人的文字獄燒掉多少書？殺掉了多少人？清朝初年的人做學問虎虎有生氣。滿洲人大興文字獄以後的人，不知道在甚麼地方會觸犯到朝廷的法令，只有避免不講現實問題，於是就變成專講古代經學，這就是乾嘉時代；清朝初年人不這樣的。還有許多人在清朝初年講宋朝人的學問，不講漢朝人學問，他們拿漢學、宋學作比較，究竟漢朝人對，還是宋朝人對？大都贊成宋人講法，不贊成漢人講法。這是經學上專門問題，我不再舉例了。

我認爲政治絶對不能由外國人管，清朝人在中國兩百幾十年極大地妨礙了中國學術思想的進步。這從那裏看?從清朝初年的學問看。清朝初年滿洲人剛進中國，中國人思想自由的，到康熙、雍正以下，特別是雍正文字獄以後，中國人的學問都變了，一路變到清朝末年。我們忘掉「滿洲政權」四個字，忘掉異族政權是一種高壓的，限制我們的思想自由，於是我們就走上了一個不正常的發展。只有拿這個講法，可以講通清朝人爲甚麼要這樣。

六

今天我講的結論是說，清朝初年絕非是文藝復興。清初人都講宋學的，乾嘉以後則不然。現代人因爲要講「文藝復興」，於是把宋朝人講的一套學問叫做「中古黑暗時期」，理學家等於關在教堂裏的宗教信徒。若照此說法，那麼唐朝該怎麼講?魏晉南北朝又該怎麼講呢?總之是講不通的。可是梁任公這句話對我們的影響大得很。至於胡適之講的「全盤西化」、「打倒孔家店」，現在轉要復興文化，大家會得批評;梁任公的話深一層，大家不會批評。他的書雖讀得多，然而大本大源他卻並不清楚。

今天我們最大的專家做學問，一種是著書立說，再有一種則是對社會大衆有個交代。不過後一種更不容易，比專家著書立說還要難。這就是我所講的，應該寫中國學術史、中國經學史、中國文化史、中國文學史等等，西洋人這一套我們不能沒有。這一套可以普及大衆，今天的時代應該這樣。這不是學問降級，而是深入淺出，讓我們的年輕人、大學生讀了，容易跑進學問之門，可以節省他們許多精力。譬如胡適之寫中國哲學史大綱，只寫了第一卷，中國從來沒有過，大家要看，這書銷到全國，胡適之就這樣出名的。到馮友蘭他來重寫一部。第一點，胡適之只寫了一段，他寫了全部。第二點，胡適之所寫的，別人有各種批評，他都改掉了，他寫的書當然進步了。倘使能照這樣進步下去，今天我們學術界就像樣了。這種書出來以後，中學裏優秀生可以看，大學一年級可以看，那麼大學先生上課總也要事先準備，不能再隨便來啟蒙了。你們聽我這話，要預備二十年。如果像中央研究院、國立編譯館等政府學術機構出來主持，國家出筆費用，招考全國最優秀的畢業生，請老師指導，再讀五年書，可以幾個人合力編一部中國文學史，編一部中國經學史之類，這是我們今天需要的。

我並不是關著門說外國的一樣都不能學，我是說先要懂才能學。今天就只有做畢業論文，學生沒有不畢業的，畢了業怎麼辦呢？誰也不管的。今天我們要復興文化，復興的甚麼？並沒有一句明確的宗旨。你們生在這樣的時代，受著這樣子的一種刺激，你們是身受其害的人。要從我們自身起，不要再害下面的人了。

那麼倘使你們不要讀書呢？也有一個辦法，你們將來給學生上課少講話，更不要講現代人的話，包括康有為、梁任公在內。梁任公說中國要文藝復興，清朝就是中國的文藝復興，這話害人害得深了。

害有深有淺。譬如說「打倒孔家店」，這話其實爲害尚淺。到今天要復興文化了，你們便不再講這句話。梁任公講的話爲害則是深的。若說我們要復興文化，就是要文藝復興，於是要像清朝人這樣，這就大錯了。我已經講了多次，現在我們應該學宋朝，不應該學清朝。今天我們的中央研究院就是照西洋人的路，專家研究、科學方法，至於天下治亂興亡、民生利病，甚麼都不管。我們中國從古以來沒有過叫「歷史語言」的，至少語言學是中國沒有的，從前只有音韻學，有小學。歷史與語言併在一起叫「歷史語言研究所」，這是西洋人的講法，並且在西洋人中間只是一家一派的講法。我們中國只有「經史」之學，經學、史學放在一起；或叫「文史」之學，文學、史學放在一起。現在是國家的中央研究院設立「歷史語言研究所」，它代表甚麼?代表歐洲，代表歐洲某一國的某一派。諸位想想，我們中國人的面子放在那裏?

最近有個美國人到臺灣來，他研究中國學問的，曾在荷蘭讀了幾年書。荷蘭研究中國學問，受歐洲人一致稱許。這一美國人以爲到臺灣來，真可以接觸到中國文化。他一到，飛機場是西式的；沿路街景是外國樣子；到朋友家住的房子，碰見的人，都沒有中國式的。最後他在朋友家吃飯，他說畢竟有中國文化，終於吃到了真正的中國菜。中國人實在耐不下這口氣，有人寫文章罵他。他是個外國人，爲愛慕中國文化才到中國來，他對臺灣是直覺的。他去找人談話，要聽聽中國的一套。現在的中國人都是西洋信徒了，你們想想這個美國人要不要失望？我今天看見有本雜誌，好幾篇文章集體攻擊這個美國人，有一個題目是「以生爲中國人爲榮」。我想這題目應改成「以生在中國而通外國學問爲榮」。今天的風氣，你生在中國，只能講中國話，榮在何處？你生在中國，不到外國去留學，不會講講外國東西，榮在那裏呢？

今天的中國已經到這樣地步了，我並沒有說得過份。你們是個中國人，又是中國大學研究院的學生，並且又是研究文科的，我怎能每次上課不對你們講講這些話呢？我等於是個和尚，「南無阿彌陀佛、南無阿彌陀佛」，一天念到晚，有一句念進你心就好了。能念進一句，我們就往生極樂世界了。

第三十一講

一

剛才上課之前，我和兩位同學講，我們一個人總要懂得自己錯了，才能有進步。如自認爲不錯，進步就有限了。你們不是都喜歡要進步麼？先要懂得你錯在那裏？一個人能反省，知道自己錯在那裏，這省力；一個時代，要知道錯在那裏，這要有學問，要有見識。譬如現在政府提倡每個大學都要教現代史，中華民國元年到今天六十四年來，有沒有錯呢？倘使我們没有錯，國家不會變成今天這樣。我們與歷史上漢、唐、宋、明、清各朝相比，中華民國六十幾年總不算得好吧？諸位或說錯在袁世凱，袁世凱死了；錯在毛澤東，毛澤東也快要死了。怎麼會在近代歷史上出一個袁世凱，出一個毛澤東呢？講歷史不這樣簡單的，我們要懂這中間錯在那裏？再縮緊一步講，不僅是思想上有錯，理論上有錯，甚至於普通一件事情，會大家都看錯、說錯的。一個時代可以大家錯，錯了而甚至於不知道，有没有呢？我舉一個例，我們這門課講經學，漢朝人認爲孔子「刪詩書、訂禮樂、贊周易、作春秋」，六經都是孔子一個人的工作，太史公史記裏便明明這樣寫的。

西漢、東漢沒有人講過這裏面有錯，但是經過漢朝以後，我們漸漸知道，漢朝人這話根本是錯的。孔子是作了春秋，至謂孔子删詩書，這是絕對沒有的事。孔子自己沒講過，孔子學生及孟荀等許多重要人物從沒講過，連反對孔子的人也沒有人批評孔子删詩書。再説到孔子贊周易。更沒有這事了。先秦的人都沒有講，只是漢朝人講孔子贊周易。像此之類；經學史開頭講到漢朝人講經學，都講錯了。這種事是不是只古代有呢？不是的，到了後代依然還有。

今天我們講到清朝，現在大家所懂的，説清朝人講的是漢學，宋、元、明三朝講的是理學。近代學術思想上一個大問題，就是漢學、宋學的爭論。這個話那個人講的？根本沒有這回事。就等於兩漢人講孔子贊周易、删詩書一樣的講錯了。我們前兩堂已經詳細講過清朝初年並不像我們所謂的漢學來反宋學，沒有這回事，今天我再補講一點。

清朝也有考試制度，照明朝人一樣，主要考四書、五經。明朝人有四書大全、五經大全，國家定了一個人人考試必讀的課本，等於唐朝人定五經正義、宋王荆公定三經新義。清朝人學明朝，自己也有一套。我舉幾本清朝人定的書，你們讀經學一定應該知道的。講易經有周易折中一書，這在康熙五十四年定的。這書採用程伊川的易傳及朱子的周易本義，以這兩書做中心，再加上其他的説法，這是以宋學爲主。下面有書經傳説彙纂、詩經傳説彙纂，這兩書從康熙六十年起，尚書的書經傳說彙纂到雍正八年，三百首詩的詩經傳說彙纂到雍正五年才完成，費了很長一段工夫。尚書以朱子學生蔡沈的集傳爲主，詩經是以朱子的詩集傳爲主，「彙纂」當然還採用其他各家，中間也有採用到漢朝人的。還有一部春秋傳說彙纂是康熙三十九年的。朱子沒有講春秋，這書不拿公羊、穀梁或左傳，而是拿宋胡安國的傳爲主，這還是宋學爲主。這幾部書，你們可以略爲翻一下。

清朝從康熙、雍正朝廷上規定這幾部書爲考試必讀的書，一直到清朝末年考試都用這幾本書。這都是以宋學爲主的，那麼我們怎麼能說清朝是漢學反宋學呢？這話不通的。我舉出這幾本書來證明順治、康熙、雍正三代那時候的人不分漢學、宋學的，並且比較上看重宋學，不過也兼採漢學。今天我們倘使要講清朝人的學問，那麼最多只能說「乾隆以後中國一般讀書人學者看重漢學，看不起宋學，與朝廷上的制度命令不同」。這樣說比較上符合事實一點。不能說清朝一朝就是漢學反對宋學，沒有這回事。我舉的這些書，你們到圖書館都找得到的。

民國以來，我們的教育都要照西洋教育。今天我們的大學制度，乃至於中學、小學，都照西洋了。政府沒有一本講教育理論的書，歷來的教育部長也沒有講過這樣的主張，定過這種教育制度。什麼人提出這種理論的？到今天舉不出一個人的名字來。你們說這是時代變了，那麼代表時代、領導時代的是什麼人？說不出人來，而我們的教育制度不知道怎麼就已變成現在這樣了；大家都是無知無識地盲從。民國六十幾年來成了一個混亂的時代，每一事件，不知道誰在領導，大家只是跟著跑。你們今天腦子裏的思想是從那裏來的？連自己都不知道。這個毛病出在那裏？這是我們要講現代史大值得研究的問題。再照這樣進步下去，越進步越混亂了、將來怎麼改進？我因爲講到清朝初年的經學，學術思想的轉變都有名有姓可以舉出來講，不免對民國以來社會思想的混亂產生感慨。

二

現在講到乾隆、嘉慶時的經學。清朝到了那時的經學，是不是專講漢學，與清初不同了呢？據我的研究，也並不這樣。乾嘉學術大概有兩大派？一派是吳派，又稱蘇州派；一派是皖派，又稱徽州派。吳派學者代表最重要的是惠家一門三世傳經，三代中間最後一人叫惠定宇，這個人是乾嘉時期一個最了不得的大學者，他讀的書很博，他寫了一書名易漢學，講漢朝人怎麼講易經，他認爲孔子作十翼，他這個講法今天我們不承認了，遠在宋朝歐陽修就開始講孔子並未作十翼，這個問題我們現在不管。漢朝末年下面就是王弼來注易經，王弼是個老莊道家學派，十三經注疏裏的周易就是王弼注的。……………………………………

清朝人寫周易就根據程伊川，根據朱子，並沒有根據王弼。而王弼以前漢朝人怎麼講易經的？惠定宇就作易漢學一書來講。所以後來人講漢學，一定推舉吳派，一定要推舉惠氏祖、父、子三代。那麼他們是不是只講漢學而不講宋學呢？其實不是的。惠家大廳有幅楹聯：

六經尊服鄭，百行法程朱。

下聯「百行法程朱」，修身、齊家、治國、平天下乃至於日常生活一切行爲，都師法程朱。程朱就是宋學，可見我們舉乾嘉當時最足以代表的經學大師，他家傳並不反宋學，不然怎麼有這楹聯呢？上聯「六經尊服鄭」，這才始是漢學。所以我們講到乾嘉學派，講到清朝人最推尊的惠氏三世傳經，他們講的漢朝經學，不過講從前漢朝經學怎麼講的，現在人不知道了，他來考據，他來講。惠氏一家，拿這幅楹聯十個字可以證明，並不是專講漢學的，更不是反對宋學的。

惠定宇還有一部書，叫古文尚書考。你們倘使要研究古文尚書是假的，不必去讀閻百詩的尚書古文疏證，這是一部大書有八卷，只要讀惠定宇古文尚書考，只有兩卷薄薄的一本。今天我們說清朝人講古文尚書是假的，簡單講就講閻百詩。從前都是閻、惠兩書一同講，惠定宇起得後，

㉘ 編者案：此處有部分內容失錄。

然而他講得簡要，或許比閻百詩的更精。古文尚書假，是宋朝人講的，也不只朱夫子一人講。明朝梅鷟第一人先來著書。那麽宋明理學家已講古文尚書是假的，清朝人跟著宋朝人講，怎麽能說是漢學反宋學呢？這個問題且不講。

你們認爲清朝人講經學，一定要推惠家第一，惠定宇是第一個大師，這已經到了乾隆時代。但是惠定宇寫的書並不都是經學書，他還寫了後漢書補注一書。今天要研究後漢書，一定要讀王先謙的後漢書集解，王先謙集解裏用的最重要材料，就是惠定宇的補注。注後漢書的人是唐朝的章懷太子，惠定宇在章懷太子的注外，補進了很多材料。以後王先謙寫後漢書集解，最重要就是取材惠定宇的補注，幾乎惠定宇後漢書補注一書全部抄在王先謙後漢書集解裏。我們就舉這一點，可證惠定宇也研究史學。

我再舉一例。清朝初年有一個大詩人王漁洋，他的詩集名精華錄，惠定宇替王漁洋的精華錄作一「訓纂」，此書盛行中國，可見惠定宇還研究文學。大家很看重惠定宇的漁洋山人精華錄訓纂一書，認爲比從前人注王荆公、黃山谷的詩還要好。你們簡單地聽我這幾句話，就知道清代即使到了乾嘉時代，也不是專研究經學，還研究史學、研究文學。我們只舉惠定宇一人已足爲證。所以你們腦子裏認爲清朝到了乾嘉只講經學，那就錯了，靠不住的。

因講惠定宇，我又想到第二個人。錢竹汀與惠定宇同時，他是嘉定人，雖非蘇州人，但住在蘇州的年代很久，他最出名的一部書是十駕齋養新錄。「十駕」二字出典於荀子。千里馬一天可跑千里路，駑馬一天跑不了多少路，可是連跑十天，也可等於千里馬跑一天，這是荀子的話。錢竹汀學荀子的話，取名「十駕齋」，自己要天天用功。這部書後來人推尊與顧亭林日知錄相等。或許不如顧亭林日知錄，但至少是同類的。我們已講過王應麟的困學紀聞、顧亭林的日知錄，下面就是錢竹汀的十駕齋養新錄。我年輕時受這部書的影響非常大。大約二十幾歲時，我買到一部刻本，下面附了年譜，是錢竹汀自己編的，我先讀年譜，讀到他四十幾歲時生病了，認爲活不久，所以自訂年譜。我當時很奇怪，我知道他有許多著作，怎麼一本都沒有提到呢?慢慢看下去，才知他的一切學問都在四十幾歲生病以後才做成。這部書給我很大鼓勵。我那時二十剛過，看別人四十幾歲用功，學問這樣大，我只要好好用功，應還來得及。

錢竹汀年輕就在政府做官，他的文學很出名，他的詩寫得好，文章也不錯。可是今天來說，他的詩不算得了不起，因爲他的成就更在經史之學。經學中特別是講音韻小學，他有很高的成就。史學更不必講，他有二十二史考異、元史藝文志補，還有其他的書。他因身體不好，所以辭官退休回到南方，沒有回家鄉，住在蘇州，做過紫陽書院的山長，以後一直在做學問。他的學問廣博，但是我寫中國近三百年學術史，因選材關係，只簡單的舉幾人來寫，沒有寫到他。最近我專爲他寫了一篇文章，題名錢竹汀學述。㉙錢竹汀很推尊朱夫子，在他十駕齋養新錄裏一條一條舉出他對朱夫子的佩服。他和惠定宇一樣，經學、文學、史學都研究，可證他不反對宋學。他也歸屬在吳派。蘇州派第一個要舉惠家，特別是惠定宇；第二個就要舉錢竹汀，他也是一位大師。戴東原曾說：天下學者他一定推錢竹汀是第二人。第一個是誰？他不說了，當然是指他自己。這也了不得了。錢竹汀講經學多是根據宋學，在我新近的文章裏已經詳細舉出了。

我再舉一個人段玉裁，這人可以放在下面皖派講。也可以提前放在吳派講，他是戴東原的學生，年齡老了，住在蘇州，和錢竹汀是很熟的朋友。他是講小學的，一輩子只寫了一本書段氏說文解字注。清朝人講小學，大家推尊段玉裁爲第一人。我也讀過段玉裁的年譜。我勸諸位可以把年譜當小說來讀。做學問一定要找先生，找先生不是只講學問，一定要懂得這位先生的做人。要做學問，先要做人，人都不會做，不會做成學問的。在中國没有做學問不管做人的。

我讀段玉裁的年譜，知道他這部說文解字注真是花了大工夫。他後來年齡大了，身體不好，怕書寫不完，寫信給朋友拜托幫忙。結果他没有死，自己慢慢把書寫完，他活到八十一歲。清朝人的經學講鄭玄、許慎的小學，那個人提倡的？戴東原特別提倡。清朝人無不通許慎的說文，段

㉙ 編者案：此文已收入中國學術思想史論叢(八)。

玉裁是戴東原的學生，他來編一部說文解字注。段玉裁還有一篇文章題名博陵尹師所賜朱子小學恭跋。博陵的尹師，也是他的一位先生，賜他朱子的小學，他做一篇跋，跋字上加一個「恭」字，叫「恭跋」，恭恭敬敬寫這篇跋。文言文也好，白話文也好，用一個字就表示這個人一輩子的內心。他看重朱子，他爲朱子的小學作一跋，一定要稱爲「恭跋」，表示自己對朱子有番恭敬的心情。中國人講究這一套。段玉裁那時已經是一個大師，他自己在這篇文章裏講，他所注的說文怎麼能夠叫「小學」呢？那僅是教人識字而已。朱子的小學才是真的小學，朱子是教人怎麼做人。其實我們只要看段玉裁的文章，在跋字上一定要加一個「恭」字，恭跋朱夫子的小學，那麼就可以證明段玉裁不反宋學的。

我不是研究小學的專家，可是我對段玉裁私人的道德方面是很看重的。他科舉在戴東原之前，他已考上科舉，戴東原還要去考進士。兩人見了面，段玉裁佩服戴東原，要拜他爲師，戴東原答應收他爲學生。諸位今天已念研究所，或是已得到博士學位了，若碰到一個你佩服的大學生，肯拜他爲師嗎？就在這一點上，可知他的偉大。我不勸你們去研究段氏說文，做一個小學專家，我勸你們讀讀段玉裁這篇恭跋朱子小學的文章，你就會覺得這種人人格之高明偉大，可以爲百世之師。博陵尹師所賜朱子小學恭跋一文，收在段玉裁經韻樓文集卷八中。

段玉裁還寫過一篇文章，題目是戴東原先生配享朱子祠議。這篇文章在經韻樓文集卷七中，保留有目錄，可是文章沒有收進去，現在讀不到了。這篇文章我們只要看題目就夠了，他認爲他的先生戴東原是位了不得的大學者，希望拿他先生配享朱子。其實罵朱子的就是他的先生戴東原。可知段玉裁的心理，「吾愛吾師，吾猶愛真理」，不得不說朱子的重要，要講小學要照朱子這樣的講法。段玉裁老了，一直住在蘇州。吳派我舉出三個人爲例，惠定宇、錢竹汀、段玉裁，他們並沒有反宋學。

三

現在要講到皖派。講到徽州派，你們可以去參考梁任公的清代學術概論。梁任公的清代學術概論開始就講吳派和皖派不同。他是佩服皖派的，他認爲皖派講學問尚通的，要講考據，又辨是非；吳派是尚專門的，講經學就是講漢學。他這個話對不對呢？我認爲這話完全不對。不對在那裏？我今天已經舉了吳派三個人爲例了。……30……

講到皖派，不得不說皖派的第一人是江永。江永是徽州人，他是不是戴東原的先生是個大問

30 編者案：此處有較大段內容失錄。主要應爲批評梁氏清代學術概論對吳、皖兩派之主張。

題。戴東原年輕時很崇拜江永，稱他先生；到戴東原自己成名後，稱江永爲「婺源老儒」，不稱先生了。江永寫了很多書，有一部大書叫做禮書綱目，講三禮的。這部書是學的朱子的儀禮經傳通解。那麼他是講朱子學的。第二部書是近思錄集注。朱子的近思錄只講周、張、二程，這部書因流傳太廣，而失掉了原來書的完整性。江永來作一近思錄的集注，恢復了朱子書的原來形態，再加上一個注。而他的注特別是拿朱子自己講的話來注近思錄。那麼江永固然講經學，至少是個宋學家。宋朝人一樣講經學的。戴東原年輕時認識過江永，他的學問也確實大部分是跟著江永而來的。

徽州學派與蘇州學派不同，蘇州都是高牆大庭院，讀書人一天到晚就是讀書。我沒有到過徽州，可是我看見書上講到徽州人。徽州很窮，做小生意到處跑。我們無錫許多當鋪裏的朝奉，大都是徽州人，他們父傳子一路傳下來，我們稱「徽州朝奉」。他們的學問怎麼來的？就是一面做生意，一面讀書，他們樣樣會的。因爲到處跑，懂得語言學，又能畫畫、燒窰，做的生意很多種。他們做的學問不是書本上的，而是社會上的。他們懂天文、歷法、數學、水利、地志、名物等等。我們講禮，禮有各種名稱、各種物品，徽州人懂。譬如車子，名稱很多，蘇州人關在家裏讀書，不注意這些。徽州人是科學的，近於西方。他們做生意跑碼頭樣樣都懂。戴東原到了北京，窮得沒有飯吃，他與街上一家麵鋪約定，切麵時落下的麵屑不要丟掉，他買回去煮來吃。這種故事，我要多講一點給你們聽聽，你們今天讀書的情況，同這種大學者的生活相比，豈不是像在天堂裏嗎？

朝廷派秦蕙田編五禮通考，秦蕙田是無錫人，五禮通考是一部重要的書。你們要讀經學，這種才是經學。這書不是講古代的禮，而是講從古到今的禮。我舉一個例，譬如「朝禮」，羣臣上朝參見皇帝，古代春秋時卿大夫見諸侯，或者諸侯見天子，都有禮。秦朝以後變了，漢朝叔孫通定朝儀，下面魏晉南北朝、唐、宋、元、明、清，朝禮代代有變，你們不讀書，這些都無法講。現在的人都說中國兩千年不變的，今天你們要來變了。你們變出甚麼來？變得不像樣了。光是講一個禮，從前各朝有朝禮，結婚有婚禮。從前中國人的婚禮男的到女家去親迎；接來了新娘，上堂拜天地，行了禮送入洞房；成了夫婦才出來拜見公婆。迎親是兒子去迎，兒子成了夫婦，父母才能坐在那裏受新人的拜。現在不這樣了，說是自由戀愛，婚禮有「主婚人」、有「介紹人」、還有「證婚人」。新人要向主婚人行三鞠躬禮；沒有介紹人，臨時拉一個充數；結婚證書上證婚人蓋章，準備將來萬一離婚可以作證明。人生一件婚姻大事，變成如此不通的。現在又另有一個辦法，可以到法院登記就算結婚了。爲甚麼要到法院登記？就是預備將來離婚用的。究竟是中國的古禮合道理，還是今天這樣是對的？你們硬要自由，你們的自由是向父母、向家庭、向學校、向社會爭取，至於人生大禮，馬馬虎虎都不在乎。我告訴你們，中國社會沒有禮是不可久的。中國怎麼會弄到今天這樣子？只能怪我們自己。這是我們的現代史。將來中國社會總要再出人才，出的什麼人？就是有待你們各位站起來。

我們要知道中國從古到今一切的禮，可以讀五禮通考。但是秦蕙田編五禮通考，沒有人懂天文、歷法、數學，這都是專家之學。戴東原到了北京，秦蕙田請他來幫忙編五禮通考，因爲他懂這些專家之學。當時有一位出名的大官紀曉嵐，聽見戴東原的大名，請到他家做家庭教師。戴東原沒有考上進士，一輩子是個舉人。後來朝廷要編四庫全書了，有幾部書講古代數學的，無人能編，只得請戴東原編。可是清朝朝廷定下了規矩，非進士不能進四庫館。於是皇帝特別賜他進士出身，不需經考試。你們罵中國皇帝都是專制的，這樣的專制也有他的道理。皇帝怎麼知道戴東原？大臣推薦的，編四庫全書有紀曉嵐，皇帝接受紀曉嵐的建議，賜戴東原進士出身。從前的中國人是像樣，自有一套。於是戴東原便有了出身。

戴東原的學問我們不講，民國以來的人，大家崇拜他。怎麼會崇拜他的？因爲日本人看重他。日本人爲甚麼看重他？因爲他講的一套反宋學的理論，日本有人也這樣講。我喜歡一切事情要找一個來源，怎麼今天的中國人都崇拜戴東原呢？我年輕時看到商務出版的蔡孑民中國倫理學史，這本書裏講到清朝，就講到戴東原。蔡孑民是清朝進士，是國民黨元老，他寫中國倫理學史怎麼會特別提到戴東原呢？我當時猜想他一定是看了日本人的書。直到最近，我才懂得他真是由於日本人推尊的影響。又如胡適之寫崔東壁的史學。胡適之怎麼會推尊崔東壁的呢？因爲日本人推尊崔東壁。當時中國人提倡這許多人，最重要的淵源於國粹學報。國粹學報裏特別講到戴東原，講到崔東壁。國粹學報是當時有名的雜誌，大家看的。

戴東原寫了一本孟子字義疏證，批評朱子講「理」字講錯了，孟子的意思不這樣。可是講孟子的就是朱子，四書是朱子定的，朱子以前二程先講，二程以前王荆公先講，都是宋學。戴東原怎麼懂得來講孟子？就是受了宋學的影響，怎麼可以說他是反宋學呢？他講孟子就是受宋學的影響，這是一個大傳統，學術思想不大容易超出的。今天你們不讀中國書，那麼一切超出了；你們若讀了中國書，就知道這裏面問題多得很。段玉裁要拿他的先生戴東原來配享朱子，他覺得中國學術界的大人物，近代就是朱子，他的先生可以配享。那麼今天我們提倡戴東原，反朱子、反宋學，只是根據戴東原一人而已。戴東原這部孟子字義疏證，胡適之提倡，梁任公接上來講戴東原哲學，便變成現代一部了不得的大書。但是或許你們今天也不讀了，社會學術風氣的變化實在太快啊！

我們可以說，不僅吳派没有反宋學，就是皖派，至少江永是極端看重宋學的，這是遠在惠定宇、錢竹汀之上。戴東原要反對宋學，而結果還有宋學在他腦子裏，他來講孟子。我們這課經學大要一路講下來，早已說明孟子是宋朝人提倡的，宋朝以前只有一個人講過，就是韓愈。更前漢朝，孟子是在諸子略，不在六藝略裏。這樣一講，可以證明如果你們一定要說清朝人看不起宋朝人，只有一個人，就是戴東原。戴東原的學生並不反宋學，他的前輩也不反宋學，與他同時的章實齋也不反宋學。章實齋自認和戴東原是兩派，他說戴東原的上面應該接顧亭林，他的上面應該接黃梨洲，那麼都是宋學，他並沒有反宋學。

四

下一堂再要講究竟是那個人提出「漢學」二字來反宋學的。但是我們要知道，直到清朝末年並不反宋學。我再舉一例，皮錫瑞的經學歷史講得很清楚，清朝初年不反宋，乾嘉時代實際的情形是這樣的。皮錫瑞的話其實講得還有未盡，因爲清朝末年也不反宋學的。那麼何以今天造成了清朝反宋學的一個普通常識呢？這個說法從那裏來？直到皮錫瑞還不這樣。可見我們講學問，要知道一個學問的來源。講中國的學術思想，要知道一個中國學術思想的大概。你們不能就只是「一先生之言」。甚麼叫做「一先生之言」？你們進了大學，進了研究所，研究論文，導師叫你研究甚麼題目，你們一輩子就是這個題目了，別的可以都不管。中國人一向看不起一先生之言。這樣下去，中國的學術界怎麼辦呢？

今天這堂課，我要告訴你們，有大家認爲這樣，其實並不是這樣的。像我講的漢朝人講孔子與經學，像我講的清朝人講漢學與宋學。清朝人也沒有這樣講，直到清朝末年皮錫瑞也沒有這樣講，不知道怎麼會六十年來變成為社會上極普通的一種常識。如果要寫本書來辨這個事情，要花很大工夫，別人信不信你姑不論，我們的精力也都去用在這種地方了。我們自己想，我一輩子或許可以學學我所崇拜的人，像顧亭林之類，閉門讀書，然而不是不管這個時代。今天社會流行的一套講法，我總得要瞭解。你們說中國自秦以來兩千年是專制政治，我要研究歷史，看看中國是不是專制政治；他們說中國兩千年是一個封建社會，我要看看是不是封建社會；他們說中國近代學術史就是漢學、宋學，清朝人講漢學，宋、元、明講宋學，我研究知道不是這回事。有人說戴東原是近代一個大思想家，我讀了他的書，看看不是這回事；有人說崔東壁是中國的大史學家，我從頭到尾讀了崔東壁遺書，中國大史學家也絕不是崔東壁；我認為錢竹汀要比他高明得多。這些話是甚麼人開始這樣講的？有的可以找出姓名來，有的我們無法查知來源。今天的可怕，是可怕在：大家不管是非，只是盲從。

我有一個心，是看重別人，大家這樣講，我得要看看。諸位比我高明的是，都看不起，根本不理。有人說這個好，你不管；說那個不好，你也不管；就是照自己的路走，現在進研究所，寫博士論文，拿到學位去教書。最多教三年，變成「老油條」了。大家這樣，你也這樣，這叫「風氣」。這種風氣斲喪人才。真是可怕。胡適之他們的「新文化運動」有句名言：「但開風氣不為師。」他們不看重做先生，課堂能有多少學生？沒有甚麼意思，他要開風氣，領導全國。風氣是開了，先生是沒有的，現在的中國要找個先生困難了。這種風氣是可怕的。他們就是在這種風氣裏成長，你們不懂得這只是近代的風氣，誤認爲從古以來都是這樣的，那麼下邊怎麼改呢？只有一個辦法，你知道現在的風氣不對，下邊你會改變。就是我剛才講的，你要覺得自己不對，才能有進步；你不覺得不對，這樣一路下去再過幾年，我不知道中國的大學教育會變成怎麼一個樣子，難以想像。

最近政治大學禮聘了一位美國教授來教書，這位美國教授說：「臺灣的大學教育無藥可救。」他是美國人，在中國大學教一年書，他對中國大學的評語是「無藥可救」四個字。他說從教育部到大學校長、大學教授，都對教育「沒有興趣」。他一句話講準了。你們對教育有興趣嗎？你們只想謀到一個職業就行了。你們的興趣在那裏？各人不同，總之對做學問沒有興趣，對教書實在也沒有興趣，興趣只在助教升講師，講師升副教授、教授，教授升系主任、升院長，或將來升校長。興趣在做官，不在做學問。現在一切學校鬧問題，卻因爲這些。我不是隨便信口說，這不是我一個人這樣講。今天中國社會大家崇拜美國人，我就舉這位美國教授的話來講，「臺灣的大學是無藥可救」。可是他又說：「臺灣的小學辦得好。」好在那裏呢？他看見小學生運動會，歌唱表演等等。他不懂得中國，小學生回到家怎麼樣？中國家庭已經拆散了，舊家庭沒有了，新家庭没有建立起來。我們的教育從小學到大學，問題多得很，大家心裏明白，要談改革豈是易事！

在這種社會情勢之下，我們能有甚麼想法？我想今天我們要能單槍匹馬來改革，你自己能做的事自己做，不能做的暫時不要管。每個大學有幾個先生肯一輩子用功，好了，慢慢下邊就有希望。我不講學生，只得講先生，你們就快要做先生了。不要管別人，自己埋頭做自己的學問。今年一年，我講「經學大要」，講到的幾位學者以及他們寫的一些書，你們若肯用功，十年恐怕讀不完。慢慢來，不能急的。至於你們的生活，比起戴東原總要强得多。我並不喜歡戴東原，然而，他這個人是可佩服的。我是一個窮苦出身的人，我還没有過過戴東原這樣苦的生活。中國社會今天只有運動員、演藝人員、或是公衆人物受到重視，至於説一個用功讀書研究學問的人，社會不管的。我們今天的社會，真是可怕到了極頂，再不能這樣下去，已經走到死路一條了。就是這位美國教授説的，無藥可救了。只有一份藥，要各人「立志」，只有靠這份藥，國家才能找到出路，你們中間總要有人肯立志。不是今天立志，要一輩子立志，不能求快，要有耐心、有恆心，慢慢來。

第三十二講

一

31我們要知道理學家也要講經學的，專講理學不講經學，只有明朝。所以顧亭林要講「經學即理學也，古今安得別有所謂理學者？」這話是講的明朝人，明朝人不講經學，他們的理學也不是真理學，等於是不讀書的學問。清朝人講經學，講得最好的，也並不能超過顧亭林日知錄，甚至於像元朝初年王應麟困學紀聞這許多書。我們有一個錯誤的觀念，認為經學越向後越進步，清朝人的經學超於從前人之上。這個觀念是不對的。王應麟就是讀宋朝人的書，顧亭林就是讀宋朝人、元朝人的書，他們沒有看到後來清朝經學的發展，但是他們的經學反而在後來清朝人之上。可見經學不應該脫離理學。理學是一個義理之學，講經學怎麼能

31 編者案：本講開端有一段內容失錄，似為講述「經學與理學」相關問題。

脫離義理之學呢？這是第一點。

第二點，漢朝人的義理之學時代早，經過魏晉南北朝、隋唐有佛教、道家各種思想，到了宋朝人的義理之學，當然會高過從前。將來我們中國再有人出來講學問，自會比從前好。因爲從前人不懂有西洋，現在的人懂了。這是我們有了新的資本加進去，我們有了新的憑藉，新的參考，可以發揮我們新的聰明，所以宋朝人的經學有時超過於漢、唐之上。爲甚麼？因爲他有魏晉南北朝到隋唐釋家、道家新的學術思想加進去了。我們講清朝順、康、雍三代的經學，當然遠比明朝人高，因爲明朝人不講經學；也可能有許多地方超出於宋朝人，因爲可以後來居上。宋朝人慢慢演變到元朝，演變到清朝初年，成爲清初順、康、雍第一時期的學問。斷不能說是清代學問與宋學不同，這說法絕對錯誤的。

到了乾嘉時代，已是清朝經學的第二時期。這個時候，清朝人的政權已經十分穩定了。清朝人是少數異民族滿州人從一個小部落跑進中國來，經過康熙、雍正數十年，政權穩定下來，而中國社會也真到了一個太平時代，那時一般讀書人與清初不同了。清朝初年人還有亡國之痛，要回念到從前的中國。甫經大亂之後，對社會上各種人生問題、修身、齊家、治國、平天下，樣樣事情都關心的。到了乾隆、嘉慶時代，天下太平，心裏變得沒有問題了，講學問就變成一種書本子上的學問，專在書上來做研究。

我們講學問，最大、最重要的，不是書本上的學問，而應該是「身世之學」。我本身以及我這個時代，可說中國四千年歷史沒有一個時代像我們今天這樣的。我們的時代既非歐陽修、王安石的時代，又非朱夫子、張南軒的時代，也非王陽明的時代，也非顧亭林、黃梨洲的時代。我們的本身，我們生的這個世，和以前絕對不同，因此我們做學問自然該有我們的一套。這是一件極普通的事情，你們不必要故意地創造，求與從前人不同。從前人也是一個人，我們也是一個人，大傳統不能不同的。我們儘要學從前人，結果學出來的還是我們自己。我們這個時代從古以來沒有過；等我們的子孫出來，他們又是另一時代了。我們倘若虛度了我們這個時代，沒有人做學問，沒有人關切到我們的身世，沒有著作，看不見這個時代人的心，將來歷史上這一段是片空白，這個時代就豁過去，跳過了，下邊時代就直接上邊去。朱子生在南宋，王應麟生在宋元之際，王陽明生在明朝，顧亭林生在明末清初，時代不同，學問不同，學術思想跟著不同。到了乾、嘉時代，自然跟順、康、雍時代又不同了。他們最大一個不同之點，是他們忽略了自己的身世，覺得現在是最太平安定的時代，甚麼問題都没有。於是做學問的人，把精神專一放到書本上去了。這不是理想的學問。我們只能羨慕他們，可以一輩子在書本裏，没有人生問題，像惠定宇、錢竹汀，他們的一輩子，不是我們能學到的，因爲生的時代不相同。

諸位要知道，在中國歷史上，要找一個時代像清朝乾隆、嘉慶那樣，是不多的。那時候的人，講書本上的學問是前無古人，也可以說後無來者。將來到甚麼時候再能有一個天下太平像清朝乾隆、嘉慶時代這樣呢？很不容易想像的。但是這種學問，並不是我們所想望的，不是我們所要求的。他們做的學問是紙片上的學問，而把自己的身世忘掉了。這與宋朝人大不同，宋朝國內永遠沒有統一，開始有遼，後來有金，還有西夏，那時中國三分。我們之所以特別看重宋朝，是因爲學術上的關係，宋朝人做學問，是漢朝、唐朝、明朝、清朝比不上的。實際上就政治而言，宋朝始終沒有完成一個大統一的局面，國際情勢險惡，又貧又弱；內部思想上，佛教把握全國思想的重要領導，此外還有道家，要在這裏面來復興中國自己的思想，這個工作是外面講政治，裏面講學術，都十分艱困。

我特別喜歡宋朝人，不僅理學家，理學家以前像胡安定、范仲淹、歐陽修、王荊公、司馬溫公等等，我覺得可以夠資格做我們今天人的榜樣。乾隆、嘉慶時的人，不能做我們榜樣的；就好比美國人不能做我們榜樣的，你們怎麼能學？我們能和美國比嗎？身不同，世不同，我們不可能學他們的一套。我們看著他們，總覺得有點不親切的。你們讀歷史，讀到乾隆、嘉慶時候，你們若真懂得歷史，便知道不能學他們；讀到宋朝，特別是南宋朱子時代，我們和他差不多；讀到清初顧亭林時代，我們還比他們好一點，他們亡了國，我們今天還安安頓頓在此地，心情上不同的。

乾隆、嘉慶時代的人做學問，漸漸做紙片之學，忘掉了他自己的身世，而宋朝人做學問最大的貢獻，就是他們講身世。生在這個時代，做這時代的人，怎樣努力來做學問，他們的學問和現實人生合而爲一的。現實人生的問題，就是他研究學問的問題。乾隆、嘉慶時，現實人生沒有問題。諸位今天做學問，就因爲看重乾隆、嘉慶時代的人，就因爲看重今天的美國人，於是你們便認爲先要使自己生活上一切問題都沒有了，才好來做學問。一旦有了這個觀念，只是等別人來先把中國弄好，到中國變成今天的美國，變成昨天的乾隆、嘉慶，那麼你說現在可以來做學問了。不能這樣的，這種學問最了得只能算第二流的，第一流的學問不在這裏。孔子生在魯國，春秋時代大亂，魯國只不過是一個小國；孟子其實也差不多。到了漢朝、宋朝，有中央政府，有國家，與孔子、孟子時代不能比。孔子、孟子之偉大，不可想像。你們學歷史，一定要懂孔子、孟子生的時代。你們若說那個時代早過去了，你可以不管；那麼你的時代你懂不懂呢？你們生在今天，卻不懂得自己今天處的時代。而講學問，近的要學美國，遠的要學乾、嘉，都和你完全不相同。你們只懂一點，都說今天是原子時代，是登陸月球的時代。這個話並不錯，但是你也要知道，今天我們是在原子時代的中華民國，我們是原子時代的臺灣一個島上的中華民國，能明白到這個，那麼就比較接近我們自己時代的真實了。

我們中國人特別看重的時代是憂患時代，所謂「生於憂患，死於安樂」。人生有憂患，就能活；安樂了，就要死了。這是中國人一種最有經驗的講法，一種最高的人生哲學。外國人不講這個問題的，中國人就是從全部歷史講出這一句話來。我們中國人的聰明，中國人的思想，中國人的學術，都是從憂患中間產生；到安樂了，就沒有了。今天美國人所吃的虧，就是他太安樂了，於是墮落下去了。乾隆、嘉慶時所吃的虧，也就是太安樂，下邊墮落下去，做學問都做書本之學，而不做身世之學了。

二

我們再反過來講，乾嘉時代的學者並沒有反宋學。我上堂已詳細講過。乾嘉時代講經學，還是不反理學的，而乾嘉時代的經學還是從理學裏來的，像吳派惠定宇家的楹聯「六經尊服鄭，百行法程朱」，還是講程朱的。只有皖派的講學，與吳派學風不同，爲甚麼如此？因爲生的地點不同。當知雖生在同一時代，只要地點不同，彼此也不會相同的。譬如都是歐洲文化，生在英國與生在法國不同的。不同在那裏？爲甚麼有不同？要去仔細研究英國、法國，慢慢心知其意，心裏明白了，還不大容易講。如講文學，英國文學與法國文學不同。每個時代不同，儘管英國文學書法國人都看，法國文學書英國人都看，然而兩國文學永遠不同。十八世紀如此，十九世紀如此，二十世紀還是如此。我們固然可以說一個安徽人和一個江蘇人差不多；一英國人，一法國人；或說一荷蘭人，一比利時人，都差不多；但畢竟有不同的。學問要從心、從生命中發出來，才是真學問。我們現在學西洋文學，無論英國、美國、法國、德國，只要是西方人的都認為是好，這種學問不是從心裏發出來的，不是從我們的真生命中發出來的思想。又或認為，只要二十世紀西方思想都是好，這是不對的。你們要懂得有個性，要有個性的自由。其實不僅說時代、地域，甚至於家庭也同一道理，生在這家和生在那家，彼此便有不同，這是講到心，講到生命，只有中國人對這點特別看重；西方思想講這種比較少。可是這樣一來，學問是否變成四分五裂呢？時代不同、地點不同、人與人個性不同，學問做出來都不一樣的；然而只有中國人又能講一個「大同」。你的、我的，前一時代、後一時代，這個地方、那個地方，卻可以大同。因為懂得他有「異」，才能懂得他有「同」。今天你們不懂得「異」，不懂中國與美國不同，你們不看重這點，一意只要去學美國，學得最好，就是我上一次講的「一先生之言」。你只有一個先生，一字一句全照他的話，這種做學問不是我們理想的。如果講孔子，只要是孔子講的都認為對，要全照他，那麼讀一部論語就夠了。但是宋朝人不這樣的，佛教和尚講些甚麼？他也要聽聽，再拿來與論語比。我們生在今天，當然要注意西方人，要知道美國人講些甚麼？那麼拿來再與論語、孟子比。我們不能只認識自己家的父母，別人家的一切不管，這是不對的。至於反過來說，你只認識別人家的父母，自己家父母根本不知道，不管的，這不必講，當然更不對了。

我們也可以說，乾嘉的經學像吳派，實際上還沒有所謂反理學的經學。至於皖派呢？我已講過江永、戴東原，以至於戴東原的學生，後來住在蘇州的段玉裁，中間只有一個戴東原反宋學，也並未有所謂漢宋的分別。就因爲戴東原一個人是反宋學的，到清朝末年民國以來，就只推尊他一個人。爲甚麼？因爲今天我們的潮流是要反宋學。你們要懂得我們的今天。爲甚麼今天要反宋學？因爲宋學推尊孔孟，我們今天……㉜……

倘使我們今天要一意學西洋，第一先應該打倒中國；要打倒中國，第一個先該打倒孔子；要打倒孔子，不得不打倒宋朝、元朝；非打倒朱子不可。今天中國這個社會是從這一本源上來的。講到這裏，就有問題產生了。我剛才講清朝初年沒有漢宋之爭，乾嘉時代也沒有漢宋之爭，那麼那個人講出這個話來的呢？這個問題呼之欲出，你立刻就應該問了。你們要考驗自己能不能讀書？能不能做學問，能不能自己有思想，就要從這種地方來考驗，那麼你就會欲罷不能，從此走上研究學問的路。

㉜ 編者案：此處有部分內容失錄。

三

講漢學、宋學的第一人是江藩，他寫了一本國朝漢學師承記。諸位若要研究清朝的考據之學、經學，這部書非讀不可，這比皮錫瑞的經學歷史地位重要。然而他是講錯的，但即使錯也非讀不可。倘使你們說中國人的學術思想根本錯了，錯在那裏？若說錯在孔子，那麼你們怎可不讀論語呢，不能說他錯了，我不管，這便變成是你的錯了。他錯在這一點上，這一點非知道不可。你們若認爲中國兩千五百年來上了孔子的當，你就應該研究孔子。你們要做一個醫國的能手，要來醫這個國家，要拿中國文化、中國歷史、中國學術思想，徹底改造，你先得研究中國文化、中國歷史、中國學術思想，不能光說不要了。反過來說，中國人的毛病，我們中國人要知道。今天我特別介紹江藩國朝漢學師承記，可是我說這書講錯了。既然錯了，爲甚麼還要讀？你們研究一切學問，要懂得有「必讀」的書。其實這書一般人可以不讀，但倘使你們研究清朝人的經學，講到漢宋問題，這部書便非讀不可，因爲他是講漢學、宋學的第一個人。

江藩是惠定宇的學生，他的漢學師承記提出來的第一卷第一個人就是閻百詩，第二個人是胡東樵，這兩人我都講過。第二卷第一是惠氏父子。閻百詩怎麼能算清朝學術的開山呢？可見他第一個人就講錯了。到後來梁任公寫近三百年學術史，便不得不在閻百詩上面再加一個顧亭林。江藩說清朝人的漢學從閻百詩開始，閻百詩明明研究宋學的，他佩服朱子，他不是漢學，這我已曾簡單講過。那麼爲什麼江藩要這樣講呢？我今天明白的說一句，閻百詩是理學中間的經學，不是擺脫了理學的經學，江藩這已經錯了。江藩寫了這書以後，當時有人反對他，認爲清朝人的學問不能只講一個漢學，還有漢學以外的學問，還有講宋學的人。江藩只好在漢學師承記下面再補寫一卷宋學淵源記，於是漢學、宋學便清楚分了。而這卷宋學淵源記有很多毛病，因爲江藩自己就不懂宋學，他書裏寫的人有一大部分在當時社會上不受人注意的。看了這書，不知道清朝的宋學是什麼一回事。譬如顧亭林、黃梨洲兩人，他不放在宋學淵源記裏，而放在漢學師承記裏，這就發生問題。黃梨洲明明是講宋學的，他寫明儒學案講陽明之學。顧亭林講程朱，也是宋學，不過他也講經學就是了。我已經講過，理學中間本來要講經學的。而顧亭林、黃梨洲兩人，江藩把他們放在漢學師承記最後第八卷，這部書牽强得很。因爲江藩要拿漢學、宋學分，如將顧亭林、黃梨洲兩人放在前面，漢學、宋學便不能分，放在宋學淵源記他又不肯，他遂把顧、黃兩人放在漢學師承記的最後一卷，這樣一放，漢學的地位並不低過宋學了。

清朝人大家認爲，顧亭林、黃梨洲的地位絕不在惠定宇、戴東原之下，諸位當知，學術界還有一種定論的。江藩的腦子裏也知道。顧亭林、黃梨洲若放進宋學淵源記，那麼兩邊的水平相較，或許宋學還在漢學之上。江藩爲什麼不放進王船山？他那時還不知道王船山，要到道光以後大家才知道有王船山。我們要看一個人的書，要先看他的序，看他怎麼寫的；先看目錄，看他怎麼編的。你們書看多了，只要一看目錄，就知高下，你們的本領就高了，不能只是一字一句拿本書從頭到尾讀。年輕時自然應該一字一句讀；到自己有了學問，可以批評了，不要只是照書一字一句批評。今天我只用二、三十分鐘講漢學師承記、宋學淵源記的是非得失，你們聽了可以自己再去讀書。至少他把顧亭林、黃梨洲兩人從宋學淵源記挖出來，這書便看不出清朝宋學的大淵源了。今天我不講顧亭林、黃梨洲的學問，我是講這兩人的學問在清朝應該算宋學還是算漢學？他們的經學與乾嘉的經學不同在那裏？我只講這一點。我們寫一本書，不能留著一個不得解決的大問題，若然，這本書就不是本好書。至於民國初年以來，我們根據他這本書來講清朝的漢宋分別，這是我們的錯。將來自有真能研究近三百年學術史的人，會知道漢學師承記是有毛病的。

四

江藩當時寫了這本書，立刻引起別人的反對，反對他的人叫方東樹，寫了漢學商兑一書。他不是反對江藩這本書，而是反對江藩提倡的所謂「漢學」，有種種問題可以「商兑」的。他根據的是宋學立場。

方東樹是安徽桐城人，他講桐城派古文學。桐城派從方望溪到姚惜抱，他們很看重程朱，看重宋學，然而他們並不真懂宋學，那麼方東樹當然不能真講對宋學。江藩能講漢學，因爲他是惠定宇的學生，他對經學倒有工夫的。方東樹來反對江藩的經學，他對宋學卻沒有真工夫的。這種地方做學問就不簡單了。方東樹不如江藩。你們要懂得，講漢學的雖然講得不好，其實還算好；講宋學的人反不如他講漢學的。所以我只勸你們倘使要研究清朝人的經學，非要看漢學師承記不可。我並沒有說漢學師承記既是錯的，你們便要看方東樹的漢學商兌，這樣就更錯了。錯在那裏呢？錯在他講宋學不會講。不僅是方東樹不會講，從這時候開始到今天，研究宋學的人一天衰一天，於是江藩的漢學師承記獨霸，以後也沒有人會講宋學。

當時還有一個人反對江藩漢學師承記，這人是龔定菴，他與江藩同時。江藩的書寫好，拿去給龔定菴看，龔定菴寫了一封回信給江藩。這封信現存定盦文集補編卷三，題名與江子屏（藩）箋。他說：

> 大著曰國朝漢學師承記，名目有十不安，當改爲「國朝經學師承記」……「實事求是」，千古同之，……非漢人所能專。……本朝自有學，非漢學。有漢人稍開門徑而近加邃密者，有漢人未開之門徑，謂之漢學，不甚甘心。……瑣碎餖飣，不可謂非學，不得謂漢學……漢人與漢人不同，家各一經，經各一師，孰爲漢學乎？……若以漢與宋爲對峙，尤非大方之言。漢人何嘗不談性道？……宋人何嘗不談名物訓詁？不足概服宋儒之心。……近

有一類人，以名物訓詁爲盡聖人之道，經師收之，人師擯之，不忍深論。以誣漢人，漢人不受。……漢人有一種風氣，與經無與而附於經。……大易、洪範，體無完膚。……本朝何嘗有此惡習？……本朝別有絕特之士，涵泳白文，𢿙獲於經，非漢非宋，亦惟其是。……國初之學，與乾隆初年以來之學不同，國初人即不專立漢學門戶，大旨欠區別。

龔定菴說，這書叫國朝漢學師承記，書名就不通，有十個不安之點。詳細的我們不講了。他說清朝人的學問不能叫「漢學」，應該叫「經學」。我們清朝自有清朝的學問，並非漢朝人的學問，所以我們只應該稱「國朝經學師承記」，不應該稱「國朝漢學師承記」，他說清朝的學問與漢朝人不同。這一點我開始已和你們講過，每一時代學問不能相同的。今天我們最要講的一點是「復興中國文化不能守舊」，守舊是今天人最怕的。那個人能守舊呢？你今年十三歲，明年十四歲，那個人能永遠守在十三歲呢？可是舊又不能不守，你姓張，叫張三，不能明天叫李四，後天叫馬五，天天變，你成個什麼呢？你的父母就是你的父母，你的姓名就是你的姓名。這個道理不能偏於一面講的。

龔定菴說，清朝人有清朝人自己的學問，不能叫漢學。這話對極了。你們讀了這句話，自己去研究，看看清朝人學問和漢朝人不同在那裏？這樣你們就會讀書了。讀書不能只聽講堂上先生的話，也要在書裏面去找先生。清朝人的經學和漢朝人的經學不同在那裏？這可不是一篇博士論文題，而是大學問了。

他又說，有的學問是漢朝人只開一門徑，我們清朝人加深研究了；有的連門徑都沒有開，是我們清朝人自己做的學問。這指的是那些方面，他沒有講。他又進一步說到，漢朝人和漢朝人也不同，十四家博士，一家一部經，一經一個師，清朝不這樣的，這一點漢朝、清朝大不同。這話也講得極正確。他又說：拿漢學與宋學對立更不通，難道漢朝人不講性道，宋朝人不講名物訓詁？後來的人便可根據這句話去研究，漢朝人也講性與天道，宋朝人也講名物訓詁；宋朝人也講考據，漢朝人也講義理。怎麼能拿學問分成漢學與宋學呢？這個分法不通的。他又說，清朝人在書本上獲得的有非漢非宋的學問，你說他是漢學他非漢學，說他是宋學他不是宋學。有關這一點，你們去看看，清朝人中那幾個人能非漢非宋，而自成一家的？至少我可以舉例，顧亭林就是一個，黃梨洲又是一個，當然下面還有其他人。

五

龔定菴這封信收在他的文集裏，今天不受我們注意了。我們現在就都說清朝人是漢學，與宋學不同。例如清末康有爲、梁啟超崇拜龔定菴，認爲他是一顆慧星，新思想都從他來。但是梁任公寫清代學術概論並沒有照龔定菴的話寫，因爲他認爲清朝人的學問反宋學，所以他把清朝人的學問叫「文藝復興」，是反了宋朝下來才有的。他認爲宋、元、明三朝講學，這種道學先生，等於西方中古時期關在教堂裏的教士，講耶穌上帝，要到「文藝復興」開始，才來講希臘古代的東西，這就是清朝人講的漢學了。怎麼可以這樣講呢？即此我們就可以認爲梁任公沒有懂得清朝人的學問。梁任公清代學術概論曾說：

綜觀二百餘年之學史，其影響及於全思想界者，一言蔽之，曰：「以復古爲解放。」第一步：復宋之古，對於王學而得解放。第二步：復漢唐之古，對於程朱而得解放。第三步：復西漢之古，對於許鄭而得解放。第四步：復先秦之古，對於一切傳注而得解放。夫既已復先秦之古，則非至對於孔孟而得解放焉不止矣。

吾言「清學之出發點在對於宋明理學一大反動」。……大抵甲派至全盛時必有流弊，有流弊斯有反動而乙派與之代興，乙派之由盛而弊而反動亦然，然每經一度之反動再興，則其派之內容必革新焉，而有以異乎其前，人類德慧智術之所以進化，胥恃此也。

他說清朝初年反宋學，就是對宋學革命，學問就進了一步；再來講鄭康成，然後對鄭康成的學問再反，反古文經學，來講今文經學，那麼是又一次革命、又一次進步。如此復一次古，開一次新，一次的革命就是一次的成功創造。中國一部學術思想史，那裏能照梁任公這樣簡單的講法？清朝人反宋學而走上漢學，這就是復古，就是革命，這不對的。他講得很簡單，文章也寫得很好，可惜話是不對的。諸位讀書，重要要懂得從前人也有講錯的，錯在那裏？那得要多讀書，不讀書怎麼懂？梁任公這句話實在膽大，拿漢來反宋，拿西漢來反東漢，拿戰國來反西漢，一路反上去，到最後一步，非拿中國字一起廢了，用羅馬拼音，那是最進步了。還有更進步的嗎？我想沒有了。總不能拿中國人的黃面孔一起都反成白面孔。好了，中國文字廢掉了，中國語言廢掉了，中國文學廢掉了，我們中國學問全都不用講了。

前天是端午節，諸位那幾人讀過屈原的離騷？今天大家不讀了。屈原是戰國時代人，直傳到今天，中國人端午節吃粽子、划龍舟，紀念屈原。我們教大羣民衆紀念屈原，只能划划船、吃吃粽子，你要知道屈原是怎麼一回事？爲什麼要紀念古代這位愛國大詩人？要進學校才能知道。小學、中學不能懂，要進大學。今天進大學也不能懂了，還要紀念他作什麼？中國文化今天在農村一般不識字的人，或者沒進大學不念文科的人，依稀還保留一點，到我們知識分子則是真空了。朱夫子注的離騷，雖不能一字一句令人滿意，可是只要讀他的注就夠了，可見文學的高明。我每過一時候來讀讀，只覺得不能完全懂，是自己一個不滿足的地方。以前到端午節，還看見報上有人寫文章講離騷、講屈原，今年再也沒有看見了，社會風氣變得真快。我記得在政府遷到臺灣最早幾年，報上曾看見端午節紀念屈原；蘇維埃也派人到大陸，大講屈原，我當時很感慨。現在大陸當然不再講屈原了。我們紀念屈原，詩人節開大會，請一美國大詩人來出席。還好這個美國大詩人不會講屈原，倘使他在詩人節紀念會上講講屈原，我們中國人的面孔放在那裏去？你們要做白話詩，我並不反對，不過你既然是一個詩人，就應該看看屈原的離騷、九歌。你是一個中國人，應該知道一點屈原的故事，也應該讀讀離騷、九歌。你不能只去看划龍船，只在家裏買兩個粽子吃吃過端午節就算了。我們再要學術，要知識分子，究竟在那裏用呢？我舉此一例，空洞的文化沒有用的，要裏面裝得實在才行。

譬如梁任公清代學術概論說：「以復古爲解放。」復古又復古，解放又解放，這是沒有底的呀！到今天「孔家店」全部打倒了，下邊只剩了一個地下發掘的北京人沒有打倒。梁任公的清代學術概論有很多不妥的話，而最不應該講的就是拿清朝比作文藝復興。我這幾堂課就是講這個問題。幾十年前還有人懂，我在北京大學講「近三百年學術史」，我在這書的序上就說：「不知宋學，不能知漢學。」要講近三百年學術史，你們先要懂宋學。那時候的大學生，這套道理都懂。後來抗戰了，我在重慶遇到一位湖南人，他的年齡不輕，這位先生對我說：「錢先生你真膽大呀，你怎麼敢在北京大學寫這本近三百年學術史呀！」這位先生懂得我的近三百年學術史是反潮流的，今天你們不懂了。現在我們社會上也不講這一套了。

六

乾隆、嘉慶以後，已近清朝末年，有道光、咸豐、同治、光緒四代，清朝衰了，鴉片戰爭在道光，接下來洪楊之亂。到這一段裏，清朝人的學問又變了，不是乾嘉的一套，變成兩派……

…………………………………………㉝這就是講「今文經學」，就是梁任公所講的，再從西漢來革東漢的命，那時候再不講鄭玄了。龔定菴早講過這句話：「漢人與漢人不同，家各一經，經各一師。」漢朝人講經學是分的呀！從前惠定宇來講經學，只講到漢朝人的經學從前是怎麼講的。現在慢慢研究，知道漢朝人的經學分門別類，都不相同。那麼要學漢朝人，要研究專經專師。你學那一部經？這部經裏你從那一個師，師法何人？漢朝十四博士到魏晉南北朝早已都没有了，後來傳下來的就只有鄭康成這一套，然而這都是古文經學，到這時候都看不起了。

第一點，現在要反到上面去，要講今文經學。今文經學都是講專經專師。

第二點，乾嘉學派是書本上的學問，紙片上的學問，不講身世之學。至此不同了，清朝人的統治權逐漸解體，清朝到了嘉慶末，社會上就有動亂，如川楚教匪。乾隆是全盛時代，嘉慶末已經天下動亂。到了道光，外患內亂不斷，以至於鴉片戰爭，清朝人的政治不像樣了。讀書人要來

㉝ 編者案：此處有部分內容失錄。

預聞政治，那麼便要講「身世」。要講現代，要過問到政治，不能專是在紙片上講古人的一套。

但是話雖如此，諸位要知道，我們一個人的變，最多變一部分，不能全變的。譬如今天我們的學術風氣，看重到美國去留學，但是留學回來，他們不能搖身一變只講外國，他們還是講的中國，批評中國這樣不對，那樣不對。所以今天我們一般人滿腦子只知道中國有不對，至於外國對在那裏？大家都不管。這是很危險的。我們一個人做學問，講思想，倘說要變，決不能像孫行者搖身一變，變成完全另一個人，要慢慢地變。小孩變青年，青年變中年，中年變老年，變的地方少，不變的地方多。清朝人到了道光、咸豐以後，要變了，要講身世之學，不能再講紙片上的學問，但是他們還是講經學。而經學中間專門講「經世」的，中國古代就是一部孔子春秋。

再者漢朝人的專經專師之學都不流傳了，可是還有何休的一部公羊春秋解詁流傳下來。何休是東漢人，與鄭玄同時。他的這部書是在十三經注疏裏，直傳到今天，比鄭玄的書還保留得完整。於是大家便講公羊春秋了。龔定菴就是一個，直講到康有爲，就來作新學僞經考。其間詳細情形，我已寫在我的近三百年學術史裏，這部書的下面一段，我專講這個問題。我是針對著我的身世來講的。你們要懂得讀我的書，我不是隨便講的，都是針對著時代講話的。再如我的國史大綱，你們要熟讀我寫書前幾十年的報章雜誌，才知道我句句話都是針對時代講的。今天我不過再淺一步的講，我的近三百年學術史下段詳細講今文經學的演變，就是針對當時新學僞經考風行的這一段時代。今天我不再重講了。可是另有一點，我在近三百年學術史裏偶然提到卻沒有詳說的，現在補講幾句。

七

道光以後的學術界，與乾嘉時代不同，與江藩國朝漢學師承記大不同。雖然相隔沒有多少年，但是他們講漢學同時講宋學了。我在近三百年學術史中，特別舉到一人陳澧蘭甫，他著有東塾讀書記。陳蘭甫東塾讀書記裏特別講到兩個人，一鄭玄、一朱熹。漢朝人講鄭康成，宋朝人講朱子，他兩個人同時講，那麼就是漢宋兼采，可惜他的書沒有寫完。而清朝今文經學自龔定菴以後，則是連鄭康成都不講了。你們倘使喜歡讀中國的筆記，最後一部像樣的筆記，就是東塾讀書記。清朝末年人我最喜歡陳蘭甫，他爲學海堂學長數十年，學海堂是阮元在廣東成立的。我們剛才講到方東樹寫漢學商兌。阮元提倡漢學，方東樹漢學商兌寫好，送給阮元看，阮元請方東樹到廣東幕府，他還幫方東樹出版書。阮元是戴東原的後學，可是他到後來漢宋兼採，所以下面還出陳蘭甫這種學者。

前幾天有位日本人來看我，送我兩本書，一本是講曾在江蘇南菁書院主講十五年的黃以周，他是主張漢宋兼採的。南菁書院有個藏書樓，收藏的書很多，後來便刊刻有皇清經解續編。南菁書院樓上掛有兩個像，一是鄭康成，一是朱子；還有副對聯，也是漢宋兼採的。在南菁書院讀書的有一人唐文治，這已經在戊戌政變的時候了。唐文治做過郵傳部大臣，曾在上海辦學校，就是後來的交通大學，他任校長；後來到無錫辦國學專修館。他講學就是漢宋兼採，即從南菁書院來。

清朝末年有一批人如康有爲，專講今文經學；又另有一批人講漢宋兼採，而漢宋兼采中的重鎮，一個是番禺學海堂，一個是江陰南菁書院。學海堂刻了一部皇清經解，南菁書院刻了一部皇清經解續編。輯印皇清經解續編的是王先謙。王先謙是講經學的，其實他貢獻最大的則在史學。他爲漢書、後漢書作了解注，又有合校本的水經注。王先謙又編了一部續古文辭類纂。其前姚惜抱編了古文辭類纂，姚惜抱與戴東原同是乾嘉時代人。據說姚惜抱要拜戴東原爲師，戴東原拒絕了。他們兩個人學問不同，姚惜抱是講文學的。他的文學是繼承方望溪，再往上去是明朝的歸有光，再上去就是唐宋八家，一路再往上，所以古文辭類纂是尊宋學的。而像戴東原之類的漢學家看不起宋學，他們寫文章，不寫唐宋的古文，寫文選體的駢文；再進一步，寫先秦諸子的文章，如龔定菴。王先謙編續古文辭類纂，可見他講漢學並没有反宋學。清期末年至少講漢學不反宋學，這一點可以確立。

你們倘使拿皇清經解及皇清經解續編來看，這兩部書選的書都不同。我舉一個例，我特別介紹給你們的胡東樵易圖明辨、顧棟高春秋大事表兩書，皇清經解裏是沒有的，他不選的。爲甚麼？因爲認爲這不是純粹的經學。要到皇清經解續編，才拿這兩書選進去。他們的眼光大了，認爲這是很好的經書。皇清經解續編收的有兩類書，一種是皇清經解所不選的，而編者認爲有價值的。一種則是乾嘉以後的專門著作，就是這種所謂「家各一經，經各一師」專門之學的著作，選了很多。所以即從這兩部經學叢書的選書標準，就可以看出當時學術思想的變化。

所以我講清朝末年的學術分成兩派，一派是我近三百年學術史裏講的今文學派，也就是皮錫瑞經學歷史裏所講的。另有一派要走上漢宋兼採的路，一面講漢學，一面還講理學；講了鄭玄，還要講朱子的。足以爲代表的有廣東學海堂以及江蘇南菁書院。可惜到了清朝末年再要來消化宋學，其事已不易，宋學一天一天衰了。但是畢竟這些人還用過功。我姑舉一例。從前的大總統徐世昌，他在政治上雖一無成就，可是他還編了一部清儒學案，可知徐世昌至少懂得有宋學。諸位若要研究清朝人的經學，特別清朝人涉及理學的，這部書至少是一部該看的參考書，他一家一派都歸進去了。

譬如王先謙，現在大家很少提到他。可是我要告訴你們，他的書任何一個圖書館都有收藏。如果你們要研究兩漢史，非得參考王先謙的書不可。你若不知王先謙，沒有讀過他的漢書補注、後漢書集解，豈不可笑？他這些注，現在人想要重寫一部，恐怕不容易。他這些書可以傳下去，一百年、兩百年，甚至五百年，雖沒有特別大的價值，可是它們是一種傳世的書。爲甚麼？因爲他是照舊規矩來做一個補注，來做一個集解。你們要憑自己的聰明來寫一本書，能做到各個圖書館都有收藏，能一百年、兩百年人家都要參考到你的書嗎？像王先謙這樣的學者，今天已經找不到了。我想再過幾年，如果有人來寫一本更理想的「清朝學術史」，或者連我的近三百年學術史也可以不翻了。至於梁任公的清代學術概論、近三百年學術史，錯誤實在太多。至於像新學僞經考這樣的書，則根本已經過去了，經學中的今文經學，那裏是這回事。等於現在我們再不相信古文尚書，不要讀了，連閻百詩講古文尚書怎麼錯都不要管了。所以我今天特別指出，到了清朝末年有兩條路，我的近三百年學術史裏只講了那條影響今天大的今文經學之路；另一條沒有詳講，因爲這條路到後來沒有影響。可是這條路倒是一條可行之路，要講中國傳統，漢宋兼採，漢學也講，宋學也講，像學海堂、南菁書院，像陳蘭甫、黃以周等，都曾在這一條路上作過努力。

八

我們這門課，今天是最後一堂了，要辯的可說辯不勝辯。到今天又有許多新花樣來了，既不能叫「新思想」，也不能叫「新學術」。因爲說新雖新，新不了幾天，就要過時的。今天的問題，實在太多了，層出不窮。我深感痛苦的是，不能介紹你們合適的參考書，如此一來，你們就要到直接的史料裏去找，這樣太浪費精力。或許我所講的像顧亭林日知錄、錢竹汀十駕齋養新錄、陳蘭甫東塾讀書記，理應回到中國人這條路，可是今天要養成大家來做筆記，恐怕是不容易的。我們要重興學術，或許還可以學外國，照西洋人的路，學西洋人方法，提倡今天多寫大家要用的書，如中國經學史、中國文學史、中國學術史、中國思想史、中國社會史等等，概論性的書要多寫，可以原原本本地作一介紹。這種書都應該某人寫了，另一人再寫，學問要有進步。譬如皮錫瑞的經學歷史，他雖錯了，但是他還有他的貢獻，我們到今天講經學非要參考這書不可。將來有人重寫一部經學史；可以比他的進步，可以後來居上。

我們有許多不如西洋人的地方，我們要學他們；但也有我們中國人特有而西洋人沒有的，我們該懂得珍重。如王先謙的漢書補注，西洋沒有漢書，這是我們特有的學問。日本人懂得學中國人。中國有漢書補注、後漢書集解，日本人學中國人，也有史記會注考證，學得雖不很好，但他學成一個樣子。今天臺灣、大陸都印他這部書，要讀史記，就得讀這部書。譬如左傳、論語，日本都有「會箋」，在這方面，日本人遠在今天中國人之上，今天我們學術界做不到這樣。其實並不是日本人見解比我們好，而是他們肯下工夫。西洋人來講中國學問，無疑是差得遠了；日本人則有中國的舊傳統，加上他們的功力，一步一步學著中國人去做他們的學問，所以能有成績。

將來我們真要文化復興，重興學術，應該多派留學生去日本，不應該都到美國去。要學中國學問，應該派人到日本去，我們此地是没有法子的。至於要學西方文化，自應派留學生到美國、到歐洲去。至於你們如果自負不凡，不要去外國，要自己來讀書，這當然最好，但這要靠你們自己發憤。

我這一門課，雖講得極淺，深入到内容的我幾乎都不講，可是幾個大綱領，我是指點得滿清楚的。諸位應回過來想想，這一年的經學史，究竟我講了那幾個大綱領？我此刻不再從頭説了。諸位現在當然談不到研究的問題，但是將來你們有工夫，再隨著我所指點的綱領，自己繼續去研究，應可走上研究經學史的正途。

附錄一[34]

……我們該從全部的中國學術思想史來看朱子的學術思想；當然我們也可以翻過來，從朱子的學術思想來看中國全部的學術思想史。但是我們做學問有個先後，倘使先瞭解中國的全部思想史，來看朱子的思想比較省力；倘使對中國全部思想史不瞭解，要從朱子來瞭解中國全部思想，這事就難一點。

我們做學問，有的可以限時間，或一年，或三年，但有的學問則不能這樣限時間。如說，要瞭解中國的學術思想史，這題目太大了。但我們定要先瞭解它的大概，才能來深進一層研究。所以今天講朱子，當然也可淺講。但真要深講的話，就得先有十年、二十年的準備功夫，我們還是

[34] 編者案：此稿在遺物中撿出，既無題目，開端處亦有缺損。以與本書內容可以相發，爰附於書後。

要先從整個中國學術思想來瞭解朱子。

在中國學術思想史裏，所謂「集大成」的有兩個人：前一個是孔子，後一個是朱子。孔子可說是集中國上古學術思想之大成。朱子則在中古時期，是孔子以下集大成的人。孔子到現在已經二千五百年，朱子到現在只有八百年；下邊再沒有一個可說是近代中國學術思想之集大成者。可是我們說，倘使中國學術思想不斷有發展，一定應有第三個近代集大成的人。

二

諸位講學術思想，有兩個常有的觀點：一個是講「新」，譬如新思想、新學術。一個是講「進步」，要不斷地進步。我們從前走過來，實在也要不斷的新，不斷的進步。可是另有一個觀點，似乎我們現在忽略了，就是「成」，所謂大成、小成，都得成。我不曉得西方人，究竟是只講進步，只講新的呢，還是他們也看重這個「成」？只怕西方人在這一字上，比較沒有中國人看得重要。如講一個人，從小孩一路下來，當然一年年進步，一年年新，沒有止境，人類便是這樣幾十萬年到今天。下邊一路下去，還是要天天新，天天進步，這是不錯的。但也總要有一「成」，我這一輩子，成功了我這一個人，這也是一個安慰，也可說有了一個交代。我對這事成了，也可做後來人一個憑藉。一步一步地要有成，不能只說新，只說進步，而不得成，我想這觀點至少是不對的。

譬如我們講史學，我常叫諸位要回頭看。如我們做生意要結帳，每年要結帳，或者一年中還分幾期。生意是一路往前做，要回頭來結帳。一天就要結個帳，一年、十年、二十年，回頭結帳，就是向前繼續做生意一個必要的步驟；中國人就看重這一點。我們的學術思想，也要時時回過頭來結個總帳。

第二層講，中國人做學問，看重「全體」，要全體有一個完成。如蓋房子，這所房子什麼時候完成了；建一都市，這個都市什麼時候完成了；當然完成以後，還可不斷再進步。西方人看學問，分得太細太詳，各人走各人的路，無法有一個所謂大全體之完成。或許西方人沒有這觀念，或許他們對這觀念來得淡薄。譬如中國人的醫學和西方不同，現在我們總說中醫不科學，其實怎麼叫科學呢？能醫病，就是科學；不能醫病，才是不科學。中國人幾千年來，醫道保留到今天，因它能治病。我們看見有些人吃藥吃錯吃壞了，或者病加重了，死了。既然有吃錯的，當然相對地就有吃對的，這不是中國醫學的不好，反可證明中國醫學有它正面好的一面。那麼中西不同之點在那裏？中國人看重全體；西方人分開來看，看重一部分，他可以解剖，可以照愛克斯光，有證明。中國人看病，我們古代原是有解剖的，後來才沒有了。至於愛克斯光，這是近代西方人才有的。中國醫生對心、肺、肝或許不盡知道，但他會看病。他只看一個大全體。他幫你方脈，可以知道心臟的跳動的情狀；他看你的氣色，可以知道消化好壞，他從一個全體來看。血液循環、消化狀況都是全體的。有的地方，西方人長；有的地方，中國人長。例如到今天，西方人不會看傷風。中國人看傷風，則很省力，有熱，退熱；有痰，化痰；有咳，解咳；慢慢兒傷風好了。前幾年世界流行性傷風，那時我在香港，外國人都到香港來要中藥。日本推銷中藥特別多，因日本人兼學中西醫，知道有許多病是中醫比西醫治得好。西醫今天有所謂特效藥。這個藥專對這個病，可以立刻見效。但藥是吃到全身的，這裏雖見效了，但會影響那裏。這道理現在西醫也懂，儘量避免不要用特效藥。中國人用藥定要「君臣」相配，沒有專開一味藥的，用藥一定要下許多味。主要的是「君」，次要的是「臣」，加減輕重無定。當然西醫可以幫助中醫，這是不成問題的；但同樣中醫也可以補助西醫的。

今天諸位做學問都是做的部分之學，好比諸位做醫生，或是眼科專家，或耳科、鼻科專家，此外都不管。向來中國人做學問卻不這樣，照中國道理，當做一個學術之大體。並不是諸位聰明不能顧到學術大體，這是一向跟著風氣，走錯了路，把自己的聰明堵塞了。

三

我們講集大成，前一個是孔子，後一個是朱子。孔子集大成，此事不易講，因孔子已在兩千五百年以前。孔子前還有兩千年，或者一千五百年以上。我們現在不能來詳盡研究孔子之所謂集大成。「孔子集大成」，這句話見於孟子。孟子在孔子以前另舉了三個聖人：伊尹、伯夷、柳下惠。「伯夷聖之清，伊尹聖之任，柳下惠聖之和」，三種性格，完成了三種形態。也可說，伊尹是上古聖人，伯夷是中古聖人，柳下惠是近古聖人。照孔子講來，伊尹在商，伯夷在西周初年，柳下惠則是春秋，正相當上古、中古、近古三時期。在孟子意思，整個人生不外此三種性格和三種形態。而孔子是「聖之時」者，該當任、他就任；該當清，他就清；該當和，他就和。孔子的人格就把這三種類型、三種性格融和為一塊。這是孟子一個了不得的理論。孟子以前，没有人這樣講過。

後來我讀王荊公集中之三聖人論，講孟子所謂三聖人，講得非常好。同時略後，二程學生楊龜山的語錄裏有一條，批評王荊公又很好。我以前讀到王荊公這篇文章，直覺是開了我另一個天地，長了我另一種聰明。然而姚惜抱没有選這篇文章入古文辭類纂，曾國藩經史百家雜鈔裏也没有。我因此覺得桐城派講古文有不夠。在他們所講的古文以外，還有大學問。再後來，又讀到楊龜山語錄，我更知道學問之無窮。學問無窮，我們的聰明也就一天天地開。

現在再說孟子講孔子集大成，他是舉伊尹、伯夷、柳下惠這一點來講，真是了不得。但後來人講孔子集大成，也並不專照孟子，他們講孔子集大成，是集了堯、舜、禹、湯、文、武、周公，中國兩千年來學術文化的大成。堯舜是一個時期，有堯舜的成功；夏禹、商湯各是一個時期，有夏禹、商湯的成功；文、武、周公又是一個時期，有文、武、周公的成功；到了孔子，而集其大成。可惜我們今天無法詳細來研究，堯舜、禹湯、文武、周公如何樣各有其成功。

漢儒講此問題，譬如有說：「夏尚忠，商尚鬼，周尚文。」如禹治水，三過其門而不入，這是「忠」。「鬼」是鬼神，是宗教。「忠」對現社會說，「鬼」則是透過現社會，對於過去人類、歷史文化說。何以說商尚鬼呢？我們就看商湯好了。天下大旱，商湯自己做犧牲，供在祭壇上，他說：「倘使天下有罪，罪在我身，讓我死了，來救天下的災。」這是一種宗教精神。商湯又看到人家下網捉魚，他說：你們這樣捉魚，魚都要給你們捉完的。他叫人「網開三面」，只由一面留著待魚來，這也是宗教精神。葛伯不舉行祭祀，商湯說：你怎麼不祭？沒東西，我送來。直到有一孩子在隊伍裏給他們殺了，於是商湯才帶兵去征伐葛伯。商湯和夏禹很不同。我從這些方面研究，就懂得漢人所講「商尚鬼」是一種宗教精神。到了周朝，又變了樣子，「周尚文」，是指禮樂。打躬、作揖、唱歌、跳舞、朝聘、盟會，一切的一切，都有一套花樣。

孔子所講的大道理，則忠也有，鬼也有，文也有。倘我們來研究一部左傳，左傳裏邊的賢卿大夫，不曉得多少，孔子論語裏講到的就很多。孔子把堯、舜、禹、湯、文、武、周公，以及春秋時的這許多賢卿大夫的學問思想都吸收融化了。將來倘使有人來寫一篇孔子集大成的大論文，由古代中國的學術、思想、政治、社會，講到孔子，這是一個大題目。我很有這想法，只是不敢下筆。諸位當知，我們不能做的題目還很多。我們要講孔子怎樣來集大成，怎能不懂得孔子以前？我想孔子以後，再要來個大全體，超於孔子之上，怕更不容易。論語已難讀，但光讀論語又不行。

讀論語如跑上了阿里山，我們應從嘉義一路上阿里山，才知阿里山之偉大。孔子已是「登峰造極」，山有脈有峰；至於一丘一壑，那不算一回事。我們做學問只做了一丘一壑，但我們要懂得一個大山的形勢，它的一個大體系。等到孔子一出來，下面的人，也如一丘一壑，全來反對孔子。孔子死後没多久，墨子便起來反孔子。然後揚朱又來反墨子；此外又有莊子、老子，其他百家。法家、名家、農家、陰陽家、一言以蔽之，都來反孔子。當然也有一部分人跟著孔子的，就如孟子、荀子。當然也有人要來反孟、反荀。孟子說：「予豈好辯哉？予不得已也。」許多人和孟子辯，說孟子不對。孟子不對在那裏？就在他學孔子。諸位看孟子書裏，批評、辯論，不曉得多少。當時也有幾個極了不得的人，如許行、陳仲子，真是大可佩服的人。至於淳于髡之類不用講，但孟子都說他們不對。孟子或許想到，從前有伊尹，有伯夷，有柳下惠，都是一偏。孟子講起當時的人來，他並不說這人不對，只說他是一偏。

下面到荀子，有非十二子篇，把十二人分成六派，一派一派地反對，連孔子的學生子游、子夏，一路下來到子思、孟子都反對。荀子也是了不起。我們可以講，倘使不懂論語，不懂孔子，怎麼去讀戰國人的思想？戰國人都看重孔子，他們才那般講話。墨子腦子裏有個孔子，莊子腦子裏也有個孔子。若我們腦子裏沒有孔子，來讀墨子、莊子，卻不知墨子、莊子是對著這個箭靶子在那裏放箭。我們沒有看見這個箭靶子，卻說這箭放得好，豈不可笑！今天我們研究哲學，或研究老莊哲學，或研究墨家思想，而卻不讀論語。不知西方人做學問是否這樣，但我很有點看不起這一套。

四

所以我們要懂得孔子，定要懂得孔子以前，還要懂得孔子以後，孔子集大成，他死了以後，已變成了中國學術思想一個中心，四面八方都來反對他。因爲有人多方反對，所以起了許多新花樣。孟子、荀子聽了很多人反對，再來講孔子，也有了新花樣。下面直到漢代，墨家在漢初已不大行，只存儒、道、法三家。慢慢兒到漢武帝表彰五經，只講孔子。所以戰國是一個時期，兩漢又是一個時期。

漢儒講孔子，或講易經、或講春秋、或講尚書、或講詩經、或講禮，一經還分好幾個「家」，愈講愈分，直到東漢末年，出來一個鄭康成。鄭康成等於是集大成了，可是他只集的兩漢經學之大成，並不是集的中國學術思想之大成。

但一有鄭玄，立刻就有反鄭玄的人。如王肅，經學上就分成了鄭、王兩派。下面講易經，又出了王弼。至於講春秋，就有人專講左傳，出了杜預。而那時特別是「清談」家，專講老莊。老莊最重要的就是反孔子。老莊之外，則是佛教來了。佛教當然並不是來反孔子，可是它和孔子不同。所以中國在魏晉南北朝到隋唐一段，思想方面最廣大，至少有孔子、老子、釋迦牟尼三個。而三個中間，似乎釋迦牟尼、老子還在孔子之上。做學問人，做到最高，就是道家、佛家。

孔子講修身、齊家、治國、平天下，關於這些方面，魏晉南北朝直到隋唐時代還是看重孔子。但此外還有講得高，講得細，如講到心性修養、人生大理論、宇宙大理論，便都是佛家、道家的花樣。孔子所講忠恕、仁義，平平淡淡，不易再吸引當時的人。而且漢以後學問也分了。首先如史學。講左傳，並不定要講孔子；司馬遷史記也不是專學孔子，要來專講一個史學觀點。從左傳、史記，一路下來，才有了史學。

再說文學，在西漢有辭賦家，東漢以後有「文苑傳」，直到昭明文選，下迄唐人作詩，有李白、杜甫等。孔子不會這一套，到後來，經學裏詩經也當文學讀了。當然經學還是有的，然而另有史學、文學。從前有先秦諸子，下面則變成道、佛兩家。學術散了。

孔子的地位，在那時更比不上戰國。戰國時，大家在那裏攻擊孔子。到了魏晉南北朝以後，孔子地位處在邊上了，地位低了。但終究爲大傳統所在，所以唐朝又出來一個韓愈。

韓愈闢佛，又闢老，他說：「堯以是傳之舜，舜以是傳之禹，禹以是傳之湯，湯以是傳之文、武、周公，文、武、周公傳之孔子，孔子傳之孟軻，軻之死不得其傳」，而他來自比於孟子。那麼荀子呢？他說「荀子小疵」，大處對，小處有毛病。他這幾句話直傳到今天。可是待韓昌黎一死，他的話當時也沒有人接著講。有幾個跟韓昌黎的，都是學作文章的，沒有人會講大的思想理論。一路下來，要到宋代，才有人出來，再推尊韓昌黎。但奇怪的是推尊韓昌黎的，卻有宋初和尚寺裏的僧人們也來提倡讀韓昌黎集。因不讀韓昌黎集，不講孔子，社會黑暗，連和尚也不能安安頓頓做。

五

宋代人因經唐末五代之黑暗，才從韓愈來再講到孔孟。再下來，出來一個周濂溪。周濂溪之偉大，他的學問怎麼來，我們不知道，無法講。只知周濂溪畫了一幅太極圖，作了一本小書，叫易通書，他是研究易經的。這書薄薄的幾十章，沒有一句不好，也像論語。他只做了幾任小知縣，沒有師承，沒有朋友，也沒有學生，但他這幾句話，開啟了下面一番新天地，他真是能「開創」。

周濂溪說要「志伊尹之所志，學顏淵之所學」。他有一個姓程的朋友，這人有兩個兒子，就是明道、伊川。兩兄弟年輕時見過周濂溪兩面，濂溪告訴他們去「尋孔顏樂處，所樂何事」。在論語裏孔子說：「飯疏食、飲水、曲肱而枕之，樂亦在其中矣」；又說：「一簞食，一瓢飲，在陋巷，人不堪其憂，回也不改其樂。」他們的快樂在那裏？教兩青年試去尋。那時二程兄弟大概一個十五、一個十六。這兩人也了不得，晚上聽罷濂溪講這幾句話，路上回去，「吟風弄月，有吾與點也之意」，覺得今天的風啊、月啊，和平常便不同了，整個人生便完全不同了。周濂溪這兩句話，他們心裏明白，他們的人生也就大變了。程明道年輕時侯喜歡騎馬打獵，後來碰見周濂溪，明白了道理，說我再不喜歡打獵了。濂溪說，那會這樣省力啊？這個年輕人當時有點不服氣，過了十二年，有一天，在路上，看見山裏邊人家打獵，又覺開心。才知道從前濂溪先生告訴他的話，一點都不錯，我此心還在，隔了十二年，没有能丟掉，這樣還能學孔子，學顏淵嗎？這種講法，漢代人不會講，和尚道士們所講也不過他這樣高。

另外再有一個張橫渠。我們也不曉得他怎麼來這一套學問，只知那時，范仲淹到陝西防禦西夏，張橫渠是長安再往西邊一個小鎮，叫橫渠鎮上的人。那時他十八歲，寫了一篇萬言書，自謂熟知軍事地理，去見范仲淹。范仲淹說：你還年輕，你何必急這些？遂送他一本中庸，勸他回去好好讀。張橫渠後來才與周濂溪、程明道、程伊川齊名。這就是我們今天所稱的「理學」。

我們進一步講，若我們不懂老莊，不懂佛教，也不能懂理學。韓昌黎只是一個文學家來提倡孔子，但他未讀佛書。周濂溪、程明道、程伊川、張橫渠始稱「理學家」。但他們是處在都講道家、佛學的時代，來講孔子。

今天有人去找資料，說濂溪和那個和尚要好，與那個道士來往。當然方外的道理他都懂，都知道。在那時要找幾個講思想、講學問的，多是這些人。這裏正見濂溪之偉大，可是我們無法知道他學術是怎麼來的。明道、伊川、橫渠，我們尚可較多知道一些。從這四人以後，大家先到和尚寺聽和尚講話，再跑來聽他們講，看他們的書，便不再信和尚這一套了。所以此後佛教慢慢失勢，老莊當然不必講。但儻不學一點老莊、佛學，又怎麼懂得他們的理學？況且他們書裏用的字眼、講的話，都有道家、佛家的花樣在裏面。

後來人說太極圖是從道家那裏沿襲而來的，但這又有何妨？倘使我們今天能有人從外國哲學書中來發揮孔子思想，這豈不好？今天不是關門的時代啊！但很奇怪，明道、伊川到後來，並不多講周濂溪，只講濂溪曾教他們尋孔顏樂處。濂溪的書，明道、伊川也從未教他們的學生讀。明道死了，伊川爲他寫一墓碑，說自孟子死後，重明儒學者就是明道，並沒有說及濂溪。他們對張橫渠，極稱讚他的西銘，常要叫學生讀兩部書，一是西銘，一是大學。至於橫渠正蒙這部大書，二程說，中間還有很多只是他苦思力索想來的，不是由心裏明白的。要到下面朱子出來，就變成濂溪、二程、橫渠四先生，後人又加上朱子，稱做「濂、洛、關、閩」。所以集兩宋理學之大成者，就是朱子。

實則朱子也不僅集理學之大成，還集經學之大成。他對詩、書、易、禮皆用工夫，他也很看重鄭康成，而朱子又講史學、文學，講老莊，講佛教，老佛講得好的，他也承認。所以朱子算得是集孔子以下中國學術思想之大成。

六

倘使我們今天要講在學術思想上集大成，要學孔子，便困難，因爲材料不夠，不知道其間詳情；若要學朱子，書籍具在，易知易學。看朱子怎樣集理學之大成，又集經學、史學、文學之大成，怎樣集孔子以下到他那時的全中國的學術思想之大成，而摶成一個整體，清清楚楚擺在這裏。但下邊便立刻有反朱子的各派出來。

孔子一出，就有反孔諸家；現在朱子出來，就有反朱諸家。第一個反朱子的，就是朱子同時人陸象山。他們是朋友，此下學術史上稱爲「朱陸異同」，一如從前之有「儒墨異同」。以後講理學分成兩派：一派朱子，一派象山。到明代，出了王陽明，合稱「陸王」，與「程朱」對立。到了清代唱爲漢學，反宋學；講經學，反理學，其實主要就是反朱子。朱子到今天八百年來，當然也有尊朱的，可是四面八方反朱的更多。我近在寫一書，專寫朱子後講朱子的幾個人，㉟可是這幾個人，平心而論，沒有像孟、荀講孔子這樣偉大。

總之八百年就是一個反朱的學風，等於從前之反孔。當然反孔、反朱，亦非全無是處，他們在各方面各有特長，各有專精。我想今天以後，可能還要反下去。朱子之後，迄今八百年反朱，正像戰國時反孔。下邊外國思想愈傳愈多，恐怕就要像魏晉南北朝到隋唐這一段。可是終應「不廢江河萬古流」。我們不讀陸象山，不讀王陽明，不讀清代經學，固然不知他們在那裏反朱子。即如最近頗有人要講戴東原。但要講戴東原，也該讀朱子的書，才知他在那裏反朱，究竟是反的什麼？所以今天我們要做學問，實在不能不懂朱子，不能不懂孔子。

我在年輕時就有一譬喻，我說朱子和孔子在唱雙簧戲，其實我們現在所知道的孔子，大體都是從朱子來。讀論語，先該讀朱注。孔子怎麼樣子的偉大？都是照朱子的講法。即如說宋明理學，濂、洛、關、閩，這也是朱子的話，以前沒有的。以後便有人反對，陸象山是第一人。陸象山說：他聽程伊川講話就頭痛，不要聽。照陸象山意思，明道還好，濂溪也不錯，這兩個人還像個樣子；橫渠也不行，伊川也不行。後來到明代王陽明出來，也講周濂溪，程明道還勉強，伊

㉟編者案：指「研朱余瀋」參看前注⑳。

川、橫渠他們便不大講，至於朱子當然要反對。但要講濂溪，就是朱子第一人先講的；現在反對朱子，可是還推尊濂溪。這正如清儒反朱反理學，但亦講孟子，卻不知孟子正由宋代理學家提出。此是一個大的學術思想的傳統，我們該慢慢兒學得虛心，不要瞎開口、瞎批評、瞎罵人，應知我們知道得太少。

七

我們該要拿全部的中國學術思想史，拿孔子、朱子做中心。跟著這條路慢慢兒去研尋，周濂溪怎麼講，程明道怎麼講、程伊川怎麼講、張橫渠怎麼講、他們的學生，以及其再傳弟子又怎麼講？到朱子而成了一套理學。他們前面還有人，如歐陽修怎麼講、范仲淹怎麼講，二程所佩服的胡瑗又怎麼講？

胡瑗在蘇州、湖州講學，宋廷請他去勾管太學，胡瑗出題「孔顏所好何學論」。這題和周濂溪「尋孔顏樂處」同樣有大道理。那時伊川十八歲，所答極得胡安定喜歡，便請他當助教。所以二程開口閉口稱「胡先生」，但沒有說過「周先生」，不僅不稱「周先生」，並亦不稱「濂溪先生」。大概二程並不很看重周濂溪。朱子乃認爲二程學問從周濂溪來。後來大家聽了朱子，所以理學乃成了一個大系統。

程子教學生先讀大學，但說大學裏有缺文。朱子依程子意，補了「格物」一段。八百年來大家都讀他的大學章句，都照他講格物。可是朱子開口就說程子，就說孔子，好像他自己一無主見。其實絕不是這樣的。

朱子講學，可謂即大膽，又小心；即尊古人，又極自信。上下古今一切學問都要講。經學、史學、文學，什麼都講，又要一個字一個字地仔細講。朱子的學問怎麼來？從年青時一路到他七十幾歲，倘使諸位真要研究，儘有材料可以講。孔子的無法講，孟子也無法講，濂溪、二程、張橫渠知道的也少，只有朱子，我們可詳講。這也是中國學術上一件公平的事，只要出一個最偉大的人，他生平一點一滴小事情，人家都爲他保留好在那裏。只要朱子講一句話，他的學生都寫下來，直到今天都傳下。所以我說講朱子，可把來講中國的全部學術思想，而又該從中國的全部學術思想來講朱子。

國家圖書館出版品預行編目資料

經學大要 / 錢穆作.--臺北市：素書樓文教
基金會出版：蘭臺網路總經銷，民89
面；　公分.--（中國學術小叢書）

ISBN 957-0422-20-3（平裝）

1.經學

090　　89017174

中國學術小叢書

經學大要

作　者：錢　穆
出　版：素書樓文教基金會
蘭臺網路出版商務股份有限公司
總經銷：蘭臺網路出版商務股份有限公司
地　址：台北市中正區懷寧街七十四號四樓
電話（02）2331－0535
傳真（02）2382－6225
網路書店：www.5w.com.tw
E－Mail：service@mail.5w.com.tw
出版日期：中華民國 89 年 12 月
定　價：新臺幣 630 元

ISBN：957－0422－20－3